D1718329

Wagner/Patzak

Performance Excellence

Karl W. Wagner
Gerold Patzak

Performance Excellence

Der Praxisleitfaden zum effektiven Prozessmanagement

HANSER

Bibliografische Information der Deutschen Nationalbibliothek
Die Deutsche Nationalbibliothek verzeichnet diese Publikation in der Deutschen
Nationalbibliografie; detaillierte bibliografische Daten sind im Internet über
http://dnb.d-nb.de abrufbar.

© 2007 Carl Hanser Verlag München
www.hanser.de
Lektorat: Lisa Hoffmann-Bäuml
Herstellung: Ursula Barche
Umschlaggestaltung: Büro plan.it, München, unter Verwendung
eines Bildmotives von Hartmut Keitel
Gesamtherstellung: Kösel, Krugzell
Printed in Germany

ISBN 978-3-446-40575-2

Existieren heißt sich verändern.
Sich verändern heißt reifen.
Reifen heißt sich selbst endlos neu erschaffen.

Henri Bergson

Vorwort

Unternehmensführung ohne Prozessmanagement ist in langfristig erfolgreichen Unternehmen nicht mehr vorstellbar.

Nach den Modetrends der New Economy, des Shareholder-Value und der kurzfristigen Optimierungen kommen viele Unternehmen heute wieder auf den Kern nachhaltiger Unternehmensgestaltung zurück. Im Fokus steht nicht das Optimieren finanzwirtschaftlicher Kennzahlen, sondern die langfristige Lebensfähigkeit des Unternehmens und der Organisation. **Performance Excellence** steht für effektives Prozessmanagement im Rahmen der kontinuierlichen Unternehmensentwicklung. Von entscheidender Bedeutung dabei ist, wie die Strategie richtig und effektiv in Prozesse umgesetzt wird und wie daraus Organisationsstrukturen abgeleitet werden.

Performance Excellence ist hierbei die Ausrichtung, um Innovation, Produktivität und wirtschaftliches Ergebnis einer Organisation nachhaltig zu steigern.

Die Zufriedenstellung der „Stakeholder" und die Konzentration auf die Kernkompetenzen verlangen den Übergang vom Denken in Funktionen zum Denken in Prozessen. Geschäftsprozesse durchschneiden horizontal die einzelnen Funktionsbereiche, sind auf die Befriedigung interner und/oder externer Kunden gerichtet, schaffen Werte, optimieren die Organisation als Ganzes und werden von durchsetzungsstarken Führungskräften geleitet. Zukunftsorientierte Unternehmen haben diesen Übergang von der innenorientierten Denkungsweise in Abteilungsgrenzen zur außen- und damit kundenorientierten Handlungsweise erfolgreich proaktiv vollzogen.

Dieses Buch unterstützt bei der methodischen Umsetzung des Prozessmanagements und erhebt den Anspruch, hierin Standards zu setzen.

Der im Buch beschriebene Ansatz des Prozessmanagements unterscheidet sich von anderen nicht nur durch seine fundierte Aufbereitung und methodische Absicherung, sondern vor allem durch seinen in vielen Projekten umgesetzten Praxisbezug. Deshalb richtet sich das Buch an Anwender und Führungskräfte in den Unternehmen sowie an Leser in Forschung und Lehre gleichermaßen.

Das Buch erläutert als Basis die Entwicklung des Prozessmanagementprinzips, dessen Bedeutung im Rahmen der Unternehmensführung, die Regelkreise und den Bezug zur Prozesslandschaft des Unternehmens sowie die

Auswirkung von Prozessmanagement auf die Unternehmensorganisation. Als zentrale Struktur von **Performance Excellence** versteht sich der „Prozess-Lifecycle", der ausgehend von der Prozesslandschaft über die 4-Schritt-Methode der Prozessdefinition hin zur Prozessregelung führt. Das Prozessmonitoring schließt den Prozesslebenszyklus mit der Rückkopplung zur Prozesslandschaft.

Besonders die 4-Schritt-Methode zur Prozessdefinition ist mit umfangreichen Vorgehensprinzipien und Umsetzungsbeispielen aufbereitet und vermittelt dadurch ein vollständiges Bild des theoretischen Fundaments und dessen praktischer Umsetzung.

Ein weiterer Schwerpunkt des Buches liegt im aktiven Leben von Prozessmanagement und dem Einfluss des Menschen und des sozialen Systems auf die Gestaltung von Prozessmanagementsystemen. Dem Anwender wird dabei eine Fülle von Umsetzungsunterstützungen an die Hand gegeben.

Aktuellste Entwicklungen im Prozessmanagement, die Integration von Prozessmanagement im exzellenten Unternehmen, die Berücksichtigung von Bewertungsmodellen bei Prozessoptimierungen, die Verbindung mit der Balanced Scorecard zur Prozesszieldefinition und pragmatische Ansätze der Prozesskostenrechnung finden Berücksichtigung.

Der in vielen Projekten in verschiedenen Branchen angewendete und erprobte Projektablauf bildet einen methodischen Vorgehensrahmen zur Einführung des Prozessmanagements in Organisationen – unabhängig von deren wirtschaftlicher Ausrichtung, ob Profit oder Non-Profit-Unternehmen. Er bildet in Form von Umsetzungsbeispielen den Abschluss des Buchs.

Der Bedeutung von **Performance Excellence** in der praktischen Unternehmensführung wird in den letzten Jahren durch die Rolle bzw. durch das Berufsbild des Prozessmanagers verstärkt Rechnung getragen. Das Buch ist somit ein „Body of Knowledge" für den Prozessmanager und ist auch Ausbildungsgrundlage für die Zertifizierung von Prozessmanagern.

Danken möchten wir DI Dr. Roman Käfer und DI Michael Korner für ihren Beitrag zum Kapitel 7, „Prozesswerkzeuge zur Modellierung auswählen und anwenden". Herrn DI Dr. Roman Käfer sei noch gesondert Dank ausgesprochen für seine profunden und anwendungsorientierten Beiträge in den Themen Normen, Balanced Scorecard und der Integration von Managementsystemen.

Das Kapitel 4, „Prozesse analysieren und gestalten", erfuhr durch den Beitrag von Mag. (FH) Gerald Zehrer eine wichtige Vertiefung. Hierbei gebührt ihm unser Dank für seine vorbildliche Unterstützung.

Unser besonderer Dank gilt Mag. Christian Spilauer für seine diversen Beiträge, seinem großen Engagement. Herzlich danken dürfen wir DI Dr. Walter Dürr, Ing. Petra Dorner und dem gesamten Team der Procon für die unermüdliche und geduldige Überarbeitung, Ergänzung und Finalisierung des Werkes.

Unser ausdrücklicher Dank ist an dieser Stelle an DI Martin Barbisch gerichtet, der mit seinen Beiträgen, seinem Einsatz bei der inhaltlichen Konzeption und Gliederung des Buches sowie seiner kontinuierlichen Projektverfolgung dieses Werk entscheidend unterstützt hat.

Dank gesagt sei auch dem Carl Hanser Verlag in München für die sorgfältige Drucklegung des Werks.

Wien, im Frühjahr 2007   Karl W. Wagner   Gerold Patzak

Die Autoren haben sich in diesem Buch darum bemüht, dem Anwender einen komprimierten und dennoch umfassenden Überblick über **Performance Excellence** zu geben. Zweifellos gibt es noch weitere Vertiefungen in den dargestellten Inhalten. Es würde uns freuen, wenn Sie uns Ihre Anregungen und etwaigen inhaltlichen Erweiterungen mitteilen würden:

Procon Unternehmensberatung GmbH
Saarplatz 17
A-1190 Wien
Tel.: +43-1-367 91 91-0
Fax: +43-1-367 91 91-9
office@procon.at
www.procon.at

Inhalt

1 Prozesse und Unternehmensführung

Unternehmensführung ohne Prozessmanagement (PzM) ist in marktstarken, langfristig erfolgreichen Unternehmen nicht mehr vorstellbar. Um einerseits den Zusammenhang und die Verbindung der beiden Themen zu zeigen und andererseits die Basis für ein umfassendes Prozessmanagement zu umreißen, wird im Folgenden den grundlegenden Inhalten dieser Begriffe Raum gewidmet (Jeston, 2006).

1.1 Management und Unternehmensführung

Management und Unternehmensführung werden in der Literatur in einem institutionellen und einem funktionalen Sinn behandelt. Institutionell sind Personen Träger der Managementtätigkeiten, und funktional wird die Tätigkeit des Managements als Prozess der Willensbildung und Willensdurchsetzung verstanden (vgl. Winkelmann, 2005).

Im deutschsprachigen Raum wird Management als Funktion in sachbezogene und personenbezogene Aufgaben unterteilt. Sachbezogene Aufgaben beinhalten die Planung, Steuerung und Kontrolle zur Erfüllung bestimmter strategischer und operativer Aufgaben. Personenbezogene Aufgaben dagegen zielen auf die Beeinflussung des Mitarbeiterverhaltens zur Erreichung gemeinsam akzeptierter Ziele und der damit verbundenen Probleme (Feldbrügge, 2005).

Management umfasst aber auch die Gestaltung und Lenkung von Abläufen im Unternehmen. Bei der Erforschung und Darstellung von Managementwissen lassen sich grundsätzlich verschiedene Vorgehensweisen abgrenzen. Zum einen ein analytisch funktionsorientierter Ansatz und zum anderen ein empirisch handlungsorientierter Ansatz. Der erste, historisch ältere Ansatz geht auf die funktionale Gliederung des Unternehmens nach Fayol (1916) zurück.

Fayol definierte als grundlegende Managementaufgaben im Sinne der Unternehmensführung: Planung und Zielsetzung, Organisation und Strukturierung, Führung, Mittelbereitstellung und -disposition, Steuerung und Lenkung sowie Optimierung und Verbesserung.

Der zweite Ansatz hat seinen Ursprung in einer empirischen Studie von Carlson (1951). Prozessansätze stellen eine Erweiterung der funktionalen Ansätze insofern dar, als sie in Abhängigkeit von der Zeit verschiedene Phasen eines Managementprozesses betrachten. Das Management wird dabei in den Phasen Planung, Organisation, Durchsetzung und Kontrolle beschrieben.

Die wesentlichen, heute bekannten Ansätze werden in Kapitel 1.3.4 gegenübergestellt und kritisch beleuchtet. Abbildung 1-1 zeigt die grundlegenden Aufgaben des Managements.

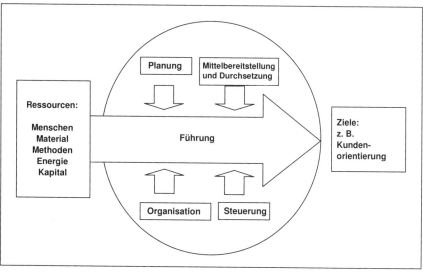

Abbildung 1-1:   Grundlegende Aufgaben des Managements

Einen weiteren Zugang liefert das Ebenenmodell im Sinne der Gliederung der Unternehmensführung in die drei Ebenen:

▓ Normative Ebene
   Diese Ebene beschäftigt sich mit den generellen Zielen der Unternehmung, mit Prinzipien, Normen und Spielregeln, die darauf ausgerichtet sind, die Lebens- und Entwicklungsfähigkeit der Unternehmung zu ermöglichen (Bleicher, 1996). Auf der normativen Managementebene legt eine Organisation ihre Unternehmenspolitik, Leitsätze/Leitlinien, Grundsätze und Unternehmensstandards fest.
▓ Strategische Ebene
   Auf der strategischen Managementebene entwickelt eine Organisation Vorgehensweisen, um ihre im normativen Management definierten Leitsätze zu verfolgen und Ziele zu erreichen. Solche Geschäftsstrategien werden beispielsweise in einem Geschäftsplan formuliert.

▓ Operative Ebene

Auf der operativen Managementebene einer Organisation erfolgen die Führung der Mitarbeiter und/oder der Nachunternehmen, die Bereitstellung der Mittel (Ressourcen) sowie die Planung, Steuerung und Überwachung der Geschäftsprozesse.

Das operative Management betreut auch den sozialen Aspekt des Mitarbeiterverhaltens, welcher im kooperativen Verhalten sowie in der vertikalen und horizontalen Kommunikation eine Rolle spielt.

Der Zusammenhang der Ebenen und die Fragen, die in der jeweiligen Ebene beantwortet werden müssen, sind in Abbildung 1-2 dargestellt.

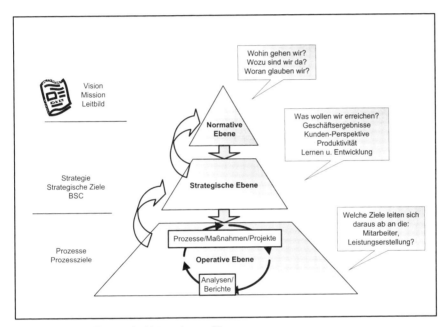

Abbildung 1-2:   Ebenen der Unternehmensführung

Von Bedeutung ist, dass dieses Konzept nicht als starres Modell gesehen wird, sondern erst durch die dynamische Vernetzung und den wiederkehrenden Top-down- und Bottom-up-Durchlauf im Sinne einer kontinuierlichen Unternehmensentwicklung die volle Wirkung entfaltet.

Es lässt sich somit ein Regelkreis der Unternehmensführung skizzieren: Ausgehend von der normativen Ebene wird die strategische Planung in Form der Strategie, der strategischen Ziele und der strategischen Maßnahmen samt deren Beziehungen und Abhängigkeiten (z. B. in der Balanced Scorecard) definiert. Die Ziele werden in Form der Prozesse, Projekte und Linienaufgaben operationalisiert und im Rahmen des „Deployment" abgestimmt. Im Zuge der Umsetzung wird regelmäßig die Zielerreichung überwacht und im Review, der Bewertung der Zielerreichung, wird die Gesamteffektivität und -effizienz festgestellt. Es werden die neuen operativen Ziele und Maßnahmen abgeleitet und es wird auch hinterfragt, ob die strategische und normative Ebene noch den Anforderungen der geänderten Unternehmensumwelt gerecht wird (Abbildung 1-3).

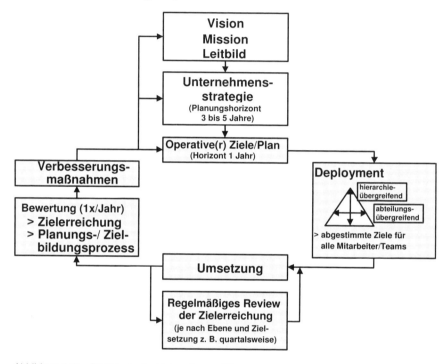

Abbildung 1-3:   Regelkreis der Unternehmensführung

Ein weiterer interessanter Aspekt dabei ist, dass der Unternehmenssinn operationalisiert wird. Je nach Führungsstil werden dabei Mitarbeiter aus den unterschiedlichen hierarchischen Ebenen in unterschiedlichen Maßen beteiligt, dadurch findet Management auf jeder Ebene statt.

Aus der unternehmerischen Vision leiten sich die **Unternehmenspolitik** (Vision, Mission und Werthaltung in Bezug auf die Interessenpartner des Unternehmens, formuliert in Form des Leitbildes), die Unternehmensstrategie und die dafür erforderliche Organisationsstruktur ab. Dabei ist immer auch der Einfluss der Unternehmenskultur und der -werte zu berücksichtigen.

Zu den Hauptaufgaben des strategischen Managements zählen dabei die in Abbildung 1-4 dargestellten Punkte.

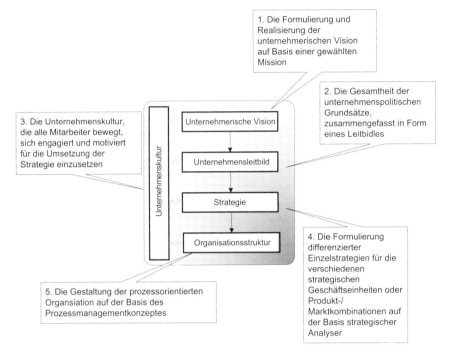

Abbildung 1-4: Zusammenhang Vision und Organisation

Während die Erstellung der strategischen Pläne maßgeblich durch die Geschäftsverantwortlichen zu erfolgen hat, sind an deren Umsetzung viele Mitarbeiter beteiligt. Diese können nur dann ihren Beitrag leisten, wenn sie die für sie relevanten Inhalte des strategischen Plans kennen bzw. mittragen und die Organisationsstruktur dies wirksam unterstützt. Nur so kann erreicht werden, dass die strategische Planung die gesamte Organisation auf gemeinsame Ziele und Strategien ausrichtet (Abbildung 1-5).

Ausgehend von der festgelegten Strategie muss die Organisationsstruktur als Ganzes angepasst werden unter Berücksichtigung der Interaktion zwischen Strategie einerseits und der Organisationsstruktur andererseits. Die Organisation als ein System von Aufgaben, Befugnissen, Verantwortlichkeiten und gegenseitigen Informationen innerhalb der Unternehmensprozesse steht in direktem Zusammenhang mit der strategischen Positionierung. Eine prozessorientierte Organisation ermöglicht die Fokussierung auf die strategisch relevanten Unternehmensprozesse und stellt somit den optimalen organisatorischen Rahmen dar. Entscheidend ist dabei, dass mit der Prozessverantwor-

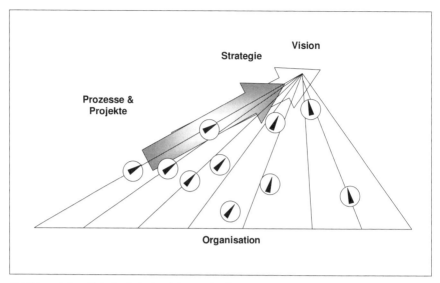

Abbildung 1-5: Zielorientierte Ausrichtung der Organisation

tung auch die Geschäftsverantwortung für den jeweiligen Prozess verbunden ist. Dies bedeutet, dass die Verantwortung für das Unternehmen erfolgskritischer Prozesse in der obersten Führungsebene anzusiedeln ist.

Einerseits werden sinnvollerweise alle Aktivitäten, Prozesse und Projekte an der normativen und strategischen Ebene ausgerichtet, um so die Maximierung der Effektivität der Organisation zu gewährleisten und um andererseits den Mitteleinsatz zu minimieren. Somit wird die Wirtschaftlichkeit der Organisation nachhaltig gesteigert.

1.2 Unternehmensführung und Prozessmanagement

1.2.1 Entwicklung der unternehmerischen Vision

Am Anfang einer jeden unternehmerischen Tätigkeit einer Unternehmung steht eine Vision. Die Vision hat die Aufgabe, ein klares Bild zu vermitteln, wohin sich das Unternehmen bewegen soll. Es handelt sich dabei um das „Lebensziel" des Unternehmens, um ein zentrales Motiv, das nicht nur die Vorstellung vom gesamten Unternehmen einfangen soll, sondern darüber hinaus dazu beiträgt, die Grenzen so weit wie möglich nach außen zu verschieben.

Henry Ford, John F. Kennedy oder der Apple-Gründer Steve Jobs beispielsweise hatten Visionen, die nicht nur deren unmittelbares Umfeld prägten, sondern die Überzeugungskraft besaßen, ganze Gesellschaften zu verändern (Abbildung 1-6).

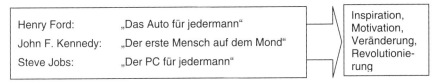

Abbildung 1-6:   Berühmte Beispiele für Visionen

Mit der Vision ist der Weg des Unternehmens vorgegeben, vergleichbar mit jenem eines Seglers, der eine ferne Insel erreichen möchte. Die gelebte Vision fokussiert Kräfte und bietet dadurch die größte Chance, selbst bei Störungseinflüssen, die auf das Unternehmen einwirken, die Unternehmensziele zu erreichen (Abbildung 1-7).

In diesem Bild bleibend, sind die Strategien die Wege zur Vision und die strategischen Ziele sind wichtige, quantifizierte Zielsetzungen auf diesem langfristigen Weg. Dies hat aber auch zur Folge, dass sich Strategien und strategische Ziele am Weg ändern, wenn durch Einflüsse aus dem Umfeld des Unternehmens die Ziele nicht mehr erreicht werden können.

Abbildung 1-7:   Vision als richtungsweisende Fokussierung

1.2.2 Entwicklung und Umsetzung der Unternehmenspolitik

Die Unternehmenspolitik ist die Gesamtheit von Unternehmensgrundsätzen (Vision, Mission und Leitbild) und konkretisiert die unternehmerische Vision für sämtliche Bereiche des Unternehmens.

Aufgabe der Unternehmenspolitik ist es somit, die Vision des Unternehmens so auszudrücken, dass alle Mitarbeiter auf die unternehmerische Gesamtrichtung fokussiert werden.

Von entscheidender Bedeutung ist dabei die Kernfrage, die sich jedes Unternehmen im Rahmen der Formulierung der **Mission** stellen muss: *„Wozu sind wir da?"* Dies ist umso mehr von Bedeutung, weil der Mission auch eine starke Rolle im Rahmen der Sinnstiftung der Organisation zukommt und damit eine wesentliche Identifikationsbasis für die Mitarbeiter gebildet werden kann (vgl. Watzlawick, 2004).

Das Leitbild, im angelsächsischen Raum auch als „Mission Statement" bezeichnet, legt in schriftlicher Form fest, welche Unternehmensgrundsätze für das Unternehmen gelten und auch welche Ziele bzw. Werte dem unternehmerischen Handeln zugrunde liegen sollen. Es beschreibt somit die Grundhaltung, das Wertegefüge des Unternehmens und bildet damit den Orientierungsrahmen für die tägliche Arbeit (Kohlöffel, 2000).

Das gelebte Leitbild schafft eine starke Identität für ein Unternehmen, die viele Vorteile mit sich bringt:

- Es gibt einem Unternehmen einen unverwechselbaren Charakter und macht es damit für Mitarbeiter und Externe begreifbar, einschätzbar und erkennbar. Dies wirkt sich positiv auf das Selbstbewusstsein der Mitarbeiter aus, macht das Unternehmen attraktiv und kalkulierbar für neue Mitarbeiter und erleichtert die Positionierung am Markt. Aber auch die Kunden werden sich eher für Produkte aus Unternehmen mit positivem Image entscheiden als für Produkte, die aus Unternehmen mit schlechter Presse stammen.
- Das Leitbild gibt inneren Halt, schafft eine gemeinsame Vertrauensbasis und ist eine langfristige Leitlinie zur Orientierung. Diese Funktion sichert in Zeiten permanenter Änderungen, wie wir sie derzeit erleben, ein Grundmaß an Stabilität und Kontinuität. Sie ermöglicht eine grobe und schnelle Orientierung in unklaren Fällen und gewährleistet damit auch die Verfolgung gemeinsamer Ziele. Wird das Leitbild im täglichen Geschäftsalltag beachtet und gelebt, kann es nicht zu wesentlichem Fehlverhalten Einzelner kommen.
- Das Leitbild ist die gemeinsame Basis, die für alle gleichermaßen gilt. Sie bildet somit die „Heimat" der Menschen, die oftmals nur virtuell miteinander verbunden in großen weltweit vernetzten Unternehmensstrukturen arbeiten.

Schließlich minimiert das Leitbild interne Reibungsverluste und verbessert das gegenseitige Verstehen. Denn bei gleichen Wertvorstellungen werden ähnliche Sachverhalte auch ähnlich beurteilt werden. Diese Eigenschaft erhöht die Teameffizienz, fördert das gemeinsame Lernen in wissensbasierten Organisationen und sorgt für schnellere Prozesse.

1.2.3 Unternehmenskultur und -werte

Die Unternehmenskultur und die -werte sind die Gesamtheit der in der Unternehmung vorherrschenden Wertvorstellungen, Traditionen, Überlieferungen, Mythen, Normen und Denkhaltungen, die von der Führung und den Mitarbeitern als solche wahrgenommen bzw. gelebt werden. Sie sind Ausdruck der ethischen, moralischen und psychologischen Werthaltungen. Eine detaillierte Besprechung der Unternehmenskultur und deren Beeinflussungsmöglichkeiten findet sich in einem eigenen Kapitel 6.4.

Die Unternehmenskultur ist etwas in der Zeit Gewachsenes, das in einem langen Zeitraum aufgebaut, in kurzer Zeit jedoch zerstört werden kann – sie ist ganz wesentlich durch die Vision und das Vorbild der Unternehmensleitung geprägt.

Zum Unterschied zu den von der Unternehmensleitung vorgelebten Wertvorstellungen (Offenheit gegenüber Neuem, Flexibilität, Integrität ...) und den schriftlich formulierten Leitsätzen ist die Unternehmenskultur, die in der Organisation verkörpert wird, vergangenheitsbezogen. Sie hängt davon ab, wie die Mitarbeiter die Wertvorstellungen und Beweggründe der Unternehmensleitung interpretiert haben.

Die Ergebnisse, die ein Unternehmen erzielen kann, sind umso günstiger, je besser es der Unternehmensleitung gelingt,

- die Strategien im Einklang mit der im Lauf der Zeit gewachsenen Unternehmenskultur zu formulieren oder
- die Unternehmenskultur den Strategien anzupassen (vgl. hierzu Kapitel 8).

Bei der Werteermittlung geht es in erster Linie um die Frage, inwieweit die durch das Leitbild formulierten Unternehmensgrundsätze von der Führung und den Mitarbeitern bereits verinnerlicht sind. Diese Verinnerlichung ist vielfach mit der Notwendigkeit eines Wandlungsprozesses verbunden. In der Bewältigung von auftretenden Verhaltenswiderständen und in der aktiven vorbildhaften Vermittlung der formulierten Unternehmensgrundsätze muss bei der Festlegung der Maßnahmen der Schwerpunkt gelegt werden. Die Festlegung von Maßnahmen ist ein fortlaufender Prozess und begleitet alle anderen Vorgehensschritte bzw. steht mit diesen in Interaktion (Velthuis, 2005).

1.2.4 Strategiefindung und Definition von strategischen Zielen

Die Strategie dient dazu, die von der Unternehmenspolitik gesetzten Aufgaben unter bestmöglicher Verwendung der verfügbaren Ressourcen zu erreichen (Bogaschewsky, 1998).

Die Fragestellung im Rahmen der Strategiefindung lautet dabei: „Auf welchem Wege erreichen wir die aus Vision und dem Leitbild hergeleiteten strategischen Ziele?"

Der Strategiefindungs- und -zielsetzungsprozess (Abbildung 1-8) umfasst fünf wesentliche Schritte (vgl. Stöger, 2005):

1. Durchführung einer strategischen Analyse zur Bestimmung der strategischen Ausgangsposition für jede strategische Geschäftseinheit und für das Unternehmen als Ganzes,
2. Ermittlung der strategischen Optionen (Liker, 2007),
3. Durchführung einer strategischen Bewertung,
4. Festlegung der strategischen Ziele sowie der Kriterien und Standards zur Beurteilung der Strategie und zur Messung der Fortschritte,
5. Formulierung eines Maßnahmenplanes zur Strategieumsetzung.

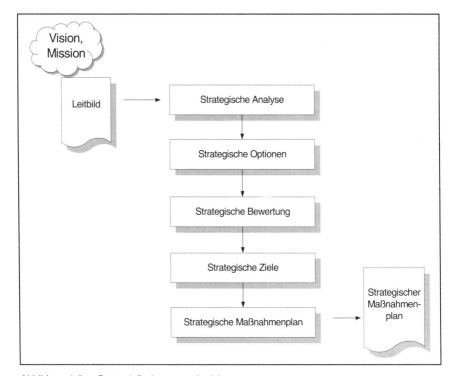

Abbildung 1-8:   Strategiefindungs- und -zielsetzungsprozess

Durchführung einer strategischen Analyse zur Bestimmung der strategischen Ausgangsposition

Ein klares Verständnis der Ausgangsposition des Unternehmens, d. h. seines gegenwärtigen Zustandes und seiner Strategie, ist erforderlich, wenn zu einem späteren Zeitpunkt der Vergleich mit neuen alternativen Strategien durchgeführt und das Ausmaß der Neuorientierung des Unternehmens bestimmt werden soll. Für die Gewinnung einer dynamischen Perspektive, in die die gegenwärtigen Strategien einzuordnen sind, ist es zweckmäßig, die Entwicklung der vergangenen Jahre zu betrachten. Mittels Fragenkatalog können dazu alle relevanten Fragestellungen behandelt werden (Vahs, 2005; Abbildung 1-9).

Fragenkatalog zur Bestimmung der strategischen Ausgangsposition

(1) **Produkt- und Marktkombinationen**
(1.1) Welche Veränderungen sind in den vergangenen fünf Jahren im Umfang und in der Tiefe der Produktfamilien eingetreten?
(1.2) ...

(2) **Mittel und Verfahren**
(2.1) ...
...

Abbildung 1-9:   Auszug aus einem Fragenkatalog

Darauf aufbauend wird die im Schritt 1 zur Anwendung gekommene SWOT-Analyse verfeinert bzw. ergänzt. Die **Stärken und Schwächen** der Geschäftsbereiche werden gesammelt, dargestellt und auch deren Ursachen werden analysiert. In einem zweiten Schritt werden mögliche Maßnahmen (Strategiesets) vor dem Hintergrund der **Möglichkeiten und Bedrohungen** entwickelt, wie die erzielten Ergebnisse in Zukunft in einem möglichst hohen Maß in Stärken des Unternehmens umgewandelt werden können – immer ausgerichtet an der unternehmerischen Vision.

Ermittlung der strategischen Optionen

Aufbauend auf den Ergebnissen der strategischen Analyse werden die strategischen Optionen – dargestellt in Form von Strategiesets – ermittelt und dargestellt (Abbildung 1-10).

Strategieset I: „Strategisches Grundkonzept der Kostenführerschaft"

Strategische Methode:

- Fusion mit einem Hauptwettbewerber prüfen
- Strategische Allianz mit Distributor ABC prüfen

Strategien zur Geschäftsentwicklung:

- Ausbau der indirekten Vertriebsstruktur
- Ausbau des Geschäftes in Osteuropa

Technologische Ausrichtung:

- ...

Abbildung 1-10:   Auszug aus einem Strategieset

Dabei ist die Berücksichtigung der Konzentration auf die Kernkompetenzen als Quellen von Wettbewerbsvorteilen wichtig, um die strategischen Geschäftseinheiten und die Unternehmung als Ganzes in die gewünschte Richtung zu bewegen.

Mögliche Fragestellungen hinsichtlich der Kernkompetenzen:

- Verfügt das Unternehmen über Technologien, Know-how oder Prozesse, die den Nutzen oder die Wettbewerbsfähigkeit der Kunden in einem Ausmaß steigern, das über dem der Konkurrenten liegt (vgl. Wecht, 2006)?
- Sind die Kernkompetenzen so abgeschirmt, dass sie von den Konkurrenten nicht oder nur schwer imitierbar sind?
- Dienen die Kernkompetenzen mehreren Geschäftseinheiten?
- Eröffnen die Kernkompetenzen den Zugang zu neuen Geschäftsfeldern?

Die Vorgehensweise zur Ermittlung der strategischen Optionen gestaltet sich wie in Abbildung 1-11 gezeigt.

Durchführung einer strategischen Bewertung

Aufgrund der Bewertungen der strategischen Optionen werden in weiterer Folge die Grundstrategie (vgl. Schuh, 2007) und die daraus resultierenden konkreten Maßnahmen festgelegt (Abbildung 1-12).

Bestimmung der strategischen Ziele

In Abstimmung mit der Unternehmensvision, dem Leitbild und der Strategie (vgl. Scheer, 2006) sind im nächsten Schritt die für die Organisation relevanten strategischen Ziele und zugehörigen Kenngrößen zu ermitteln (vgl. Hax/Majluf, 1996; Abbildung 1-13).

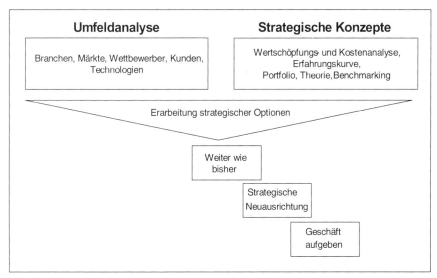

Abbildung 1-11:   Ermittlung strategischer Optionen

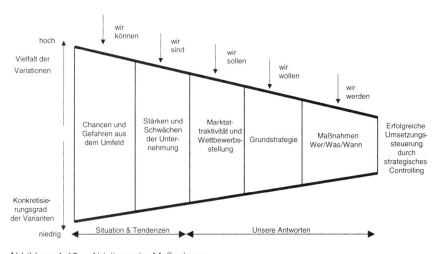

Abbildung 1-12:   Ableitung der Maßnahmen

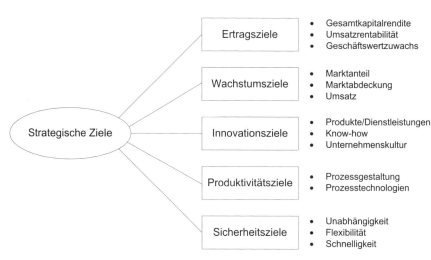

Abbildung 1-13: Beispiele für Kategorien strategischer Ziele und zugehörige Kenngrößen

Formulierung eines Maßnahmenplans zur Strategieumsetzung

Entscheidend für die Strategieumsetzung (vgl. Allweyer, 2005) ist die Formulierung eines konkreten und detaillierten Maßnahmenplans (vgl. Cassel,
2007) sowie bei Bedarf die daraus folgende Verfeinerung bzw. Nachjustie-
rung von Vision, Mission, Leitbild ... (Abbildung 1-14).

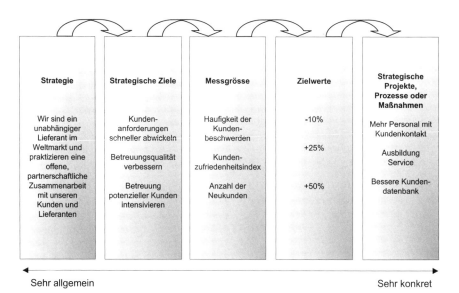

Abbildung 1-14: Beispiel der Kaskadierung der Ziele

1.3 Das Unternehmen als System

1.3.1 Der Systemansatz

Die allgemeine Systemtheorie ist eine Formalwissenschaft, die sich zum Ziel gesetzt hat, die Prinzipien von Ganzheiten (Systemen) zu untersuchen, unabhängig von der Art der Elemente und der Beziehungen, die Bestandteile dieser Systeme sind, sowie der jeweiligen Systemumwelt.

Die instrumentale Basis als grundlegende Denkweise im Rahmen der Systemtechnik ist der **Systemansatz**. Er hat unter anderem folgende Forderungen zu erfüllen:

- *Inhaltliche Abstraktheit:* Der Ansatz muss formaler Natur und von Restriktionen einer disziplinären Terminologie frei sein.
- *Strukturierende Wirkung:* Bei Anwendung soll eine kategorisierende Wirkung erzielt und sollen Zusammenhänge sichtbar werden.
- *Möglichkeiten zu interdisziplinärem Wissensaustausch:* Bei komplexen Problemstellungen ist eine interdisziplinäre Zusammenarbeit der einzelnen Fachdisziplinen erforderlich, was einer allgemeinverständlichen Sprache bedarf.

Um diese Forderungen erfüllen zu können, ist demnach eine bestimmte Art zu denken, zu strukturieren und vorzugehen vonnöten:

Systemdenken ist eine systemorientierte, ganzheitliche Sichtweise von Objekten und Sachverhalten, ein Denken in Kategorien und mittels Begriffen der Systemtheorie. Dies garantiert ein abstraktes, objektunabhängiges, ganzheitliches Behandeln beliebiger Problemstellungen.

Der Einsatz elementarer Denkmodelle der Systemtheorie fördert als **Strukturierungshilfe** ein Formalisieren und Kategorisieren der Problemzusammenhänge. Erst dadurch wird das Arbeiten mit komplexen Modellen und Wirkungsweisen und weiterhin ein effizientes Zerlegen des Gesamtproblems in Teilprobleme ermöglicht.

Ein **interdisziplinärer Wissensaustausch**, der durch die komplexen, einzelne Wissensgebiete überschreitenden Problemstellungen gefordert ist, muss als integrierender Bestandteil im Problemlösungsprozess enthalten sein, d.h. fachlich, kompetenzmäßig und nicht zuletzt zeitlich organisiert werden. Dies ist durch ein systemorientiertes, klar strukturiertes Vorgehen in effizienter, auf ein Zielsystem ausgerichteter Weise gegeben.

Erst durch einen derartigen **Ansatz** wird ein Planungsablauf bei komplexen Problemstellungen transparent und damit auch optimierbar.

Bei der Betrachtung unserer Welt können wir unterschiedliche gedankliche Zusammenfassungen bzw. Abgrenzungen vornehmen, um Strukturen sichtbar zu machen und die Zusammenhänge einem besseren Verständnis zuzuführen.

Derartige zweckorientierte Konstrukte nennen wir **Systeme.**

Ein System ist eine Zusammenfassung aus Elementen, die Eigenschaften besitzen und die durch Beziehungen untereinander verknüpft sind.

Handelt es sich um künstliche Systeme, so dient diese Verknüpfung der Verfolgung von Zielen (Zielorientierung). Handelt es sich um offene Systeme, so bestehen mit der zugehörigen Systemumwelt ebenfalls Beziehungen (Schnittstellen zur Systemumgebung).

Um einen Überblick über die unbekannt vielen Systeme unserer Welt zu gewinnen, könnte man die in Abbildung 1-15 gezeigten Kategorien bilden.

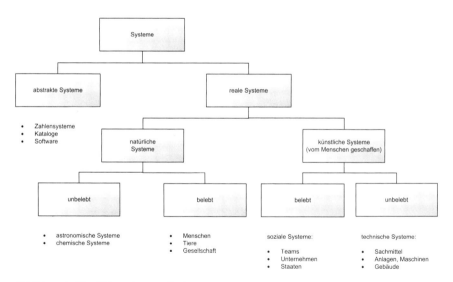

Abbildung 1-15:   Kategorien von Systemen

Bei Verwendung des Systemansatzes findet zugleich ein **Paradigmenwechsel** statt, der zu einem besseren Verständnis unserer Welt beiträgt und der sich wie folgt manifestiert:

1. Vom Reduktionismus zum **Expansionismus**
   Nicht durch das gedankliche Zerlegen der komplexen Gegenstände unserer Betrachtung kommen wir zu einem Verstehen derselben, sondern

durch die Sicht des Ganzen (Holismus) und dessen Einbettung in seine spezifische Umwelt. Dabei ist jedoch – bei aller Gefahr der Irreleitung – die Zerlegung nach wie vor erforderlich!

2. Von der Kausalität zum **Evolutionismus**

   Das lineare Ursache-Wirkungs-Prinzip ist nur bei einfachsten Sachverhalten als Erklärungsmodell ausreichend, bei komplexen Betrachtungsobjekten beliebiger Art, insbesondere bei belebten Systemen, geht es um zum Teil selbstgesteuerte Entwicklung (Autopoiese). So ist etwa schon bei der Betrachtung eines Regelkreises die Ursache zugleich auch Wirkung und umgekehrt!

Damit ergeben sich die in Abbildung 1-16 dargestellten Ansätze der erforderlichen Denkänderung betreffend System**zustand**, System**funktion** und System**verhalten**.

statisch	→	dynamisch (steter Wandel)
gesetzmäßig	→	eigene Regeln sich schaffend, selbstorganisierend
deterministisch	→	stochastisch, zufallsbedingt
linear	→	nicht linear (z. B. exponentiell)
monokausal	→	polykausal (viele Ursachen)
unidirektional	→	kybernetisch (Regelkreis)
geschlossen	→	offen (in Wechselwirkung mit der Umwelt stehend)
im Gleichgewicht	→	im Fließgleichgewicht, das nur durch Gegensteuerung aufrechterhalten werden kann

Abbildung 1-16: Paradigmenwechsel

Insbesondere im Umgang mit Organisationen als soziale (technische) Systeme ist dieser Übergang auf den Systemansatz erforderlich.

Wie besprochen kann man den Systemansatz in folgende drei Aspekte gliedern:

- **Systemdenken** = das Verwenden der Begriffe und Denkweisen der Systemtheorie beim Umgang mit komplexen Sachverhalten.
- **Systemstrukturieren** = das Verwenden gängiger Modelle der Systemtheorie zur Abbildung von Sachverhalten.
- **Systemvorgehen** = Top-down-Strategie (vom Ganzen zum Teil) als Vorgehensweise bei der Analyse, Synthese und Optimierung von Sachverhalten.

Damit liefert die Systemtheorie und speziell der Systemansatz folgende Vorteile:

▓ Eine **gemeinsame, vorurteilsfreie Sprache** bei der Beschreibung von Realität sowie eine einheitliche Begriffsbildung (Terminologie), trotz interdisziplinärer Arbeit.
▓ Eine Hilfestellung beim Aufspüren und dem Behandeln **neuer Erkenntnisse**, indem Gemeinsamkeiten unterschiedlicher Phänomene herausgearbeitet werden. Es geht um die **Generalisierung und Übertragbarkeit** von Verhaltensweisen.
▓ Eine Ausrichtung auf Zusammenhänge und Wechselwirkungen und nicht auf das Erfassen statischer Tatbestände, d. h. das Denken in Netzwerken anstatt in rein kausalen Ursache-Wirkungs-Beziehungen.

Das im Zentrum der Betrachtungen dieses Buches stehende System **Unternehmen** weist in ausgeprägter Weise folgende **Systemeigenschaften** auf:

▓ **Komplex:** Das Unternehmen besteht aus einer Vielzahl von Elementen (Komponenten), die untereinander in einer Vielzahl von Beziehungen stehen.
▓ **Offen:** Das Unternehmen steht mit seiner ebenfalls komplexen, spezifischen Umwelt in einer Vielzahl von Austauschbeziehungen (Schnittstellen), womit die Systemhüllfläche durchlässig ist.
▓ **Dynamisch:** Das Unternehmen verändert seinen **Inhalt** (die innere Dynamik), um auf eine sich verändernde Umwelt zu antworten (reagierend) bzw. diese vorwegzunehmen (proagierend), sowie sein **Verhalten** gegenüber der Umwelt (äußere Dynamik).
▓ **Selbstorganisierend:** Die Änderungen im System werden im gegebenen Rahmen von innen heraus entwickelt und umgesetzt, um eine Multistabilität in der Auseinandersetzung mit der Umwelt aufrechtzuerhalten.
▓ **Probabilistisch:** Wegen der Unmöglichkeit, menschliches Verhalten mit Sicherheit vorherzusagen, sind Unternehmen als soziale Systeme nie deterministisch, d. h. immer wahrscheinlichkeitsbehaftet.
▓ **Selbsterhaltend:** Um Überlebensfähigkeit zu besitzen, muss das Unternehmen nutzenstiftend, zumindest kostendeckend im weiteren Sinne agieren.
▓ **Adaptiv, lernend:** Das Unternehmen mit seinen ständigen Veränderungsprozessen als Antwort auf externe und interne Auslöser lernt, d. h. reflektiert, bewertet und speichert. Bei antizipativem Verhalten sprechen wir von lernfähigen Systemen (vgl. Unternehmenskultur, die lernende Organisation).

Die bei der Erfassung wie auch Gestaltung von Organisationen am stärksten problemverursachende Eigenschaft ist dabei die **Komplexität**.

Um den Umgang mit Komplexität zu erleichtern, sei nachfolgend ein Beschreibungsmodell derselben angeboten.

Komplexität wird umgangssprachlich etwa mit folgenden Begriffen beschrieben:

▨ unübersichtliche Erscheinung,
▨ undurchschaubares Verhalten,
▨ schlecht fassbar und nicht gezielt beeinflussbar.

Letztlich geht es bei den permanent anstehenden Aufgaben der Problemlösung in unserer Welt immer um Defizite im Umgang mit Komplexität; Ansätze der gedanklichen Komplexitätsreduktion sind gefragt.

Der erste Zugang ist dabei das **Verständnis** von Komplexität:

Komplexität sei im Folgenden verstanden als das gleichzeitige Vorliegen von

▨ Varietät: **Elementevielfalt,** Vielfalt der Bestandteile,
▨ Konnektivität: **Beziehungsvielfalt,** Vielfalt der Interaktionen.

Wobei beide, die Komplexität bestimmenden Größen jeweils in folgende Aspekte zerfallen:

▨ Mengenaspekt: Anzahl der Elemente bzw. Anzahl der Beziehungen,
▨ Artaspekt: Art der Elemente bzw. Art der Beziehungen.

Damit ergibt sich der „Begriffsbaum" wie in Abbildung 1-17.

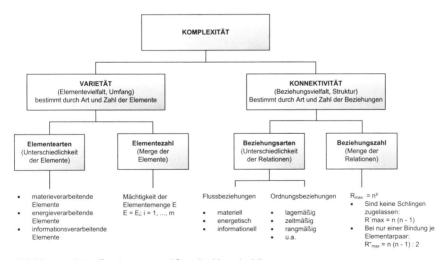

Abbildung 1-17:   Bestimmungsgrößen der Komplexität

Komplexität ist damit zunächst ein statisches Phänomen, eine Momentaufnahme eines beliebigen Systems (auch statische Systeme wie etwa ein Zahlensystem weisen Komplexität auf). Wird hingegen Varietät als Vielfalt der **möglichen Zustände** der Elemente und Beziehungen aufgefasst und nicht, wie in statischer Betrachtung, bloß als Vielfalt des Bestandes, so kommt in den Begriff der Komplexität die **Dynamik** mit ins Spiel, die damit die Komplexität faktoriell erhöht.

1.3.2 Betrachtungsobjekt Unternehmen

Obwohl Prozessmanagement nicht gezwungenermaßen unternehmensweit eingeführt werden muss, ist die Abgrenzung des ganzen Unternehmens als Untersuchungsobjekt prinzipiell als zweckmäßig anzusehen, da auftretende Schnittstellen z. B. zu Kunden, Lieferanten oder Behörden klar und verhältnismäßig einfach definiert werden können. Außerdem wird damit der Ganzheitlichkeit Rechnung getragen. Im Fall einer spezifischen, nicht unternehmensweiten Verwendung ist eine Anpassung der Vorgangslogik leicht durchzuführen.

Als **Unternehmen** sei hier jede Organisation betrachtet, die eine absatzfähige Leistung erbringt. Als Kunden wiederum gelten alle Subjekte, die eine Leistung des Unternehmens beanspruchen. Somit inkludiert der Begriff des Unternehmens z. B. auch staatliche Institutionen oder Zulieferbetriebe.

Das Unternehmen als das Objekt unseres Interesses kann demgemäß ebenfalls als System aufgefasst und dargestellt werden, wobei man je nach Betrachtungszweck unterschiedliche Zugänge treffen kann:

- das Unternehmen als **soziales System;**
- das Unternehmen als **soziotechnisches System** (Einbeziehung der Sachgüter und Einsatzmittel als Systemkomponenten);
- das Unternehmen als **soziotechnisch-informationelles System** (bei einschließender Betrachtung von abstrakten Beständen wie vor allem Wissen als Systemkomponente).

Das System **Unternehmen** ist dabei als ein

- reales, künstlich geschaffenes, zielorientiertes, offenes und darüber hinaus
- äußerst komplexes, zufallsbeeinflusstes (probabilistisches), dynamisches, selbstorganisierendes und lernendes System zu sehen.

Das in Abbildung 1-18 dargestellte Zwiebelschalenmodell dient zum Verständnis und zur besseren Einordnung des Systems Unternehmen.

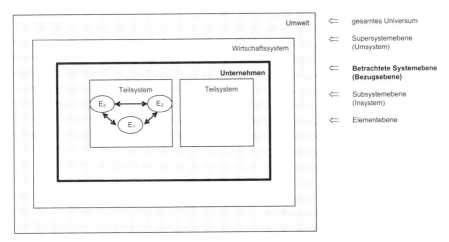

Abbildung 1-18: Zwiebelschalenmodell (Systemhierarchie)

Das Legen der Systemgrenzen wird durch den Zweck der Betrachtung bestimmt. Oft ist es erforderlich, um Erklärungen des Systemverhaltens zu liefern, die Systemgrenzen kurzzeitig zu erweitern und dadurch eine neue Sichtweise, erkauft durch höhere Komplexität, zu erlangen.

Als die wesentlichsten Merkmale des Systems „Unternehmen", insbesondere bei Betrachtung des Managements von Systemen, wurden bereits

- die Komplexität und
- die Dynamik

festgehalten.

Je **komplexer** ein Unternehmen aufgebaut ist, desto vielfältiger sind die Entscheidungsmöglichkeiten des Managements. Auf der anderen Seite gibt das **dynamische Verhalten** des Unternehmens Auskunft darüber, wie schnell diese Entscheidungsmöglichkeiten bearbeitet werden können.

Was trägt nun im Einzelnen zur Komplexität des Systems „Unternehmen" bei?

Folgende Auflistung der die Komplexität beeinflussenden Größen möge zur Klärung dienen:

- **Unternehmenskultur:** Werthaltungen, Regeln, Verhaltensweisen.
- **Unternehmenszielsetzung:** Zielhierarchie, Gewichtungen, Abhängigkeiten.
- **Soziales Umfeld (Stakeholder):** Interessengruppen, Konfliktpotenzial, Einflüsse.
- **Sachliches Umfeld:** relevante Einflüsse (natürlich, künstlich).

- **Leistungsspektrum:** Produkte (Sach-/Dienstleistungen).
- **Prozesse:** Abläufe und deren Vernetzung.
- **Leistungssystem:** Info- und Entscheidungswege, Unternehmensorganisation.
- **Personen:** Personalbestand (Mitarbeiter, Teams) nach Kompetenzen.
- **Sachmittel:** Bestand an Betriebsmitteln, Software, Geräten, Anlagen, Gebäude.
- **Know-how:** Wissensbestände, Verfahren, Methoden, Techniken, Datenbestände.
- **Finanzmittel:** Struktur der Ausstattung mit Zahlungsmitteln.

Obige Komponenten, die mit ihrer Komplexität zur Komplexität des Gesamtsystems Unternehmen beitragen, sind als Subsysteme (Aspektsysteme) des Unternehmens sowie seiner Umwelt zu sehen. Zu beachten ist, dass die zeitliche Veränderung (Dynamik) der Einflüsse die Komplexität noch wesentlich erhöht.

Die **Unternehmensgröße** als signifikantes Merkmal des Systems Unternehmen wirkt – wie vorhin aufgezeigt – auf die Systemmerkmale **Komplexität** sowie **Dynamik** ein, wobei anhand dieser Wirkkette sehr deutlich die Problemstellung für ein prozessorientiertes Management aufgezeigt wird:

Mit zunehmender Unternehmensgröße steigt die Komplexität exponentiell, zugleich nimmt die Dynamik rapide ab. Um diesen Umstand zu kompensieren, wird meist, der klassischen Auffassung von Management folgend, die Anzahl der Abteilungen/Bereiche erhöht.

Dies verbessert vordergründig die Übersichtlichkeit und verringert die Lenkungsspanne; die Abteilungen können für sich optimal arbeiten. Allerdings erhöht sich dadurch die Anzahl der Schnittstellen und die Ineffizienz steigt. Die dafür erforderliche Aufbauorganisation verursacht durch eine Vermehrung der Hierarchieebenen eine Reduktion der Dynamik. Letztlich wird über der Verfolgung des jeweiligen Bereichszieles das Unternehmensziel aus den Augen verloren!

Das **Prozessmanagement** versucht nun, dieses Problem dadurch zu lösen, dass nicht die Vermehrung der Abteilungen, sondern die Unternehmensprozesse selbst die Aufgabe der **Komplexitätsreduktion** übernehmen.

Durch eine „90°-Drehung" als Übergang von der Abteilungssicht zur Prozesssicht, die quer durch das Unternehmen den Prozessen folgt, sollen Schnittstellen vermieden und soll eine flache Organisationsstruktur ermöglicht werden (Abbildung 1-19).

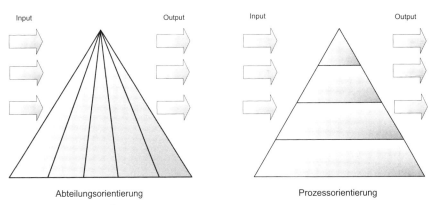

Abteilungsorientierung Prozessorientierung

Abbildung 1-19: Der Übergang von der Abteilungsorientierung zur Prozessorientierung

1.3.3 Komponenten und Wirkungsmechanismen im System „Unternehmen"

Unternehmensplanung, die den Anspruch der Ganzheitlichkeit erfüllen will, muss alle Objekte und Beziehungen innerhalb des Unternehmens sowie die Beziehungen innerhalb zu Objekten außerhalb des Unternehmens umfassen. Auch um die Zusammenhänge im Unternehmen besser verstehen zu können, ist es vorteilhaft, sich über Wirkungsmechanismen im Unternehmen Klarheit zu verschaffen. Abbildung 1-20 liefert eine Hilfestellung.

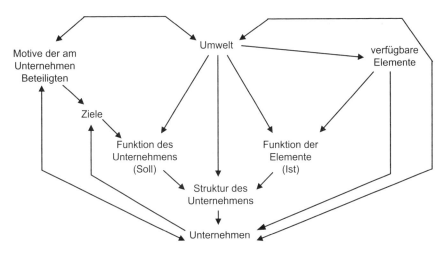

Abbildung 1-20: Zusammenhänge bei der Planung des Systems „Unternehmen"

In Abbildung 1-20 scheinen folgende Komponenten auf:

▨ *Umwelt*
Die sich dynamisch verändernde Umwelt nimmt Einfluss auf alle Elemente des Unternehmens und wird auch von diesen, wenn auch oft nur in geringem Maße, beeinflusst. Alles, was sich nicht innerhalb der Systemgrenzen des Unternehmens befindet, ist als Umwelt zusammengefasst.

▨ *Motive der am Unternehmen Beteiligten*
Die Ziele, Erwartungen und Handlungsmotive aller direkt und indirekt am Unternehmen Beteiligten haben ihren Ursprung in den verschiedenen Bedürfnissen der einzelnen Individuen. Diese können, je nach Stellung zum Unternehmen, in Gruppen mit ähnlichen Motiven zusammengefasst werden. Dazu gehören z. B. die Gruppen der Kunden, Lieferanten, Mitarbeiter, Kapitalgeber etc. Diese Gruppen seien im Folgenden Stakeholder genannt.

▨ *Ziele der am Unternehmen Beteiligten*
Aus den Bedürfnissen der am Unternehmen Beteiligten, die zu Gruppen mit gleichen Interessen zusammengefasst werden können, und den Möglichkeiten, die das Unternehmen bietet, ergibt sich eine mehrdimensionale Zielmatrix. Die Ziele einer Gruppe können in manchen Fällen mit jenen anderer Gruppen harmonieren, in anderen Fällen kann sich ein Zielkonflikt ergeben.

▨ *Funktion des Unternehmens (Wirkungsweise)*
Aus diesen Zielen und Wechselwirkungen mit der Umwelt entsteht ein mehr oder minder homogenes Bild der Funktion des Unternehmens. Hierbei handelt es sich um ein Abbild des Sollzustandes des Unternehmens, d. h., hier sind die Vorstellungen, wie das Unternehmen funktionieren soll, definiert. Angeführt seien hier später erläuterte Begriffe wie:
– Mission, Vision, gemeinsame Werthaltungen, Leitbild,
– Strategien,
– Planungen der Realisierung.

▨ *Verfügbare Elemente*
Die für das Unternehmen verfügbaren Elemente sind quasi eine Teilmenge der Umwelt, es sind dies jene Objekte, auf die das Unternehmen im beobachteten Zeitabschnitt zugreifen kann. Dazu zählen Menschen, Betriebsmittel und Wissensbestände.

▨ *Funktionen der Elemente*
Darunter versteht man alle dem Unternehmen zur Verfügung stehenden Kompetenzen und Fähigkeiten, die durch die einzelnen Elemente oder auch durch Kombination der Elemente erbracht werden können.

▨ *Struktur des Unternehmens (Ablauf- und Aufbauorganisation)*
Die Aufgabe der Struktur des Unternehmens ist es nun, die Funktion des Unternehmens (Soll) durch die Funktionen der Elemente (Ist) unter Be-

rücksichtigung der Umwelteinflüsse bestmöglich zu gewährleisten. Diese Struktur ist das Hauptgestaltungsfeld des Managements.

1.3.4 Management aus Systemsicht

In der Beschreibung und Analyse des Phänomens „Management" haben sich mehrere Denkschulen gebildet. Ihre gedanklichen Ansätze legen das Hauptgewicht der Betrachtungen auf jeweils unterschiedliche **Aspekte von Management.**

Vorweg sei festgehalten, dass sich diese Zugänge zum Teil durchaus überdecken, somit ergänzen und sich dadurch keineswegs gegenseitig ausschließen. Alle beschriebenen Managementansätze finden gleichzeitig in sinnvoller Weise Platz und liefern wesentliche Erkenntnisse zum Gesamtverständnis von Management sowie zur speziellen Ausprägung, dem Prozessmanagement. Es sind dies folgende Ansätze:

1. Funktionaler Ansatz – Schule des klassischen Managements.
2. Erfahrungsansatz – Schule des Empirismus.
3. Verhaltensansatz – Schule des Human Behavior.
4. Systemisch-evolutionärer Ansatz – Schule der sozialen Systeme.
5. Entscheidungsansatz – Schule der Entscheidungstheorie.
6. Systemansatz – Schule des Systems Engineering.

Der funktionale Ansatz

Der funktionale Ansatz baut auf der Schule des klassischen Managements auf und stellt einen traditionellen, für die Gestaltung und Optimierung jedoch sehr praktikablen Zugang dar. **Management** wird dabei als „das Bewältigen von Aufgaben mit und durch andere" (management is getting things done with and through people) definiert.

Diese Definition greift noch auf die ursprüngliche Bedeutung des italienischen Wortes „maneggiare" zurück, was so viel bedeutet wie „mit der Hand führen".

Der auf das Scientific Management zurückführende Ansatz legt sein Hauptgewicht auf das Verständnis der **Einzelfunktionen,** die das Management ausmachen. Dabei werden allerdings die Humanaspekte der Handlungsträger eher vernachlässigt.

Viele Autoren haben sich mit dem funktionalen Ansatz des Managements befasst und leicht unterschiedliche Gliederungen angeboten, wobei es letztlich immer auf das in Abbildung 1-21 gezeigte Modell hinausläuft.

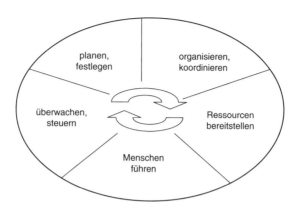

Abbildung 1-21:   Hauptfunktionen des Managements

Der Einstieg in ein Verstehen und Gestalten des Managements liegt hier in der Kategorisierung von Einzelfunktionen des Managements. Der funktionale Ansatz übersieht dabei nicht, dass Management zugleich auch eine Kunst ist – wie jede Form von Gestaltung –, die stark von den Fähigkeiten des Handlungsträgers abhängt. Diese untergliedern sich wie folgt:

▨ Konzeptive Fähigkeiten: Entwicklung von Visionen, Zielen, Plänen samt deren Abstimmung (Wissenskompetenz).
▨ Soziale Fähigkeiten: Gestaltung der zwischenmenschlichen Beziehungen (Sozialkompetenz).
▨ Entscheidungsfähigkeit: Handeln unter Unsicherheit, Zeitdruck bei unvollständiger Information (Individualkompetenz).

Management ist aus Sicht der Langfristigkeit (Zeithorizont) in seiner Ganzheit in folgende Ebenen zu untergliedern:

▨ Normatives Management: Unternehmenspolitik.
▨ Strategisches Management: prinzipielle Umsetzungsrichtlinien.
▨ Operatives Management: Detailplanung Vollzug/Realisierung.

Normatives und strategisches Management sind auf die Rahmengestaltung ausgerichtet, in denen sich der operative Vollzug des situativen Führungsgeschehens im „day-to-day business" abspielt. Während dem Normativen und Strategischen eher eine Gestaltungsfunktion zukommt, ist es Aufgabe des Operativen, lenkend in die Unternehmensentwicklung einzugreifen.

Für eine optimale Gestaltung des Systems „Unternehmen" ist obiger funktionaler Ansatz am zweckmäßigsten. Trotzdem seien nachfolgend kurz die weiteren Ansätze erläutert.

Der empirische Ansatz

Er baut auf der Schule des Empirismus auf und besagt, dass Verständnis von Management zum Zwecke der Entwicklung von Managementfähigkeiten ausschließlich durch **Beobachtung** von Managern bei der Arbeit möglich ist.

Eine Vergleichbarkeit der Fälle ist nicht wesentlich; das Erstellen einer allgemeinen Theorie des Managements wird (zunächst) nicht angestrebt und letztlich als gar nicht möglich angesehen. Die Herleitung von generalisierten Aussagen ist kein Anliegen des empirischen Ansatzes, sondern vielmehr das Lernen an Einzelfällen durch persönliche Erfahrung sowie durch Weitergabe der Erfahrungen erfolgreicher Manager.

Das **Fallbeispiel** in der Praxis und im Labor ist zentraler Gegenstand der Beschäftigung.

Kritisch sei hier angemerkt, dass jede wissenschaftliche Beobachtung zum Zweck der Erfahrungserweiterung auch zur Generalisierung von Aussagen beitragen sollte. Neo-empirische Ansätze erkennen daher an, dass zur wissenschaftlichen Beschäftigung auch Theoriebildung durch Generalisierung sowie Entwicklung von Handlungsanleitungen gehört.

Zugleich steckt in der geforderten Verwertung von Erfahrungen (durch Beobachtung oder durch eigenes Erleben) auch eine beachtliche **Gefahr**: Es wird allzu leicht die Dynamik und die Zufallsabhängigkeit im Unternehmen und seinem Umfeld übersehen: Wertewandel, geänderte Anforderungen und permanent ablaufende Lernprozesse erfordern eine jeweils **neue** Sicht einer – oberflächlich betrachtet – analogen Problemstellung. Eine Ex-post-Rationalität wird dabei den analysierten Fallbeispielen unterstellt, was eine bequeme Fehlinterpretation darstellt.

Der Verhaltensansatz

Unter diesem Ansatz zur Erfassung des Phänomens „Management" sind die Schulen des Human Behavior, des Behaviorismus, der Human-Relations-Konzepte und der Gruppendynamik zusammengefasst. Sie basieren auf der Überzeugung, dass sich die Managementlehre mit dem **Menschen** zu beschäftigen hat, da Management als das Erbringen von Leistungen mit und durch andere zu verstehen ist.

Der Ansatz konzentriert sich demgemäß auf den Menschen im System, d. h. auf interpersonelle wie intrapersonelle Phänomene des Menschen, von der Persönlichkeitstypologie bis zur umfassenden Unternehmenskultur.

Dort, wo Menschen bzw. Gruppen von Menschen zur Erreichung von Zielen tätig sind, muss der Mensch den **Menschen und sein Verhalten** in seinem spezifischen sozialen Kontext verstehen.

Beobachtungsgegenstand sind die zwischenmenschlichen Beziehungen (Human Relations) und die Verhaltensweisen bzw. Verhaltensmuster in Organisationen, insbesondere die Kommunikation. Das Studium des sozialen Verhaltens, d. h. der wechselseitigen Einflüsse von Individuum und Gruppe, wird als Grundlage für das Verständnis von Management angesehen.

Die Human-Relations-Konzepte gehen dabei über das Konzept des Behaviorismus hinaus, indem sie als wesentliches Betrachtungsobjekt die Motivation des Menschen mit einbeziehen, womit der sichere Boden des direkt Wahrnehmbaren verlassen wird und sich eigentlich keine Gestaltungsregeln ableiten lassen.

Die hier angeführten Ansätze unterscheiden sich in der Intensität, mit der Erkenntnisse über das Verhalten des Menschen in Organisationen zur Verbesserung bei der Wahrnehmung der Managementaufgabe herangezogen werden können. Die Spannweite reicht dabei von der bloßen Beobachtbarkeit mit schwacher Interventionsmöglichkeit bis zur systematischen Verhaltenssteuerung.

Als Kritik sei hier angemerkt, dass die Gleichsetzung von Management mit dem Management interpersoneller Beziehungen als eine unzulässige Einschränkung angesehen werden muss.

Der systemisch-evolutionäre Ansatz

Der Ansatz der **sozialen Systeme**, auch systemisch-evolutionärer Ansatz genannt, verbindet das verhaltenstheoretische Konzept mit dem Systemkonzept: Das Management wird als ein sich von innen heraus entwickelndes System kultureller Beziehungen aufgefasst, das sich in den Handlungen bzw. Rollen oder Entscheidungen in derartigen Systemen manifestiert. Es ist dies eine Art „Theorie der Kooperation" zum Zweck der Effizienzsteigerung des Managements.

Der Entscheidungsansatz

Dieser Ansatz sieht im Vordergrund die Entscheidungsaufgabe des Managers samt zugehörigem Prozess.

Managen ist demnach eine komplexe Folge von Einzelentscheidungen, die möglichst rational und methodengestützt vorgenommen werden sollten.

Unterschiede in den Konzepten ergeben sind danach, ob die Entscheidung als Ergebnis, die Entscheidungsfindung als Prozess oder der Entscheidungsträger selbst betrachtet wird:

▪ Wird die rationale, ökonomisch optimale Entscheidung im Zentrum gesehen, wobei formale/mathematische Instrumente des Operations Research, der Nutzentheorie und des Scientific Management Verwendung finden, handelt es sich um den **Entscheidungsansatz in der ursprünglichen Form.**

▪ Zentrales Instrument sind das Modell und dessen quantitative Auswertung: Ist Management ein rationaler Prozess, so müssen modellmäßige Abbildungen desselben möglich sein.

▪ Wird jeweils der Gesamtentscheidungsprozess, untergliedert in Phasen wie Problemerkennung, Situationsanalyse, Problemdefinition, Alternativentwicklung, Bewertung und Auswahlentscheidung, gesehen, so sollte doch besser von **Problemlösungsprozess** gesprochen werden, da es sich hier um eine Vielzahl von Entscheidungen handelt.

▪ Wird der Mensch als Entscheidungsträger betrachtet, d. h. sein rationales und intuitives Verhalten bei der Entscheidungsfindung, so kommt man dem Ansatz sozialer Systeme (Handlungssysteme) sehr nahe.

Abschließend sei hier angemerkt, dass Management wesentlich mehr umfasst, als in einem Entscheidungsmodell abgebildet werden kann, soll das Modell realitätsbezogen bleiben. Weiterhin liegt die Versuchung nahe, die Sicht der Wirklichkeit an verfügbare Modelle „anzupassen", etwa durch das Vernachlässigen von Parametern oder zumindest von deren Dynamik, Nichtlinearität, Stochastik, Unabhängigkeit, anstatt das Modell der Wirklichkeit entsprechend abzuändern.

Systemansatz

Dieser Ansatz baut auf der Systemtheorie auf und versucht, Management in Bezug zum Gesamtsystem „Unternehmen" und in Wechselwirkung mit seiner spezifischen Umwelt zu sehen.

Er arbeitet mit formalen Modellen (Graphentheorie, Kybernetik) und bildet die Managementaufgabe als komplexe Übertragungsfunktion von Inputs in Outputs ab, die als Regler der Flüsse im System (Materie, Energie und Information) wirkt.

Aufgabe des Managements ist es, dieses System so zu planen und zu regeln, dass die von den Systemzielen abgeleiteten Einzelziele möglichst optimal erfüllt werden.

Kritisch sei hier angemerkt, dass zwar alle Ansätze in der jeweils vorliegenden Problemstellung bzw. Managementsituation wertvoll sind und eingesetzt werden sollten, jedoch nur ein **systemorientierter** Ansatz der Komplexität und Interdisziplinarität des Phänomens „Management" gerecht wird und somit der Systemansatz immer als **Rahmen** dienen sollte.

1.3.5 Der Regelkreis als grundlegendes Modell der Systemtechnik

Die Art und Weise, wie die Elemente eines Systems zusammenwirken, macht letztlich die Komplexität der Systeme aus, wie es die vorherigen Ausführungen dargelegt haben. Dabei lässt sich die Vernetzung im System auf ein **Grundmodell** des Austausches von Information, Materie und Energie zurückführen, nämlich auf den Regelkreis (Abbildung 1-22).

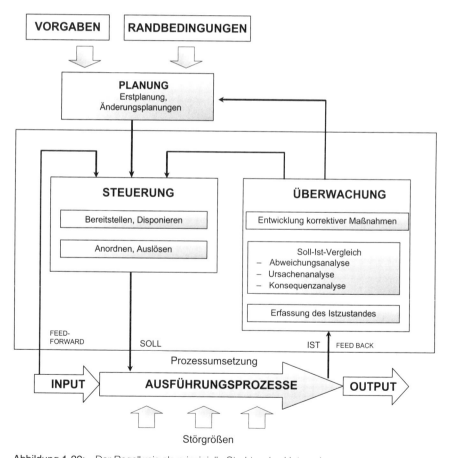

Abbildung 1-22:   Der Regelkreis als prinzipielle Struktur des Unternehmensmanagements

Der Regelkreis ist die einzige mögliche Weise, um in einem System Ziele zu verfolgen und zugleich den Bestand/das Überleben des Systems abzusichern. Der Regelkreis stellt den Baustein aller kybernetischen Strukturen dar.

Als konstituierendes Prinzip weist der Regelkreis die **Rückkopplung/Feedback** auf sowie, insbesondere bei sozialen Systemen, die sogenannte **Vorkopplung/Feedforward**. Beide Vernetzungsprinzipien scheinen im Regelkreismodell des Unternehmensmanagements auf, sie werden nachfolgend detailliert besprochen.

Erläuterungen zur Abbildung:

Die **Rückkopplung** liefert Information über den ablaufenden Prozess an die Regeleinheit zurück. Theoretisch könnte das System in der Verfolgung der gesetzten Ziele auch ohne Rückkopplung auskommen – es handelt sich dann um eine reine Steuerstrecke, wenn es nicht folgende in der Realität immer auftretende Einflüsse gäbe:

- Es treten aus der Systemumwelt immer Einwirkungen in Form von **Störgrößen** auf.
  Diese Störgrößen stammen aus der **sachlichen** Umwelt (Änderungen am Markt, im Rechtssystem, im Stand des Wissens bis zu Wettereinflüssen und vieles mehr) oder auch aus der **sozialen** Umwelt (Änderungen der Einstellungen, Erwartungen, Befürchtungen relevanter Interessengruppen/Stakeholder).
- Im Laufe des Lebenszyklus eines sozialen Systems kommt es unweigerlich zu **Zieländerungen** von innen, d.h. aus dem System heraus, das ja mehr oder minder stark selbstorganisierend ist, die in geregelter Form als neue Vorgaben zu berücksichtigen sind.
- Handelt es sich bei dem System um ein künstliches, von Menschen zweckorientiert geschaffenes, so zeigen sich immer wieder im Zuge der Planumsetzung Fehler, denen durch Regelung entgegengewirkt werden muss. Diese **Planungsfehler** stellen sich bei gewissenhafter Überwachung heraus und müssen an die Steuerung bzw. auch an die Planung zurückgemeldet werden.
- Insbesondere im Management kann es nie eine vollständige Information geben, man muss immer auch **Annahmen** und **Schätzungen** vornehmen, um handlungsfähig zu bleiben. Im Zuge der Ausführung stellt sich dann heraus, dass Schätzungen eher nur im Ausnahmefall genau zutreffen, sodass nachgeregelt werden muss.

Aus diesen Gründen ist das Regelkreisprinzip für ein langfristiges Bestehen von offenen Systemen essenziell.

Die **Überwachung** des Ausführungsprozesses hinsichtlich seiner Zielparameter

- Leistung (Sachergebnis),
- Termine,
- Kosten sowie
- Zufriedenheit der Stakeholder (Prozessziele)

kann in einzelne logische Schritte untergliedert werden. Es sind dies aus Prozesssicht folgende drei Schritte:

1. Erfassung des **Istzustandes**:

Diese kann im Einzelnen situativ unterschiedlich ablaufen, sollte jedoch unbedingt organisatorisch geplant werden.

Die sogenannten Istdaten, die vor allem vollständig, richtig, aktuell, rückverfolgbar und letztlich relevant sein sollten, sind die Basis für den nächsten Schritt, den

2. **Soll-Ist-Vergleich**, der sich streng logisch in folgende Analysen untergliedert:

- Analyse der Abweichung des Ist vom Soll,
- Analyse der Ursachen für die eingetretene Abweichung,
- Analyse der Auswirkungen/Konsequenzen auf die Zielerreichung.

3. Entwicklung von **korrektiven Maßnahmen**. Von diesen ist, der Situation entsprechend, die jeweils optimale Steuerungsmaßnahme auszuwählen und anzuordnen, was demgemäß nicht mehr zur Kompetenz der Überwachung gehört.

Im Sinne von Zieländerungen kann jedoch auch eine Abänderung der Planung vorgenommen werden, sodass keine Steuerungsmaßnahmen im Sinne einer sukzessiven Anpassung des Istzustandes an die Vorgabe des Soll gesetzt werden, sondern eine neue Planversion ermittelt wird, um die eingetretene, nicht akzeptable Differenz zwischen Ist und Soll zum Verschwinden zu bringen.

Die **Vorkopplung** ergänzt die Rückkopplung: Das bisher beschriebene Nachführen als **reaktive** Maßnahme der Steuerung eines Systems wird bei komplexen Systemen, wie es ein Unternehmen darstellt, nicht ausreichen. Es würde zu inakzeptablen Zustandsschwankungen führen. Es muss zugleich auch **proaktiv** auf die Umwelteinwirkungen eingegangen werden, dies im Sinne des in der Abbildung eingetragenen Feedforward: Es handelt sich dabei nicht um die Erhebung und Verwertung von Istdaten als Fakten zur Beschreibung des aktuellen Zustandes des Ausführungsprozesses, sondern um Daten betreffend die vielfältig zu erwartenden Inputs im Sinne von Prognosen, d. h. absehbaren Entwicklungen der unmittelbaren Zukunft, die mit Wahrscheinlichkeit eintreten werden bzw. abgeschätzt werden können.

Zwar sind dies ebenfalls Fakten, die jedoch nur als mehr oder minder zutreffende Indikatoren für das Vorhersagen zukünftiger Entwicklungen von Einflüssen anzusehen sind. Jede davon abgeleitete Prognose ist dem Wesen nach natürlich unsicher, trotzdem dienen derartige Informationen als dringend benötigte Signale für die vorausschauende Steuerung von sozialen Systemen. Es sind demgemäß **Frühwarnsysteme** einzurichten, wobei sogenannte **schwache Signale** auszuwählen und zu verfolgen sind.

Das beschriebene Regelsystem dient im Weiteren als Grundlage zur Beschreibung und Erklärung des Managements von Unternehmen.

Ganzheitliches Modell des Unternehmensmanagements

Zur Darstellung und Erklärung des Managements der Unternehmensprozesse in Form eines vernetzten Regelkreissystems sei in einer weiteren Konkretisierungsstufe, basierend auf den Begriffen von Kapitel 1.1, das in Abbildung 1-23 dargestellte Modell präsentiert. Dabei werden drei Ebenen des Managements unterschieden, die den nachfolgenden Kriterien entsprechend unterschiedliche Ausprägungen aufweisen:

Zeithorizont:	von langfristig	bis kurzfristig
Betrachtungstiefe:	von generell	bis detailliert
Zentralisierung:	von zentral	bis dezentral (Bereiche, Abteilungen)
Verhaltensstrategie:	von proaktiv	bis reaktiv

Die drei Ebenen des Managements stellen sich als untereinander vermaschte Regelkreisstrukturen mit Rückkopplungen dar, wodurch sowohl notwendige, sich wiederholende Arbeitsschritte als auch die Dynamik der sich ändernden Umweltbedingungen berücksichtigt werden. An den Entscheidungspunkten wird beurteilt, ob das Unternehmen dieser sich ändernden Umwelt mit der vorliegenden Struktur gewachsen ist oder ob ein gestalterischer Eingriff notwendig ist.

Obere Ebene: Normatives Management

Die Ebene des normativen Managements beschäftigt sich mit den unternehmerischen Visionen sowie der Mission und den generellen Zielen des Unternehmens, mit Werthaltungen, Normen und Spielregeln, die darauf ausgerichtet sind, die Lebens- und Entwicklungsfähigkeit der Unternehmung zu sichern.

Auf diese langfristigen Elemente der Unternehmensplanung konzentriert sich die **Unternehmenspolitik**, welche durch die Unternehmensverfassung sowie durch die Unternehmenskultur getragen wird.

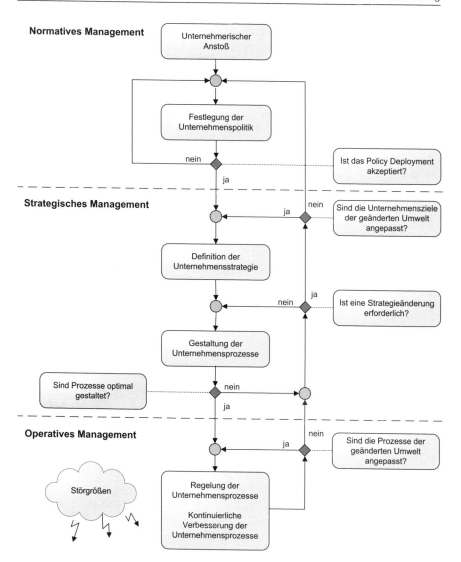

Abbildung 1-23: Das Regelsystem „Unternehmensmanagement"

Es werden folgende Fragen beantwortet:

- Mission: Wozu sind wir da/wie wollen wir von der Gesellschaft gesehen werden?
- Vision: Wo wollen wir idealerweise in Zukunft stehen?
- Ziele: Was wollen wir wann erreichen?
- Werthaltungen: Was ist uns dabei wichtig?
- Normen/Regeln: Wie wollen wir dabei prinzipiell vorgehen?

Das normative Management ist an der Nutzenstiftung für die relevanten Interessengruppen (Stakeholder) orientiert und es bestimmt die Grundlage für alles Handeln im Unternehmen.

Generelles Ziel ist es, ein etablierter Leistungserbringer am Markt bei profitablem Wachstum zu sein.

Mittlere Ebene: Strategisches Management

Strategie ist die prinzipielle Aufstellung der Potenziale und Ressourcen in der Auseinandersetzung mit der Umwelt.

Strategisches Management umfasst den Aufbau, die Entwicklung und die Nutzung von Erfolgspotenzialen im Unternehmen. Die Erfolgspotenziale müssen erfasst werden, um darauf aufbauend Kernprozesse des Unternehmens in einer zukunftsorientierten Sichtweise zu entwickeln. Die prinzipiellen, grob formulierten Kernprozesse werden nachfolgend zu Geschäftsprozessen erweitert, mit Managementprozessen versehen und durch Stützprozesse ergänzt.

Die Festlegung der Prozesslandschaft stellt die zentrale Unternehmensgestaltung dar.

Generelles Ziel ist es, optimale Strukturen in den Abläufen und im Aufbau des Unternehmens zur Verfolgung der Unternehmensziele zu besitzen und diese in der Auseinandersetzung mit einer sich ändernden Unternehmensumwelt zu nutzen.

Untere Ebene: Operatives Management

Auf der operativen Ebene werden die normativen Unternehmensgrundsätze und deren Umsetzung in Form der gewählten Unternehmensstrategien auf Basis der gewählten Unternehmensgestaltung realisiert.

Operatives, taktisches Management muss sich im Rahmen der strategischen Vorgaben bzw. Gegebenheiten mit den aktuellen Umwelteinflüssen auseinandersetzen und durch permanente Feinsteuerung einen stabilen (ultrastabilen) Prozess der Leistungserbringung gewährleisten.

Ziel ist es, den Lauf der Prozesse trotz Umweltstörgrößen effektiv und effizient zu gewährleisten.

Die Vermaschung der drei Managementebenen, der Struktur des vorhin gebrachten Regelkreisprinzips folgend, manifestiert sich vor allem in folgenden Rückkopplungen:

Wenn die Feinsteuerung der Prozesse nicht mehr den gewünschten zielorientierten Output erbringt, so ist in die Prozessgestaltung laufend einzugreifen, was sich als **kontinuierlicher Verbesserungsprozess – KVP –** auf der operativen Managementebene realisiert.

Sollte das Feintuning der Prozesse wegen zu großer Änderungsausschläge der Umwelt nicht ausreichen, d. h., sind grundsätzliche Prozessänderungen erforderlich, so stellt dies einen Eskalationsfall dar: Das Problem ist auf der darüber liegenden Ebene der **Prozessgestaltung** bzw. **Strategiegestaltung** zu lösen, wobei die Rückkopplung die informationelle Basis liefert.

Die grundlegendste Form der Anpassung an eine sich ändernde Unternehmensumwelt ist die Eskalation auf die oberste Managementebene im Sinne einer Adaptierung der **Unternehmensziele** oder sogar der **Unternehmensmission**.

Wesentlich für ein funktionierendes Managementinformationssystem auf allen drei Ebenen sind die richtige Wahl und Verwendung von Messgrößen in Form eines Kennzahlensystems, das, nach oben aggregierbar, zur Steuerung und Überwachung der einzelnen Prozesse auf der jeweiligen Ebene die relevanten Managementinformationen liefert.

Systemtechnisch gesprochen geht es dabei um die Forderung nach **Beobachtbarkeit** und **Steuerbarkeit** von komplexen Regelsystemen.

1.4   Das Zusammenspiel des Prozess-Lifecycles mit der strategischen Unternehmensführung

Der Prozess-Lifecycle zeigt die Bedeutung des Prozessmanagements im Zusammenhang mit der strategischen Steuerung eines Unternehmens auf. Die normative und strategische Ebene stellen dabei den Überbau dar, aus dem die Zielvorgaben für die Prozesse der operativen Ebene abgeleitet werden. Mithilfe von strategischen Instrumentarien wie z. B. der Balanced Scorecard (BSC) kann der Beitrag der Prozesse zur Erreichung der strategischen Ziele bewusst gesteuert werden. Innerhalb der operativen Ebene zeigt der Prozess-Lifecycle die einzelnen Stationen auf dem Lebensweg eines Prozesses auf, beginnend mit seiner Aufnahme in die Prozesslandschaft bis hin zu seiner Außerbetriebnahme. Der Prozess-Lifecycle verbindet somit strategisches mit dem operativen Prozessmanagement (Abbildung 1-24). Die systemtechnische Grundlage des Prozess-Lifecycles wurde im ganzheitlichen Modell des Unternehmensmanagements gelegt (Abbildung 1-23).

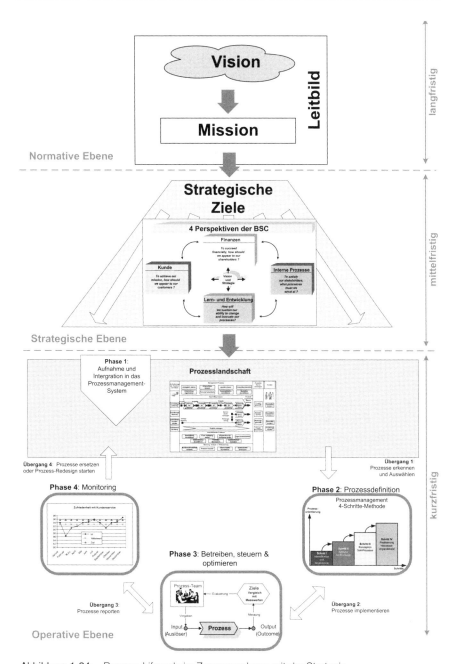

Abbildung 1-24: Prozess-Lifecycle im Zusammenhang mit der Strategie

Ausgehend von den allgemeinen Grundsätzen der normativen Ebene muss das Unternehmen konkrete Zielvorstellungen über seine beabsichtigte zukünftige Entwicklung ableiten. Strategien und strategische Ziele stellen dabei das **Bindeglied zu den Prozessen der operativen Ebene** dar. Strategien verdichten generelle Vorstellungen und nehmen Bezug auf real existierende Unternehmensumwelten wie z. B. Konkurrenz, Kundensegmente, Technologien etc. Sie zeigen auf, welchen Zustand das Unternehmen in den einzelnen relevanten Segmenten anstrebt und wie man beabsichtigt, diesen zu erreichen. Bevor jedoch diese Aussagen nicht in messbare Leistungsziele übersetzt werden, bleiben sie nicht viel mehr als schöne Worte auf Papier. Diese Aufgabe kommt den strategischen Zielen zu. Sie verbinden die geäußerte Absicht mit ihrer Umsetzung in konkrete Schritte und Maßnahmen. Um wirksam sein zu können, müssen strategische Ziele eine genaue Beschreibung des Ziels, des Wegs dorthin (was wollen wir wie erreichen?) sowie einen realen Zeitbezug (bis wann wollen wir es erreichen?) beinhalten.

Klare, messbare und untereinander abgestimmte strategische Ziele dienen den Mitarbeitern im Unternehmen als Markierungen auf dem Weg zur Erreichung der langfristigen Unternehmensziele.

In der **operativen Ebene** findet die eigentliche Leistungserstellung statt. Die Ziele der normativen und strategischen Ebene werden zu ihrer Umsetzung auf die einzelnen **Unternehmensprozesse** heruntergebrochen (siehe Kapitel 2). Damit ist gewährleistet, dass eine logische Verknüpfung zwischen den generellen Absichten und dem realen Tun eines Unternehmens besteht. Durch einen Abgleich der Prozessziele mit den strategischen Zielen ist sichergestellt, dass in der Leistungserstellung keine „eigenen Wirklichkeiten" geschaffen werden, die eine strategische Unternehmenssteuerung blockieren könnten. Es besteht hierbei die Gefahr, dass innerhalb der Prozesse eigene Zielvorstellungen entstehen – dies unter anderem dann, wenn Top-down-Vorgaben fehlen bzw. lückenhaft sind. Hierbei ist in der praktischen Umsetzung oft zu beobachten, dass auf Ebenen der Vision/Mission die Aussagen klar vorliegen, diese Klarheit jedoch bei der Strategie bzw. den strategischen Zielen fehlt oder lückenhaft ist (vgl. Schwanfelder, 2004).

1.5   Auswirkung der Prozessorientierung

Die Einführung eines Prozessmanagementsystems bedeutet veränderte Strukturen und induziert Wirkungen auf die gesamte Organisation (vgl. Becker, 2002). Die Aufbau- und Ablauforganisation werden verändert und ein prozessorientiertes Verständnis wird aufgebaut (vgl. Glasl, 2005). Geht man von der funktionalen Gliederung eines Unternehmens aus, lassen sich drei Entwicklungen zu einer Prozessorganisation erkennen (Suter, 2004):

▓ funktionale Organisation mit Prozessverantwortung,
▓ Matrixorganisation als duale Struktur mit prozess- und funktionsorientierter Organisation,
▓ prozessorientierte Primärstruktur.

Funktionale Organisation mit Prozessverantwortung

Bei der funktionalen Organisation mit Prozessverantwortung (Abbildung 1-25) bleiben die Funktionen im Unternehmen und ihre Verantwortlichkeiten bestehen. Die Prozessorientierung muss hier zunächst als einfaches Rationalisierungsinstrument verstanden werden, um die tradierten Abläufe innerhalb einer Abteilung zu reorganisieren. Es endet an den Abteilungsgrenzen und ist als Methode wie das Gemeinkostenmanagement oder Zero-Based Budgeting zu verstehen. Ziel der Prozessorientierung ist in erster Linie nicht, flexible Strukturen zu schaffen, sondern Gemeinkosten und Unwirtschaftlichkeiten in den Abläufen aufzudecken. Die Durchführung von Reorganisationsmaßnahmen erfolgt eher über grundsätzliche Programme, wie das Einführen von Standardsoftware oder den Abbau aller zentralen Einkaufsaktivitäten. Für wesentliche Geschäftsprozesse, wie beispielsweise die Auftragsabwicklung, werden Prozessverantwortliche eingesetzt, die funktionsübergreifend die Gesamtziele der Geschäftsprozesse verfolgen. Inner-

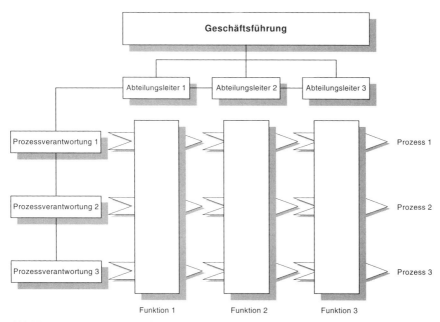

Abbildung 1-25: Funktionale Organisation mit Prozessverantwortung

halb dieser Organisation bleiben die wesentlichen Verantwortlichkeiten und die Weisungsbefugnis in der funktionalen Linie. Der Prozessverantwortliche ist an allen Entscheidungen beratend beteiligt und hat selbst keine Entscheidungskompetenz. Vorteil dieser Form ist es, dass die funktionale Struktur erhalten bleibt und mit relativ wenig Aufwand die Prozesssichtweise langsam etabliert wird (vgl. Franz, 1996).

Matrixorganisation als duale Struktur mit prozess- und funktionsorientierter Organisation

Die zweite Stufe der Entwicklung zur Prozessorganisation ist eine Matrixorganisation als duale Struktur (Abbildung 1-26). In dieser Organisationsform existieren die funktionale und die prozessorientierte Form nebeneinander. Die Prozessorganisation ergänzt die Funktionen, ersetzt sie aber nicht. Aufgrund dieser Matrixorganisation können Konflikte bei Verantwortung und Entscheidung entstehen. Daher muss im Voraus geregelt werden, wer bei einzelnen Entscheidungstypen (z. B. Budgetierung, Verabschiedung von IS-Projekten, Auswahl von Mitarbeitern) welche Kompetenz und Weisungsbefugnis hat. Eine Matrixorganisation im Prozessmanagement verlangt einen kooperativen Führungsstil.

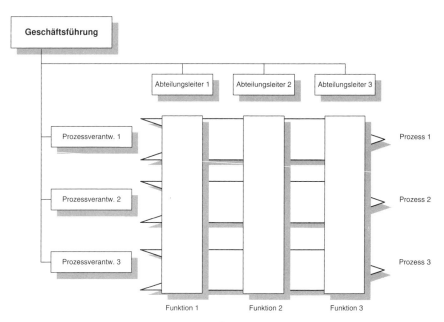

Abbildung 1-26:   Matrixorganisation als duale Struktur

Vorteil dieser Organisationsform ist die Vereinigung von funktionsspezifischem Fachwissen und abteilungsübergreifender Prozesserfahrung. Durch die Prozessorientierung werden die Kundenorientierung und die Ganzheitlichkeit der Betrachtung von Geschäftsprozessen sichergestellt. Der Prozessverantwortliche vertritt gegenüber den Funktionsverantwortlichen die Prozessziele. Sein Aufgabenbereich ist es, die Zufriedenheit des Endkunden zu sichern, sich daraus ergebende organisatorische Maßnahmen abzuleiten und anzustoßen. Nachteile dieser Organisationsform dagegen ist der erhöhte Einsatz von Führungskräften, der höhere Kommunikations- und Koordinationsbedarf sowie ein eventueller Zeitverlust und Kompromiss bei Entscheidungen. Insgesamt ist die Prozessorientierung in diesem Zusammenhang als ein funktionsübergreifendes Steuern der Geschäftsprozesse zu verstehen.

Prozessorientierte Primärstruktur

Die am weitesten gehende Einführungsmöglichkeit des Gedankens der Prozessorientierung ist eine prozessorientierte Primärstruktur (Abbildung 1-27). Diese Struktur verlangt eine konsequente Ausrichtung der Organisation auf die Geschäftsprozesse. Konsequente Prozessausrichtung beinhaltet, dass die Gesamtverantwortung für die Prozesse bei einem Prozessverantwortlichen liegt und dieser zu entscheiden hat, wie die Prozesse umgesetzt werden. Die funktionale Gliederung des Unternehmens wird aufgehoben. Funktionen sind nur noch als Stabsstellen zu verstehen, die bestimmte Teilprozesse bearbeiten

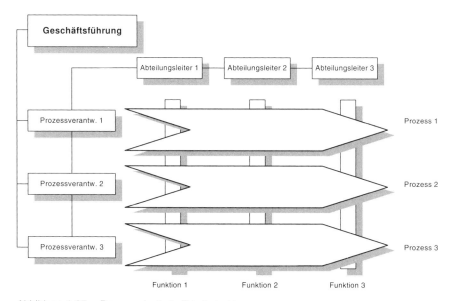

Abbildung 1-27:   Prozessorientierte Primärstruktur

und Spezialistenaufgaben übernehmen. Das Unternehmen könnte in Form einer Holding verstanden werden, in der die kundenorientierten Geschäftsprozesse die Tochterunternehmen bilden, die an die Holding über den Verlauf der Prozesse zu berichten haben. Das Unternehmen wird als Menge untereinander vernetzter Prozesse verstanden, die jeweils eine organisatorisch selbstständige Einheit bilden. Aufgabe des Managements in dieser Organisationsform ist es, die identifizierten Geschäfts- und Teilprozesse optimal zu planen, zu steuern und zu kontrollieren. Dazu werden allerdings veränderte Methoden, Verfahren und Instrumente des Managements benötigt. Beispielsweise werden das Planungs- und Kontrollsystem sowie die Informationssysteme verändert und die Schulung der Mitarbeiter und Führungskräfte ist notwendig. Letztlich stellt sich die Aufbau- und Ablauforganisation anders dar. Das Planungs- und Kontrollsystem ist intensiver auf Prozesse auszurichten. Die Informationssysteme sollten in der Lage sein, Daten über prozessorientierte Instrumente zu erfassen. Dies beinhaltet eine veränderte Informationsversorgung bezüglich der Kosten-, Zeit- und Qualitätsdaten, wie sie auch schon beschrieben wurden. Aber auch die Anforderungen an die Führungskräfte verändern sich. Es werden hohe Kommunikationsfähigkeiten erwartet, um die Grundgedanken Kundenorientierung, Prozessorientierung und Mitarbeiterorientierung umsetzen und vermitteln zu können. In dieser Organisationsform erhalten die Prozessverantwortlichen die größte Kompetenz. Gegen derartig radikale Veränderungen sind starke Widerstände zu erwarten und um solch eine Reorganisation zur prozessorientierten Primärstruktur vollziehen zu können, sind der Wille und die Unterstützung der Geschäftsleitung und Unternehmenseigentümer unbedingt erforderlich. Der Aufwand für eine grundlegende Reorganisation ist nicht zu unterschätzen. Von der Unternehmensphilosophie bis zur Kostenstellenstruktur ergeben sich Veränderungen, die auch einen Richtungswechsel im Verhalten der Mitarbeiter verlangen.

Mitarbeiterbeteiligung im Prozessmanagement

Prozessorientierung stellt sich als ein Angebot an den Mitarbeiter dar, sodass er persönlich Einfluss auf die Entwicklung des Unternehmens nehmen kann bzw. dieser Einfluss sichtbar wird. Nach den Theorien von Maslow zur Arbeitszufriedenheit und Herzberg zu den Führungsmethoden ist eine wirkungsvolle Steigerung der Motivation nur über Partizipation möglich. Die Prozessorientierung zielt darauf ab, die Motivationspotenziale und Synergieeffekte beim Zusammenwirken von Personengruppen zu nutzen und somit auch ein gemeinsames Objekt des Interesses und Handelns zu schaffen.

Die bereichs- und funktionsübergreifende Sichtweise bei der Prozessorientierung stellt den raumzeitlichen Aspekt in den Vordergrund. Von allen Mitarbeitern wird erwartet, über die Abteilungsgrenzen hinaus zu denken und zu handeln. Deutlich wird hier die oftmals erwähnte Abkehr von einer traditionell-hierarchischen oder funktionellen Betrachtung zugunsten einer prozessorientierten Organisation.

Dieser erweiterte Verantwortungsbereich erfordert in zunehmendem Maße die Partizipation und Kooperation aller am Unternehmensprozess Beteiligten. Die partizipative Führung erlaubt nicht nur Mitsprache, sondern verlangt Initiative zu Veränderung, Informationsaustausch und Interaktion der Führungskräfte und Mitarbeiter. Aufgabe der Führung ist es, das partizipative Führungsmodell einzuhalten und umzusetzen.

Die Eigenverantwortung ist das dritte notwendige Element innerhalb der Prozessorientierung. Aufgrund der ersten beiden Elemente entsteht für Führungskräfte und Mitarbeiter eine veränderte Beziehung zum Ausmaß der Verantwortung. Über eine Bewusstseinsänderung soll eine Bereitschaft zur periodischen Messung und objektivierten Kontrolle der Qualität der eigenen Arbeit hergestellt werden.

Durch bereichsübergreifendes Denken, partizipative Führung und Eigenverantwortung werden den Beteiligten eine größere Übersicht und bessere Einordnung der Geschäftsprozesse in den Gesamtzusammenhang geboten. Im Interesse des Einzelnen muss die Bereitschaft zur Selbstbeurteilung, also der kritischen Betrachtung des eigenen Leistungsbeitrages, geweckt werden. Sehr präzise drückt es folgender Satz aus: „Die Motivation zur Selbstbeurteilung unterstellt, dass Arbeitszufriedenheit und potenzielle Leistungssteigerung ihre wesentliche Quelle im Arbeitsinhalt selbst haben, also intrinsische Motive aktiviert werden." Das heißt, eine positive Beurteilung der eigenen Tätigkeit ist abhängig von dem qualitativen Arbeitsergebnis. Je komplexer (größerer Gesamtzusammenhang) und selbstbestimmender (mehr Eigenverantwortung) der Arbeitsinhalt ist, desto höher ist die Motivation und damit die Bereitschaft zur Selbstbeurteilung (intrinsische Motivation).

„Bei gelebter Prozessorientierung ist davon auszugehen, dass sich der Mitarbeiter ein Urteil über die Qualität der Prozesse, Produkte oder Dienstleistungen seines Verantwortungsbereiches bzw. seiner Aufgaben bildet und seine Einschätzungen in schriftlich festgehaltener Form zum Ausdruck bringt." Dies ist auch Voraussetzung, um die Leistungen transparent und messbar gestalten zu können, was beim Konzept der Prozessorientierung eine wesentliche Rolle spielt. Operativ erfolgt die Selbsteinschätzung beispielsweise über sogenannte „Self Assessment Checklists", bei denen die Eigenleistung über kritische Fragen bezüglich der Qualität und Verbesserungen geprüft wird.

Aufgedeckte Schwachstellen liefern Transparenz und geben Anlass zu selbstgesteuerten Verbesserungen. Die Aufforderung zur bewussten Urteilsfindung der eigenen Leistungen ist Ausdruck von Mündigkeit des Mitarbeiters und in keinem Falle als eine Kontrolle der Leistungen durch Vorgesetzte zu verstehen. Abbildung 1-28 illustriert den Zusammenhang zwischen Arbeitsinhalt und Arbeitszufriedenheit: Je eigenverantwortlicher ein Mitarbeiter handeln kann, desto zufriedener ist er.

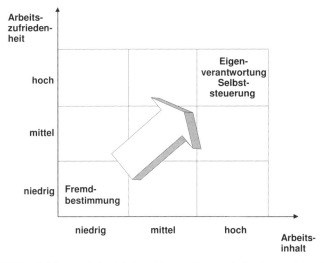

Abbildung 1-28:   Abhängigkeit der Arbeitszufriedenheit von Arbeitsinhalt und Arbeitsqualität

Die Umsetzung solcher Gedanken schafft notwendigerweise ein neues Rollenverständnis und eine andere Auffassung der Arbeitsaufgaben. Insgesamt wird durch diese Art der Eigenverantwortung ein stärkeres unternehmerisches Denken gefördert, was zunächst von allen im Unternehmen verstanden und akzeptiert werden muss. Unbedingt wichtig bei der Eigenverantwortung und Selbstbestimmung ist die gegenseitige Informationsbereitschaft in Form einer Hol- und Bringschuld sowie die uneingeschränkte Kooperationsfähigkeit und -bereitschaft. Sobald diese Formen der Mitarbeiterbeteiligung angenommen und umgesetzt werden, ist es erheblich einfacher, Prozessorientierung umzusetzen.

1.6   Prozessorientierung in unterschiedlichen Lebensphasen des Unternehmens

Jedes Unternehmen macht in seinem **Lebenszyklus typische Phasen** durch. Eine detaillierte Behandlung der charakteristischen Lebensphasen ganz allgemein findet sich in Kapitel 8.

Prozessmanagement nimmt je nach Organisationsform verschiedene Schwerpunkte und Betrachtungselemente in den Fokus. Die nachfolgenden Kapitel zeigen diese unterschiedlichen Schwerpunkte und beleuchten deren Hintergründe aus Sicht der Prozessorientierung.

1.6.1 Die unstrukturierte Phase oder „Pionierphase"

Merkmale dieser Phase

Im Mittelpunkt steht die Persönlichkeit des Pioniers. Er hat in der Regel aufgrund einer (Produkt-)Idee allein oder mit wenigen Mitarbeitern das Unternehmen gegründet und begeistert durch seine Vision.

Sinn und Ziele des Unternehmens sind für alle unmittelbar deutlich erlebbar, das Klima ist geprägt von einer expansiven Aufbruchsstimmung, hoher Motivation, Leistungs- und Hilfsbereitschaft.

Die Führung ist **eher** autokratisch-patriarchalisch und Vertrauen **und** Ansehen bei den Mitarbeitern stützen dies. Was der Pionier fordert, lebt er selbst vor (beispielsweise Einsatz auch außerhalb der üblichen Arbeitszeiten, wenn Not am Mann ist oder ein Auftrag winkt); er kennt alle Mitarbeiter und deren Familienverhältnisse persönlich, er hat alle persönlich eingestellt, er kennt die meisten Tätigkeiten im Betrieb aus eigener Erfahrung und ist allgegenwärtig, sei es durch die offene Tür oder einen seiner zahlreichen Rundgänge.

Die Organisation ist sehr beweglich, gekennzeichnet durch Improvisation. Da die Mitarbeiter Generalisten sind oder sich als solche verstehen und Produktionsprozeduren selbst noch in Entwicklung sind, können die Leistungen oder Produkte schnell dem Bedarf und den Sonderwünschen von Kunden angepasst werden („der Kunde ist König"). Der Pionier arbeitet von Auftrag zu Auftrag. Dabei verlässt er sich in erster Linie auf seine Intuition und Erfahrung. Im Einzelnen weiß er oft nicht, was bestimmte Arbeiten und Dienste ihn kosten.

Charakteristisch ist die unmittelbare, direkte Beziehung zu Kunden und auch zum Kapital (Einzelunternehmen oder Personengesellschaft). Aufgabenabgrenzungen ergeben sich aufgrund persönlicher Neigungen und Begabungen und ändern sich mit den Personen.

Führungsfunktionen werden in erster Linie durch den Pionier selbst wahrgenommen oder nur mit bescheidenen Kompetenzen delegiert, Probleme oder Unklarheiten landen in der Regel zur Lösung bei ihm. Gleichzeitig gibt es für loyale, engagierte Mitarbeiter große Entwicklungsspielräume.

Das Unternehmen ist sehr handlungs- und Output-orientiert; alles, was nicht unmittelbar der Leistungserbringung oder dem Verkaufsabschluss dient, hat wenig Bedeutung. Planungs- und Organisationsinstrumente kennt der Pionierbetrieb eher nicht.

Gültigkeitsverlust der Pionierphase

Mit zunehmender eigener Erfahrung der Mitarbeiter beginnt das Prestige des Pioniers zu sinken, Zweifel an seiner Vormachtstellung werden laut, das patriarchalische Auftreten erscheint unerträglich und einschränkend.

Knappere Ressourcen schränken den Stil des Improvisierens ein und erfordern Vorausschau und Planung. Systematische Planung, Kennzahlen, Dokumentation von Aufträgen, strategisches Know-how etc. fehlen jedoch weitgehend.

Durch Wachstum der Mitarbeiter, des Produktionsumfangs oder des Marktes werden die Stärken des Pionierbetriebes, die persönliche Beziehung des Pioniers zu allen Mitarbeitern, allen Kunden, allen Tätigkeiten und der „Adhocratismus" zu Schwächen.

Den (erblichen) Nachfolgern werden weniger Charisma und persönliche Überzeugungskraft attestiert als dem ehemaligen Pionier. Sei dies tatsächliches Unvermögen oder auch nur, dass der Zauber des Anfangs sich mittlerweile verflüchtigt hat, der in Fotografien, Geschichten und tradierten Normen weiterlebt. Außerdem lässt der Pionier neben sich niemand anderen in einer Führungsposition wirklich stark werden, was langfristig zu einer breiten Führungslücke führt (wenn aufgrund der Expansion Mitarbeiter mit Führungsqualitäten gefordert wären).

Krisenerscheinungen

Entscheidungen werden aufgeschoben, es zeigen sich die Auswirkungen mancher falschen intuitiven Entscheidung.

Mitarbeiter erleben, dass der Pionier das Geschäft nicht mehr im Griff hat. Direkte Führung ist nicht mehr wirksam (komplexe Themen).

„Wer ist für was zuständig?" ist immer öfter die Frage.

Konflikte und Reibungen bleiben dem Pionier verborgen. Der Pionier vermag es nicht mehr, den gewachsenen Betrieb kraft seiner Persönlichkeit zusammenzuhalten. Die Symptome und Probleme dieser überreifen, absteigenden Pionierphase drängen nach neuen, radikalen Lösungen. Ordnung, Planung und Wissen sind die Zauberworte anstelle von Improvisation und Erfahrung.

1.6.2 Die Differenzierungsphase

Alles logisch Unterscheidbare muss organisatorisch unterschieden und geregelt werden. Die Organisation wird als technisch-funktionales System verstanden und ist demnach logisch, steuerbar, beherrschbar, kontrollierbar. Wissenschaftliche Prinzipien der Betriebsführung werden wichtig.

Die Differenzierungsphase ist historisch als Antwort auf die überreife Pionierphase zu sehen. Ihre Wurzeln sind die tayloristische, arbeitsteilige, von wissenschaftlichen Prinzipien geleitete Organisation, die zu Beginn des Zeitalters der Massenproduktion entstand.

Merkmale der Differenzierungsphase

Menschliche Arbeitskraft wird so weit wie möglich durch Maschinenarbeit ersetzt.

Auswechselbarkeit und Vereinheitlichung sind das angestrebte Ziel. Menschen, Prozesse, Arbeitsmethoden sollen auf einen exakt beschriebenen Standard gebracht werden. Viele Normen und Standards sollen die Organisation beherrschbar und vorhersagbar machen. Freiwilliger Sozialaufwand als Einkommensbestandteil ersetzt die spontane, willkürliche finanzielle Unterstützung des Pioniers. Es gibt Organigramme, Stellenbeschreibungen, Formulare zur Auftragsabwicklung, Routenplanung für Kundenbesuche, strategische Planungsmethoden.

Es treten die drei Formen auf:

1. Funktional: Der Gesamtprozess wird in eine Vielzahl unterschiedlicher, spezialisierter, voneinander abhängiger Teile zerlegt und Spezialisten zugeordnet: Einkauf, Verkauf, Produktion, Verwaltung, Forschung usw. werden bei Bedarf weiter zerteilt in Untereinheiten und voneinander abgespalten. Bei der Neubesetzung von Führungspositionen gibt man Betriebswirten, Akademikern, Ingenieuren usw. den Vorzug vor Praktikern.

2. In Führungsebenen: Die Führungsaufgaben werden aufgeteilt und unterschiedlichen Ebenen zugeordnet, wodurch eine steile Führungspyramide entstehen kann. Der Spitze ist die Grundsatzbildung und strategische Ausrichtung vorbehalten. Die nächste Ebene setzt diese Prinzipien in organisatorische Maßnahmen um, in der nächsten Ebene wird autoritär geführt und kontrolliert.

3. In Arbeitsphasen: Planung, Ausführung und Kontrolle werden getrennt. Innerhalb dieser Bereiche werden Arbeitsvorgänge so weit wie möglich durch Arbeitsanalysen und Zeit- und Bewegungsstudien in Einzelschritte zerlegt, danach normiert und aufeinander abgestimmt. Diese Spezialisierung führt im Produktionsbereich zu vorwiegend manuellen, automatischen Tätigkeiten. Aber auch in anderen Bereichen sind (Routine-)Tätigkeiten mit wenig Freiraum für die Ausführenden prägend.

Hierarchie ist das vorherrschende Ordnungsmuster. Koordination über den Dienstweg. Sie bildet das Gegengewicht zu den Differenzierungskräften und Spaltungstendenzen dieser Phase: Was so zahlreich und vielseitig differenziert wurde, muss zusammengefasst werden. Dies geschieht idealerweise auf einer höheren Ebene und mit einem Zugewinn, beispielsweise erhöhter Produktivität durch Arbeitsteilung. Der Dienstweg verhindert widersprüchliche Anweisungen oder Doppelgleisigkeiten, ist jedoch oft zu starr und zu lang. Er wird deswegen durch informelle Kanäle abgekürzt. Kommunikations- und Informationswege werden geregelt und zentralisiert.

Es steckt Humor in der Feststellung, dass man Vorgesetzte ärgern kann, wenn man genau nach Dienstvorschrift arbeitet. (Parkinson)

Da die Beziehung zwischen Vorgesetzten und Untergebenen dirigistisch-kontrollierend ist, muss die Größe der Abteilung überschaubar sein.

Sachlogik und Expertenwissen sind hoch angesehen, Veränderung erfolgt auf der Basis von kundigen Prognosen und Planungsinstrumenten; der Mensch ist hauptsächlich über Geld motivierbar, die Arbeitsbeziehung ist ein Tauschgeschäft.

Die Aufmerksamkeit der Führung ist in dieser Phase hauptsächlich nach innen gerichtet, da die Steuerung und Beherrschung der inneren Struktur zur wichtigsten Aufgabe des Managements wird. Dadurch geht der Kontakt zum Markt verloren.

Krisenerscheinungen

Die Abteilungen entfernen sich durch Spezialisierung so weit voneinander, dass der Blick über den eigenen Bereich auf das sinnvolle Ganze verloren geht – plötzlich ist die Konkurrenz im eigenen Unternehmen.

Ausschüsse, Stabsstellen, interne und externe Fachberater und Projekte, die die bestehende Organisation ergänzen sollen, ersetzen diese durch die Macht ihres Expertenstatus. Der Unterschied zwischen Stab und Linie verschwimmt, und die Stabsstelle baut eine Art „Gegenmachtstellung" zur Linie aus.

Auf den unteren Ebenen der Organisation reicht der Horizont aufgrund der weitgreifenden Spezialisierung nicht mehr über den eigenen Arbeitsplatz hinaus. Zusammenhänge werden nicht wahrgenommen, und die Folgen von Entscheidungen können nicht abgeschätzt werden. Deshalb wird die Verantwortung an die Spitze abgeschoben. Das führt zur Überlastung der Führung.

Die Menschen erleben sich bestimmt von Vorgaben und Richtlinien. Die schöpferischen, kreativen Fähigkeiten werden in die Freizeit verlagert. Die Ziele der Organisation und der Sinn der Arbeit sind, besonders in den unteren Ebenen, nicht mehr nachvollziehbar. Die Führungskräfte werden zunehmend zu Verwaltern des Systems, ersticken in der selbst geschaffenen Bürokratie.

In der Produktorganisation begrenzen bestehende technische Anlagen die Möglichkeit der Produkterneuerung und Sortimentsveränderung. Da die Anschaffungskosten für neue Produktionsstraßen hoch sind, geht es hauptsächlich darum, für die bestehende Produktpalette einen Markt zu finden, statt neue Marktbedürfnisse zu befriedigen und entsprechende zukunftsträchtige Produkte zu entwickeln.

Der hierarchisch reglementierte Informationsfluss stockt oft. Die Unternehmensleitung erlebt sich als abgekoppelt von der „Basis", das Berichtswesen mit seinen Zahlen, Diagrammen und Statistiken bildet den Unternehmensalltag nur einseitig und stark gefiltert ab.

Immer wenn der Tod kam, um die Bürokratie zu holen, sagte die Bürokratie: Kommen Sie morgen wieder.

Die Kosten der funktionalen Differenzierung überwiegen gegenüber dem Nutzen. Das Erfolgsprinzip, das ursprünglich zur Vereinfachung von Abläufen und zu Kostensenkungen führte (im Vergleich zum „Wildwuchs" der überreifen Pionierphase), führt nun zu Kompliziertheit und einem hohen Anteil Gemeinkosten und Verwaltungsaufwand.

Auswege aus der Krise der Differenzierungsphase müssen eine Art qualitativer Sprung sein, wenn sich die Bemühungen nicht in stückhaften Anpassungsversuchen und Reparaturdienstverhalten erschöpfen sollen. Manche Merkmale der Pionierphase erscheinen wie das verlorene Paradies und werden vielleicht von einigen Mitarbeitern, die sich dieser Zeiten noch erinnern, romantisiert. Und in gewisser Weise lässt sich die aktuelle Krise ja auch aus einer Überreaktion, Übersteuerung auf Schwächen der Pionierphase erklären, wodurch das Pendel zu stark in die Gegenseite ausgeschlagen hat. Wo vorher Chaos (dafür aber Lebendigkeit) war, ist nun Ordnung und Erstarrung.

1.6.3 Die Integrationsphase

Im Sinne einer Weiterentwicklung ist die Integrationsphase als neuer Versuch zu verstehen, sowohl aus den Beschränkungen der pionier- und differenzierungslastigen Organisation als auch gleichermaßen aus deren Vorteilen zu lernen.

Die Integrationsphase ist auch von der Erkenntnis geprägt, dass Organisationen soziale, lebendige Systeme sind und mit maschinenähnlichen Modellen weder adäquat verstanden noch strukturiert oder gesteuert werden können.

Merkmale der Integrationsphase

Leitmotiv ist es, Situationen und Bedingungen zu schaffen, in denen es dem Einzelnen und Gruppen möglich ist, selbstständig und intelligent im Sinne eines größeren Ganzen zu handeln. Anregung zur Selbststeuerung ersetzt traditionelle Steuerungsbemühungen. Sie setzt ein herausfordernd neues Führungsverständnis voraus, in dem Führungskräfte es nicht mehr als ihre wichtigste Funktion – bzw. sogar als Illusion – betrachten, ihren Bereich mittels einsam erarbeiteter Ziele, Anordnung, Delegation und Kontrolle zu steuern (im Sinne von „im Griff haben").

Das Gestalten förderlicher Rahmenbedingungen wird zu einer wichtigen Aufgabe. Innerhalb klarer Vereinbarungen und Vorgaben werden selbstständiges Handeln und selbstorganisierende Prozesse möglich.

Wer Leistung fordert, muss Sinn bieten. (Viktor Frankl)

Der Mensch rückt (wieder) in den Mittelpunkt. Seinen geistigen, sozialen und körperlichen Bedürfnissen wird in der Gestaltung der Arbeit mehr Augenmerk geschenkt. So werden beispielsweise automatisierte Arbeitsplätze wieder abwechslungsreicher und herausfordernder gestaltet; Sinn in der eigenen Tätigkeit zu finden wird zum entscheidenden Motivationsfaktor. Die Fähigkeit, Menschen zu führen, wird neben den Fähigkeiten zur Gestaltung und Steuerung einer Einheit ein gewichtiger Faktor in der **Führungskräfteentwicklung.** Personalentwicklung soll sich auf individuelle Weise der Lernwege von Mitarbeitern annehmen und Lernen wieder stärker in den Organisationsalltag integrieren. Flexibilität wird gefördert. Orientierung erfolgt an Kunden und am Markt. Die Kopplung an die Umwelt sowie die konsequente Ausrichtung an den Anforderungen des Marktes wird zur zentralen Herausforderung für das Management und beeinflusst die Gestaltung entsprechend den Strukturen, Abläufen und Beziehungen.

Kreativität soll nicht nur neue Ideen hervorbringen, sondern es auch ermöglichen, den alten zu entrinnen.

Abflachung der Hierarchie, schlanke Organisation (Stichwort: „Lean Management") und Heterarchie bzw. Netzwerke sind kennzeichnend. Aufgabenorientierung ist wichtiger als starre Funktionszuteilung. Kontrolle wird durch das Prinzip der Selbstkontrolle erweitert bzw. ersetzt. Koordination entsteht durch Selbstkoordination.

Tragend ist die Gliederung in autonome Einheiten mit eigener Zielsetzung, eigenem Markt und eigenen Produkten. Dies ist ein grundlegend anderes Strukturierungsprinzip als jenes der Differenzierungsphase. Der Unterschied besteht darin, dass autonome Einheiten in sich ein verkleinertes Abbild der Gesamtorganisation darstellen und für sich lebensfähig wären – im Gegensatz zur Abhängigkeit der Funktionen und Abteilungen der Differenzierungsphase.

Das Unternehmenskonzept wird offen kommuniziert und stiftet Sinn. Das Leitbild, Werte, langfristige Unternehmensziele (verdichtet in der Vision) und Strategien werden unter breiter Einbindung der Führungskräfte erarbeitet, regelmäßig reflektiert und im jeweiligen Unternehmensbereich mit den Mitarbeitern konkretisiert. Sie werden so zu einer sinnstiftenden, handlungsleitenden Kraft (ähnlich der persönlichen Vision des Pioniers) und fördern Identifikation.

Krisenerscheinungen

Wie lange die in Abbildung 1-29 gezeigten Phasen dauern, ist unterschiedlich. Große Organisationen leben durchaus viele Jahrzehnte in der Differenzierungsphase. Auch ist zu überlegen, ob ein Pionierunternehmen heute noch den Weg über die Differenzierung zur Integration nehmen sollte. Vielleicht kann es sinnvoll sein, alle Kräfte darauf zu konzentrieren, aus der Pionierphase in die Integrationsphase zu wechseln. Die Übergänge von einer Phase zur anderen sind nicht sprungartig, wie vielleicht aus dem Bild zu schließen ist.

> Wir brauchen etwas Neues. Wir müssen lernen, in neuen Situationen neu nachzudenken. (Bertolt Brecht)

Das Beharrungsvermögen ist unter anderem auch dadurch zu erklären, dass es bei vielen Führungskräften noch die alten (bewährten?) inneren Bilder des Unternehmens als technisch funktionales System gibt, und damit das aus diesem Bild resultierende Verhalten, das immer noch belohnt und somit weiter bestätigt wird.

> Immer wieder klammert man sich an das Liebgewonnene und meint, es sei Treue, es ist aber nur Trägheit. (Hermann Hesse)

Eine weitere Schwierigkeit ist in Abbildung 1-29 anhand der Wachstumskurve dargestellt. Der Übergang von der Differenzierungsphase in die Integrationsphase ist erstmal mit einem Abschwung verbunden. Dieses in Kauf zu nehmen erfordert Mut und wird eher über den optimalen Zeitpunkt hinausgeschoben. In einer generellen Abschwungphase die notwendige Kurs-

Wachstum

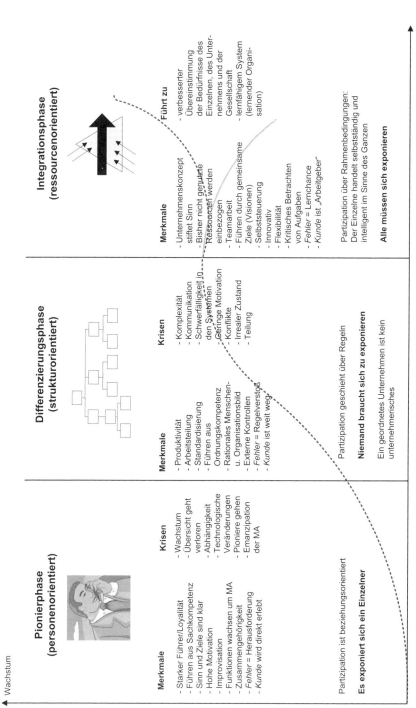

Pionierphase (personenorientiert)

Merkmale

- Starker Führer/Loyalität
- Führen aus Sachkompetenz
- Sinn und Ziele sind klar
- Hohe Motivation
- Improvisation
- Funktionen wachsen um MA
- Zusammengehörigkeit
- *Fehler* = Herausforderung
- *Kunde* wird direkt erlebt

Krisen

- Wachstum
- Übersicht geht verloren
- Abhängigkeit
- Technologische Veränderungen
- Pioniere gehen
- Emanzipation der MA

Partizipation ist beziehungsorientiert

Es exponiert sich ein Einzelner

Differenzierungsphase (strukturorientiert)

Merkmale

- Produktivität
- Arbeitsteilung
- Standardisierung
- Führen aus Ordnungskompetenz
- Rationales Menschen- u. Organisationsbild
- Externe Kontrollen
- *Fehler* = Regelverstoß
- *Kunde* ist weit weg

Krisen

- Komplexität
- Kommunikation
- Schwerfälligkeit in den Systemen
- Geringe Motivation
- Konflikte
- Irrealer Zustand
- Teilung

Partizipation geschieht über Regeln

Niemand braucht sich zu exponieren

Ein geordnetes Unternehmen ist kein unternehmerisches

Integrationsphase (ressourcenorientiert)

Merkmale

- Unternehmenskonzept stiftet Sinn
- Bisher nicht genutzte Ressourcen werden einbezogen
- Teamarbeit
- Führen durch gemeinsame Ziele (Visionen)
- Selbststeuerung
- Innovativ
- Flexibilität
- Kritisches Betrachten von Aufgaben
- *Fehler* = Lernchance
- *Kunde* ist „Arbeitgeber"

Führt zu

- verbesserter Übereinstimmung der Bedürfnisse des Einzelnen, des Unternehmens und der Gesellschaft
- lernfähigem System (lernender Organisation)

Partizipation über Rahmenbedingungen: Der Einzelne handelt selbstständig und intelligent im Sinne des Ganzen

Alle müssen sich exponieren

Abbildung 1-29: Merkmale und Krisen in unterschiedlichen Organisationsgraden

korrektur vorzunehmen erfordert noch mehr Mut und es ist ja auch unge-
wohntes Terrain, in das ich mich begebe.

Also strenge ich mich lieber noch mehr an, um mit den alten und vertrauten
Strategien den Aufwärtstrend wieder zu erreichen. Erleben werde ich, dass
ich mit den alten Vorgehensweisen wie Cost Cutting, Personalreduzierung
oder Strukturen straffen allein nicht langfristig erfolgreich bin.

1.7 Nutzen eines Prozessmanagementsystems

Der konkrete Nutzen eines prozessorientierten Managementsystems stellt
sich für jede Organisation individuell verschieden dar. Entscheidend ist, dass
der Nutzen sowohl für den einzelnen Mitarbeiter als auch für die gesamte
Organisation transparent und merkbar wird. Konkrete Erfolge (z. B. Steigerung der Kundenzufriedenheit, Reduktion der Durchlaufzeit ...) sollten dementsprechend auch von der Unternehmensleitung kommuniziert werden (vgl.
Schmelzer, 2004).

Eine Auflistung der Nutzenaspekte umfasst folgende Punkte:

- Verbesserung der Ablauftransparenz und der Kostentransparenz.
- Eindeutige Definition der Kompetenzen und Verantwortlichkeiten.
- Schaffung von internen Kunden-Lieferanten-Verhältnissen (z. B. Festle-
  gung von Service-Level-Agreements).
- Steigerung der Produktivität durch kontinuierliche Prozessverbesserung.
- Messbarkeit und Überwachbarkeit der Prozessleistung.
- Spürbare Ausrichtung der Unternehmensprozesse am Kunden.
- Steigerung der Mitarbeitermotivation durch die Möglichkeit für die Mit-
  arbeiter, Prozesse mitgestalten zu können.

Im Rahmen einer Studie (Bothe, 1995) wurden die Auswirkungen der Kundenorientierung auf Erfolgskennzahlen nachgewiesen, dargestellt in Abbildung 1-30 am Beispiel unterschiedlicher Kenngrößen.

Ökonomische Größen	„Kundenorientierte" Unternehmen	Durchschnitts- unternehmen
Eigenkapitalrendite	17%	11%
Umsatzrendite	9,2%	5%
Marktanteilswachstum	6%	2%
Kostenreduktion	10–15 %	2–3 %
Börsenkursanstieg	16,9%	10,9%

Abbildung 1-30: Vergleich kundenorientierte Unternehmen zu Durchschnittsunternehmen

Die Umsetzung gelebter Kundenorientierung und deren strukturelle Umsetzung stehen im Zentrum des Prozessmanagements, dadurch kann die Studie auch als Indikator für den quantifizierbaren Nutzen des Prozessmanagements herangezogen werden.

Prozesse zu „managen" bedeutet somit, einerseits Zielsetzungen in einem
immer besser werdenden Ausmaß zu erfüllen, andererseits aber auch möglichen unternehmerischen Krisen rechtzeitig und richtig entgegenzuwirken,
bzw. diesen überhaupt vorzubeugen (Abbildung 1-31).

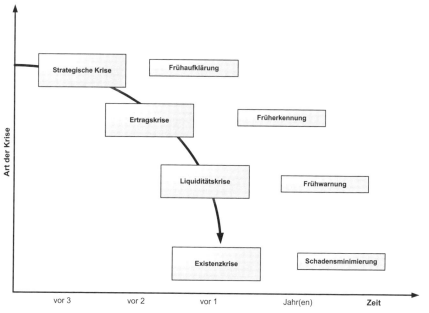

Abbildung 1-31:   Unternehmerische Krisen und Begegnungsmaßnahmen

1.8   Balanced Scorecard (BSC): Instrument zur Verknüpfung von strategischer und operativer Ebene

Wenn ein Unternehmen vor der Frage steht, wie die strategischen Vorstellungen über die Entwicklung der Organisation in Zukunft mit dem derzeitigen
operativen Handeln in Verbindung zu bringen sind, wird meist als erste Antwort der Einsatz der BSC genannt. Gerade im Zusammenhang mit Prozessmonitoring, wo die Gesamtsicht über alle Prozesse des Prozessmanagementsystems im Mittelpunkt steht – hier zumindest der operativ orientierte Teil
des Prozessmonitorings – kann die BSC im Sinne von strategisch orientier-

tem Prozessmonitoring sinnvoll eingesetzt werden (vgl. Mayer, 2005). Es gilt die Lücke zwischen der operativ orientierten Überwachung der Prozessziele auf der einen Seite und die laufend erforderliche Verifizierung der Zielkonformität am Weg zur Realisierung der Vision der Organisation auf der anderen Seite zu schließen (siehe dazu auch Kapitel 5).

Unabhängig von der Aufbauorganisation im Prozessmanagementsystem – also dem Grad der Realisierung prozessorientierter Organisationsformen weg von der klassischen funktionalen Organisation – kann die BSC als Methode zur Strategieverfolgung Anwendung finden. Ziel ist jedenfalls die Verbindung zwischen der Phase 4 des Prozess-Lifecycles und der Vision/Mission/Strategie bzw. Phase 1 der Prozesslandschaft sicherzustellen (vgl. Wagner, 2003).

Der Weg der Erarbeitung der Prozessziele nimmt seinen Ausgang bei der strategischen Ausrichtung der Organisation bis in die operative Umsetzung der Prozesse – somit hat jeder Mitarbeiter stets die Zielorientierung seines Leistungsbeitrages parat. Der Weg zurück wird dabei durch den Einsatz der BSC erleichtert. Dieses „Schließen" des Regelkreises ist entscheidend, um dem Prozess-Lifecycle Sinn und die Möglichkeit, Prozessmanagement erfolgreich zu machen, zu geben.

Kapitel 9.3 beschreibt detailliert, wie die Kopplung der BSC mit dem Prozessmanagementsystem erfolgen kann, und gibt den Weg zum Aufbau einer BSC wieder. Zu unterstreichen ist, dass die BSC in diesem Zusammenhang ein mögliches Werkzeug (Methode) zum Einsatz im Prozessmonitoring ist. Viele Unternehmen verwenden sie aufgrund der pragmatischen Anwendbarkeit und der von rein finanziellen Kennzahlen abweichenden Zugangsmethodik, die noch dazu wegen der erst viel später vorliegenden Wirkungen finanzieller Messaspekte eher zu den reaktiven Methoden zählen würde.

Wieso ist es trotzdem so wichtig, dieses Bindeglied zu betreiben? Nur durch die Beschäftigung mit beiden Aspekten, operativen und strategischen, kann eine umfassende Sicherung der Zukunft erfolgen. Sicherung in diesem Zusammenhang verstanden als die Möglichkeit, bereits im Vorfeld von Entwicklungen Aussagen zu deren Auswirkungen zu machen. Der Wunsch nach Unternehmenscockpits wird dabei stets laut – in sicherer Höhe mit entsprechendem Überblick auf Knopfdruck vollinhaltlich informiert zu sein und durch das Wissen, mit welchen Hebeln was bewirkt wird, stets für die Zukunft gewappnet zu sein!

Diesem Gedanken folgend werden die Prozessziele, die meist unmittelbar die aktuellste Information aus der operativen Ebene beinhaltet, dazu benutzt, Aussagen zur Erreichung strategischer Ziele treffen zu können. Diese Vorgehensweise ist deshalb zu 100 % zu begrüßen, da damit das Prozessmanagementsystem weiter an Bedeutung im Unternehmen gewinnt. Er dann, wenn der Beitrag des Prozessmanagementsystems unverzichtbar geworden ist, ist die Systemzukunft abgesichert. Diese Absicherung wird eben durch den Einsatz der BSC als Instrument zur Verbindung von strategischer und operativer Ebene unterstützt.

Die Unternehmensteuerung erfolgt dann quasi in verschiedenen Cockpits, dem des Prozessverantwortlichen, dem des Prozessmanagers, dem des Controllers bis zu dem der Unternehmensleitung (Abbildung 1-32). Die Zielkonsistenz ist dadurch gegeben, da sich die Prozessziele letztendlich auf die Unternehmensziele zurückführen lassen – werden hier Lücken entdeckt, ist rasch zu agieren.

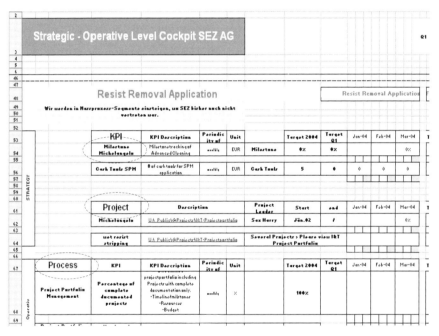

Abbildung 1-32:   Auszug aus dem strategischen Cockpit der SEZ (Quelle: SEZ AG)

2 Prozesse im Unternehmen erkennen und verstehen

Dieses Kapitel wurde vor dem Hintergrund geschrieben, dass eines der größten Defizite im Prozessmanagement das Verständnis von Prozessen ist.

Prozesse können im Unternehmen nur richtig verstanden werden, wenn konsequent die Kundensicht eingenommen wird. Dies bedeutet aber auch, dass sich das Unternehmen von einer Innenorientierung hin zu einer Außenorientierung verändern muss. Prozessmanagement ernst genommen bringt auch die umfassende Integration des Kunden des Prozesses in die Organisationsgestaltung in Form der Ablauforganisationsgestaltung, verbunden mit der Definition der Zuständigkeiten und Verantwortlichkeiten sowie des Informationsflusses, mit sich.

Eine überzogene Außenorientierung vor dem Hintergrund der immer stärker werdenden Dynamisierung der Märkte und der raschen Änderung der Kundenbedürfnisse birgt aber auch die Gefahr, dass Prozesse in eine stark operative und kurzfristige Sicht abrutschen. Es ist daher von entscheidender Bedeutung, dass im Rahmen der Prozessorientierung niemals die strategische und normative Perspektive verloren wird. Hilfreich dabei ist die Fragestellung im Rahmen des Mission Statement „Wozu sind wir da?", um die richtige Fokussierung und Ausrichtung im Prozessmanagement zu finden (siehe Kapitel 1).

Chandler formulierte: „Structure follows strategy." (vgl. Chandler, 1962) Dies wäre in Richtung „Organizational structure follows process and process structure follows strategy" zu erweitern, damit der Bedeutung von Prozessmanagement bei der Organisationsgestaltung Rechnung getragen wird. Diese finale Konsequenz im Sinne der prozessorientierten Organisationsgestaltung führt zum prozessorientierten Denken und Handeln im Unternehmen.

2.1 Funktionsorientierung versus Prozessorientierung

> *„Die einzige Konstante im Geschäftsleben*
> *ist jene der ständigen Veränderung.“*

Neben den im vorherigen Kapitel ausgeführten Gedanken zur Ausrichtung des Unternehmens auf den Kunden sind globaler Wettbewerb, steigender Konkurrenzdruck, höher werdende Kundenerwartungen und rascher werdender technologischer Fortschritt nur einige der Herausforderungen, die sich den Unternehmen in immer stärker werdendem Ausmaß und immer rasanterer Geschwindigkeit stellen (Simon, 1997). Sich darauf einzustellen heißt, das eigene Geschäft besser als andere zu beherrschen und sich rechtzeitig den Veränderungen anzupassen (Womack, 1997).

Die Notwendigkeit von Prozessorientierung bzw. Prozessmanagement in einem Unternehmen kann an dem in Abbildung 2-1 gezeigtem Beispiel verdeutlicht werden.

Ein Kunde ruft im Unternehmen an. Nach einigen Minuten Verharrens in der Warteschleife gelangt er in die Telefonzentrale. Von dort aus wird er mit der Verkaufsabteilung verbunden. In der Verkaufsabteilung ist die zuständige Person gerade nicht anwesend. Aufgrund der Wichtigkeit der Anfrage wird nun die Geschäftsleitung eingeschaltet. Dabei ergeben sich Rückfragen mit der Einkaufsabteilung ...

An jeder Schnittstelle kommt es zwangsläufig sowohl zu Zeit- als auch zu Informationsverlusten. Schnittstellen sind mitunter vergleichbar mit „Mauern" zwischen einzelnen Abteilungen/Bereichen (Abbildung 2-2).

Prozessorientierung bedeutet – wie in den nachfolgenden Kapiteln dargestellt – die Abkehr vom Abteilungsdenken hin zur abteilungsübergreifenden Zusammenarbeit.

Auf die Frage „Können Sie mir ein Bild von Ihrem Unternehmen geben?" wird von der Geschäftsleitung eines Unternehmens vielfach die Aufbauorganisation in Form eines Organigramms präsentiert (Bogaschwesky/Rollberg, 1998).

Die Ausbeute an Informationen, die sich aus einem Organigramm extrahieren lässt, hat, ohne jede Frage, ihre Berechtigung, aber bietet doch nur sehr wenig Aussagekraft über die Funktionsweise des Unternehmens. Erstens fehlt der Kunde in diesem Bild. Zweitens sind weder Produkte noch Dienstleistungen ersichtlich und drittens gibt das Organigramm keine Vorstellung darüber, wie der Arbeitsfluss vor sich geht, aufgrund dessen die Produkte und Dienstleistungen zustande kommen (Bleicher, 1998).

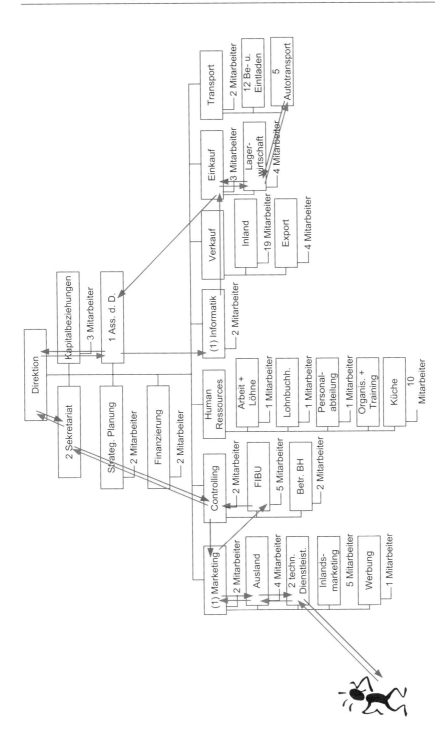

Abbildung 2-1: Fehlende Prozessorientierung

Abbildung 2-2: Schnittstellenproblematik

Durch ein Organigramm verschafft man sich zwar ein gutes Bild darüber, wie effizient sich die Entscheidungsstrukturen darstellen, und schließt damit wiederum auf die Entscheidungsgeschwindigkeiten und die Flexibilität des Unternehmens. Weiterhin erfährt man aus dem Organigramm, welche Abteilungen im Unternehmen existieren. Aber das beantwortet die Frage zur Funktionsweise der Abläufe des Unternehmens nur rudimentär. Denn man hat nur Informationen über das „Was" gewonnen, nicht aber über das „Wie". Der Aufbau eines Unternehmens stellt nur ein, wenn auch wichtiges Bauteil des Gesamtkomplexes Unternehmen dar. Das Organigramm gibt keine Auskunft darüber, mit welchen Abläufen, Tätigkeiten und Aufgaben das Unternehmen seine Leistung erbringt, das Kerngeschäft – also die eigentliche Existenzaufgabe des Unternehmens – wird nicht ersichtlich. Und vor allem stellt ein Organigramm keinen Bezug zu den Kunden sowie zu den Lieferanten her (Frese, 1998).

Um Entscheidungen richtig treffen zu können, reicht es nicht aus, zu wissen, welche Abteilungen es gibt und wie diese hierarchisch verbunden sind, sondern es ist wichtig zu wissen, wie die einzelnen Abteilungen bei der Aneinanderreihung ihrer Leistungen ineinandergreifen und damit zum Endergebnis im Sinne des Kunden beitragen. Das Problem erstreckt sich natürlich auf alle hierarchischen Ebenen: Ist auch jedem Mitarbeiter der Abteilungen klar, wie er als Individuum an der Leistungserstellung beteiligt ist? Oder enden die Erkenntnisse der Zusammenhänge der einzelnen Tätigkeiten an der Abteilungsgrenze. Ist jedem Mitarbeiter klar, was die im Ablauf folgende Abteilung wirklich wünscht? Und sind die Schnittstellen zwischen den einzelnen Tätigkeiten so weit definiert und festgelegt, dass die Übergänge keine Quelle für Fehlerentstehung mehr sind. In diesem traditionellen funktionsorientierten organisatorischen Umfeld entsteht oftmals ein Effekt, der sich als „Silo-Effekt" beschreiben lässt. Das bedeutet im übertragenen Sinn, dass hohe, dicke und fensterlose Strukturen rund um die jeweilige Abteilung hochgezogen werden (Abbildung 2-3).

Abbildung 2-3: Funktionsorientierung gegenüber Prozessorientierung

Es wird funktionsorientiert agiert, d. h. nur auf die eigene Abteilung Rücksicht genommen – der Blick auf das Gesamte geht verloren. Durch den Ansatz der Prozessorientierung kommt man weg von diesem Denken in „Silos" – dem Arbeiten innerhalb der Kompetenzbereiche, die über Jahre aufgebaut wurden und deren oberste Maxime die eigene Budgeterreichung ist, auch wenn dies auf Kosten anderer Unternehmensbereiche geht (Bogaschwesky/Rollberg, 1998).

2.2 Prozesse des Unternehmens

In Unternehmen setzt sich die Erkenntnis durch, dass erfolgreiche Unternehmen Segmente im Zielmarkt und im Zielkundenbereich auswählen und diese zum Mittelpunkt ihrer Strategie und Prozesse machen. Dieser Kundenfokus ist erfolgskritisch in einer Welt, in der nicht mehr die Produkte, sondern die Kunden knapp sind. Damit wird die Disziplin „Marketing" immer entscheidender, da die Differenzierung, die Einzigartigkeit und die klare Aussage, wofür das Unternehmen steht, immer mehr an Bedeutung gewinnt (Winkelmann, 2005).

Diese Einsicht ist stark von Peter Drucker (Drucker, 1998) beeinflusst, der schon vor Jahrzehnten feststellte: „Marketing ... bedeutet, das ganze Geschäft vom Standpunkt des Endergebnisses zu betrachten, d. h., aus der Sichtweise des Kunden." Es findet sich darin auch ein erster Hinweis bezüglich der Existenzberechtigung des Managements von Prozessen, denn es gilt nicht nur den Kundenfokus zu realisieren, wie es auch im Qualitätsmanagement als Sichtweise tradiert ist, sondern diesen Fokus auch organisatorisch im Unternehmen zu verankern. Drucker fügte noch hinzu: „Ein Unternehmen hat zwei – und nur zwei – Grundfunktionen: *Marketing und Innovation*. Marketing und Innovation schaffen Ergebnisse: Das andere sind alles nur Kosten."

Dieser Grundgedanke soll als Einstimmung auf die nachfolgenden Überlegungen formuliert werden, um die Bedeutung des Prozessmanagements bei einer nachhaltig organisierten Unternehmensführung in den Vordergrund zu stellen.

Marketing ist nach Kotler (Kotler, 2005) die Wissenschaft und die Kunst, Wert zu untersuchen, zu schaffen und zu liefern und so die Bedürfnisse eines Zielmarktes mit Gewinn zu befriedigen. Damit wird augenscheinlich, dass Prozessmanagement im Sinne der Verstärkung der Kundenorientierung eine starke Perspektive aus dem Marketing erhält. Wenn wir diese Überlegung aus dem Marketing ins Prozessmanagement transferieren, bedeutet dies, dass erstens die Identifikation von Chancen, zweitens die Entwicklung neuer Produkte, drittens Kundengewinnung, viertens Kundenbindung und Aufbau von Kundentreue und fünftens Auftragsabwicklung Hinweise für die Identifikation der Kernprozesse der Geschäftstätigkeit liefern.

Kotler erweitert das klassische 4-P-Modell (Produkt, Preis, Platzierung und Promotion) zur Analyse der Märkte, der Produkte und Dienstleistungen zur Entwicklung der Marketingstrategie in jüngster Zeit um weitere Ps: Personal und Prozess. Er fordert weiterhin: „Die Mitarbeiter sollten sich nicht mehr auf ihre Abteilung konzentrieren, sondern auf das Prozessergebnis." (Kotler, 2005)

Die folgenden Teilkapitel bereiten diese Zugänge zum Prozessmanagement auf.

2.2.1 Kernprozesse des Unternehmens

Die Einnahme der Kundenperspektive und die daraus abgeleitete Aufgabe jedes Unternehmens, gewinnbringend Kundennutzen zu liefern, sind nicht nur die Existenzberechtigung jedes Unternehmens, sondern auch fundamentale Voraussetzung für das Verständnis der Kernprozesse des Unternehmens.

Um den Kundennutzen zu schaffen und zu erbringen, erfordert es folgende Aufgaben:

1. *Kundennutzen verstehen*
   Dies sind alle Aktivitäten, die in Zusammenhang stehen mit
   - dem Sammeln und unternehmensweiten Verbreiten von Kunden- und Marktinformationen und
   - dem entsprechenden Planen und Handeln (Segmentieren von Kundengruppen, Verstehen des jeweiligen Kundennutzens, Verstehen des Wettbewerbsumfeldes und der eigenen Situation, Abschätzen der jeweiligen zukünftigen Entwicklungen, Auswahl der Zielkundengruppen und Festlegung des Angebotes bzw. des Nutzenpaketes).

2. *Kundennutzen kreieren*
   Dies sind alle Aktivitäten, die in Zusammenhang stehen mit dem Erforschen, Entwickeln und Einführen von neuen, hochqualitativen Angeboten (Produkte entwickeln, Serviceleistungen entwickeln, Preise festlegen, Produzieren bzw. Beschaffen, Vertriebswege festlegen und Kundendienst bereitstellen).

3. *Kundennutzen kommunizieren*
   Dies sind alle Aktivitäten, die in Zusammenhang stehen mit
   - dem Identifizieren von Zielkunden (Zielkundenanalyse und Marktanalyse) und
   - dem Ansprechen von Zielkunden (Markenaufbau und -führung, Vertriebsorganisation, Werbung und Verkaufsförderung).

4. *Kundennutzen liefern*
   Dies sind alle Aktivitäten, die in Zusammenhang stehen mit
   - dem Erhalten und Annehmen von Kundenaufträgen,
   - dem Abwickeln und Liefern von Kundenaufträgen und
   - dem ordnungsgemäßen Fakturieren.

5. *Kundennutzen erreichen*
   Dies sind alle Aktivitäten, die in Zusammenhang stehen mit
   - dem tieferen Verstehen des individuellen Kundenbedürfnisses,
   - dem Erarbeiten eines individuell abgestimmten Leistungsangebots,
   - dem Abschluss des Auftrages und
   - dem Aufbau einer langfristigen Beziehung zum Kunden.

6. *Kundennutzen sichern*
   Dies sind alle Aktivitäten, die in Zusammenhang stehen mit
   - der Pflege einer Beziehung zum Kunden (Feststellen der Kundenzufriedenheit, Service erbringen, kontinuierlicher Geschäftsverlauf bzw. Weiterempfehlung erwirken und persönliche Beziehung verstärken).

Diese Aufgaben lassen sich mit drei Kernprozessen in Verbindung bringen bzw. in ihnen vereinigen:

- **Customer Relationship Management (CRM):** Definiert den Prozess zwischen dem Kundenbedürfnis und der Kundenzufriedenheit, der Fokus liegt auf der Kundenbeziehungsgestaltung.

■ **Supply Chain Management (SCM):** Definiert den Prozess zwischen dem Kundenauftrag und der Fakturierung der Leistungen, der Fokus liegt auf der Auftragsabwicklung.

■ **Product Life Cycle Management (PLM):** Definiert den Prozess zwischen der Produktidee und dem Produktauslauf, der Fokus liegt auf dem Produktlebenszyklus.

Diese Kernprozesse folgen dem Prozessmanagementgrundkonzept und beinhalten das Lebenszyklusprinzip. Die Verbindung der Fähigkeiten mit den Kernprozessen stellt sich folgend dar:

■ Kundennutzen verstehen (wird im CRM abgedeckt),
■ Kundennutzen kreieren (wird im PLM abgedeckt),
■ Kundennutzen kommunizieren (wird im CRM abgedeckt),
■ Kundennutzen liefern (wird im SCM abgedeckt),
■ Kundennutzen erzielen (wird im CRM abgedeckt),
■ Kundennutzen erhalten (wird im CRM abgedeckt).

Neben den Kernprozessen werden noch Prozesse der Unternehmensführung und -steuerung sowie unterstützende Prozesse als Bestandteil eines umfassenden prozessorientierten Unternehmensmodells dargestellt und in Form einer Prozesslandschaft integriert (Abbildung 2-4).

Abbildung 2-4: Prinzip einer Prozesslandschaft basierend auf den Kernprozessen

Diese Darstellung ist lediglich als Übersicht und als Spitze des Ebenenkonzepts zu sehen (siehe dazu auch Kapitel 3 und 4). Sie liefert Orientierung über das grundlegende Prozessmodell des Unternehmens.

Auf die Bedeutung und die Definition der Führungsprozesse und unterstützenden Prozesse des Unternehmens wird im nächsten Kapitel genauer eingegangen.

2.2.2 Integration der Managementprozesse und unterstützenden Prozesse in die Prozesslandschaft

Das Prinzip der Prozesslandschaft, das aus den Kernprozessen abgeleitet wurde, deckt aber noch nicht die vollständige Abbildung des Unternehmensgeschehens in Prozessen ab. Weitere Prozesse, die der Zielsetzung, Ausrich-

tung, Planung und Zielverfolgung dienen (Management- oder Führungsprozesse), sowie Prozesse, die zur Aufrechterhaltung und Unterstützung der
Geschäftstätigkeit (Unterstützungsprozesse) dienen, müssen noch ihren Niederschlag in der Prozesslandschaft finden.

Zu den Aufgaben des strategischen Managements gehören die grundlegende
Gestaltung des Unternehmens und die langfristige Planung (Allweyer, 2005).
Die Aspekte der Willensbildung und Willensdurchsetzung im Besonderen in
den Bereichen Planung, Zielsetzung, Führung, Mittelbereitstellung, Mittel-
disposition, Controlling und Optimierung sind in den **Managementprozessen** zu berücksichtigen (siehe Kapitel 1). Naturgemäß haben diese Aktivitäten auch maßgeblichen Einfluss auf die Gestaltung der Kernprozesse – auch
Geschäftsprozesse genannt (Rosenkranz, 2002).

Garvin (Garvin, 1998), der die Organisation als komplexe soziale Institution
versteht, verweist auf zwei große Gruppen empirischer Studien von Managementprozessen. Er leitet daraus drei umfassende Prozesse ab, die sich bei den
Untersuchungen ergaben, und gelangt dadurch zu einer grundlegenden Typi-
sierung von Managementprozessen in:

- **richtungsweisende Prozesse** (Direction-Setting Processes),
- **Vereinbarungs- und Verhandlungsprozesse** (Negotiating and Selling Processes),
- **Überwachungs- und Steuerungsprozesse** (Monitoring and Control Processes).

Richtungsweisende Prozesse dienen der Etablierung von Zielen und Ausrichtung der Organisation.

Vereinbarungs- und Verhandlungsprozesse treten ein, sobald die Richtung
festgelegt ist. Im Grunde geht es bei diesen Prozessen darum, andere für die
eigenen Ziele zu begeistern und die erforderliche Unterstützung zu deren
Umsetzung zu erhalten.

Monitoring- und Steuerungsprozesse stellen sicher, dass die geplanten Leistungen auch erbracht und die Ziele erreicht werden. Hierbei ist es ihre Aufgabe, die laufenden Aktivitäten und Leistungen zu verfolgen und zu überwachen.

Im Gegensatz dazu sind **unterstützende Prozesse** dadurch gekennzeichnet,
dass sie dem externen Kunden nicht direkt sichtbar werden und zur Unterstützung anderer Prozesse dienen, um eine reibungslose Leistungserbringung (z. B. interne Dienstleistungen, Instandhaltung) zu gewährleisten. Von
Bedeutung ist bei dieser Betrachtung, dass eine hierarchielose Beziehung zwischen den Kern-, Management- und unterstützenden Prozessen vorliegt und
die Differenzierung aufgrund der Funktionalität der Prozesse gewählt wird.
Diese Prozesskategorien sind miteinander eng verwoben und es sind viele

Verknüpfungen zwischen diesen Prozessen gegeben. Es könnte im Sinne eines systemischen Organisationsverständnisses sogar von einem geschlossenen Prozesssystem gesprochen werden, in dem die einzelnen Prozesse die interagierenden Systemelemente sind und auch Außenbeziehungen zur Systemumwelt (z.B. durch Verbindungen und Beziehungen außerhalb des Unternehmens) durch Schnittstellen vorhanden sind (vgl. Patzak, 1982).

2.2.3 Priorisierung von Prozessen durch die Definition von Schlüsselprozessen

Schlüsselprozesse sind in der Literatur in mehrfacher Bedeutung anzutreffen. So sieht Stöger (vgl. Stöger, 2005) Schlüsselprozesse als Prozesse, die einen wesentlichen Beitrag für den Erfolg und für die langfristige Lebensfähigkeit des Unternehmens leisten.

Je nach Zugang zum Prozessmanagement bezeichnen sie jene Prozesse im gesamten Unternehmen, die ein oder mehrere der folgenden Kriterien erfüllen:

- **Strategische Relevanz:** Schlüsselprozesse unterstützen die Strategie (Vision, Mission und Strategie) der Organisation.
- **Kundennutzen:** Schlüsselprozesse generieren besonderen Kundennutzen.
- **Ressourceneinsatz:** Besonders viel Personalressourcen oder andere Ressourcen sind in diesem Prozess gebunden.
- **Unternehmensspezifisch:** Schlüsselprozesse stellen den USP dar und machen das Unternehmen einzigartig.
- **Nicht leicht substituierbar:** Schlüsselprozesse sind weder durch Outsourcing noch durch andere Prozesse ersetzbar, ohne im Verband mit anderen Prozessen die Kernkompetenz der Organisation aufzugeben.
- **Sehr schwer imitierbar:** Schlüsselprozesse sind kurzfristig nicht vom Mitbewerb zu imitieren.

Kennzeichnend ist dabei, dass sich dies nicht nur für Kern- oder Geschäftsprozesse anwenden lässt, sondern ebenso Management- oder Unterstützungsprozesse betrifft.

2.2.4 Zugänge für die Darstellung von Prozesslandschaften

Es existieren hierbei mehrere Zugänge, drei sehr gebräuchliche Ansätze sind im Nachfolgenden dargestellt und erläutert. Der **erste** Zugang basiert auf der Fokussierung der drei Kernprozesse in Form der Geschäftsprozesse des Unternehmens (Abbildung 2-5).

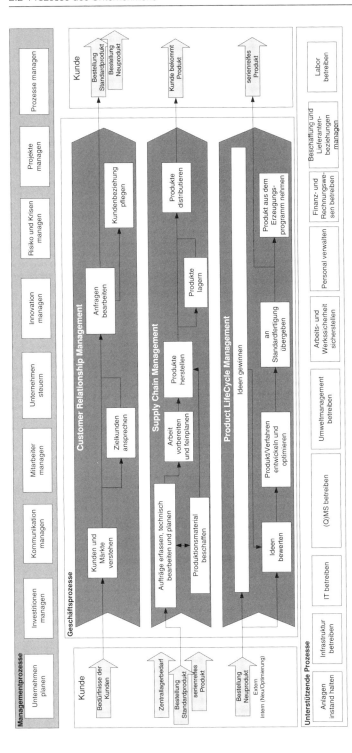

Abbildung 2-5:   Modell einer umfassenden Prozesslandschaft eines Produktionsunternehmens

Beim **zweiten** Zugang steht die direkte Anfang-Ende-Beziehung (End-to-End-Sicht) im Vordergrund. Sie setzt die anstoßenden und resultierenden Ereignisse bzw. Ergebnisse in Form der Prozessbenennungen konsequent um. Es steht dadurch eindeutig das „Was wird getan?" im Vordergrund und nicht das „Wer tut es?" Die Prozesse sind nicht voneinander unabhängig, sondern sind durch eindeutige Input-Output-Verbindungen verknüpft. Die Abhängigkeiten wurden zugunsten der Übersichtlichkeit nicht dargestellt.

Die einzelnen Prozesse werden mit Personen aus der ersten Führungsebene im Sinne der Prozessverantwortung besetzt. Hierbei ist aber auch von Bedeutung, dass es eine Gesamtverantwortung für das Prozessmanagementsystem und für die Abstimmung der Prozesse gibt (Abbildung 2-6).

Die Kernprozesse „Vision to Plan" lassen sich in Verbindung mit dem klassischen „Policy Deployment" bringen, „Market to Business" deckt den CRM-Prozess ab, „Idea to Technology" deckt den Innovationsprozess ab, „Idea to Product" den PLM-Prozess sowie „Demand to Stock" und „Order to Cash" lassen sich im SCM-Prozess abdecken.

Der Schwerpunkt dieses Zugangs liegt darauf, die Prozessnamen der Kernprozesse in Form der Input-Output-Relation klar von den Abteilungen oder Bereichen abzugrenzen.

Beim **dritten** Zugang sind in der Prozesslandschaft nicht nur die Geschäftsfälle hinsichtlich der einzelnen Kundensegmente stärker betont, indem sie in einzelnen Geschäftsprozessen ausgeprägt sind, sondern es sind auch beispielsweise von der ISO 9000:2000 ff. geforderte Mess-, Analyse- und Verbesserungsprozesse explizit hervorgehoben.

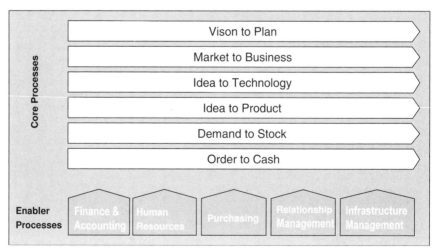

Abbildung 2-6: Beispiel-Prozesslandschaft basierend auf Kern- und Befähigerprozessen (vgl. Ellringmann/Schmelzer, 2004)

Dieser Zugang stellt die Bedürfnisse und Anforderungen der Kunden der jeweiligen Geschäftssegmente explizit dar, um die Orientierung der Prozesse am Kunden, den Märkten und an deren Anforderungen zu unterstreichen.

Die einzelnen Hauptgeschäftsprozesse fokussieren auf die Lieferung von Produkten, auf die Lieferung und Service von eigenen Produkten, der Wartung von Produkten anderer Produzenten und auf die Erbringung von Projektmanagementdienstleistungen im Markt (Abbildung 2-7).

2.3 Vorgehen zur Erstellung der Prozesslandschaft

2.3.1 Darstellung und Gruppierung der Prozesse in der Prozesslandschaft

Die Prozesslandschaft stellt den Überblick über die in einer Organisation existierenden Prozesse dar.

In einer Prozesslandschaft sind jene Prozesse dargestellt, die einerseits die Leistung für den Kunden erbringen, und andererseits auch alle Prozesse, die diese Leistungserbringung steuern, unterstützen und verbessern. Im Vergleich zu einem Organigramm steht hier das Gedankengut einer durchgängigen Prozesskette im Vordergrund, im Unterschied zum Bereichs- und Abteilungsdenken. Prozesslandschaften sind immer unternehmensspezifisch gestaltet, da sie die Besonderheiten und Zusammenhänge des Unternehmens darstellen (siehe dazu Kapitel 2.2).

Die hier dargestellte Prozesslandschaft teilt die Prozesse in die Kategorien Managementprozesse, Geschäftsprozesse, unterstützende Prozesse und Mess-/Analyse- und Verbesserungsprozesse. Zusätzlich können, wie in diesem Beispiel gezeigt, die Anforderungen der Kunden, die Produkte bzw. Dienstleistungen und die Kundengruppen dargestellt werden. Die Prozesslandschaft erfüllt die Funktion eines Inhaltsverzeichnisses des Prozessmanagementsystems in bildlicher Form und ist der Ausgangspunkt für dessen Aufbau.

Bei der Erarbeitung der Prozesslandschaft sind einige Grundsätze zu beachten.

Zuerst sollte die Einbindung der Führungsriege des Unternehmens – also Topmanagement und Abteilungsleiter – bei der Erarbeitung sichergestellt werden. Damit wird gewährleistet, dass sich alle mit dem erarbeiteten Ergebnis auseinandergesetzt haben und die Prozesslandschaft vom Management getragen wird.

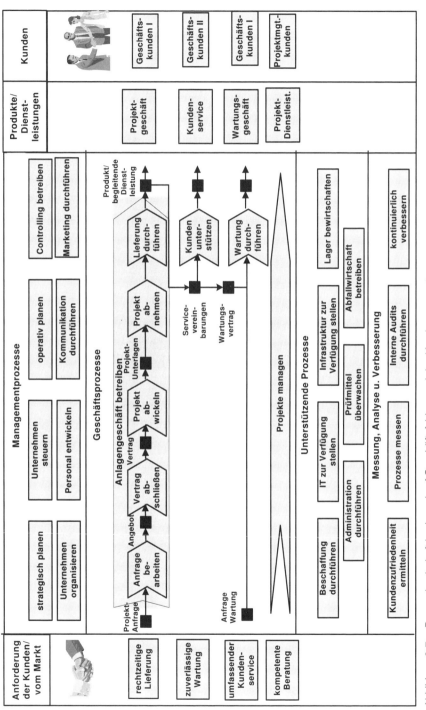

Abbildung 2-7: Prozesslandschaft basierend auf Geschäftsfeldern und den Kundensegmenten

Eine gemeinsame Sprache und dasselbe Verständnis für die Begriffe, die in der Prozesslandschaft verwendet werden, zu finden ist ebenfalls manchmal eine Herausforderung. Das Wort „Marketing" z. B. löst unterschiedliche Vorstellungen aus. Einerseits wird darunter nur Werbung verstanden, andererseits werden sehr stark strategische Entscheidungen über Produktmix, Vertriebskanäle, Kundensegmentierungen und vieles mehr im Prozess Marketing subsumiert. Zum Finden einer gemeinsamen Sprache und Verständnis ist ein Prozesssteckbrief äußerst hilfreich. Darin wird neben dem festgelegten Prozessnamen (Diskussionen darüber können sich sehr langwierig gestalten) auch der Zweck des Prozesses dokumentiert und der Gruppe vorgestellt. Dazu reicht eine Excel-Tabelle wie in Tabelle 2.1 vollkommen aus.

Tabelle 2.1:   Prozesssteckbrief – Auszug

Gruppe	ID	Prozessname	Zweck
Managementprozesse	MP1	Krisen managen	Schadensbegrenzung bei Eintritt von Krisen und rasche Wiederherstellung des Regelzustandes
	MP2	Kommunikation managen	Optimierung und Regelung der Kommunikation und Information innerhalb und außerhalb des Unternehmens
	MP3	Customer Relationship Management	Entwicklung und Pflege einer guten und professionellen Arbeitsbeziehung mit dem Kunden
	MP4	Strategisches Controlling durchführen	Prüfung, Überwachung und Lenkung der strategischen Ziele sowie Abweichungsanalyse und Maßnahmendefinition
	MP5	Personalführung und -entwicklung	Sicherstellung, dass das geplante und eingesetzte Personal die optimale Voraussetzung zur Erfüllung der Aufgaben besitzt und die Fähigkeit zur persönlichen Weiterentwicklung und zur Weiterentwicklung des Unternehmens entfalten kann
	MP6	Projektmanagement sicherstellen	Sicherstellung der Definition von Projektkategorien und einheitlichen Abwicklungsstandards von Projekten im gesamten Unternehmen; Sicherstellung der Projektzusammenschau und Ressourcenallokation in Projekten
	MP7	Qualität managen	Sicherstellung der Umsetzung von identifizierten, bewerteten und geplanten regulativen sowie strategischen Vorgaben in Bezug auf Qualität

Besonderes Augenmerk ist auf die Namenskonvention bei der Bezeichnung von Prozessen zu legen. Hier empfiehlt sich eine Kombination aus Haupt- und Zeitwort zu wählen, um den Prozesscharakter bereits im Namen zu indizieren (z. B.: Unternehmen steuern anstatt Unternehmenssteuerung). Auf alle Fälle ist die Namensgleichheit von Prozessen und Abteilungen oder anderen Organisationseinheiten zu vermeiden!

Bei der Gestaltung der Prozesslandschaft gibt es eine Vielzahl von Möglichkeiten, die bereits in Kapitel 2.1 vorgestellt wurden. Das Beispiel in Abbildung 2-8 zeigt die Möglichkeit, die Prozesslandschaft eines Transportunternehmens in einer an den Unternehmenszweck angepassten Art und Weise darzustellen. Hier sind die Managementprozesse in Form eines Führerhauses, die Geschäftsprozesse in Form einer LKW-Mulde etc. zusammengefasst.

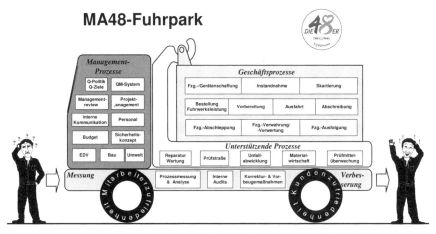

Abbildung 2-8:   Prozesslandschaft – Beispiel [Quelle: Thon & Badstöber]

2.3.2 Zuordnung der Prozesse zu Prozesskategorien der Prozesslandschaft

Die Identifikation und Zuordnung der Prozesse zu den folgenden vier Prozesskategorien stellt den ersten Schritt dar. Die Prozesslandschaft ist unter Einbeziehung der Unternehmensleitung ganz zu Beginn des Projekts zum Aufbau des Prozessmanagementsystems zu erstellen. Beispiele von Prozessen in Form von Kurzbeschreibungen erläutern auszugsweise die Prozesskategorien.

Managementprozesse

Managementprozesse sind Prozesse, die der strategischen Ausrichtung der Organisation dienen bzw. den strukturellen Rahmen bilden (entspricht der Verantwortung der Leitung). Tabelle 2.2 listet einige Beispiele für Managementprozesse.

Geschäftsprozesse

Geschäftsprozesse sind Prozesse, die der Wertsteigerung im Rahmen der Erstellung von materiellen oder immateriellen Leistungen (Sachleistungen oder Dienstleistungen) dienen. Sie sind am Kundenwunsch orientiert und setzen diesen um. Tabelle 2.3 zeigt einige Beispiele für Geschäftsprozesse.

Tabelle 2.2: Ausgewählte Managementprozesse

Management-prozesse	Kurzbeschreibung
Strategie entwickeln	**Zweck:** Ausrichtung des Unternehmens entsprechend den Erfordernissen des Marktes und der Vision, Reflexion der Aufbauorganisation. Basierend auf aktuellen Informationen werden die langfristige Unternehmensstrategie und die damit verbundene Zielsetzung abgeleitet. **Input:** Marketingdaten, Unternehmensvision, Leitbild, Mission, Ziele, Verkaufszahlen, Markttrends, Vorgaben des Eigentümers. **Output:** Strategiepapier, Unternehmenskonzept, Geschäftsplan, Vorgaben für Investitionsentscheidungen, Vorgaben für Budgetierung.
Operativ planen	**Zweck:** Die strategischen Ziele werden auf messbare Ziele für ein Bilanz- bzw. Kalenderjahr heruntergebrochen. Überleitung der Strategie in konkrete Aktionen. Zielvereinbarung mit den Bereichen. **Input:** Strategiepapier, Vorgaben, Input aus den Bereichen. **Output:** Wirtschaftsplan, Budgets, quantifizierte, messbare Ziele auf Bereichs- bzw. Prozessebene.
Unternehmen steuern	**Zweck:** Definition von Steuerungsgrößen. Laufender Soll-Ist-Abgleich und Setzen von Maßnahmen. **Input:** Ziele in Form von Kennzahlen (Volumen, Qualität, Produktivität). **Output:** Maßnahmen, um bei Abweichungen von den Zielen entgegenzusteuern, Gesamtübersicht für Managementreview.

Tabelle 2.3: Ausgewählte Geschäftsprozesse

Geschäfts-prozesse	Kurzbeschreibung
Anfragen bearbeiten	**Zweck:** Entgegennahme und Erfassung der Kundenanfragen. Kompetente Beratung des Kunden. **Input:** Kundenanfragen, Marktdaten ... **Output:** Gesprächsunterlagen, ausgefüllte Checkliste Kundenanfrage.
Angebot legen	**Zweck:** Durchführung der Kalkulation und Erstellung sowie Nachverfolgung eines Angebotes. **Input:** Kundenanfragen, Marktdaten ... **Output:** Kalkulationsunterlagen, Angebot.

Unterstützende Prozesse

Unterstützende Prozesse sind Prozesse zur Unterstützung der anderen Prozesse, um eine reibungslose Leistungserbringung zu gewährleisten (entspricht dem Management der Mittel). Tabelle 2.4 zeigt entsprechende Beispiele.

Tabelle 2.4:   Ausgewählte unterstützende Prozesse

Unterstützende Prozesse	Kurzbeschreibung
Beschaffung durchführen	**Zweck:** Bedarfsgerechte und rechtzeitige Bestellung von Betriebs- und Hilfsstoffen, Büromaterial ... **Input:** Bedarfsanforderung. **Output:** Zur Verfügung stehende Waren und Dienstleistungen.
Hotline betreiben	**Zweck:** EDV-Unterstützung der User (am Telefon, am Arbeitsplatz, von der EDV-Zentrale), Serverbetreuung, Aufstellung von PCs, Installation von Software. **Input:** Meldung eines PC-Problems. **Output:** Lösung des Problems.
Infrastruktur bereitstellen	**Zweck:** Ganzheitliches Optimieren eines Gebäudes von der Planung bis zum Abbruch, Einbeziehung des Facility-Managements bei der Planung. **Input:** Anforderungen, Planungsunterlagen. **Output:** Maßnahmen zum Betrieb und Optimierung der Infrastruktur ...

Die hier als unterstützend bezeichneten Prozesse können je nach Kerngeschäft des Unternehmens auch als Geschäftsprozesse betrachtet werden. Erfolgt die Beschaffung beispielsweise projekt- bzw. auftragsbezogen, kann dieser Prozess den Geschäftsprozessen zugeordnet werden. Wird die EDV-Hotline für andere Unternehmen als Service angeboten, dann handelt es sich dabei ebenfalls um einen Geschäftsprozess.

Mess-, Analyse- und Verbesserungsprozesse

Nach dem ausführlichen Prozesslandschaftsmodell in Abbildung 2-5 sind Mess-, Analyse- und Verbesserungsprozesse Prozesse zur Messung, Überwachung und kontinuierlichen Verbesserung des Unternehmens, der Prozesse sowie der Produkte bzw. Dienstleistungen des Unternehmens. Tabelle 2.5 zeigt entsprechende Beispiele.

Tabelle 2.5: Ausgewählte Mess-, Analyse- und Verbesserungsprozesse

Mess-, Analyse-, Verbesserungs- prozesse	Kurzbeschreibung
Kundenzufrieden- heit ermitteln	**Zweck:** Beschaffung und Auswertung von Informationen zur Mes- sung der Kundenzufriedenheit. **Input:** Ergebnisse Kundenbefragungen; direktes Feedback vom Kunden (z. B. in Verkaufsgesprächen, im Rahmen von Serviceein- sätzen etc.). **Output:** Aussage zur Kundenzufriedenheit sowie Maßnahmen zu deren Steigerung.
Prozesse messen	**Zweck:** Erarbeiten von Prozesskennzahlen zur Beurteilung der Prozessleistung. **Input:** Daten zur Prozesszielerreichung. **Output:** Prozessreports ...
Interne Audits durchführen	**Zweck:** Dienen zur Überprüfung der Wirksamkeit des Prozessma- nagement-Systems und um Möglichkeiten für deren Verbesserung aufzuzeigen. **Input:** Ergebnisse vorangegangener Audits, Auditplan ... **Output:** Auditbericht, Maßnahmenkatalog.
Kontinuierliche Verbesserung durchführen	**Zweck:** Sicherstellung, dass sich die Organisation nicht auf Erreichtem ausruht. Sie sollte die Qualität, den Service und den Wert, die dem Kunden geboten werden, kontinuierlich verbessern. **Input:** Ideen, Zielvorgaben. **Output:** Maßnahmenplan, Informationen zu erreichten Verbesse- rungen.

2.3.3 Detaillierungsebenen der Prozesse im Unternehmen

Die Prozesslandschaft ist der Ausgangspunkt für die gesamthafte Darstel- lung des Prozessmanagementsystems und zeigt das Zusammenwirken der Prozesse auf oberster Ebene (Vogelperspektive).

Ausgehend von dieser Übersichtsdarstellung können beliebig viele Darstel- lungs- bzw. Detaillierungsebenen verwendet werden, um die Prozessgrup- pen, die Prozesse, Teilprozesse, Prozessschritte (dies sind Tätigkeiten im Pro- zessablauf) sowie die Prozessdetails (z. B. Arbeits- und Prüfanweisungen) darzustellen. Abbildung 2-9 verdeutlicht den zunehmenden Detaillierungs- grad und die zunehmende Anzahl an Unterlagen in der entsprechenden Dar- stellungsebene.

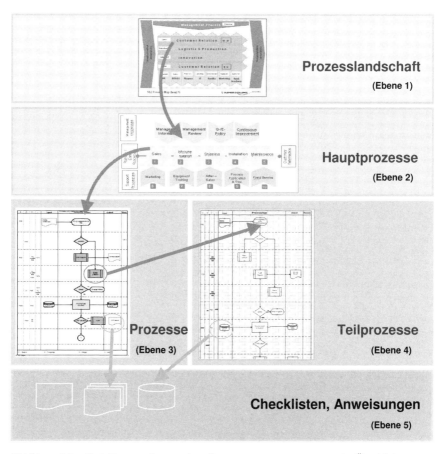

Abbildung 2-9: Detaillierungsebenen eines Prozessmanagementsystems im Überblick

Dabei gilt es sicherzustellen, dass dieser Ansatz nach unten offen ist – sprich je nach Komplexität der betrachtenden Organisation nach unten erweiterbar ist (weitere Ebenen).

Dieses Konzept der Darstellungsebenen sollte auch gleichzeitig die Darstellungsstruktur im Rahmen der Dokumentation des Prozessmanagementsystems bilden. Die Prozesslandschaft kann beispielsweise die Startseite im Intranet sein, von der aus auf sämtliche weiteren Unterlagen zugegriffen werden kann. Die Einfachheit und Klarheit dieses Zugangs steht dabei im Mittelpunkt (Abbildung 2-10).

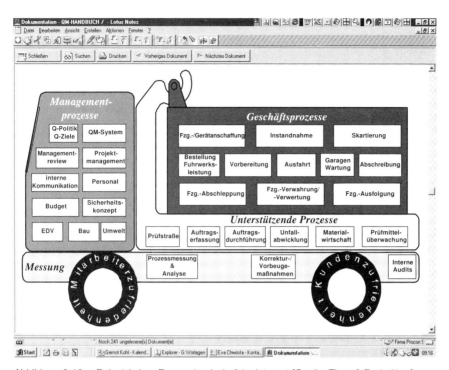

Abbildung 2-10: Beispiel einer Prozesslandschaft im Intranet [Quelle: Thon & Badstöber]

Damit hat jeder Mitarbeiter – bzw. diejenigen, die mit den entsprechenden Zugriffsberechtigungen ausgestattet sind – die Möglichkeit, in übersichtlicher Form rasch und zuverlässig die benötigten Unterlagen aufrufen zu können. Benutzerfreundlich konzipiert wird somit das Prozessmanagementsystem im Intranet bald ein unverzichtbares Hilfsmittel für alle Mitarbeiter und gewährleistet, dass immer alle aktuellen Dokumente zur Verfügung stehen.

2.4 Das Prozessmodell

Während die Prozesslandschaft den Zusammenhang und die Interaktion der Prozesse darstellt, definiert das Prozessmodell die grundlegenden Bestimmungselemente des einzelnen Prozesses.

Allgemein ist ein Prozess eine Folge von Tätigkeiten, die einen zeitlichen Beginn und ein Ende haben. Ein Prozess ist aber nicht nur zeitlich abgegrenzt, sondern auch inhaltlich. Um die sogenannten Schnittstellen zu definieren, ist für jeden Prozess festzuhalten, welches Ergebnis in welcher Form vom vorhergehenden Prozess übergeben wird, wie dieses Ergebnis weiterverarbeitet wird und in welcher Form das weiterverarbeitete Ergebnis an den anschließenden Prozess weitergegeben wird. Das hier betrachtete Ergebnis muss aber nicht unbedingt materieller Art (Produkte, Werkstoffe, Halbfertigprodukte etc.) sein, es kann sich auch um Informationen, Dienstleistungen oder Ähnliches handeln (Picot u. a., 1998).

Wie aus Abbildung 2-11 ersichtlich ist, verfügen Prozesse über Inputs und

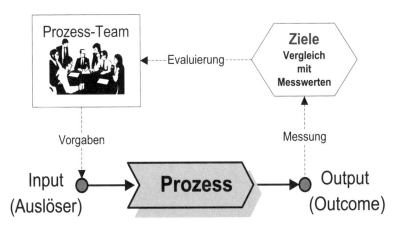

Abbildung 2-11:   Prozessmodell

Outputs, die den betrachteten Prozess zum vor- bzw. nachgelagerten Prozess abgrenzen und der Erfüllung des **Prozesszweckes** dienen müssen (Bogaschwesky/Rollberg, 1998). Um einen Prozess hinsichtlich seiner Güte zu bewerten, hat man demnach folgende Anhaltspunkte: den **Input**, den eigentlichen **Prozessablauf** und die dafür erforderlichen **Ressourcen** sowie den **Output**. Im Prozessablauf ist definiert, wer für welche Prozessschritte (was) verantwortlich ist und welche Informationen (wonach) dazu erforderlich sind.

Die **Prozessziele** (Roy, 1999) sind top-down aus den Unternehmenszielen abzuleiten und können ganz allgemeine Qualitätsaspekte ebenso abdecken wie Kosten- und Zeitaspekte. Die Festlegung der Prozessverantwortung rundet die erforderlichen Bestimmungselemente eines Prozesses ab.

Bestimmungselemente eines Prozesses

Die Bestimmungselemente, über die ein Prozess dementsprechend sowohl beschrieben als auch von Vorgänger- und Nachfolgeprozess abgegrenzt werden kann, lassen sich wie folgt listen:

- Prozesszweck,
- Input (Auslöser oder Trigger),
- Output (Outcome),
- Prozessablauf in Form von Prozessschritten (Tätigkeiten und Aktivitäten, die nach Vorliegen des Inputs in definierter Reihenfolge ablaufen, bis der Output des Prozesses vorliegt),
- Ressourcen zur Durchführung des Prozesses (z. B. qualifizierte Mitarbeiter, Maschinen, Anlagen, Infrastruktur, Ausrüstung etc.),
- Prozessziel (sowie zugehörige Messgröße),
- Prozessverantwortung (Prozessverantwortlicher und Prozessteam).

Output versus Outcome

Der Unterschied zwischen Output und Outcome liegt darin, dass sich der Outcome als charakteristisches Endergebnis oder Zustand definieren lässt, der nach jedem Durchlauf des Prozesses vorliegt (z. B. erfasste und auf Machbarkeit geprüfte Kundenanforderungen). Der Output ist das (materielle) Artefakt oder der Arbeitsgegenstand, anhand dessen sich der Outcome manifestiert oder nachprüfen lässt (z. B. das Dokument, das die erfassten Kundenanforderungen sowie das Ergebnis der Machbarkeitsprüfung enthält).

Input versus Auslöser

Input und Auslöser des Prozesses werden gleich differenziert wie Output und Outcome. Auslöser für den Start eines Prozesses zur Verarbeitung von Rechnungen ist das Eintreffen einer Rechnung im Unternehmen. Der Input ist die Eingangsrechnung.

Prozessablauf

Der Prozessablauf wird heute vornehmlich in Form von Flussdiagrammen dargestellt (siehe Kapitel 3). Hierbei wird der Prozess (oder Teilprozess) in sogenannte Prozessschritte aufgelöst. Die Prozessschritte können als Summe von Tätigkeiten und Entscheidungen aufgefasst werden – z. B. „Angebotsunterlagen erstellen" oder „Rechnung prüfen" etc. Die Prozessschritte sind die feinste Granularität der Gliederung im Rahmen der Prozessdarstellung. Sind Prozessschritte näher zu beschreiben, so geschieht das mithilfe von zusätzlichen Dokumenten in weiteren Gliederungs- bzw. Darstellungsebenen. Details dazu sind in Kapitel 2.3.3 (Detaillierungsebenen der Prozesse im Unternehmen) angegeben.

Regelkreis des Prozessmodells

Um über die Güte bzw. den Erfolg eines Prozesses eine Aussage zu treffen, muss der Prozess einer **Messung** und folglich einer **Evaluierung** bzw. Analyse zugeführt werden. Dies kann beispielsweise im Rahmen eines fix installierten wöchentlichen Prozess-Jour-fixes erfolgen, wobei auch prozessfremde Personen mit eingebunden werden können.

Aus diesen Analysen und Evaluierungen werden vom Prozessverantwortlichen (Rosenstiel, 1992) und seinem Prozessteam **Vorgaben** und Maßnahmen zur Verbesserung der Zielerreichung getroffen. Der Prozessverantwortliche ist derjenige, der den Prozess festlegt, freigibt und für dessen Umsetzung sorgt – somit die Verantwortung für den Prozess trägt und auch gegenüber der Unternehmensleitung Rechenschaft darüber ablegen muss.

Das Prozessteam ist zur Unterstützung des Prozessverantwortlichen eingesetzt und kann sowohl Personen, die die Tätigkeiten im Prozess selbst erbringen, als auch Schnittstellenpartner anderer Prozesse umfassen.

Details zu den Rollen im Prozessmanagement sind in Kapitel 2.8 beschrieben.

Beispiel Servicehotline-Prozess

Zur Veranschaulichung zeigt Abbildung 2-12 das Prozessmodell und die Bedeutung dieser Sichtweise anhand eines **Servicehotline-Prozesses.**

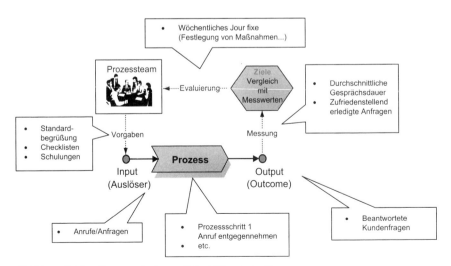

Abbildung 2-12:   Prozessprinzip am Beispiel Servicehotline

Unter Prozessorientierung wird somit die Grundhaltung verstanden, bei der das gesamte betriebliche Handeln als Kombination von Prozessen bzw. Prozessketten betrachtet wird (vgl. Bullinger/Warnecke, 1996).

Ziel der Prozessorientierung ist die Steigerung von Qualität und Produktivität im Unternehmen durch die ständige Verbesserung der Prozesse. Von besonderer Bedeutung ist dabei die Ausrichtung auf die Wünsche und Anforderungen der Kunden sowie die Einbeziehung aller Mitarbeiter auf allen Hierarchieebenen.

Vorgehensweise zur systematischen Erfassung der Bestimmungselemente von Prozessen siehe Kapitel 3.

2.5 Prozesswürdigkeit

Bevor in der Darstellung des Prozess-Lifecycles auf die einzelnen Elemente im Prozessmanagement weiter eingegangen wird, sei geklärt, wann es Sinn macht, einen Prozess in ein Managementsystem aufzunehmen. Es stellt sich die Frage nach der Prozesswürdigkeit.

Die Frage nach der Prozesswürdigkeit von Abläufen im Unternehmen ist nicht mathematisch genau zu beantworten und nicht durch eine festgelegte Arithmetik zu berechnen. Vielmehr erfolgt die Beantwortung durch Kosten-Nutzen-Aspekte, bevor die permanente Aufnahme eines neuen Prozesses in das Prozessmanagementsystem vollzogen wird.

Einen Prozess zu modellieren und ihn zu steuern bedeutet eine Zeitinvestition in Meetings, Prozess-Jour-fixes, Kommunikation, Abstimmung, Messung der Prozessergebnisse, Maßnahmensetzung und -nachverfolgung, Dokumentation und vieles mehr. Dieser Investition stehen der Ertrag durch Kostenreduktion, Qualitätsverbesserung, Kundenzufriedenheit, Beschleunigung der Prozesse und andere Nutzenaspekte gegenüber. Die Entscheidung über die Aufnahme eines Prozesses in das Prozessmanagementsystem wird top-down im Ebenenmodell ausgehend von der Prozesslandschaft zu treffen sein.

Die wesentlichen Kriterien für die Beantwortung der Frage nach der Prozesswürdigkeit sind:

- Ressourcenbindung im Prozess,
- Anzahl der Schnittstellen,
- strategische Relevanz,
- fach- bzw. organisationsübergreifendes Zusammenarbeiten,
- hohes Risikopotenzial.

Je nachdem, um welchen Prozess es sich bei der Betrachtung der Prozesswürdigkeit handelt, werden die einzelnen Kriterien in unterschiedlichem Maß für oder gegen die Definition und Implementierung sprechen. Im Folgenden sind die Kriterien näher beschrieben.

Ressourcenbindung im Prozess

Die Ressourcenbindung in einem Prozess (Hauptprozess, Prozess oder Teilprozess gemäß Ebenenmodell) spielt eine Haupt-, aber nicht die einzige Rolle. In den meisten Fällen stellen die Personalressourcen den wesentlichen Anteil der gebundenen Ressourcen in einem Prozess, sollten andere Kostenfaktoren – wobei hierunter die IT eine immer größere Rolle spielt – signifikant sein, sind auch diese zu berücksichtigen.

Durch eine Grobeinschätzung der Ressourcenbindung pro Durchlauf und eine Multiplikation der Anzahl der Durchläufe im Jahr lässt sich die Ressourcenbindung in Mitarbeiterjahren leicht bestimmen. Als grobe Faustregel ist eine Prozesswürdigkeit bei Ressourcenbindung unter 0,5 Mitarbeiterjahren nicht gegeben. Selbstverständlich relativiert die Unternehmensgröße diese Aussage.

Anzahl der Schnittstellen

Eine weitere Relativierung erfährt die oben getroffene Aussage, wenn es im fraglichen Prozess sehr viele Schnittstellen zu anderen Prozessen oder zwischen Abteilungen gibt und ein fehlerfreier Durchlauf ohne Informationsverlust von besonderer Bedeutung für nachfolgende Prozesse ist.

Strategische Relevanz

Wenn der fragliche Prozess die Erreichung eines strategischen Zieles oder die Umsetzung einer Strategie direkt unterstützt, muss man auch ohne Vorliegen einer signifikanten Ressourcenbindung von der Prozesswürdigkeit ausgehen.

Fach- bzw. organisationsübergreifendes Zusammenarbeiten

Die Koordinationsspanne und die Anzahl der im Prozess beteiligten Mitarbeiter und Fachexperten sind von Bedeutung, um einerseits die Varianten im Prozess ausreichend zu berücksichtigen und andererseits die Reduktion auf sinnvolle Prozessvarianten sicherzustellen, damit Prozesse nicht überbürokratisiert oder unterorganisiert werden. Dies gewährleistet zusätzlich das richtige Maß an Granularität im Rahmen der Prozessmodellierung. Praktischer Vorteil: Prozesse werden im angemessen Detaillierungsgrad dargestellt.

Hohes Risikopotenzial

Wenn durch die Definition von Prozessen und den damit verbundenen Regeln Organisationsrisiken reduziert bzw. eliminiert werden können, ist ein weiterer Indikator für die Prozesswürdigkeit gegeben. In der letzten Zeit wird gerade durch die Automatisierung und IT-Unterstützung von Prozessen dieser Entwicklung Rechnung getragen. Bekannte Prinzipien z. B. der Fehlhandlungsvermeidung Poka Yoke (Hirano, 1992) können hierbei entscheidende Beiträge zur Risikominimierung liefern (Brunner/Wagner, 2004).

2.6 Prozess-Lifecycle – Die Phasen des Prozessmanagements im Überblick

Der Prozess-Lifecycle definiert in Form von Phasen und Phasenübergängen die Schritte im Kreislauf des Prozesses im Prozessmanagementsystem.

Phase 1 und 2 definieren die Gestaltungsarbeit zur Konzeption von Prozessen. Phase 3 und 4 bestimmen die Inhalte der Umsetzungsarbeit von Prozessen. Der gesamte Prozess-Lifecycle kann auch als Hauptprozess („Prozesse managen") gesehen werden, der sich in zwei Prozesse („Prozesse gestalten" und „Prozesse führen und steuern") gemäß den beschriebenen Phasen teilen lässt.

Eine weitere Facette des Prozess-Lifecycles kann dahingehend verstanden werden, dass in ihm auch die Inhalte des Einzelprozessmanagements (durch die Kombination der Phasen 2 und 3) und des Multiprozessmanagements (durch die Kombination der Phasen 1 und 4) definiert sind. Abbildung 2-13 zeigt den Prozess-Lifecycle mit seinen Phasen und den Phasenübergängen.

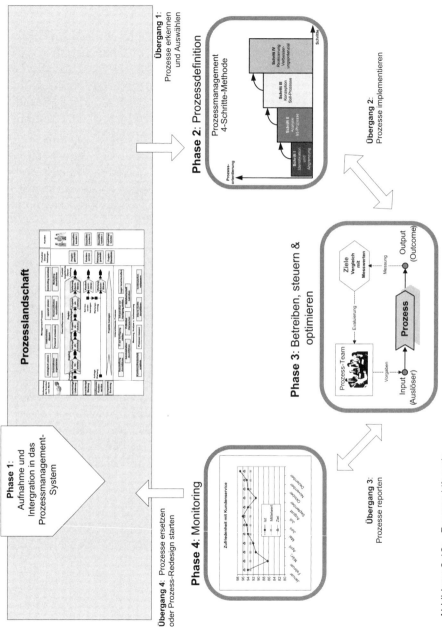

Abbildung 2-13: Prozess-Lifecycle

2.6.1 Phase 1: Aufnahme und Integration eines Prozesses in das Prozessmanagementsystem

Wird die Frage der Prozesswürdigkeit (grobe Beurteilung) positiv beantwortet, muss ein neuer Prozess ins Prozessmanagementsystem eingefügt werden. Einfügen bedeutet, dass der neue Prozess von den anderen Prozessen eindeutig abgegrenzt wird und die Auswirkungen auf andere Prozesse untersucht und in der Darstellung der Prozesslandschaft bzw. der entsprechenden Gliederungsebene berücksichtigt werden. Wird der Prozess später einmal geändert, dann kann dies ebenfalls Auswirkungen auf die Prozesslandschaft und andere Prozesse haben und eine Änderung derselben notwendig machen. Im nachfolgenden Beispiel wird zuerst die Zuordnung des Prozesses (hier herausgehobener Prozess) fixiert und weiterhin geklärt, welche Wechselwirkung der neue Prozess zu den bestehenden Prozessen hat.

Die Kopplung mit den Unternehmenszielen, die Priorisierung im Sinne eines Schlüsselprozesses und die Einbettung bzw. Verknüpfung mit anderen Prozessen sind Schwerpunkte in dieser Phase (Abbildung 2-14).

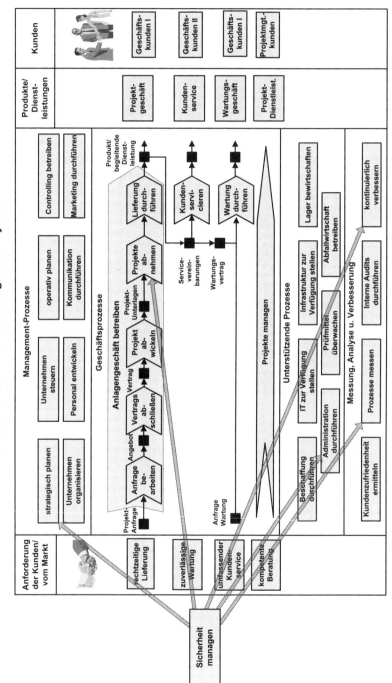

Phase 1: Aufnahme und Integration eines Prozesses in das Prozessmanagement-System

Abbildung 2-14: Prozess-Lifecycle Phase 1

2.6.2 Übergang 1: Prozesse erkennen und auswählen

Sobald der neue Prozess abgegrenzt, eingeordnet und die Wechselwirkung mit den anderen Prozessen geklärt ist, kann im nächsten Schritt die Frage der Prozesswürdigkeit (feine Beurteilung) abgeklärt werden. Die Prozesswürdigkeit ist die Voraussetzung dafür, dass ein neuer Prozess definiert wird. Allerdings stehen erst nach Phase 1 ausreichend detaillierte Informationen zur Verfügung, um die Frage der Prozesswürdigkeit final zu beantworten. Dies kennzeichnet das iterative Vorgehen bei der Erarbeitung von Prozessen. Ist die Prozesswürdigkeit gegeben, so wird mit Phase 2, der Definition des Prozesses in vollem Umfang, fortgesetzt. Falls nicht, so wird die Definition eines eigenständigen Prozesses verworfen. Nun besteht die Möglichkeit, die relevanten Tätigkeiten oder Prozessschritte anderen, bestehenden Prozessen zuzuordnen.

2.6.3 Phase 2: Prozessdefinition

Der Prozess muss festgelegt werden. Hilfsmittel dazu ist der Prozesssteckbrief, die Prozessbeschreibung, in der der Prozessablauf, die Prozessziele, die zugehörigen Verantwortlichkeiten und die begleitenden Unterlagen schriftlich festgehalten werden. Das methodische Vorgehen zur Prozessdefinition ist in der 4-Schritte-Methode vorgegeben (Abbildung 2-15; siehe Kapitel 2.9 bzw. 3).

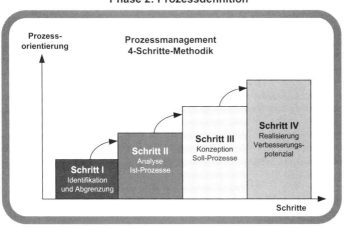

Abbildung 2-15:   Prozess-Lifecycle Phase 2

2.6.4 Übergang 2: Prozesse implementieren

Nach abgeschlossener Definition und Freigabe des Prozesses ist es erforderlich, den Prozess abschließend zu implementieren, um eine systematische
Umsetzung und Inbetriebnahme des Prozesses sicherzustellen.

2.6.5 Phase 3: Prozesse betreiben, steuern und optimieren

Bei dieser Phase des Prozess-Lifecycles steht das tagtägliche Leben des Prozessmanagementgedankens im Mittelpunkt. Bei der Ausführung des Prozesses sind einerseits die Vorgaben im Rahmen der Prozessbeschreibung und
aller referenzierten Vorgaben sowie andererseits die festgelegten Prozessziele
zu beachten. Der Prozessverantwortliche trägt diesbezüglich die Verantwortung und muss bei Bedarf steuernd eingreifen. Bei Unzulänglichkeiten im
Prozess bzw. erkannten Verbesserungspotenzialen, die eine Änderung bzw.
Optimierung des Prozessablaufes erforderlich machen, kann auch ein neu-
erliches Durchlaufen von Phase 2 unter Anwendung der 4-Schritte-Methode
notwendig sein (Abbildung 2-16).

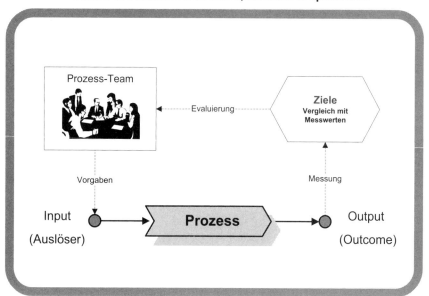

Abbildung 2-16:   Prozess-Lifecycle Phase 3

2.6.6 Übergang 3: Prozesse reporten

Werden für den Prozess Ziele vereinbart, so ist deren Erreichung oder Nicht-erreichung nicht nur in Form der Prozessausführung und Regelung periodisch zu evaluieren, um Maßnahmen und somit eine kontinuierliche Verbesserung zu gewährleisten. Darüber hinaus sind die Ergebnisse einem übergeordneten Management darzustellen (Prozessreporting), damit vor allem strategische Überlegungen in die Betrachtung und Entscheidungen mit einbezogen werden.

2.6.7 Phase 4: Prozessmonitoring

Der Abgleich sowie die Steuerung des Zusammenwirkens der verschiedenen Prozessziele sowie mögliche Änderungen oder Adaptierung von Zielen und Zielwerten sowie die Entscheidung zu Maßnahmen werden als Prozessmonitoring bezeichnet (siehe auch Kapitel 5). Überdies können im Rahmen des Monitorings Maßnahmen wie Prozessaudits, -assessments oder -begehungen festgelegt werden, um detaillierte Informationen zur gezielten weiteren Entwicklung des Prozesses zu erlangen.

Entsprechen den Resultaten und Entscheidungen im Rahmen des Prozessmonitorings sind Übergänge zu verschiedenen Phasen des Lifecycles möglich. Sind keine Eingriffe oder nur geringe Veränderungen oder Anpassungen im oder zu anderen Prozessen erforderlich, so kann dies im Rahmen von Phase 3, dem Betreiben, Steuern und Optimieren der Prozesse bewerkstelligt werden (Abbildung 2-17).

Phase 4: Prozess-Monitoring

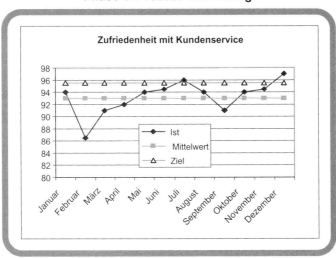

Abbildung 2-17: Prozess-Lifecycle Phase 4: Prozessmonitoring

2.6.8 Übergang 4: Prozess ersetzen oder Prozessredesign starten

Ist der Prozess allerdings am Ende seines Lebenszyklus angelangt, z. B. wenn tief greifende technologische Veränderungen erforderlich sind oder bei Outsourcing oder Stilllegung von Prozessen, so findet der Übergang zur Phase 1 statt.

Wird ein Prozess außer Betrieb genommen, so hat dies fast immer Auswirkungen auf andere Prozesse. Mithilfe der Prozesslandschaft sind zunächst die Auswirkungen an den Prozessschnittstellen zu untersuchen und bei Bedarf Anpassungen in den Prozessen vorzunehmen (Wechselwirkung). Die dadurch geänderte Verknüpfung der Prozesse ist in der Prozesslandschaft nachzuführen.

2.7   Ziele des Prozessmanagementsystems

Das Prozessmanagementsystem ist das Instrument zur Realisierung der umfassenden Prozessorientierung im Unternehmen. Prozessmanagement hat immer Auswirkungen auf die Aufbauorganisation, denn mit der Optimierung von Schnittstellen, der Klärung von Zuständigkeiten und Kompetenzen sind immer organisatorische und strukturelle Fragen verbunden, deren Lösung sich in geänderten Organisationsfunktionen darstellt.

Das Prozessmanagementsystem eines Unternehmens dient als Organisationsgestaltungswerkzeug der erfolgreichen Unternehmensführung im Spannungsfeld zwischen Ermittlung und Erfüllung der Kundenforderungen, Renditewünschen der Kapitalgeber, Beschaffung von Ressourcen, Beherrschung der Lieferpartnerschaften, Erfüllung von Normen, Auflagen und Gesetzen und den ständig wechselnden Rahmenbedingungen seitens des Markts und des Mitbewerbs.

Ziele im Rahmen des Aufbaus eines Prozessmanagementsystems sind dabei unter anderem:

- Erhöhung der Kundenzufriedenheit, d. h. Steigerung der Produkt- und Servicequalität mit besonderer Berücksichtigung eines systematischen und flächendeckenden Feedbacks der Kunden auf der Basis messbarer Kriterien.
- Schaffung eines überschaubaren und umfassenden Prozessmanagementsystems mit definierten Kennzahlen und Messgrößen. Es dient als Ansatz zur Klärung sowie Verbesserung der Leistungserstellungsprozesse, der Verantwortungen, Kompetenzen und Befugnisse in Abstimmung mit der strategischen Ausrichtung des Unternehmens.

▨ Übersichtliche und leicht handhabbare Gestaltung der Dokumentation zum Prozessmanagementsystem in Form einer Intranetlösung bzw. mit Unterstützung eines Prozessmodellierungstools.
▨ Erreichung hoher Akzeptanz des Prozessmanagementsystems und Stärkung der Bewusstseinsbildung für die Qualität bei den Mitarbeitern durch Lernen und Eigenerleben von Prozessmanagement.

2.8 Rollen im Prozessmanagement

Um den bislang skizzierten Aufgaben im Prozessmanagement gerecht zu werden, ist es notwendig, das Verständnis für die beteiligten Rollen im Unternehmen zu schaffen und zu fördern. Es ist an dieser Stelle wichtig darauf hinzuweisen, dass in unterschiedlichen Zugängen Best Practice-Ansätzen (z.B. ITIL, SCOR, ISO 15 504, CMMI, eTOM) zu Prozessmanagement die Rollen anders definiert oder benannt sind. Die hier dargestellte Benennung und Aufgabenverteilung spiegelt aber die häufigste Verwendung der Begriffe wider.

Im Mittelpunkt der Tätigkeiten des Prozessmanagements steht das **Prozessteam** unter der Führung des Prozessverantwortlichen. Das Prozessteam ist nicht als „Vollversammlung" aller im Prozess Beteiligten zu verstehen, sondern als Gruppe (vier bis acht Personen) von fachlich wie sozial geeigneten Mitarbeitern mit dem Willen zur (kontinuierlichen) Veränderung.

Nachfolgend werden die wesentlichen Rollen im Prozessmanagement umrissen:

▨ **Prozessmanager** (Mitglied des Führungskreises),
▨ **Prozessverantwortlicher** (Verantwortlicher für den Prozess),
▨ **Prozessteammitglied** (Fachexperte im Prozessteam),
▨ **Prozesscoach** (Methodenspezialist und prozessübergreifende Unterstützung der Prozessteams).

Rollenbeschreibung des Prozessmanagers

Der Prozessmanager hat die Aufgabe, das Prozessmanagementsystem der Unternehmensleitung als Managementinstrument zur Verfügung zu stellen.

Seine wesentlichen Aufgaben und Pflichten sind:

▨ Aufbau und kontinuierliche Verbesserung des Prozessmanagementsystems (Betriebskonzept samt einheitlicher Vorgehensmethodik),
▨ Vereinbarung der Konventionen im Prozessmanagement,
▨ Sicherstellen der einheitlichen Prozessdokumentation,
▨ Aufbau und Betreiben des Prozessreportings,

- Überwachung und Umsetzung des Maßnahmenplans zur Umsetzung der optimierten Prozesse,
- Sicherstellen der Einhaltung der Prozess-Jour-fixes,
- Überblick über alle Prozesse,
- Schnittstelle zu Unternehmensleitung und BSC (sinnvolle Verknüpfung von Prozesszielen und strategischen Zielen),
- Reporting und Berichterstattung der Zielerreichung des Prozessmanagementsystems im Rahmen des Managementreviews,
- Konfliktmanagement im Bereich Linienverantwortung und Prozessverantwortung,
- methodische Unterstützung für Prozessverantwortliche,
- Unterstützung bei der Einschulung neuer Prozessverantwortlicher.

Das Rollenbild eines Prozessmanagers kann wie in Abbildung 2-18 dargestellt werden.

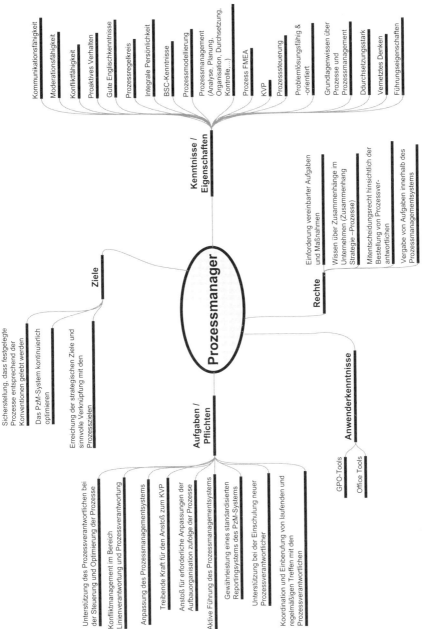

Abbildung 2-18: Rollenbild des Prozessmanagers

Rollenbeschreibung des Prozessverantwortlichen

Je nachdem, wie die Organisation ausgerichtet ist, kommt dem Prozessverantwortlichen eine unterschiedlich starke Verantwortung zu. Sind die Verantwortlichkeiten des Prozessverantwortlichen im Rahmen einer funktionalen Organisation gering, steigen diese mit zunehmender Prozessorientierung des Unternehmens (Abbildung 2-19).

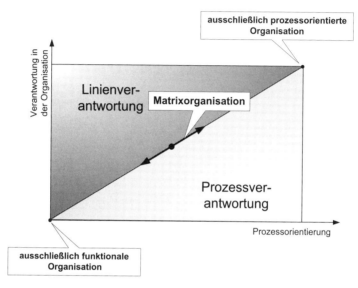

Abbildung 2-19: Verantwortungsübernahme durch den Prozessverantwortlichen

Die Rollenbeschreibung des Prozessverantwortlichen in einem prozessorientierten Unternehmen kann wie in Tabelle 2.6 aussehen.

Tabelle 2.6: Rollenbeschreibung Prozessverantwortlicher

Rollenbeschreibung Prozessverantwortlicher	
Ziele	▣ Sicherstellung, dass die festgelegten Prozesse entsprechend den Vorgaben ausgeführt, gesteuert und optimiert werden
	▣ Erreichung der Prozessziele sowie kontinuierliche Verbesserung des Prozesses
Aufgaben/ Pflichten/ Verantwortlichkeiten	▣ Entscheidungsrecht hinsichtlich der laufenden Zusammensetzung des Prozessteams
	▣ Personelle Verantwortung für die im Prozess tätigen Mitarbeiter
	▣ Koordination und Einberufung von laufenden und regelmäßigen internen Treffen des Prozessteams (z.B. Prozessteam-Jour-fixe)
	▣ Verantwortung für die tagtägliche Steuerung und Optimierung des Prozesses im Rahmen der Vorgaben
	▣ Verantwortung für die kontinuierliche Prozessverbesserung
	▣ Verantwortung für die Anpassung der Prozessbeschreibungen
	▣ Reporting und Berichterstattung zur Prozesszielerreichung
	▣ Verantwortung für die Einschulung neuer Mitarbeiter hinsichtlich des Prozesses und seiner Vorgaben
	▣ Budgetverantwortung für den Prozess
Verhaltenserwartungen	▣ Aktive Führung des Prozessteams
	▣ Treibende Kraft für den Anstoß zur kontinuierlichen Prozessverbesserung
Kompetenzen/ Rechte	▣ Vergabe von Aufgaben innerhalb des Prozessteams
	▣ Einforderung vereinbarter Aufgaben und Maßnahmen

Rollenbeschreibung der Prozessteammitglieder

Die Rollenbeschreibung eines Prozessteammitglieds in einem prozessorientierten Unternehmen kann wie in Tabelle 2.7 aussehen.

Tabelle 2.7: Rollenbeschreibung Prozessteammitglied

Rollenbeschreibung Prozessteammitglied	
Ziele	▪ Jedes Prozessteammitglied hat in seiner Rolle die Zielsetzung, durch aktives Einbringen der persönlichen Qualifikation und des persönlichen Prozess-Know-hows dafür zu sorgen, dass für die dem Prozessteam zugeteilten Prozesse möglichst viele Verbesserungspotenziale erkannt und umgesetzt werden
Aufgaben/Pflichten/ Verantwortlichkeiten	▪ Einbringung des spezifischen Fachwissens
	▪ Mitarbeit im Rahmen der Festlegung von Maßnahmen zur Prozessoptimierung
	▪ Aktives Einbringen von Vorschlägen und Verbesserungsmöglichkeiten
	▪ Ausarbeitung bzw. Anpassung von Checklisten und Arbeitsanweisungen entsprechend den Vorgaben des Prozesscoachs
	▪ Teilnahme an internen Treffen des Prozessteams (z.B. Prozessteam-Jour-fixe)
Verhaltenserwartungen	▪ Abstimmung mit den anderen Teammitgliedern
	▪ Akzeptanz der Entscheidungen
Kompetenzen/Rechte	▪ Einholung prozessrelevanter Informationen
	▪ Vertretung der Interessen des eigenen Verantwortungsbereiches

Rollenbeschreibung des Prozesscoachs

Der Prozesscoach unterstützt mehrere Prozesse einer Prozessgruppe oder sogar eine Prozesskategorie (z. B. Management-, Kern- oder Supportprozesse) und stellt die Methodenkonsistenz sicher. Die Rollenbeschreibung des Prozesscoachs in einem prozessorientierten Unternehmen kann wie in Tabelle 2.8 aussehen.

Tabelle 2.8: Rollenbeschreibung Prozesscoach

Rollenbeschreibung Prozesscoach	
Ziele	▨ Sicherstellung, dass die vom Prozessteam verbesserten Prozesse den Vorgaben der Methodik entsprechen
Aufgaben/Pflichten	▨ Begleitung und Unterstützung des Prozessteams bei der Umsetzung der Prozessmanagementmethodik
Verantwortlichkeiten	▨ Einbringung von Vorschlägen und Verbesserungsmöglichkeiten für die Prozesse innerhalb der Prozessgruppe
Verhaltenserwartungen	▨ Zusammenarbeit und Abstimmung mit dem Prozessteam
	▨ Methodischer Support des Prozessteams
	▨ Erfahrungsaustausch mit anderen Prozesscoachs die Prozessoptimierung betreffend
Kompetenzen/Rechte	▨ Mitsprache im Rahmen der Freigabe verbesserter Prozessbeschreibungen

Entscheidend ist, dass der Prozessverantwortliche seine Aufgabe als die treibende Kraft hinter dem Prozess aktiv wahrnimmt. Prozessteam-Jour-fixes sind beispielsweise eine Möglichkeit, um Aktuelles zum Prozess zu diskutieren, Abweichungen festzustellen bzw. Probleme aufzuzeigen und Maßnahmen zur Prozesssteuerung zu ergreifen.

2.9 Prozessdefinition mittels 4-Schritte-Methodik

Die 4-Schritte-Methodik ist eine strukturierte Vorgehensweise zur Erarbeitung und Umsetzung von Prozessen in Organisationen. Die Methodik kann zum einen beim Aufbau von Prozess- oder Qualitätsmanagementsystemen zum Einsatz kommen, d. h., wenn in der betrachteten Organisation bis dato noch keine Prozesse definiert wurden. Das zweite große Einsatzfeld der Methodik ist entsprechend dem Prozess-Lifecycle in bestehenden (lebenden) Prozess- oder QM-Systemen im Rahmen der (Neu-)Definition und Optimierung von Prozessen (Phase 2 des Prozess-Lifecycles).

Die Methodik ist bereits beim Erkennen und Verstehen von Prozessen von großem Vorteil. Ihre Anwendung findet in den Kapiteln 3 und 4 ihre Detaillierung.

Für jeden in der Prozesslandschaft dargestellten Prozess kann anhand der Schritte

▓ Schritt I: Prozessidentifikation und -abgrenzung,
▓ Schritt II: Analyse der Istprozesse,
▓ Schritt III: Konzeption der Sollprozesse und
▓ Schritt IV: Planung der Realisierung des Verbesserungspotenzials

dessen Verbesserungspotenzial erhoben und zur Umsetzung gebracht werden. Abbildung 2-20 zeigt dieses Stufenmodell.

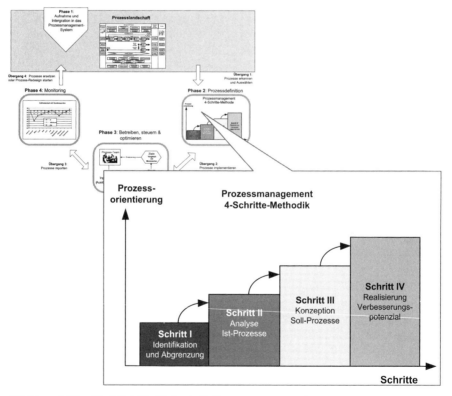

Abbildung 2-20: Die 4-Schritte-Methode für Prozessmanagement

Diese vier Schritte werden im Rahmen von Prozessteammeetings umgesetzt. Das Prozessteam setzt sich aus dem Prozessverantwortlichen und den Prozessteammitgliedern zusammen, die sowohl aus dem Prozess als auch von außerhalb des Prozesses kommen können. Gerade Personen aus den vor- oder nachgelagerten Prozessen können oft wertvolle Anregungen im Rahmen der Prozessanalyse und der Prozesskonzeption bringen. Weiterhin sollte dem Prozessteam ein Prozessberater bzw. Prozesscoach zur Seite gestellt werden, der das methodische Know-how für die Durchführung und Moderation der Prozessteammeetings einbringt (vgl. Schäfer, 1997). Prozessteams werden, je nach Unternehmensgröße, jeweils für die in der Prozesslandschaft angeführten Prozessgruppen bzw. für einzelne Prozesse gebildet. Mehrere Prozessteams können zu Arbeitsgruppen zusammengefasst werden (z. B. Arbeitsgruppe Managementprozesse). Die Prozessteammeetings können unmittelbar aufeinander als auch in größerem zeitlichem Abstand erfolgen (Malorny, 1997).

2.9.1 Schritt I: Prozessidentifikation und -abgrenzung

Die Prozessidentifikation und -abgrenzung ist der erste Schritt der Prozessmanagementmethodik. Die Aufgabe des Prozessteams besteht hier darin, die einzelnen Bestimmungselemente des Prozesses zu erheben, zu diskutieren und festzuschreiben. Um welche charakteristischen Elemente es sich hierbei handelt, wurde bereits in Kapitel 2.4 festgelegt. In Abbildung 2-21 sind sie grafisch dargestellt.

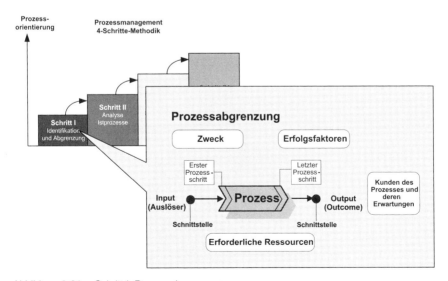

Abbildung 2-21:   Schritt I: Prozessabgrenzung

Neben den Bestimmungselementen wird zur Prozessidentifikation ein eindeutiger Prozessname definiert. Zur Abgrenzung des Prozesses werden der erste und der letzte Prozessschritt festgelegt. Input (Auslöser) und Output (Outcome) des Prozesses sind ebenfalls zu bestimmen.

Weitere hilfreiche Punkte sind entsprechend der Abbildung 2-21 die Kunden des Prozesses und ihre Erwartungen sowie die Erfolgsfaktoren.

2.9.2 Schritt II: Analyse der Istprozesse

Bei diesem Schritt wird der Prozess zunächst visualisiert und dann hinsichtlich seiner Verbesserungspotenziale untersucht (Bogaschwesky/Rollberg, 1998). Abbildung 2-22 visualisiert diesen Schritt.

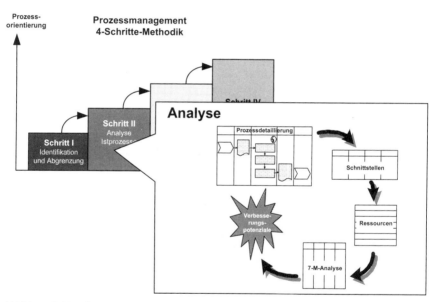

Abbildung 2-22:   Schritt II: Analyse der Istprozesse

Zunächst ist der Prozess in seiner aktuellen Ausprägung, d. h. im Istzustand zu beschreiben, indem der derzeitige Prozessablauf dargestellt wird, so, wie er von den Mitarbeitern tatsächlich ausgeführt wird. Davon ausgehend werden im Rahmen der Analyse die Verbesserungspotenziale ermittelt, sodass im Schritt III, der Konzeption, der zukünftige Sollablauf definiert werden kann.

Für die Darstellung ist es entscheidend, dass mit einer vereinbarten Symbolik gearbeitet wird. Umfangreiche Abläufe sollten aus Gründen der Übersichtlichkeit in Form von Prozessabläufen dargestellt werden, in denen standardisierte Sinnbilder Verwendung finden. Die Beschreibung des Prozesses hat so zu erfolgen, dass der Prozess für prozessfremde Personen eindeutig und verständlich nachvollziehbar ist. Details zur Visualisierung von Prozessen siehe Kapitel 3.

Ausgehend vom dargestellten Prozessablauf wird der Istzustand der Prozesse hinsichtlich vorhandener Verbesserungspotenziale untersucht. Grundsätzlich kann gesagt werden, dass alle Prozesse auf ihren Beitrag zur Steigerung der Wertschöpfung zu untersuchen sind. Alles Weitere zum Thema Analyse und Optimierung von Prozessen (sechs Dimensionen der Prozessqualität, Analysewerkzeuge etc.) siehe Kapitel 4.

2.9.3 Schritt III: Konzeption der Sollprozesse

Die Konzeption der Sollprozesses ist der dritte Schritt im Rahmen der Phase der Identifikation, Analyse und Definition. Aufgrund der Erkenntnisse der Istanalyse kann nun der neue Sollprozess konzipiert und in Form eines Prozessablaufs definiert werden. Darüber hinaus werden Ziele für die Durchführung der Prozesse, die Prozessziele festgeschrieben. Abbildung 2-23 zeigt Schritt III.

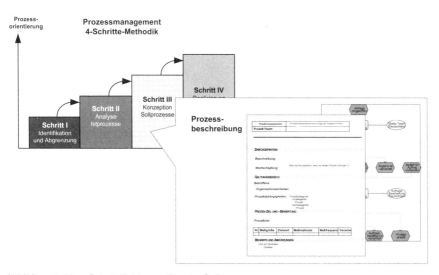

Abbildung 2-23:   Schritt III: Konzeption der Sollprozesse

Die Freigabe zur Umsetzung des Sollprozesses stellt eine Bestätigung des Soll-konzeptes dar. Sie ist an dieser Stelle sinnvoll, um die Ausarbeitung der nach-folgenden Schritte auf eine abgesicherte Grundlage zu stellen. Hier sind die zu diesem Zeitpunkt relevanten Hierarchien und Entscheidungsstrukturen zu berücksichtigen. Details zur Konzeption von Sollprozessen siehe Kapitel 4. Details zur Prozessmessung und -steuerung siehe Kapitel 5.

2.9.4 Schritt IV: Planung der Realisierung der Maßnahmen zur Ausschöpfung der Verbesserungspotenziale

Im Rahmen dieses Schrittes ist die Umsetzung des in den vorangegangenen Schritten konzipierten und definierten Sollprozesses zu planen und durchzu-führen (Details zur Implementierung der Sollprozesse siehe Kapitel 4.3). Die Umsetzung bezieht sich dabei auf jene Maßnahmen, die durch die Änderun-gen des Prozesses vom Ist zum Soll erforderlich sind (Abbildung 2-24; vgl. Kobi, 1996). Dies können beispielsweise sein

- Anschaffung neuer Betriebsmittel, Werkzeuge und Hilfsmittel,
- organisatorische Änderungen oder
- Schulungsmaßnahmen für die Mitarbeiter.

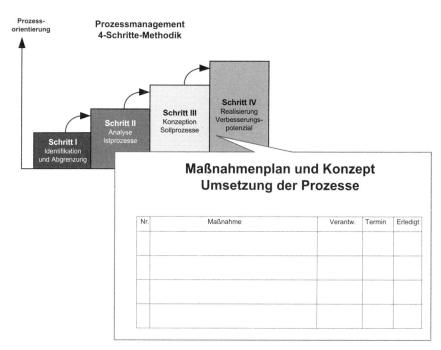

Abbildung 2-24:   Schritt IV: Vorgehen zur Umsetzung

3 Prozesse erfassen und visualisieren

Ziel des dritten Kapitels ist es, das Vorgehen zur und Möglichkeiten für die Visualisierung von Prozessen darzulegen und dem Leser Kriterien für die Auswahl der verschiedenen Visualisierungsmethoden an die Hand zu geben. Dabei wird auf die in Kapitel 2 bereits beschriebene Prozessmanagementmethodik Bezug genommen und die Visualisierung von Prozessen im Zusammenhang mit dem ersten und zweiten Schritt der Methodik aufgezeigt. Dazu wird eingangs das Vorgehen bei der Erfassung von Prozessen detailliert dargestellt (Schritt 1). Im Anschluss folgt die Visualisierung der Prozesse, die im Rahmen von Schritt 2 zur Aufgabe wird.

3.1 Erfassung von Prozessen

Bevor eine Visualisierung der einzelnen Prozesse bzw. der Prozessabläufe in Angriff genommen werden kann, ist es erforderlich, den ersten Schritt der Prozessmanagementmethodik vollständig durchzuführen, nämlich die Identifikation und Abgrenzung der Prozesse (Abbildung 3-1). Ziele dieses ersten Schrittes sind:

- Identifikation der einzelnen Prozesse im Unternehmen (erste grobe Einteilung des betrieblichen Geschehens in Prozesse),
- erste Abschätzung der erforderlichen Darstellungsebenen des Prozessmanagementsystems,
- finale Erstellung der Prozesslandschaft,
- abschließende genaue Abgrenzung der identifizierten Prozesse.

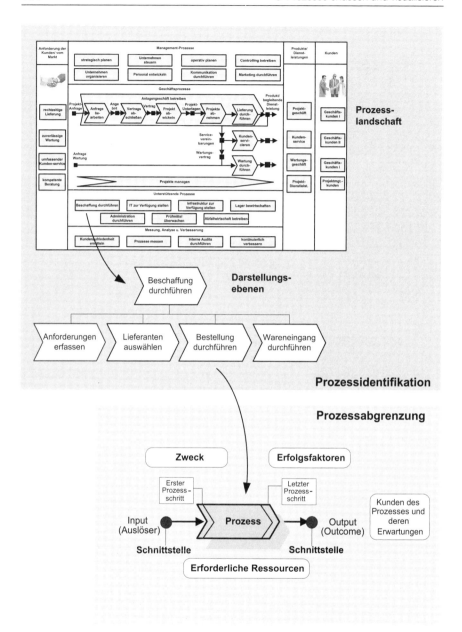

Abbildung 3-1: Prinzip der Prozessidentifikation und Prozessabgrenzung

3.1.1 Vorgehensweise bei der Identifikation und Abgrenzung

Zur Prozessidentifikation wird ein eindeutiger Prozessname definiert. Zur Abgrenzung der Prozesse werden der erste und der letzte Prozessschritt festgelegt. Input (Auslöser) und Output (Outcome) des Prozesses sind ebenfalls zu bestimmen.

Es bedarf weiterhin der Beschreibung folgender Bestimmungselemente (siehe dazu auch Kapitel 2):

- **Prozesszweck:**
  Was soll mit diesem Prozess erreicht werden und warum ist dieser Prozess für die Organisation wichtig bzw. welchen Einfluss hat der Prozess?
- **Kunden des Prozesses** sowie deren Erwartungen:
  Was erwarten die Kunden des Prozesses? Was sagt die „Stimme des Kunden"?
- **Output (Outcome):**
  Was ist das charakteristische Endergebnis (Endergebnisse) dieses Prozesses, das bei jedem Prozessdurchlauf entsteht?
- **Input (Auslöser) oder Trigger:**
  Welches Startereignis (oder Startereignisse) löst diesen Prozess charakteristischerweise bei jedem Durchlauf aus?
- **Erster Prozessschritt:**
  Welcher Prozessschritt des betrachteten Prozesses wird als erster ausgeführt? Wie wird damit dieser Prozess vom vorhergehenden abgegrenzt?
- **Letzter Prozessschritt:**
  Welcher Prozessschritt des betrachteten Prozesses wird als letzter ausgeführt? Wie wird damit dieser Prozess vom nachfolgenden abgegrenzt?
- **Schnittstellen:**
  Welche Schnittstellen zu anderen Prozessen und Bereichen gibt es am Beginn und am Ende des Prozesses?
- **Erforderliche Ressourcen:**
  Welche Hilfsmittel, Betriebsmittel, Anlagen, Maschinen, Qualifikationen etc. sind für den reibungslosen Prozessablauf erforderlich?
- **Erfolgsfaktoren:**
  Welches sind die wichtigsten Voraussetzungen, damit der Prozess zur vollen Zufriedenheit und dauerhaften Erfüllung der Kundenerwartungen abläuft?
- **Mit geltende Unterlagen:**
  Welche Unterlagen (z.B. Checklisten, Arbeitsanweisungen etc.) werden zur Ausführung des Prozesses benötigt?

Um sicherzugehen, dass alle relevanten Informationen erfasst werden, und um ein einheitliches Vorgehen zu gewährleisten, werden alle Punkte in das

„Arbeitsblatt Schritt I: Prozessidentifikation und -abgrenzung" im Rahmen des ersten Prozessteammeetings (PTM) eingetragen. Dieses Arbeitsblatt wird für alle Prozesse verwendet (Abbildung 3-2).

Arbeitsblatt Schritt I: Prozessidentifikation und -abgrenzung

Prozessname: BESCHAFFUNG DURCHFÜHREN

Aussagekräftiger Prozessname, der Art und Inhalt des Prozesses selbsterklärend darstellt.

Zweck: Die Beschaffungsaktivitäten sollen sicherstellen, dass sämtliche von der Organisation benötigten externen Produkte bzw. Dienstleistungen zeitgerecht und in der geforderten Qualität zur Verfügung stehen.

Was soll mit diesem Prozess erreicht werden und warum ist dieser Prozess für die Organisation wichtig, bzw. welchen Einfluss hat der Prozess?

Kunden des Prozesses:	**Erwartungen der Kunden:**
• Anforderer eines Produktes oder einer Dienstleistung	• zeitgerechte Zurverfügungstellung
Für wen – wer sind die Hauptkunden des Prozesses?	*Was sind die spezifischen Erwartungen des Kunden des Prozesses?*

Output (Outcome): Gelieferte Ware oder Leistung (Ware ist eingetroffen)

Was ist (sind) das (die) charakteristische(n) Endergebnis(se) dieses Prozesses, das (die) bei jedem Prozessdurchlauf entsteht (entstehen)?

Input (Auslöser): Genehmigte Anforderung (genehmigte Anforderung liegt vor)

Welches Startereignis (oder Startereignisse) löst diesen Prozess charakteristischerweise bei jedem Durchlauf aus?

Erster Prozessschritt: Kategorisierung der Anforderung (Lagerentnahme, Standardprodukt, Rahmenvertrag ...)

Was ist der erste Ablaufschritt in diesem Prozess?

Letzter Prozessschritt: Lieferung an den Anforderer

Was ist der letzte Ablaufschritt in diesem Prozess?

Schnittstellen – Input-seitig: Genehmigungsprozess

Schnittstellen – Output-seitig: Installations- und Rechnungslegungsprozess

Prozesse oder Stellen (z. B. Kunden, Lieferanten, Abteilungen ...) an die Produkte, Unterlagen, Informationen etc. als Input oder Output übergeben werden, bzw. von denen oder für die Dienstleistungen erbracht werden.

Erforderliche Ressourcen:

• **Mensch:** Einkäufer, Logistiker und Warenübernehmer

Jene Mitarbeiter, die im Prozess tätig sind, und jene Personen, die für die Prozessdurchführung unbedingt erforderlich sind.

• **Information, Unterlagen und Know-how:**

Beschaffungsrichtlinien, Lieferantenbewertung, Standards, Rahmenverträge

Jene Informationen und Unterlagen, welche standardmäßig für die Durchführung des Prozesses benötigt werden.

• **Arbeitsumgebung, Betriebsmittel, Infrastruktur:** Beschaffungssystem

In welcher Arbeitsumgebung findet der Prozess statt und welche Betriebsmittel, Infrastruktur etc. werden benötigt?

Erfolgsfaktoren:

Auswahl geeigneter Lieferanten, zeitnahe Bestellnachverfolgung

Was sind die wichtigsten Voraussetzungen, damit der Prozess zu voller Zufriedenheit abläuft? Drei bis vier Faktoren, nicht mehr.

Abbildung 3-2:   Auszug aus einem „Arbeitsblatt 1. PTM"

3.1.2 Prozessteammeeting zur Abwicklung des ersten Schrittes

Wie bereits in Kapitel 2 angegeben, erfolgt die Durchführung der 4-Schritte-Methode zweckmäßigerweise in Form von Prozessteammeetings. Der Ablauf des Prozessteammeetings bei diesem Schritt der Prozessmanagementmethodik könnte beispielsweise wie in Abbildung 3-3 vor sich gehen.

Inhalte des 1. Prozessteammeetings (1. PTM)

- Gesamtüberblick zum Projekt
- Prozessmanagementmethodik
- Aufgaben/Verantwortlichkeiten des Prozessteams, Vorstellung der Prozesslandschaft
- Erläuterung zur Prozessidentifikation und -abgrenzung

Aufgaben des Teams bis zum 2. PTM

- Prozessidentifikation für weitere Prozesse
- Prozessrelevante Unterlagen sammeln und Prozess zuordnen
- Verbesserungspotenziale sammeln

Abbildung 3-3: Inhalte des ersten Prozessteammeetings und Aufgaben des Teams

3.2 Anforderungen an die Prozessvisualisierung

Bei der Visualisierung von Prozessen können grundsätzlich zwei Zielsetzungen unterschieden werden:

- Visualisierung von Prozessen zur anschließenden Information, Kommunikation oder Dokumentation,
- Visualisierung von Prozessen zur anschließenden Analyse und Optimierung.

Vor diesem Hintergrund werden sich die gewählten Darstellungen in Bezug auf Detailliertheit, Informationsgehalt etc. wie folgt unterscheiden.

3.2.1 Prozessvisualisierung zur Kommunikation und Dokumentation von Prozessen

Die Visualisierung von Prozessen mit dem Ziel der anschließenden Kommunikation oder Information einer Gruppe von Mitarbeitern ist eine klassische Aufgabe beim Aufbau von Prozess- oder Qualitätsmanagementsystemen mit anschließenden Mitarbeiterschulungen. Die primäre Zielsetzung ist es, hierbei die Prozessdokumentation sowohl übersichtlich als auch detailliert genug zu gestalten, um sie den Mitarbeitern zur Verfügung zu stellen und die betrieblichen Abläufe in Form von Prozessen zu regeln.

Die Zielgruppe für die Kommunikation der Prozesse sind die Mitarbeiter der Organisation, deren Aufgabe es ist, die Prozesse umzusetzen und zu leben. Zielsetzungen für Kommunikation sind z. B.:

- übersichtliche Aufbereitung der Prozesse für Schulungen,
- ausreichende Detailliertheit für die Anwendung der Prozesse in der täglichen Arbeit am Arbeitsplatz,
- einfacher Zugriff auf die Prozesse für die Mitarbeiter – z. B. über Intranetlösungen: Zugriff auf alle Prozess ausgehend von der Prozesslandschaft und die einzelnen Gliederungsebenen bis auf die Ebene der einzelnen Prozessabläufe (siehe Kapitel 2),
- Dokumentation der Prozesse in Form von Prozessbeschreibungen, Verfahrensanweisungen, QM-Handbüchern etc.

Im Wesentlichen sind bei der Visualisierung von Prozessabläufen im Hinblick auf die anschließende Kommunikation, Information und Dokumentation die folgenden Punkte von Interesse:

- Schritte des Prozesses und ihre Abfolge,
- Verzweigungen im Prozessablauf und zugehörige Entscheidungskriterien,
- Schnittstellen im Rahmen des Prozessablaufs,
- Verantwortlichkeiten und Kompetenzen für die einzelnen Prozessschritte,
- In- und Outputs für die einzelnen Prozessschritte.

Beispiele dazu sind in Kapitel 3.4 dargestellt.

3.2.2 Prozessvisualisierung zur Analyse und Optimierung von Prozessen

Bei der Visualisierung von Prozessen zur anschließenden Analyse und Optimierung wird im Gegensatz zur Kommunikation und Dokumentation von Prozessen die Zielsetzung verfolgt, möglichst viel Information über den zu optimierenden Prozess im Hinblick auf ein ausgewähltes Optimierungsziel darzustellen bzw. abzubilden. Als Optimierungsziele können die folgenden sechs Dimensionen der Prozessqualität dienen, von denen jede eine spezielle Sichtweise auf den gegenständlichen Prozess darstellt. Es bietet sich an, die entsprechenden Detailinformationen wie z. B. Kundenkontaktpunkte, Risikograd von einzelnen Prozessschritten etc. in die Darstellung der Prozesse zu integrieren:

(1) Prozesskunden
(2) Prozesswirtschaftlichkeit
(3) Prozessrisiko
(4) Prozessfähigkeit
(5) Prozessinformation
(6) Prozessorganisation

Weil die detaillierten Darstellungen der Prozesse viele Informationen für die Prozessanalyse enthalten, die für die tägliche Ausführung der Prozesse nicht erforderlich sind, werden für die Kommunikation der optimierten Prozesse wieder die vereinfachten Darstellungen herangezogen.

Mehr zu den sechs Dimensionen der Prozessqualität, zum Thema Prozessanalyse und -optimierung sowie Analysewerkzeuge in Kapitel 4.

3.3 Visualisierung von Prozessen

Ziel der Prozessvisualisierung ist es, Prozessabläufe grafisch übersichtlich und somit für das Auge leicht erfassbar darzustellen. Besonders Verzweigungen im Prozessfluss, In- und Outputs für die einzelnen Prozessschritte, Schnittstellen und Verantwortungen lassen sich durch eine grafische Darstellung und die Verwendung von unterschiedlichen Symbolen einfach abbilden.

Die drei am weitesten verbreiteten Darstellungsformen für Prozessabläufe sind die

▨ Pfeilformdarstellung,
▨ Prozessablaufdarstellung und
▨ Swimlanedarstellung.

Zu diesen drei Hauptformen findet man in der Praxis eine ganze Reihe von Darstellungsvarianten. Unterschiede zeigen sich hier bei der Verwendung unterschiedlicher Symbole, der Festlegung von Verantwortlichkeiten usw. Ohne Anspruch auf Vollständigkeit erheben zu wollen, sei hier aufgrund der hohen Verbreitung durch ein Geschäftsprozess-Optimierungstool eine Variante zur Prozessablaufdarstellung angeführt, nämlich die ereignisgesteuerte Prozesskette, kurz EPK.

3.3.1 Pfeilformdarstellung

Die Pfeilformdarstellung (Abbildung 3-4) ist dafür geeignet, umfangreiche Prozesse stark vereinfacht auf einer Überblicksebene darzustellen. Sie findet z. B. für die Darstellung von Geschäftsprozessketten Anwendung und wird in diesem Zusammenhang auch als Wertschöpfungskettendarstellung bezeichnet.

Umfangreiche Prozesse sollten aus Gründen der Übersichtlichkeit in Form von Ablauf- oder Flussdarstellungen abgebildet werden, in denen standardisierte Symbole Verwendung finden.

Prozess Antragsprüfung und Policenerstellung

Abbildung 3-4: Pfeilformdarstellung

3.3.2 Prozessablaufdarstellung

Der Prozessablauf in Abbildung 3-5 zeigt die Abfolge der Tätigkeiten hier über die vertikale Achse. Diese Darstellungsform gibt die Möglichkeit zur Zuweisung der Verantwortlichkeiten für die Durchführung der einzelnen Tätigkeiten. Die ein- und ausgehenden Dokumente und Aufzeichnungen sind in den Input- und Output-Spalten angeführt. Zusätzlich besteht die Möglichkeit, für die Inputs und Outputs in einer separaten Spalte anzugeben, woher sie kommen (Input-Schnittstelle) bzw. wohin sie gehen (Output-Schnittstelle). Mittels Buchstaben sind weiterführende Erläuterungen oder Verweise auf bestehende Regulative angeführt.

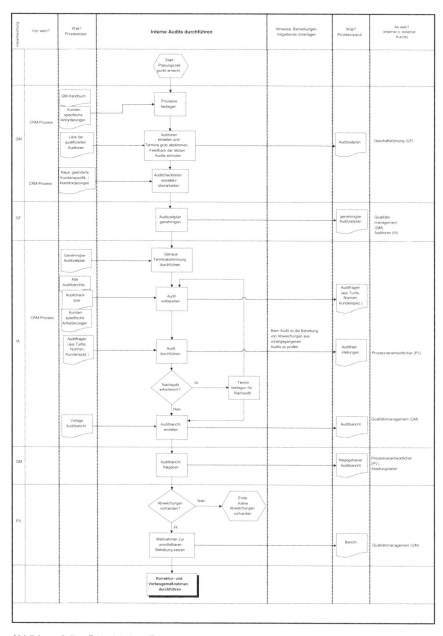

Abbildung 3-5: Beispiel einer Prozessablaufdarstellung

3.3.3 Ereignisgesteuerte Prozesskette (EPK)

Die ereignisgesteuerte Prozesskette (Abbildung 3-6) unterscheidet sich von der allgemeinen Prozessablaufdarstellung dadurch, dass auf jeden Prozessschritt ein Ereignis folgt, das den Abschluss des vorangegangenen Schrittes angibt. Mithilfe dieser Ereignisse und unter Zuhilfenahme von logischen Operatoren in den Punkten von möglichen Prozessverzweigungen werden bei der EPK Entscheidungen im Prozessablauf – also für Verzweigungen – modelliert. In unten stehendem Beispiel folgen auf den Prozessschritt „Kundenauftrag prüfen" die Ereignisse „Kundenauftragsprüfung O. K." und „Kundenauftrag nicht durchführbar" von denen selbstverständlich nur eines eintreten kann.

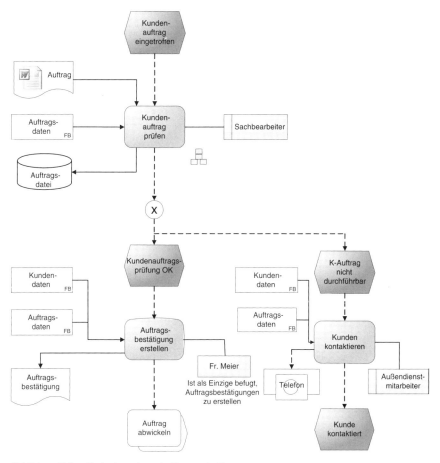

Abbildung 3-6: Ereignisgesteuerte Prozesskette

3.3.4 Swimlanedarstellung

Abbildung 3-7 zeigt die Abfolge der Tätigkeiten über eine horizontale Zeitachse und macht vor allem den abteilungsübergreifenden Prozess- und Informationsfluss ersichtlich. Die einzelnen in den Prozessfluss integrierten Abteilungen werden als horizontal verlaufende Bahnen dargestellt.

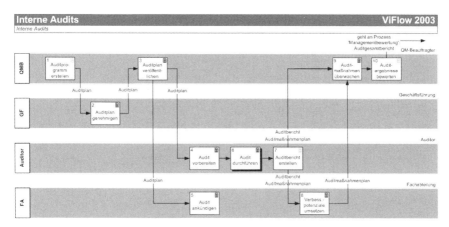

Abbildung 3-7: Swimlanedarstellung (Quelle: www.vicon.biz entnommen aus Onlinemodell)

3.3.5 Vor- und Nachteile der verschiedenen Darstellungsformen

Tabelle 3.1   Vor- und Nachteile der verschiedenen Darstellungsformen

Darstellungsform	Vorteile	Nachteile
Pfeilform	Übersicht schnell gegeben Prozessabhängigkeiten leicht ersichtlich Auf Prozesslandschaftsebene einsetzbar	Verzweigungen nicht darstellbar Zuständigkeiten schwierig anzugeben
Prozessablauf und EPK	Klare Zuständigkeiten (Info, Mitwirkung ...) Verzweigungen leicht nachvollziehbar „Gewohnte" Leserichtung von links nach rechts und oben nach unten in Flussrichtung	Stellenübergreifende Prozessschritte unübersichtlich
Swimlane	Springen des Prozesses zwischen den Abteilungen sehr gut ersichtlich Gute Übersicht bezüglich der involvierten Stellen Zeitliche Dimension sehr leicht erkennbar	Darstellung von Verzweigungen reduziert die Übersichtlichkeit, vor allem bei komplexeren Darstellungen

3.4 Möglichkeiten der Visualisierung nach unterschiedlichen Sichtweisen

In Kapitel 3.2.2 wurden die verschiedenen Dimensionen der Prozesse angeführt. In den folgenden Abschnitten wird am Beispiel eines Kreditprozesses gezeigt, wie einige dieser (Analyse-)Aspekte grafisch dargestellt werden können. Der Kreditprozess regelt den Weg eines Kreditvertrags vom Beratungsgespräch bis zur Auszahlung des vereinbarten Betrags an den Kunden.

3.4.1 Kundensicht – Kundenkontaktpunkte im Prozess

Zur Darstellung der Kundenkontaktpunkte im Prozessablauf bietet sich die Swimlanedarstellung besonders an. Hierbei wird für den Kunden ein eigener Balken eingezeichnet.

Kundenkontaktpunkte

Die Prozessschritte, in denen der Kundenberater mit dem Kunden in Kontakt tritt bzw. die dieser gemeinsam mit dem Kunden durchführt, werden so eingezeichnet, dass sie über beide Balken reichen.

Wahrnehmung durch den Kunden

Wie der Kunde den gesamten Prozess wahrnimmt, oder besser gesagt, welchen Nutzen der Kunde vom gesamten Prozess zum jeweiligen Zeitpunkt wahrnimmt, lässt sich ebenfalls sehr übersichtlich ablesen. Das ist auf der einen Seite das Beratungsgespräch ganz zu Beginn des Prozesses. Alle daran anschließenden (Backoffice-) Leistungen des Kreditinstituts nimmt der Kunden erst wieder zum Zeitpunkt der Unterzeichnung des Kreditvertrags wahr. Die Zeitspanne zwischen diesen beiden Kontaktpunkten kann aus Kundensicht grundsätzlich als Wartezeit eingestuft werden, die durch einen raschen und reibungslosen Ablauf des Prozesses aus diesem Grund so kurz wie möglich gehalten werden sollte. Ein rascher und reibungsloser Ablauf kann durch eine Reduktion der Schnittstellen, Medien- und Systemwechsel auf ein unumgängliches Minimum erreicht werden. Auch diese Wechsel sind in der verwendeten Swimlanedarstellung ersichtlich (Abbildung 3-8).

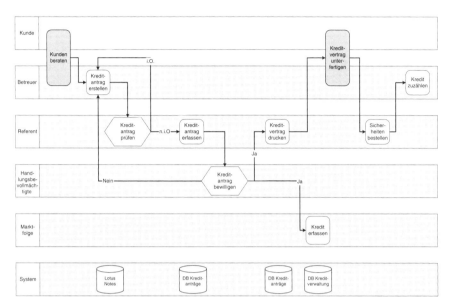

Abbildung 3-8: Swimlanedarstellung

3.4.2 Kostensicht – Prozesskosten und ihre Darstellung

Ziel der Prozesskostenrechnung ist es, Prozesse kostenmäßig zu bewerten, um einerseits Größen zur Steuerung und Optimierung der Prozesse verfügbar zu haben und andererseits kalkulatorische Bedürfnisse im Unternehmen zu befriedigen.

Abbildung 3-9 stellt die Prozesskosten dar, Tabelle 3.2 zeigt die dazugehörenden Größen, die bei jedem Prozessschritt des Kreditprozesses anfallen.

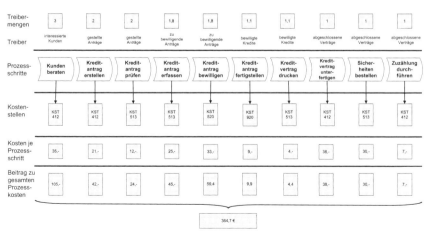

Abbildung 3-9: Prozesskostendarstellung

Tabelle 3.2:   Positionen der Prozesskostenrechnung

(Kosten-)Treiber	Ereignis oder Auslöser, der eine Tätigkeit (Durchführung des Prozessschritts) und somit Kosten verursacht.
Treibermenge	Sie gibt die Anzahl des Auftretens von Kostentreibern in einem definierten Zeitraum an und sagt damit aus, wie oft ein Prozessschritt durchschnittlich durchgeführt werden muss, um den Output des Prozesses zu erreichen. Zum Beispiel durchschnittlich drei Beratungsgespräche für einen unterzeichneten Kreditantrag.
Kosten je Prozessschritt	Kosten, die bei der einmaligen Durchführung des Prozessschrittes anfallen.
Beitrag zu gesamten Prozesskosten	Kosten je Prozessschritt multipliziert mit der Treibermenge: Kosten, die die (meist mehrmalige) Durchführung des einzelnen Prozessschrittes hervorruft, um den Output des Prozesses zu erreichen.

Durch Summierung der Anteile der Hauptprozesskosten lässt sich jener Aufwand ermitteln, der durchschnittlich für den Abschluss eines Kreditvertrages aufläuft. Im gewählten Beispiel € 364,70.

Die verwendeten Begriffe Prozess und Prozessschritt sind entsprechend der Prozessmanagementdiktion des vorliegenden Buches verwendet. Es sei darauf hingewiesen, dass in der Literatur zur Prozesskostenrechnung die Synonyme dafür (Hauptprozess und Teilprozess) weitgehende Verbreitung gefunden haben. Die Begriffe Haupt- und Teilprozess werden demzufolge in der Prozesskostenrechnung und im Prozessmanagement unterschiedlich verwendet. Die detaillierte Behandlung der Prozesskostenrechnung finden Sie in Kapitel 9.6.

3.4.3 Risikosicht – Darstellung aus Sicht des Prozessrisikos

Eine gängige Möglichkeit, Risiken zu erfassen und zu bewerten, die mit der Ausführung von Prozessen einhergehen, sind Fehlermöglichkeits- und -einflussanalysen (FMEA). In der Automobilindustrie beispielsweise sind Prozess-FMEAs an der Tagesordnung – nicht zuletzt, weil der VDA ihren Einsatz fordert. Abbildung 3-10 zeigt eine vereinfachte Variante einer Prozess-FMEA, wie sie beispielsweise in Workshops rasch, problemlos und mit geringem Einschulungsaufwand für die Teilnehmer zum Einsatz gebracht werden kann, um eine erste Risikoerfassung und -bewertung der einzelnen Prozessschritte durchzuführen.

Prozessschritte	mögliche Fehler	Auswirkung auf den Prozess	mögliche Ursachen	Eintritts-häufig-keit	Entdeck-barkeit	Risiko-Prioritäts-Zahl
Beratung durchführen	Kundenanforderungen werden nicht verstanden	9	* Unzureichende Zeitplanung für das Beratungsgespräch * Fehlende Erfahrung * Gesprächsführungs-kompetenz unzureichend	2	9	162
Kreditantrag erstellen	Ergebnisse aus dem Beratungsgespräch werden unvollständig / fehlerhaft wiedergegeben	7	* Keine Gesprächs-zusammenfassung mit dem Kunden durchgeführt * Tippfehler / Irrtum * Unstrukturierte Gesprächsführung	4	8	224
Kreditantrag prüfen	Unzureichende Prüfung	8	* Aus Zeitgründen nicht durchgeführt * übergeben Informationen sind unvollständig * Prüfkriterien werden unzureichend angewendet	1	4	32

Abbildung 3-10:   Prozessrisiko bezogen auf Prozessschritte des Kreditprozesses

Wie in Abbildung 3-10 ersichtlich ist, werden hierbei zu jedem Prozessschritt mögliche Fehler gelistet und wird ihre Auswirkung auf einer Skala von 1 bis 10 quantifiziert. Anschließend werden mögliche Ursachen für das Auftreten des Fehlers gesammelt. Die beiden abschließenden Bewertungen beziehen sich auf die Häufigkeit, mit der der mögliche Fehler im jeweiligen Prozessschritt auftritt, sowie die Bewertung für die Entdeckbarkeit des Fehlers. Eine Interpretation der Skalen ist nachfolgend angegeben.

Bei der gezeigten Variante der Prozess-FMEA handelt es sich um eine halb-quantitative Methode, d. h., alle quantitativen Bewertungen sind Schätz-werte eines Teams (Tabelle 3.3). Diese beruhen auf Erfahrungswerten, nicht auf tatsächlich erhobenen Daten wie z. B. Wahrscheinlichkeitswerten für das Auftreten von Fehlern, aus denen ebenfalls die quantitativen Werte für die Häufigkeitsbewertung abgeleitet werden könnten.

Der große Vorteil liegt hierbei darin, dass mit einem relativ geringen Zeitauf-wand eine quantitative Bewertung und somit Reihung der einzelnen Fehler und der mit ihrem Eintritt verbundenen Risiken bewerkstelligt werden kann. Durch Multiplikation der drei Einzelbewertungen lässt sich eine sogenannte Risikoprioritätszahl (RPZ) berechnen, die das Risiko des einzelnen Prozess-schritts wiedergibt. Eine farbliche Hinterlegung der RPZ entsprechend ihrer Größe führt zu einer optimalen grafischen Visualisierung der Risiken für den Prozess.

Tabelle 3.3:   Skalenwerte der Prozess-FMEA bezogen auf die Beurteilungskriterien

Beurteilungs-kriterien	Skalenwert	
	1	10
Auswirkung	Geringe bis keine Auswirkung	Hohe Auswirkung (Kunden ist verärgert oder kann nicht gewonnen werden)
Eintrittshäufig-keit	Geringe Häufigkeit (Fehler tritt selten bis nie auf)	Hohe Häufigkeit (Fehler tritt so gut wie sicher auf)
Entdeckbarkeit	Fehler ist leicht entdeckbar – z.B. beim nachfolgenden Prozessschritt	Fehler ist so gut wie nicht entdeckbar bzw. Fehler wird erst vom Kunden entdeckt

Die Risikoprioritätszahl stellt in weiterer Folge den Ausgangspunkt für detailliertere Analysen zur Risikominimierung und zur Definition von Maßnahmen zur Fehlervermeidung dar. In oben stehendem Beispiel ist das größte Risiko mit dem Prozessschritt „Kreditantrag erstellen" verbunden, der eine RPZ von 224 aufweist.

Die Notwendigkeit für das Einleiten von Maßnahmen kann mit der Größe der RPZ verbunden werden (Tabelle 3.4).

Darüber hinaus kann sinnvollerweise auch eine Regel zum Definieren von Maßnahmen beim Auftreten von hohen Einzelbewertungen (z.B. 8 oder 9) festgelegt werden. Ein Beispiel dafür ist der Prozessschritt „Kreditantrag prüfen". Die RPZ von 32 gibt zwar an, dass der Prozess unter Kontrolle ist. Die

Tabelle 3.4:   Aktivitäten nach RPZ-Werten

RPZ-Wert	Aktivität
von 1 bis 100	Risiko unter Kontrolle, keine zusätzlichen Maßnahmen erforderlich, beobachten
größer 100 bis 250	Risiko noch unter Kontrolle, zusätzliche Maßnahmen sollten definiert werden
größer 250 bis 500	umgehend zusätzliche Maßnahmen definieren
größer 500	Sofortmaßnahmen unbedingt erforderlich, Prozess nicht mehr unter Kontrolle

hohe Bewertung von 8 für die Auswirkung des Fehlers ist allerdings ein Hinweis dafür, dass ein Eintreten des Fehlers (trotz geringer Wahrscheinlichkeit und guter Entdeckbarkeit) mit hohen Auswirkungen für den Prozess verbunden sein kann.

Für weitere Informationen zur FMEA sei auf das „Taschenbuch Qualitätsmanagement" (vgl. Brunner/Wagner, 2004) oder die Publikationen der VDA zu diesem Thema verwiesen.

3.4.4 Informationssicht – Daten, Informationen, IT-Systeme

Für cine detaillierte Visualisierung der für den Prozess erforderlichen Daten, Informationen und Systeme bietet sich die Prozessablaufdarstellung mit ihren Input- und Output-Spalten an (Abbildung 3-11). Hier lassen sich die für die Durchführung jedes einzelnen Prozessschrittes erforderlichen Daten und Informationen übersichtlich darstellen. Falls erforderlich, können in zusätzlichen Spalten auch die zugehörigen Systeme abgebildet werden.

Durch die Bezeichnung der Spalten und die Pfeile ist ersichtlich, ob es sich um Inputs oder Outputs handelt, und somit auch, welche Daten und Informationen dem Mitarbeiter zur Durchführung des Schrittes zur Verfügung gestellt und welche bei der Durchführung des Prozessschrittes generiert werden.

Im Prozessschritt „Kreditantrag erstellen" z. B. wird vom Kundenbetreuer in Lotus Notes (System) ein formloser Kreditantrag (Output) erstellt. Im Schritt „Kreditantrag bewilligen" nimmt der Handlungsbevollmächtigte den geprüften Kreditantrag (Input) aus der DB für Kreditanträge (System), führt unter Einhaltung der entsprechenden Vorschriften (siehe weitere Inputs) die Bewilligung durch (Output), welche wiederum in die Datenbank für Kreditanträge eingepflegt wird.

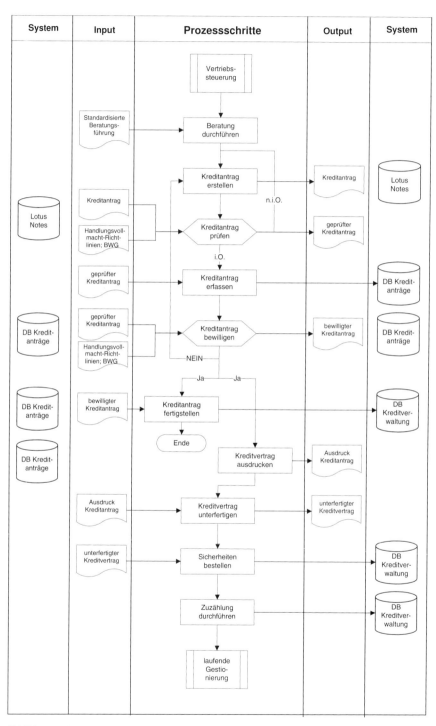

Abbildung 3-11:   Informationssicht auf den Prozess

3.4.5 Organisationssicht – Verantwortungen und Kompetenzen im Prozess

Für die Visualisierung der Verantwortungen im Prozessablauf gibt es eine Vielzahl von Möglichkeiten. Bei der Swimlanedarstellung beispielsweise ist die Verantwortung für die einzelnen Prozessschritte unmittelbar durch die einzelnen Bahnen (Bereiche, Abteilungen, Funktionen) gegeben, denen die Prozessschritte zugeordnet sind.

In der Prozessablaufdarstellung ist die gängigste Darstellungsform die Verwendung separater Spalten entsprechend den unterschiedlichen Verantwortungen:

- E Entscheidungsverantwortung/-kompetenz,
- D Durchführungsverantwortung,
- M Mitwirkung bei der Durchführung des Prozessschritts,
- I Person, die über das Ergebnis des Prozessschritts informiert wird.

In den Spalten werden Kurzzeichen von Personen, Rollen oder Stellen eingetragen, die die jeweilige Verantwortung im Prozessablauf für den Prozessschritt tragen. Im Beispielprozess „Kreditantrag" kommen folgende Rollen und Stellen vor:

- Kunde,
- Betreuer,
- Referent,
- Handlungsbevollmächtigter,
- Marktfolge.

Im Unterschied zur Informationssicht werden bei der Organisationssicht nicht mehr alle Inputs und Outputs zu jedem einzelnen Prozessschritt angegeben, sondern nur noch jene, die über die Grenze des Prozesses – an einen anderen Prozess oder eine andere Stelle – nach außen gehen (z. B. Kreditvertrag). Die Systeme zu den Inputs und Outputs werden aus Gründen der Übersichtlichkeit auch nicht mehr dargestellt (Abbildung 3-12).

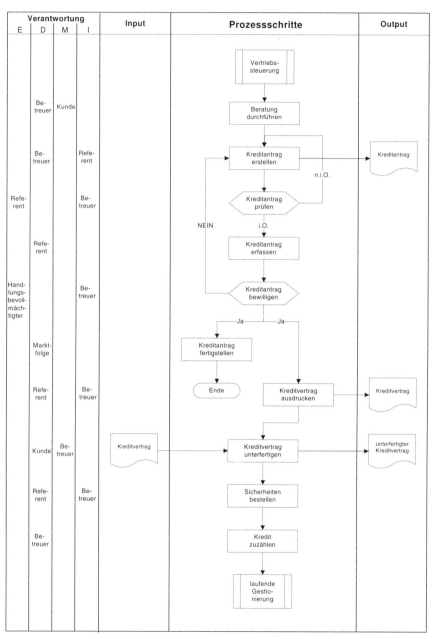

Abbildung 3-12:   Prozessablaufdarstellung aus Organisationssicht Symbole in der Prozessablaufdarstellung

In Abbildung 3-13 sind Beispiele für die wichtigsten Symbole zusammengestellt, die üblicherweise in der Prozessablaufdarstellung Anwendung finden. Diese Symbole sind nicht genormt und von daher von jedem bzw. für jedes Unternehmen frei wähl- und festlegbar. Eine einheitliche und verbindliche Festlegung dieser Symbole in Form von Modellierungs- oder Darstellungskonventionen ist für jedes Unternehmen bzw. Qualitäts- oder Prozessmanagementsystem unbedingt erforderlich, um eine durchgängige Abbildung und damit Lesbarkeit und Verständlichkeit der Abbildungen sicherzustellen.

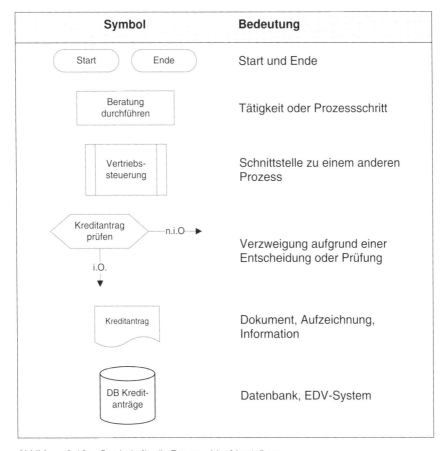

Abbildung 3-13:   Symbole für die Prozessablaufdarstellung

3.5 Dokumentation von Prozessen

In Kapitel 3.2.1 wurde bereits ausgeführt, dass mit der Dokumentation von Prozessen die Zielsetzung verfolgt wird, die Prozessabläufe den Mitarbeitern einer Organisation oder eines Unternehmens zu Informationszwecken zur Verfügung zu stellen. Die Aufgabe der Mitarbeiter ist es wiederum, die Prozesse umzusetzen und zu leben. Aus diesem Grund muss die Prozessdokumentation einen ausreichenden Detaillierungsgrad aufweisen und z. b. über Intranet leicht zugänglich sein.

3.5.1 Dokumentationsanforderungen der Mitarbeiter

Entsprechend ihren Rollen und Aufgaben im Prozessmanagementsystem lassen sich die in Tabelle 3.5 aufgelisteten Gruppen von Mitarbeitern mit Informationsansprüchen an die Dokumentation des Prozessmanagementsystems bilden.

Weil es sich bei den Aufgaben der Prozess-Owner und -teams sowie der Prozessmanager um regelmäßig wiederkehrende Aufgaben handelt, werden diese normalerweise ebenfalls in Form von Prozessen festgelegt: Management-

Tabelle 3.5:   Dokumentationsanforderungen der Mitarbeiter

Mitarbeiter-gruppen	Aufgabe	Anforderungen an die Dokumentation
Mitarbeiter, die die Prozesse ausführen	Leben der Prozesse entsprechend der Dokumentation	Verfügbarkeit, gut strukturiert, ausreichende Detaillierung, Verweise auf alle erforderlichen Informationen, Dokumente etc.
Prozess-Owner und Prozess-teams	Prozessausführung und -steuerung: Messung, Steuerung und Verbesserung der Prozesse, Durchführung des Prozessreportings Prozessplanung und Prozessdesign durchführen	Aufzeichnungen zur Prozessmessung und -zielerreichung, Aufzeichnungen zu Prozessanalysen und -verbesserungen, Änderungshistorien etc.
Prozess-manager	Monitoring der Prozesse: z. B. Zusammenführung der Reportingdaten zu einem Prozesscockpit, Abgleich mit strategischen Zielen etc. (siehe Kapitel 5)	Zugriff auf strategische Ziele, auf aktuelle Prozessreports und auf Prozessmessdetailergebnisse

prozesse oder Mess-, Analyse- und Verbesserungsprozesse. Das heißt, beim Regelkreis der Prozessausführung und -steuerung sowie dem des Prozessmonitorings handelt es sich selbst um Prozesse, die mit definiertem Ablauf, Inputs, Outputs, Schnittstellen und Verantwortlichkeiten ins Prozessmanagementsystem eingebettet sind. Der spezielle Informationsbedarf von Mitarbeitern infolge der Wahrnehmung ihrer Rollen im Prozessmanagementsystem als Prozess-Owner, Prozessteammitglieder oder Prozessmanager kann demnach in vollem Umfang im Rahmen einer konsequent prozessorientiert gestalteten Dokumentation des Prozessmanagementsystems erfüllt werden.

An die Dokumentation eines Prozessmanagementsystems ergeben sich folgende Anforderungen bzw. sie gibt Aufschluss über die folgenden wesentlichen Punkte:

- Aufbau und Struktur des Prozessmanagementsystems: Gliederung der Prozesse ausgehend von der Prozesslandschaft über die einzelnen Gliederungsebenen hin zur Abfolge der einzelnen Prozesse und Teilprozesse.
- Beschreibung der Prozesse: Prozessablauf, Verantwortlichkeiten, Inputs und Outputs etc. (Details siehe nachfolgende Checkliste).
- Festlegungen zu den Prozesszielen und zur Prozessmessung: Prozessziele, Zielwerte, Messgrößen, Angaben zur Datensammlung und -auswertung sowie zugehörige Verantwortlichkeiten.

Wie in Tabelle 3.6 gezeigt wird, können alle erforderlichen Angaben zur Messung der Prozessziele in die Prozessbeschreibungen integriert werden.

3.5.2 Realisierungsmöglichkeiten für die Dokumentation

Bei der Dokumentation einzelner Prozesse können zwei verschiedene Wege gegangen werden:

- **Ursprünglicher Qualitätsmanagementzugang:** Erstellung von Prozessbeschreibungen, die den Prozessablauf, Schnittstellen, Prozessziel etc. enthalten.
- **Verwendung von GPO-Tools:** datenbankbasierende Softwarepakete zur Modellierung von Prozessen und Prozessmanagementsystemen.

Die Erstellung von Prozessbeschreibungen hat den Vorteil, dass für jeden Prozess alle Informationen vom Prozessablauf über das Prozessteam, das Prozessziel, Prozessdetailunterlagen etc. in einem einheitlichen Dokument übersichtlich zusammengefasst werden können. Dieses Dokument kann ausgedruckt auch an Arbeitsplätzen als Prozessdokumentation zur Verfügung gestellt werden, die keinen Intranetzugang haben. Die Abbildungen 3-14 bis 3-16 zeigen ein Beispiel für eine Prozessbeschreibung.

Prozessbeschreibung

Prozesse gestalten

	Name	Unterschrift
Erstellt:	Petra Dorner	
Geprüft:	Karl Wagner	
Freigegeben:	Roman Käfer	
Freigabedatum:	3. 12. 2006	

Änderungshistorie:

Revision	Art der Änderung
0	Erstbeschreibung

1. Zweck

Sicherstellen, dass unsere Unternehmensabläufe prozessorientiert ausgerichtet werden.

Dies beinhaltet eindeutige Aufgaben, Kompetenzen und Verantwortlichkeiten sowie Klarheit bezüglich Zielen, Messgrößen, Informationsfluss und Schnittstellen.

2. Anwendungs-/
Geltungsbereich

Gesamtes Unternehmen

3. Prozess-
verantwortlicher
Prozessteam

Käfer;

Barbisch, Dorner, Korner, Spilauer, Wagner, Zehrer

4. Prozessziel

Nr.	Prozessziel	Messgröße	Zielwert	Mess-methode	Mess-frequenz	Verantwor-tung
1	Die Prozesse sind logisch und verständlich dargestellt.	Bereits bei erster Prozessbegehung entsprechend (First Pass Yield)	> 87 %	Prozessbegehung	Bei jeder Prozessbegehung	Prozessverantwortlicher

Abbildung 3-14:   Beispiel einer Prozessbeschreibung Teil 1

Prozessbeschreibung

5. Abkürzungen/
Begriffe/
Definitionen

QM	Qualitätsmanager (verantwortlich für das prozessorientierte QMS)
QB	Qualitätsbeauftragter (verantwortlich für das QMS im Management)
QMS	Qualitätsmanagementsystem
AV	Arbeitsvorschrift
PB	Prozessbeschreibungen
PM	Prozessmanager
PV	Prozessverantwortlicher
BSC	Balanced Scorecard

6. Prozess-/   Hier erfolgt die Online-Verknüpfung zum Intranet und der Prozess-
Ablaufdarstellung landschaft der Procon

7. Erläuterungen
zum Flussdiagramm

Nr.	Erklärung
1	

8. Erläuterungen zu
den Schnittstellen

Schnittstellenbeteiligte (Prozesse, Stellen)	Was wird an der Schnittstelle übergeben?	In welcher Form findet die Übergabe statt (Mail, Formular, mündlich ...)?
Prozess strategisch planen	• Produkt-Markt-Strategie	• Schriftlich
	• Ziele, Aufgaben, Kompetenzen für BSC	• Schriftlich
Prozess strategisch/ operativ einkaufen	• Preise von Partnern	• Internet, schriftlich;
	• Beschaffungsplan	• Schriftlich
Fachbereiche	• BSC-Ziele, Projektvorgaben, Personalentwicklungspläne	• Schriftlich
	• Procon-Planungskalender	• Schriftlich
Prozesspersonal managen	• Personalplan	• Schriftlich

Abbildung 3-15: Beispiel einer Prozessbeschreibung Teil 2

Prozessbeschreibung

9. Hinweise und Verweise auf mitgeltende Unterlagen, Dokumente etc.	Leitfaden Prozessmanagement, Organisationshandbuch Konventionenhandbuch
10. Verteiler	Im Intranet

Abbildung 3-16: Beispiel einer Prozessbeschreibung Teil 3

Der Vorteil bei der Verwendung von GPO-Tools liegt darin, dass das gesamte Prozessmanagementsystem ausgehend von der Prozesslandschaft bis zu Prozessen und Teilprozessen in einem Softwarepaket modelliert werden kann. Die einzelnen Gliederungsebenen und Prozessabläufe können normalerweise im HTML-Format exportiert und über das Intranet für die Mitarbeiter zugänglich gemacht werden. Beispiele für GPO-Tools, Anforderungen und Einsatzmöglichkeiten finden Sie in Kapitel 7.

Tabelle 3.6 zeigt eine detaillierte Auflistung aller Informationen, die bei der Dokumentation von Prozessen von Interesse sind. Gleichzeitig zeigt sie auch, wie eine Dokumentation in einem GPO-Tool realisiert werden kann. Diese Checkliste ist als Auszug dargestellt.

Wie aus Tabelle 3.6 hervorgeht, ist der Vorteil beim GPO-Tool-Einsatz, dass in der EPK, die den Prozessablauf wiedergibt, Schnittstellen im Prozessablauf und Links auf In- und Outputs der Prozessschritte einfach modellierbar sind und auch bei Übernahme ins Intranet funktionsfähig bleiben. Darüber hinaus können auch Verbindungen zu IT-Systemen, Datenbanken etc. modelliert und mit Links hinterlegt werden, damit der Benutzer diese aus dem Prozessablauf heraus aufrufen kann. Prozessbeschreibungen wiederum haben den Vorteil, dass eine Vielzahl von Informationen z. B. Prozessziele etc. sehr flexibel in die Dokumentation eingearbeitet werden können, die in einem GPO-Tool als Attribute hinterlegt werden müssten.

Tabelle 3.6:   Prozessdokumentation

Information	QM-Ansatz	GPO-Ansatz	Erfüllt?
Identifikation des Prozesses			
Name	PB (Deckblatt)	Name der EPK	□/✓
Zweck	PB (Deckblatt)	Attrib. der EPK	□/✓
Ordnungssystem			
Prozessnummer	PB (Deckblatt)	Attrib. der EPK	□/✓
Prozesskategorie	PB (Deckblatt)	Attrib. der EPK	□/✓
Lenkung			
Version	PB (Deckblatt)	Attrib. der EPK	□/✓
Erstellt, geprüft, freigegeben	PB (Deckblatt)	Attrib. der EPK	□/✓
Verteiler	PB (Deckblatt)	z.B. via Intranet	□/✓
Verantwortlichkeiten (gesamter Prozess) – Verbindung zur Aufbauorganisation			
Prozess-Owner/-Verantwortlicher	PB	Attrib. der EPK	□/✓
Prozessteam	PB	Attrib. der EPK	□/✓
Geltungsbereich	PB	Attrib. der EPK	□/✓
Prozessmessung			
Ziel (Prozesswerttabelle)	PB	–	□/✓
Messung	PB	–	□/✓
Reporting (wer, wann, an wen, Form ...)	PB	–	□/✓
Ablaufdarstellung			
Prozessablauf etc.	Prozessablauf	EPK	□/✓
Verantwortung: E, D, M, I	Prozessablauf	EPK	□/✓

▶

Tabelle 3.6:   Prozessdokumentation *(Fortsetzung)*

Information	QM-Ansatz	GPO-Ansatz	Erfüllt?
Inputs und Outputs (Inf. Daten, Systeme ...)	Prozessablauf	EPK	☐/✓
Erläuterungen zu Prozessschritten	Prozessablauf	Attribute der Elemente der EPK	☐/✓
Verknüpfungen zu Formularen, Checklisten, AA, Dateien, Daten, Anwendungen ...	Prozessablauf (nur grafisch)	Verlinkungen in EPK modellierbar	☐/✓
Schnittstellen			
Tabelle mit wesentlichen Schnittstellen zu Prozessen, Personal, Stellen	PB	Schnittstellen in EPK modellierbar	☐/✓
Administratives und Verweise			
Abkürzungen	PB	–	☐/✓
Mitgeltende Dokumente	PB	–	☐/✓
Ressourcen			
Mitarbeiter	PB	–	☐/✓
Infrastruktur und Ausrüstung	PB	–	☐/✓
Informationen	PB	–	☐/✓

PB	Prozessbeschreibung
EPK	ereignisgesteuerte Prozesskette

4 Prozesse analysieren und gestalten

Das vorliegende Kapitel behandelt Schritt 2, 3 und 4, der in Kapitel 2 vorgestellten Prozessmanagementmethodik. Hauptgegenstand von Schritt 2 ist die Analyse der Istprozesse im Unternehmen, der eine entsprechende Visualisierung dieser Prozesse vorangehen muss (siehe dazu Kapitel 3). Gegenstand von Schritt 3 ist die Konzeption der Sollprozesse (siehe Kapitel 4.2), Inhalt von Schritt 4 ist die Umsetzung der Sollprozesse (siehe Kapitel 4.3).

Abschnitt 4.1 des vorliegenden Kapitels betrachtet eine Auswahl an Werkzeugen zur Analyse und Gestaltung von Prozessen. Die Darstellung erfolgt geordnet nach sechs Dimensionen (Kunden, Wirtschaftlichkeit, Risiko, Fähigkeit, Information, Organisation) eines Prozesses, die kombiniert eine umfassende Betrachtung des Prozesses ermöglichen. Die Darstellung von Prozessanalyse und Prozessgestaltung erfolgt aus didaktischen Gründen getrennt, in der Praxis verfließen diese Grenzen meist aufgrund der Gliederung der Instrumente. Beispielsweise können Analyseergebnisse aus dem Einsatz eines Werkzeuges auch im Rahmen eines anderen Werkzeuges weiterverwendet werden.

4.1 Prozessanalyse, gegliedert nach unterschiedlichen Sichtweisen

Die folgenden sechs Aspekte sind Dimensionen der Prozessqualität bzw. Sichtweisen auf den Prozess und stellen wichtige Zugänge im Rahmen der Schwerpunktsetzung der Prozessanalyse dar. In der Prozessanalyse können grundsätzlich alle Dimensionen gleichermaßen einbezogen werden, jedoch gilt es für jeden Prozess abzuwägen, welche Dimensionen die vom Prozesskunden wahrgenommene Qualität am meisten prägen, um diese in der Analyse zu priorisieren.

4.1.1 Kundensicht

Ziel eines jeden Prozesses muss es sein, die Anforderungen der Prozesskunden zu erfüllen. Der im Prozess erstellte Output bzw. Outcome muss den erwarteten Kundennutzen erfüllen, unabhängig davon, ob es sich um einen internen oder externen Kunden handelt. „Die oberste Leitung muss sicherstellen, dass die Kundenanforderungen ermittelt und mit dem Ziel der Erhöhung der Kundenzufriedenheit erfüllt werden." (ISO 9001:2000, 2000). Geschäftsprozesse stellen Kunden in das Zentrum der Betrachtung, indem das Denken und Handeln in Geschäftsprozessen an den Anforderungen der Kunden ausgerichtet wird, um eine effiziente Erfüllung der Kundenerwartungen zu gewährleisten. Während Geschäftsprozesse externe Kunden bedienen, erbringen Managementprozesse und unterstützende Prozesse Leistungen an interne Kunden. Aber auch innerhalb eines Geschäftsprozesses werden in Teilprozessen Leistungen erbracht und (Teil-)Produkte erstellt, wodurch zwischen den Teilprozessen ebenfalls eine Lieferanten-Kunden-Beziehung entsteht. Für diese Beziehungen müssen dieselben Qualitätskriterien wie für externe Kunden gelten, da am Ende des gesamten Geschäftsprozesses der externe Kunde steht und eine hohe Qualität des Endproduktes auf einer hohen Qualität der Teilprodukte und -leistungen aufbaut (vgl. Schmelzer/Sesselmann, 2004).

4.1.1.1 Kundenzufriedenheit

Die Kundenzufriedenheit ist zumeist ein wesentlicher Bestandteil strategischer Pläne und von Qualitätsmanagementsystemen (Abbildung 4-1). Sie nimmt daher auch eine bedeutende Rolle hinsichtlich der Gestaltung von Geschäftsprozessen ein. Die Erfüllung der Kundenzufriedenheit hängt wesentlich von der Kenntnis der Kundenerwartungen und der Möglichkeiten zu deren Erfüllung ab. Erst wenn die Wünsche, Bedürfnisse, Absichten und Anforderungen der Kunden richtig verstanden werden, können diese in eine Spezifikation der Produkte und Leistungen (Prozess-Outputs) umgelegt werden. Zu unterscheiden sind dabei Erwartungen, die der Kunde an das Produkt stellt (Produktnutzen), und Erwartungen, die der Kunde an die Prozessleistung (Auftragsverfolgung, kompetente Auskunft bei Fragen/Reklamationen, termingerechte Lieferung, Installationsservice etc.) stellt. Beide Faktoren zusammen beeinflussen die Kundenzufriedenheit und tragen zum Gesamtbild des Kunden in Bezug auf das Unternehmen bei. Das Gesamtbild ist Teil des Potenzials (Image, Leistungsvermögen) des Anbieters, als dritte Qualitätsdimension. Dieser Aspekt ist insofern wichtig, da die Qualität des Potenzials meist die Grundlage des Zustandekommens von Geschäftsbeziehungen und damit der Wahrnehmung der Produkt- und Prozessqualität ist.

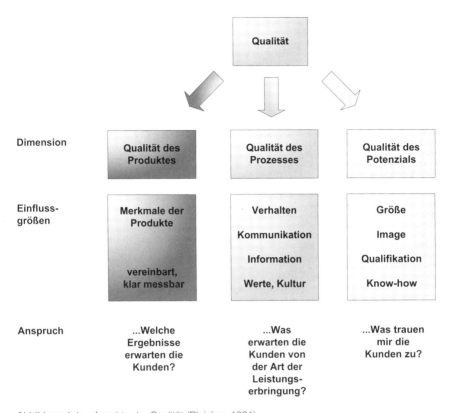

Abbildung 4-1:   Aspekte der Qualität (Bleicher, 1991)

Die Qualität der Prozessleistung nimmt mit einer zunehmenden Vergleich-barkeit der Produkte zu Konkurrenzprodukten zu. Gerade in einer späteren Phase des Produktlebenszyklus, in der die Konkurrenz bereits vergleichbare Produkte auf denselben Märkten anbietet, können durch Verbesserungen in der Prozessleistung zum einen Kosten eingespart werden und zum anderen ist es möglich, durch die Prozessgestaltung einen Zusatznutzen für den Kunden anzubieten und somit einen Wettbewerbsvorteil zu generieren. Ein sol-cher Zusatznutzen kann sich aus unterschiedlichen Faktoren ableiten. Bei-spiele hierfür sind:

- digitale Auftragsübermittlung (Business-to-Business-Lösungen im Inter-net),
- elektronische Rechnungslegung,
- elektronische Auftragsverfolgung über das Internet,
- schnellere Auftragsabwicklung als die Konkurrenz,
- kürzere Antwortzeiten als die Konkurrenz bei Kundenanfragen,
- 24-Stunden-Service.

Zur Messung der Kundenzufriedenheit und damit der Zufriedenheit mit der Qualität bieten sich folgende Methoden an (vgl. Schmelzer/Sesselmann, 2004):

Direkte Messung

▪ Periodische Befragung von Kunden:
Die Befragung kann mittels standardisierten Fragebogens (Papier, Telefonbefragung, online über Internet) durchgeführt werden oder im Rahmen periodischer Kundenkontakte (z.b. Jahresservice) durch die entsprechenden Mitarbeiter erfolgen.
▪ Ereignisbezogene Befragung von Kunden:
Ereignisse, die zum Kontakt mit dem Kunden führen, können dazu genutzt werden, eine Messung der Kundenzufriedenheit durchzuführen. Ereignisse in diesem Zusammenhang können die Bereitstellung von Prozessergebnissen (Fragebogen in der Beilage, Gespräche des Verkaufspersonals), Präsentation neuer Produkte Kundenveranstaltungen etc. sein.

Indirekte Messung

▪ Befragung von Mitarbeitern mit häufigem Kundenkontakt:
Als Alternative zu der direkten Befragung von Kunden können regelmäßig Mitarbeiter mit häufigem Kundenkontakt befragt werden, wie die Stimmung der Kunden ist, welche Probleme und Anfragen am häufigsten auftreten und wie der Kunde die Serviceleistungen bewertet.
▪ Analyse unternehmensinterner Messgrößen:
Zu den bereits genannten Messmethoden stehen mit entsprechender Erfassung und Aufbereitung eine große Zahl an Daten zur Verfügung, die Rückschlüsse auf die Kundenzufriedenheit zulassen. Messwerte, die Aussagen zur Kundenzufriedenheit ermöglichen, sind: Lieferzeit, Termintreue der Lieferungen, Anzahl von Beschwerden, Anzahl von Produkt- und Leistungszurückweisungen, Ausfall- und Fehlerraten, Anzahl von Gewährleistungs- und Garantiefällen, Anzahl von Auftragsverlusten, Kundenzugänge und -abgänge usw.

Der Einsatz von Instrumenten der direkten Messung muss sehr gezielt erfolgen. Zum einen fällt bei Befragungen ein finanzieller Aufwand an, der in einer positiven Relation zum Nutzen stehen muss. Der Aufwand für die Erstellung des Fragebogens, für die Durchführung durch ein Institut oder die eigenen Mitarbeiter, für die Auswertung sowie die Anreizgebung für den Kunden (z.B. Geschenke, Rabatte, Gewinnspiele usw.) ist nicht zu unterschätzen. Zum anderen fällt auch beim Kunden Aufwand (Zeit, Kosten) für die Beantwortung der Befragung an, dem ein Anreiz/Nutzen für den Kunden gegenüberstehen muss. Dieser Anreiz kann zunächst aus der Erwartung einer Leistungsverbesserung gegeben sein, die dann aber für den Kunden auch erkennbar sein muss. In diesem Fall können Befragungen positiv zur Pflege der Kundenbeziehung beitragen. Bei einer regelmäßigen Befragung müssen zusätzliche Anreize geschaffen werden. Generell ist darauf zu achten, dass der Kunde nicht überstrapaziert wird, da sich der positive Effekt schnell in einen negativen umkehren kann, wenn der Kunde zu viel Aufwand in die Beziehung investieren muss.

4.1.1.2 Momente der Wahrheit

Besondere Beachtung bei der Prozessanalyse ist jenen Prozessen zu schenken, die einen direkten Berührungspunkt mit dem Kunden aufweisen. Hier ist es erforderlich, verstärkt die Kundensicht in die Prozessanalyse und -gestaltung einzubinden. Jeder Berührungspunkt stellt in der Prozessausführung einen Moment der Wahrheit dar.

Ein Moment der Wahrheit („Moment of Truth") ist definiert als ein beliebiger Zeitpunkt, zu dem ein Kunde eine kritische Bewertung abgibt, die auf einer Erfahrung mit dem Produkt oder mit der Dienstleistung basiert. Diese Momente der Wahrheit sind entscheidend für das Urteil des Kunden über das Produkt bzw. die Dienstleistung hinsichtlich seiner Zufriedenheit und deshalb entscheidend für das Unternehmen. Wenn beispielsweise ein Servicemitarbeiter an einem Punkt der Erfahrungskette des Kunden mit dem Unternehmen etwas falsch macht, dann löscht das möglicherweise all die Erinnerungen an die gute Behandlung, die der Kunde bis zu diesem Zeitpunkt gemacht hat, aus. Besonders negative Erfahrungen verankern sich in der Erinnerung des Menschen und werden dementsprechend oft angesprochen. Positive Erfahrungen werden hingegen meist als selbstverständlich erachtet.

Um Momente der Wahrheit aufzudecken bzw. um diese zu erforschen, können folgende Fragestellungen verwendet werden:

- Was passiert beim ersten Kontakt des Kunden mit dem Unternehmen?
- Was geschieht während der Installation und der ersten Verwendung des Produkts?
- Wie verläuft die Kommunikation (Briefe, Anrufe, Informationsmaterialien) mit dem Kunden und wie ist der Kunde damit zufrieden?
- Welchen Eindruck erhält der Kunde vom Unternehmen und seinen Mitarbeitern?
- Welche Reaktion erhält der Kunde im Falle einer Reklamation oder Beschwerde?

Zweck der Analyse ist es, die derzeitige Gestaltung jener Prozesse und Aktivitäten aufzunehmen, die den Kunden berühren und daher wesentlich zu der Beziehung zum Kunden und dessen Eindruck über das Unternehmen beitragen. Die Erfassung kritischer Äußerungen (Momente der Wahrheit) des Kunden ist ein hilfreicher Input, um die Sichtweise des Kunden in die Analyse einzubeziehen, ohne den Kunden über Instrumente der direkten Messung (z. B. Fragebogen) einzubinden. Dazu wird der modellierte Prozess herangezogen und werden die Kontaktpunkte zum Kunden eruiert. Für jeden Kontaktpunkt (Aktivität im Prozess) sind Qualitätskriterien aus interner und externer Sicht zu definieren. Zum Erreichen der definierten Qualitätskriterien sind die nötigen Maßnahmen festzulegen und gegebenenfalls mit Messkriterien auszustatten, damit eine Steuerung der Umsetzung möglich ist (Abbildung 4-2).

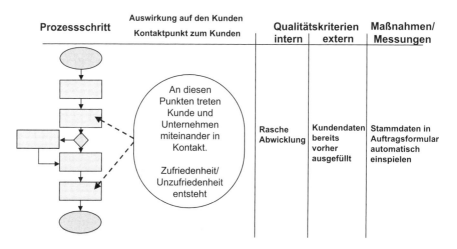

Abbildung 4-2: Identifikation der Momente der Wahrheit

4.1.1.3 Die Stimme des Kunden („Voice of the Customer")

In der Prozessidentifikation (vgl. Kapitel 3) werden die externen und internen Kunden eines Prozesses ermittelt. Mit der „Stimme des Kunden" sollen nun dessen Erwartungen an das Produkt oder die Leistung sowie den aktuellen Grad der Erfüllung beschrieben werden (Abbildung 4-3). Es geht darum, die Wahrnehmung des Produkts aus der Perspektive des Kunden zu erfassen. Dies kann beispielsweise mittels Auswertung vorhandener Kennzahlen oder Befragung der Kunden erfolgen. Neben primären Daten, die über konkrete Erhebungen gewonnen werden, können auch sekundäre Daten (z. B. Rückmeldungen aus dem Verkauf) wichtige Hinweise auf die Erfüllung der Kundenerwartungen geben. Um die Sichtweise des Kunden zu erhalten, ist es wichtig, konkretes Feedback anzufordern. Hierzu bieten sich Anrufe durch den Vertrieb, Gespräche von Servicemitarbeitern oder Frage-/Beschwerde-

Analyse der Stimme des Kunden

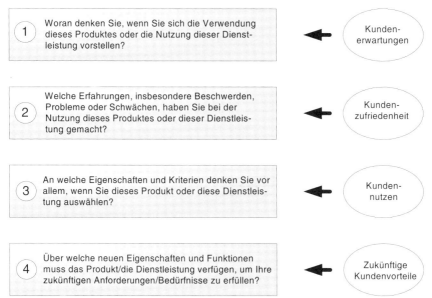

Abbildung 4-3:   Analyse der Stimme des Kunden

bogen als Produktbeilage an (Töpfer, 2000; Kieckhöfel/Schuber, 2001) Eine reine Erhebung dieser Daten und Informationen ist aber nutzlos, wenn es keinen standardisierten Prozess gibt, der die Informationen aus verschiedensten Quellen strukturiert und die gewonnenen Erkenntnisse in die Produkt- und Prozessentwicklung überführt.

Die Stimme des Kunden beinhaltet dabei oft schon einen Hinweis auf die Lösung, wie die Erwartung des Kunden erfüllt werden kann.

Folgende Aussagen zu nicht erfüllten Kundenerwartungen zeigen Beispiele, wie sich die Stimme des Kunden äußert:

- „Das Telefon muss mindestens siebenmal geklingelt haben, bevor jemand abgehoben hat!"
- „Jetzt werde ich schon zum dritten Mal weiterverbunden!"
- „Warum kriegen Sie hier nichts auf die Reihe?"
- „Die Bearbeitung meines Antrags hat ja ewig gedauert!"
- „Jetzt ist das Gerät bereits zum vierten Mal in Reparatur!"

Das Hören auf die Kundenbedürfnisse und das umsichtige Übersetzen dieser Kundenbedürfnisse in die Sprache des Prozesses stellt den zentralen Nutzen dar. Dadurch wird es möglich, mit der Gestaltung und Weiterentwicklung des Prozesses auf aktuelle und latente Kundenbedürfnisse zu reagieren (Tabelle 4.1).

Tabelle 4.1:   Übersetzung der Stimme des Kunden

Stimme des Kunden	Anliegen des Kunden	Prozessanforderung
„Ich habe angerufen und wurde hin und her verbunden wie ein Pingpongball"	Ansprechpartner ist nicht klar definiert oder nicht verfügbar	Ein Anruf – eine Kontaktstelle
„... der Servicetechniker musste dreimal kommen, bis das Gerät repariert war ..."	Servicetechniker war nicht kompetent; Reparaturen dauern zu lange	Reparaturen gleich beim ersten Mal richtig machen

4.1.1.4 Gap-Analyse

Die Gap-Analyse (Abbildung 4-4) basiert auf einem Modell von Parasuraman, Zeithaml und Berry (vgl. Zeithaml, u.a., 1992). Gegenstand ist eine Systematisierung der Ursachen einer Diskrepanz zwischen der vom Kunden wahrgenommenen zu der vom Kunden erwarteten Leistung. Das Modell hilft bei der Lokalisierung dieser Differenzen (Lücken, gaps) und leistet somit einen Beitrag in der Planung und Umsetzung von Servicestrategien und Prozessen.

Gap 6 – Abweichung zwischen dem erwarteten und dem erlebten Service

Kern des Modells ist die Differenz zwischen den vom Kunden erwarteten und den wahrgenommenen Leistungen. Die erwarteten Leistungen basieren auf mündlichen Empfehlungen, persönlichen Bedürfnissen und vergangenen Erfahrungen. Ziel des Unternehmens muss es sein, diese Lücke so weit zu schließen, dass der Kunde jene Leistung erhält (wahrnimmt), die er sich vom Unternehmen erwartet. Um dies erreichen zu können, sind folgende fünf Lücken zu schließen, da diese die bedeutendsten Ursachen der Lücke 6 ansprechen.

Gap 1 – Abweichung zwischen den Kundenerwartungen und deren Wahrnehmung durch den Anbieter

Das Unternehmen weiß nicht, was der Kunde erwartet, oder interpretiert die Erwartungen falsch. Lücke 1 zeigt die Abweichungen der tatsächlichen Kundenerwartungen von den Vorstellungen des Unternehmens hinsichtlich dieser Erwartungen auf. Als Ursachen für diese Lücke werden genannt (vgl. Zeithaml, u. a., 1992):

- unzureichende Orientierung an Marktforschung:
  - zu geringe Investitionen in Marktforschung,
  - unzureichende Nutzung von Forschungsergebnissen,
  - mangelnde Direktkontakte von Managern zu Kunden;
- unzulängliche Kommunikation vom Kundendienstpersonal zum Management;
- zu viele Managementebenen.

Maßnahmen zum Schließen dieser Lücke sind unter anderem:

- die Erhöhung des direkten Kundenkontaktes über alle Ebenen bis zum Topmanagement,
- die Verstärkung von Marktforschung als permanente Informationsgewinnung,
- der Einsatz fundierter Methoden zur Erhebung der Kundenerwartungen,
- die Etablierung klarer Begriffsdefinitionen (z. B.: Was heißt Qualität?) zur Förderung zielführender Kommunikation und einer gemeinsamen Wahrnehmung.

Gap 2 – Abweichung zwischen der Wahrnehmung der Kundenerwartungen durch den Anbieter und der Spezifikation der Dienstleistung

Die Lücke entsteht, weil die Umsetzung von Designs und Servicestandards dem Verständnis der Kundenerwartungen nicht gerecht wird. Dies resultiert meist aus einer mangelnden Überzeugung des Managements, den Kundenerwartungen gerecht zu werden, bzw. in einer mangelnden Entschlossenheit zur Verbesserung der Servicequalität. Zudem kann eine zu starke Innenorientierung der Qualitätsziele (z. B. reibungsloser Ablauf) zu einer Vernachlässigung der Kundenbedürfnisse führen. Definierte Qualitätsstandards müssen sich am Kunden ausrichten und für diesen auch sichtbar und messbar sein. Wichtige Voraussetzung für die Umsetzung von Qualitätsstandards sind eine gut funktionierende interne Kommunikation und die entsprechende Motivation der Mitarbeiter, dem Kunden einen herausragenden Service zu bieten.

Gap 3 – Abweichung zwischen der Spezifikation der Qualität und der tatsächlich erbrachten Leistung

Lücke 3 entsteht, wenn die Leistung des Unternehmens nicht den definierten Standards entspricht. Grundlage für eine Umsetzung der definierten Standards sind eine ausreichende Ressourcenausstattung (Personal, Technik etc.), eine klare Rollen- und Verantwortungsverteilung, das Beherrschen der Prozesse hinsichtlich Arbeits- und Kommunikationsfluss, ausreichend qualifiziertes Personal sowie eine entsprechende Leistungsmessung.

Gap 4 – Abweichung zwischen der Spezifikation der Qualität und einer zugekauften Leistung

Qualitätsspezifikationen müssen sich nicht nur auf selbst erbrachte Leistungen beziehen, sondern gleichermaßen auch auf zugekaufte (ausgelagerte) Leistungen, da diese wiederum an den Kunden fließen und eine Abweichung nach Lücke 6 verursachen können. Einflussfaktoren zur Vermeidung von Gap 4 sind eine exakte Definition und Messung der Prozesse und deren Anforderungen für die Lieferanten (Service Level Agreements), eine eindeutige Festlegung von Verantwortlichkeiten und Eskalationswegen und die Beherrschung der Prozesse hinsichtlich Arbeits- und Kommunikationsfluss.

Gap 5 – Abweichung zwischen der erstellten Leistung und der an den Kunden gerichteten Kommunikation über die Leistung

Lücke 5 beschreibt den Unterschied zwischen dem tatsächlich geleisteten Service und dem versprochenen Service. Durch die Kommunikation nach außen (durch Werbung, Aussagen der Außendienstmitarbeiter etc.) können Kundenerwartungen gesteigert werden. Neben übertriebenen Versprechungen an den Kunden ist die Ursache der Lücke vor allem in einer unzureichenden Kommunikation der Marketingaktivitäten, Verkaufsargumentationen und Werbebotschaften innerhalb des Unternehmens gegeben. Wenn das Servicepersonal keine Kenntnis über die am Markt getroffenen Aussagen hat, kann es die gesetzten Versprechen nicht umsetzen. Umgekehrt müssen Versprechen an den Kunden auf den betrieblichen Potenzialen basieren.

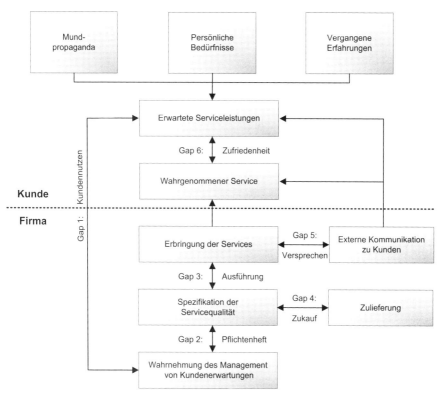

Abbildung 4-4:   Gap-Analyse (vgl. Zeithaml, u. a., 1992)

4.1.2 Wirtschaftlichkeitssicht

4.1.2.1 Wertschöpfungsanalyse

Die Wertschöpfungsanalyse dient dazu, jene Prozessschritte zu identifizieren, die Kosten und Zeit verursachen, ohne zusätzlichen Wert für den Kunden zu schaffen. Die Wertschöpfungsanalyse untersucht die Aktivitäten eines Prozesses, um diese als wertschöpfend, unterstützend oder verschwendend zu kategorisieren. Wertschöpfende Tätigkeiten tragen zur Erfüllung der Kundenanforderungen bei. Unterstützende Tätigkeiten tragen zwar nicht unmittelbar zur Erfüllung der Kundenanforderungen bei, halten aber die Geschäftstätigkeit aufrecht. Alle anderen Tätigkeiten sind nicht zur Erbringung der Leistung gemäß den Kundenanforderungen erforderlich und damit als Verschwendung von Ressourcen zu deklarieren.

Nicht wertschöpfende Aktivitäten sind beispielsweise:

▨ **Vorbereitung:**
Tätigkeiten, die der Vorbereitung einer nachfolgenden Aktivität dienen (z. B. Aufräumen des Arbeitsplatzes).
▨ **Verzögerung/Warten/Lagerung:**
Tätigkeiten, bei denen die Arbeit darauf wartet, gemacht zu werden (z. B. Zwischenlagerung, Vorratshaltung).
▨ **Versagen:**
Tätigkeiten, die durch Fehler in einem Prozessschritt verursacht werden (z. B. Nachbearbeitung, Rückruf).
▨ **Kontrolle/Prüfung:**
Tätigkeiten zur internen Kontrolle des Prozesses (z. B. Qualitätskontrolle, Überprüfung, Freigabe).

Zur Kategorisierung von Prozessschritten und zur Identifikation nicht wertschöpfender Aktivitäten bietet sich die Beantwortung folgender Fragestellungen an:

▨ Wird die Prozessleistung bereits in diesem oder einem anderen Prozess bzw. Teilprozess erzeugt?
▨ Dient der Teilprozess, Prozess- oder Arbeitsschritt der Fehlerverhütung?
▨ Dient der Teilprozess, Prozess- oder Arbeitsschritt der Schadensminimierung bei Ergebnisabweichungen und Nachbesserungen von Ergebnissen?
▨ Dient der Teilprozess, Prozess- oder Arbeitsschritt der Planung, Durchführung und Kontrolle von Änderungen?
▨ Dient der Teilprozess, Prozess- oder Arbeitsschritt der Schnittstellenkoordination?
▨ Wird der Teilprozess, Prozess- oder Arbeitsschritt mehrmals durchlaufen?
▨ Resultiert der Teilprozess, Prozess- oder Arbeitsschritt aus überholten, überzogenen oder überflüssigen Vorschriften?
▨ Kann die Prozessleistung an anderer Stelle effizienter erbracht werden?

Die Dokumentation der Ergebnisse aus der Wertschöpfungsanalyse erfolgt in einem „Value & Cycle Time Worksheet", einer Tabelle, in der die Wertschöpfung und die Zeitverteilung festgehalten werden (Abbildung 4-5). Für jeden Prozessschritt eines Prozesses findet eine Kategorisierung in wertschöpfend, unterstützend und nicht wertschöpfend statt. In Kombination mit den erfassten Zeiten eines Prozessschrittes kann errechnet werden, zu welchem Anteil die Durchlaufzeit eines Prozesses auch tatsächlich wertschöpfend ist.

Value and Cycle Time Worksheet – Beispiel

Prozessschritt	1	2	3	4	5	6	7	8	9	10	Summe	Summe %
Wert											10	100%
wertschöpfend	1					1					2	20%
unterstützend		1			1		1	1			4	40%
nicht wertschöpfend			1	1					1	1	4	40%
Zeit (in min)												
Bearbeitung ws.	30					30					60	32%
u.		10			10		30	20			70	38%
n. ws.			15	10					10	20	55	30%
Summe Bearbeitung	30	10	15	10	10	30	30	20	10	20	185	
Liegezeit (Warten)	240	180	470	20	520	720	0	460	30	90	2730	
Durchlaufzeit	270	190	485	30	530	750	30	480	40	110	2915	6%

Verhältnis wertschöpfend zu Gesamtbearbeitungszeit	32%
Fluss-Rate (Bearbeitungszeit zu Durchlaufzeit)	6%

Abbildung 4-5:   Value & Cycle Time Worksheet

4.1.2.2 Prozesszeiten

Prozesszeiten sind ein zentraler Gestaltungsaspekt im Prozessmanagement. Die Reduktion der Prozesszeiten stellt eine bedeutende Zielsetzung dar, da dadurch die Prozesseffizienz und in weiterer Folge die Prozesseffektivität gesteigert wird. Besonders zur Geltung kommt dies in der Produktentwicklung. Durch eine Verkürzung der Prozesszeit des Entwicklungsprozesses können Produkte früher am Markt platziert werden, was sowohl Vorteile gegenüber Mitbewerbern als auch in der Ressourcenbindung bringt. Die Verkürzung der Prozesszeiten bewirkt gleichzeitig eine Reduktion der Kosten, eine Verbesserung der Qualität, eine Erhöhung der Termin- und Kostentreue sowie eine Reduktion der Risiken (vgl. Schmelzer/Sesselmann, 2004).

Die Messung der Prozesszeiten muss die Zeit von Beginn bis zum Ende des Prozesses von der Summe der Durchlaufzeiten der Teilprozesse unterscheiden. Durch Parallelisierung von Teilprozessen und Arbeitsschritten kann zwar die Dauer des Gesamtprozesses verkürzt werden, jedoch ist dadurch nicht der anfallende Zeitaufwand verkürzt. Zur exakten Berechnung dieser ressourcenbezogenen Zeiten müssen wiederum produktive Arbeitszeiten und Liegezeiten unterschieden werden. Arbeitszeiten zeigen die Ressourcenbindung und können mithilfe von Stunden- oder Tagessätzen in Personalkosten des Prozesses umgerechnet werden. Durch Parallelarbeit mehrerer Personen kann ein Prozess, der von Beginn bis Ende z.B. vier Tage dauert, durchaus eine Arbeitszeit von beispielsweise sieben Personentagen beanspruchen.

Beispiele für Prozesszeiten mit unmittelbarer Wirkung auf Kunden und Wirtschaftlichkeit sind die Produkt- und Verfahrensentwicklung (time to market, time to break-even), die Auftragsabwicklung (Antwortzeit für Auftragsbestätigung, Zeit von Bestellungseingang bis zur Warenübergabe beim Kunden) und die Antwort- und Durchführungszeiten von Kundenanfragen im Rahmen des After Sales Service.

Sind Prozesszeiten aufgrund schwankender Leistungsmengen nicht exakt definierbar, so empfiehlt es sich, mit Durchschnittswerten oder Anteilswerten am Gesamtarbeitsvolumen bezogen auf einen bestimmten Betrachtungszeitraum zu arbeiten. Dafür kann es erforderlich sein, unterschiedliche Berechnungsbasen (Tag, Woche, Monat, Jahr) zu verwenden und diese auf eine gemeinsame Basis umzulegen.

Beispiel: **Telefonate führen.**

Telefonate beanspruchen entsprechend ihrem Inhalt unterschiedliche Zeiten. Daher bietet es sich an, einen Durchschnittswert z.B. bezogen auf den Tag heranzuziehen und diesen auf den Monat hochzurechnen.

4.1.2.3 Gemeinkosten-Wertanalyse

Die Gemeinkosten-Wertanalyse ist ein systematisches Verfahren zur Kostensenkung im Gemeinkostenbereich. Betrachtungsgegenstand sind die Gemeinkosten, die den indirekt produktiven Bereichen entspringen, mit dem Ziel, eine Reduktion dieser zu erreichen. Kosten und Nutzen der in einem Bereich erbrachten Leistungen werden untersucht, um Potenziale zum Abbau nicht notwendiger Leistung und einer Rationalisierung der Leistungserbringung zu finden. Wesentlicher Bestandteil ist die Umlage der Personalleistungen auf die verbrauchte Zeit.

Im ersten Schritt erfolgt die Erfassung des Istzustandes, dabei werden die Leistungs-Outputs der Mitarbeiter erfasst und strukturiert. Im zweiten Schritt werden die aufgenommenen Leistungen hinsichtlich des Leistungsnutzens analysiert. Dabei wird die Notwendigkeit der Leistungen im Hinblick auf den Kundennutzen untersucht und werden die anfallenden Kosten dem bewerteten Nutzen gegenübergestellt. Merkmal der Gemeinkosten-Wertanalyse ist das Ansetzen einer hohen Einsparungsquote, die jeden einzelnen Mitarbeiter dazu motivieren soll, alle Einsparungsmöglichkeiten aufzudecken. Abschließend werden die identifizierten Einsparungsideen in konkrete Maßnahmen übersetzt, bewertet und umgesetzt.

4.1.2.4 Kostentreiberanalyse (Cost-Driver-Analyse)

Ziel der Kostentreiberanalyse ist es, Möglichkeiten für eine Reduzierung der Kosten und eine Erhöhung der Leistungspotenziale zu identifizieren. In dieser doppelten Verbesserung liegt die Besonderheit der Kostentreiberanalyse, die sie von anderen Methoden zur Kostenreduktion unterscheidet. Kostentreiber sind jene Input-Objekte des Prozesses, die Kosten verursachen. So ist z.B. in einem Callcenter jeder eingehende Anruf als Kostentreiber zu verstehen, im Auftragsabwicklungsprozess ist dies jeder eingehende Auftrag. Die Kostentreiberanalyse hat die systematische Betrachtung dieser Kostentreiber zur Aufgabe.

Ferk (Ferk, 1996) schlägt zur methodischen Vorgehensweise drei Schritte vor. Im ersten Schritt werden die Kostentreiber jeder Untersuchungseinheit ermittelt und in eine Struktur gebracht. Zu jedem identifizierten Kostentreiber wird die anfallende Menge (z.B. Anzahl der Anrufe, Anzahl eingehender Aufträge, Anzahl an Entwicklungen) ermittelt. Bestehen keine Aufzeichnungen dieser Daten, so sind entsprechende Erhebungen anzustellen. Da die Erhebung Zeit- und Kostenaufwand bedeutet, muss der Zeitraum der Erhebung eingeschränkt werden und müssen die Werte auf den Bezugszeitraum (Tag, Woche, Monat, Jahr) hochgerechnet werden. Im Anschluss an die Darstellung der Istsituation werden die Kostentreiber in der Nutzenanalyse auf ihre Betriebsnotwendigkeit untersucht. Jene Kostentreiber, die notwendig sind, werden hinsichtlich ihrer Potenziale für Kostensenkung und Leistungssteigerung analysiert. Beispielsweise sollen Produktentwicklungen in Zukunft nicht nur kostengünstiger, sondern auch schneller abgeschlossen werden. Abschließend werden konkrete Maßnahmen ausgearbeitet, die eine Umsetzung der identifizierten Potenziale gewährleisten sollen.

Beispiele für Kostentreiber:

- Anzahl der Auftragseingänge,
- Anzahl der Produktentwicklungen,
- Anzahl der Lieferungen,
- Anzahl der Personaleinstellungen, -wechsel, -austritte,
- Anzahl der Rechnungseingänge,
- Anzahl der Kundenanfragen,
- Anzahl der IT-Support-Anfragen.

4.1.2.5 Aktivitätenanalyse

Hauptaugenmerk dieser Methode liegt auf der Betrachtung des von Arbeitsplatz zu Arbeitsplatz laufenden Leistungserstellungsprozesses und der Minimierung der arbeitsplatz- bzw. bereichsübergreifenden Schnittstellen. Im ersten Schritt werden im Rahmen der Arbeitsflussaufnahme alle Vorgänge und Aktivitäten erfasst. Durch die Zuordnung von Zeit, Arbeitsvolumen, Wiederholhäufigkeit etc. wird der Istzustand der jeweiligen Untersuchungseinheit sichtbar gemacht. Im zweiten Schritt wird die Wirtschaftlichkeit einer jeden Aktivität beurteilt. Die Bewertungsskala erstreckt sich von voll und halb wirtschaftlich bis halb und voll unwirtschaftlich. Daraus werden dann die Lösungsvorschläge und -maßnahmen entwickelt.

4.1.3 Risikosicht

Durch ein formalisiertes Risikomanagement können die Risiken systematisch erfasst und kontrolliert werden. Ist ein Risiko einmal bekannt, können frühzeitig Maßnahmen zur Verringerung des Risikos bzw. zur Minimierung des Schadens getroffen werden. Basierend auf einer finanziellen Bewertung ergibt sich das Risiko aus dem potenziellen Schaden, der sich aus der Eintrittswahrscheinlichkeit multipliziert mit dem Schadensausmaß zusammensetzt.

Betrachtungsgegenstände der Risikoanalyse in Prozessen sind Leistungen und Qualität (technologisches Risiko), Zeiten (Terminrisiko), Ressourcen (Verfügbarkeitsrisiko) und Kosten (Kostenrisiko).

Wird das Risiko finanziell bewertet, gilt: Risiko = potenzieller Schaden = Eintrittswahrscheinlichkeit · Schadensausmaß.

Bei der System-FMEA „Prozess" wird ein Prozess als System betrachtet und anhand der Elemente Mensch, Maschine, Material und Mitwelt (4 M) strukturiert und abgegrenzt (Tabelle 4.2). Die einzelnen Prozessschritte sind dabei Aufgaben bzw. Funktionen dieser Systemelemente (vgl. VDA Band 4, 2003).

Vorgehensweise (vgl. VDA Band 4, 2003)

1. **Systemelemente und Systemstruktur definieren**
   Im ersten Schritt sind die Systemelemente zu definieren. Es wird der Gesamtprozess in Teilprozesse und diese werden in Aktivitäten zerlegt. Die dadurch gewonnenen Systemelemente werden anschließend in einer hierarchischen Struktur (Strukturbaum) dargestellt. Dabei soll jedes Systemelement nur einmal abgebildet sein.
2. **Funktionen und Funktionsstrukturen definieren**
   Jedes Systemelement nimmt im System eine oder mehrere Funktionen bzw. Aufgaben wahr. Diese Funktionen sind nicht zwangsläufig alleinstehend, sondern weisen in der Regel gegenseitige Abhängigkeiten auf.

3. Fehleranalyse durchführen
Die Fehleranalyse betrifft grundsätzlich jedes Systemelement, für das mögliche Fehler aus den zuvor definierten Funktionen abgeleitet werden. Fehler sind im Wesentlichen eine Nichterfüllung einer Funktion, also eine Fehlfunktion. In einer strukturierten Darstellung übertragen sich Fehlfunktionen aus untergeordneten Systemelementen auf übergeordnete Elemente. Somit kann ausgehend von einer aggregierten Strukturebene die Fehlerursache auf den Detailebenen analysiert werden.

4. Risiko bewerten
Im letzten Schritt wird das Risiko des Systems bewertet. Dazu wird die Risikoprioritätszahl (RPZ) errechnet, die sich aus dem Produkt der Bedeutung der Folgen eines Fehlers (B), der Auftrittswahrscheinlichkeit der Fehlerursache (A) und der Entdeckungswahrscheinlichkeit (E) zusammensetzt (RPZ = B · A · E). Zur Bewertung von B, A und E werden Zahlen von 1 bis 10 vergeben.

5. Für jedes Risiko sind **Maßnahmen** zu **definieren**, die entweder der Risikovermeidung oder -reduktion dienen. Ist die Definition derartiger Maßnahmen nicht möglich, sollten Maßnahmen für den Eintrittsfall erarbeitet werden.

Für eine vereinfachte Variante einer Prozess-FMEA siehe Kapitel 3.4.3.

Tabelle 4.2: System-FMEA „Prozess"

Prozess-schritt	Beschrei-bung Risiko Was kann passieren?	Auswirkungen/ Konsequenzen	Eintritts-wahr-schein-lichkeit (1–10)	Auswir-kung (1–10)	Entdeck-barkeit (1–10)	Risiko-kenn-zahlen	Maßnahmen
Eingabe der Kunden-daten	Kunde wird doppelt angelegt	▪ keine eindeutige Zuorden-barkeit von Auf-trägen und Rech-nungen ▪ Kundenhistorie falsch (CRM-Aus-wertungen falsch) ▪ Kunde falsch kategorisiert	2	5	8	80	Automatische Anzeige von gleichen oder ähnli-chen Kunden-namen

4.1.4 Fähigkeitssicht

Zur Analyse der Fähigkeit eines Prozesses stehen Reifegradmodelle zur Verfügung. Der Zweck einer Reifegradbestimmung ist die Identifikation von Stärken, Schwächen und prozessrelevanten Risiken unter Berücksichtigung einer spezifizierten Anforderung. Eines der bekanntesten Reifegradmodelle ist die ISO 15504 auch SPICE (Software Process Improvement and Capability dEtermination) genannt, das an dieser Stelle als Beispiel angeführt wird.

Das Ergebnis einer erfolgreichen Implementierung der Prozessreifegradbestimmung kann an folgenden Faktoren abgelesen werden (ISO/IEC 15504−4, 2004, Part 4):

▓ Ein Ziellevel entsprechend der spezifizierten Anforderung ist identifiziert.
▓ Reviews der entsprechenden Prozesse sind durchgeführt, um deren Eignung hinsichtlich der spezifizierten Anforderung zu bewerten.
▓ Die Stärken und Schwächen der entsprechenden Prozesse sind bestimmt.
▓ Die Lücken zwischen Zielwert und Werten aus dem Assessment sind analysiert.
▓ Prozessbezogene Risiken sind ermittelt.

Part 2 (normativ) − definiert ein zweidimensionales Referenzmodell zur Beschreibung von Prozessen und deren Leistungsfähigkeit. Das Referenzmodell enthält ein Set von Prozessen, welche durch ihren Zweck (purpose) und ihre Ergebnisse (outcomes) definiert sind, sowie ein Rahmenwerk für die Bewertung der Prozessfähigkeit (process capability) in Form von Prozessattributen, welche Fähigkeitsstufen (Capability Level, CL) zugewiesen sind. Weiterhin werden Anforderungen für die Kompatibilität eines Assessmentmodells mit dem Referenzmodell angeführt (ISO/IEC TR 15504, 1998 − Part 2).

Die Norm ISO/IEC 15504 unterscheidet folgende Reifegrade (ISO/IEC 15504-4, 2004 Part 3; Abbildung 4-6):

Level 0: unvollständiger Prozess *(Incomplete Process)*

Der Prozess ist nicht implementiert oder erreicht/erfüllt den Prozesszweck nicht. Es gibt keine oder nur wenige Nachweise über das Erreichen des Prozesszwecks.

Level 1: durchgeführter Prozess *(Performed Process)*

Der durchgeführte Prozess erfüllt den Zweck des Prozesses durch die Leistung der notwendigen Aktivitäten. Zudem sind Inputs und Outputs vorhanden, die zusammen mit der Durchführung der Aktivitäten das Erreichen des

Prozesszwecks garantieren. Identifizierbare Dokumente von Prozessergebnissen bestätigen die Erreichung.

SPICE teilt die Prozesse auf dieser Stufe in verschiedene Kategorien ein, die einzelne Prozesse enthalten. Zum Erreichen von Level 1 reicht ein Nachweis über die Existenz aller Aktivitäten, die das eigentliche Prozessergebnis liefern, aus. Eine Forderung über die Art und Weise dieses Nachweises gibt es nicht.

Level 2: geführter Prozess *(Managed Process)*

Der in Level 1 beschriebene „durchgeführte Prozess" wird in Level 2 zu einem „geführten" Prozess. Dies setzt die Planung, Überwachung und Anpassung zur Erreichung der Prozessziele voraus, die auch die wesentliche Unterscheidung zu Level 1 darstellen. Des Weiteren werden die Zwischen- und Endprodukte des Prozesses geeignet erstellt, gesteuert und aufrechterhalten. Die Managementfunktion hat die Effizienz und Effektivität des Prozesses sicherzustellen.

Auf Level 2 stehen zwei Aspekte im Vordergrund. Zum einen wird eine Spezifikation von Prozessergebnissen und deren Dokumentation vorausgesetzt. Dies inkludiert, dass die Ziele des Prozesses formuliert sind. Zum anderen muss die Verantwortung für den Prozess und die Prozessergebnisse sowie Ressourcenbeschränkungen festgelegt sein. Mit Erreichen von Level 2 ist gewährleistet, dass der Prozess nachvollziehbar ist.

Level 3: etablierter Prozess *(Established Process)*

Der zuvor beschriebene „Managed Process" ist nun implementiert, und zwar durch Benutzung eines definierten Prozesses, welcher auf einem Standardprozess basiert und der fähig ist, die Prozessergebnisse zu erreichen. Der Standardprozess inkludiert den benötigten Ressourcenbedarf für die Leistungserstellung. Die primäre Unterscheidung zu Level 2 ist, dass ein Prozess nach Level 3 ein definierter Prozess basierend auf einem Standardprozess ist. Das Erreichen von Level 3 basiert auf einem einheitlichen Entwicklungsprozess.

Level 4: vorhersagbarer Prozess *(Predictable Process)*

Der zuvor beschriebene „Established Process" operiert nun innerhalb definierter Grenzen, um seine Prozessergebnisse zu erreichen. Zudem ist die Implementierung des Prozesses unterstützt von quantitativen Messwerten zur Leistungsmessung. Die Unterscheidung zu Level 3 bezieht sich auf eine konsistente Leistungserstellung innerhalb definierter Beschränkungen. Die Qualität der Prozesse sowie der Prozessergebnisse wird basierend auf vordefinierten Messwerten laufend ermittelt.

Level 5: optimierender Prozess *(Optimizing Process)*

Der zuvor beschriebene „Predictable Process" unterliegt in Level 5 einer kontinuierlichen Verbesserung, um relevante bzw. zukünftige Geschäftsziele zu erreichen. Permanent wird der Optimierungsprozess systematisch adaptiert, um auf sich ändernde Geschäftsziele zu reagieren. Daten werden erhoben und analysiert, um Möglichkeiten für Verbesserungen und Innovationen zu identifizieren. Ursachen für Veränderungen in der Prozessleistung werden identifiziert und analysiert. Die wesentliche Unterscheidung zu Level 4 ist, dass die definierten Standardprozesse sich nun dynamisch verändern und hinsichtlich einer effektiven Zielerreichung adaptiert werden. Level 5 erreichen Organisationen, die fähig sind, Änderungsbedarf vorzeitig zu erkennen und durch Präventivmaßnahmen entgegenzuwirken.

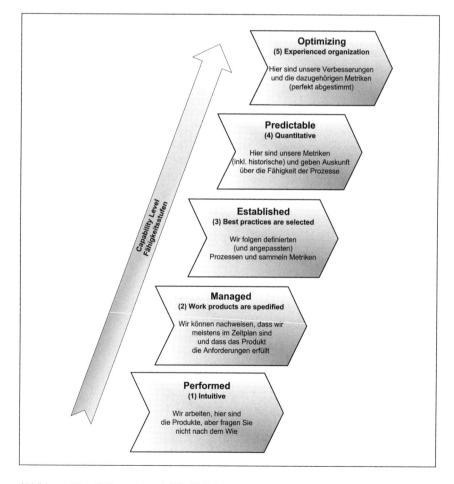

Abbildung 4-6:   Reifegrade nach ISO 15504

4.1.5 Informationssicht

Neben dem Produktfluss ist in Prozessen ein Informationsfluss identifizier-bar. Zum einen werden Informationen benötigt, um den Prozess oder ein-zelne Aktivitäten des Prozesses durchzuführen (Input), und zum anderen ste-hen nach der Durchführung wiederum Informationen bereit (Output). Der Informations-Input sind jene Informationen, die für die Durchführung des Prozesses bzw. der Aktivitäten erforderlich sind. Bei Input-Informationen ist zu unterscheiden, ob die Information aus einem vorherigen Prozess(schritt) resultiert oder durch den Prozessmitarbeiter zu generieren ist (vgl. Feld-brügge/Brecht-Hadraschek, 2005). Wird die Information aus einem vorge-lagerten Prozess übernommen, so ist diese hinsichtlich Relevanz, Vollstän-digkeit und Art der Übermittlung zu analysieren. Es geht im Wesentlichen darum, die Schnittstelle zu analysieren. Ist die Information im Prozess selbst zu gewinnen, so ist zu analysieren, welche Informationsquellen zur Verfü-gung stehen, welche Qualifikationen des Prozessteams erforderlich sind und wie die Informationsqualität sichergestellt werden kann. Bei fehlender Kom-munikation und mangelnder Prozessintegration kann es vorkommen, dass Informationen sowohl in einem vorgelagerten als auch im betrachteten Pro-zess generiert werden. In diesem Fall entsteht nicht nur unnötige Arbeit, son-dern auch eine Fehlerquelle, da Informationen aus unterschiedlichen Quel-len Abweichungen oder gar Widersprüche aufweisen können. Wird in der Istanalyse ein solcher Zustand aufgedeckt, ist dieser im Rahmen der Pro-zessgestaltung zu korrigieren.

Der Informations-Output sind Informationen, die nach der Durchführung zur Verfügung stehen. Diese können das Prozessergebnis selbst (z. B. Kunden-zufriedenheit erheben), ein Teil des Prozessergebnisses (z. B. Auftragsabwick-lung) oder ein Zusatzergebnis für die Durchführung weiterer Prozessschritte (z. B. Ergebnisse einer Qualitätszwischenprüfung im Produktionsprozess) sein.

Generell ist zu erheben, welche Informationen im Prozess benötigt werden und welche dieser Informationen auch tatsächlich bereitgestellt werden. Im Sinne der Abstimmung des Gesamtprozesses ist auch zu berücksichtigen, wel-che Informationen aus dem betrachteten Prozess an Folgeprozesse zu geben sind. Zur Analyse des Informationsflusses stellen sich folgende Fragen:

- Welche Informationen sind für die Durchführung des Prozesses bzw. ei-ner Aktivität erforderlich?
- Welche Quellen zur Informationsgewinnung bieten sich an?
- Wer ist für die Informationsgewinnung verantwortlich?
- In welcher Form werden die Informationen bereitgestellt?
- Welche Informationen müssen als Output bereitgestellt werden?
- Welche Anforderungen stellt der Abnehmer der Informationen an diese?

4.1.6 Organisationssicht

4.1.6.1 Kompetenzanalyse

Die Kompetenzanalyse stellt die Frage, welche Kompetenzen für die Durchführung des Prozesses benötigt werden, wenn die festgelegte Prozess- und Produktqualität erreicht werden soll. Im Detail kann so für jede Aufgabe festgelegt werden, welche Qualifikationen die ausführende Person braucht. Diese werden in einer Qualifikations- oder Stellenbeschreibung festgehalten. Qualifikationen sind sowohl fachliche als auch soziale Kompetenzen, die eine einzelne Person bzw. eine Personengruppe vorweisen oder sich aneignen kann. Werden fehlende Kompetenzen identifiziert, so sind in Abstimmung mit der Personalentwicklung entsprechende Maßnahmen zum Aufbau der Qualifikationen zu setzen. Kompetenzen beziehen sich aber nicht ausschließlich auf die Fähigkeit, eine Aufgabe wahrnehmen zu können, sondern auch auf die Befugnis, dies zu tun. Es ist eine Grundvoraussetzung für die Abwicklung von Prozessen, dass die zuständigen Personen neben der nötigen fachlichen Qualifikation auch über die nötigen Handlungs- und Entscheidungsbefugnisse verfügen.

4.1.6.2 Schnittstellenanalyse

Die Verbindung zwischen zwei Prozessen ist eine Schnittstelle. Konkret handelt es sich um ein Ereignis, das den Ausgangsprozess an diesem Punkt beendet und den Eingangsprozess startet. Als offene Schnittstelle wird eine Schnittstelle bezeichnet, die auf einen Prozess verweist, der noch nicht modelliert ist (vgl. Feldbrügge/Brecht-Hadraschek, 2005). Diese Schnittstellen verweisen meist auf Prozesse, die dann im Sollkonzept zu berücksichtigen sind.

Im Zusammenhang mit den Schnittstellen ist zu bestimmen, zu welchen Prozessen es Schnittstellen gibt. Dazu ist jeweils eindeutig festzulegen, was (Informationen und Daten) an der Schnittstelle übergeben wird sowie in welcher Form (z. B. schriftlich mittels Übergabeformular, mündlich, elektronisch) Informationen und Daten übermittelt werden.

Für eine Schnittstellenübersicht über die gesamte Prozesslandschaft wird eine Matrix gebildet, die alle bzw. die wichtigsten Prozesse sowohl in den Spalten als auch in den Zeilen enthält. In der so entstandenen Matrix können die Schnittstellen in den entsprechenden Feldern nicht nur aufgezeigt, sondern auch bewertet werden. Ein möglicher Bewertungsgegenstand ist das Funktionieren des Arbeits- und Informationsflusses über die Schnittstelle. Verbesserungspotenziale in den Schnittstellen werden auf diese Weise über die gesamte Prozesslandschaft ersichtlich. Bei der Schnittstellenanalyse kann wie in Tabelle 4.3 vorgegangen werden.

Tabelle 4.3: Auszug aus einem Formular zur Schnittstellenanalyse

Prozessname: Beschaffung

Schnittstelle zu (Prozessen oder Stellen)	Was wird an der Schnittstelle übergeben?	In welcher Form findet die Übergabe statt (Mail, Formular, mündlich ...)?
Genehmigungsprozess	Anforderung nach Bereitstellung einer externen Leistung oder Ware	I-Plan-Formular-Anforderung mittels LMS-DB
Lieferant	Bestelldaten	Bestellformular
Rechnungswesen	Bestätigung über erfolgte Leistung oder Lieferung	Originallieferschein

Entscheidend ist, dass jede der Schnittstellen hinsichtlich ihrer Notwendigkeit hinterfragt wird. Von Vorteil ist es, wenn bei der Schnittstellenanalyse die Schnittstellenpartner mit eingebunden werden.

4.1.6.3 Ablaufanalyse

Die Ablaufanalyse zeigt Ablaufprobleme und Effizienzpotenziale auf und liefert somit wichtige Hinweise auf Möglichkeiten der Reduktion von Prozesszeiten und der Steigerung der Prozesseffizienz. Grundlage der Analyse ist die Modellierung (Visualisierung) der Prozesse (vgl. Kapitel 3). Der Istablauf des Prozesses basiert oftmals auf einer nicht mehr nachvollziehbaren Entwicklung, deren Rahmenbedingungen unter Umständen keine Gültigkeit mehr haben. Dieser Istzustand muss in der Ablaufanalyse hinsichtlich der gültigen Rahmenbedingungen analysiert werden, um festzustellen, welche Änderungen zu einer Optimierung des Prozessflusses erforderlich sind.

Zur Nutzung von Optimierungspotenzialen stehen verschiedene Gestaltungsmaßnahmen zur Auswahl (Abbildung 4-7):

1. **Weglassen:** Nicht wertschöpfende Teilprozesse und Aktivitäten, also jene Schritte, die weder einen direkten Kundennutzen erzeugen noch für dessen Erzeugung erforderlich sind, sollen gestrichen werden. Dies inkludiert auch das Weglassen gesamter nicht wertschöpfender Prozesse.
2. **Zusammenlegen:** Teilprozesse und Aktivitäten, die inhaltlich und aufgrund ihrer organisatorischen Zuordnung zusammenhängend sind, können zusammengelegt werden, um Schnittstellen und Liegezeiten zu reduzieren.

3. **Parallelisieren:** Teilprozesse und Aktivitäten, die keine sequenzielle Durchführung erfordern (aufgrund inhaltlicher, organisatorischer od. personeller Abhängigkeiten), sollen parallelisiert werden. Damit wird eine Reduktion der gesamten Durchlaufzeit erreicht.

4. **Überlappen:** Ist aufgrund vorhandener Abhängigkeiten keine komplette Parallelisierung möglich, ist eine Verkürzung der Durchlaufzeit über eine partielle Parallelisierung durch Überlappung anzustreben.

5. **Auslagern:** Teilprozesse und Aktivitäten, deren Ausführung aufgrund der erforderlichen Kompetenzen besser an anderer Stelle (in einem anderen Prozess, in einer anderen Organisationseinheit, beim Kunden oder Lieferanten) ausgeführt werden, sind nach Möglichkeit an diese Stellen auszulagern. In diesem Sinne können Teilprozesse und Aktivitäten vor-, aus- und nachgelagert werden.

6. **Ergänzen:** Teilprozesse und Aktivitäten, deren Ausführung nicht im betrachteten Prozess stattfindet oder die gar nicht ausgeführt werden, aber aufgrund der Kompetenzen des Prozessteams oder der inhaltlichen Relevanz im betrachteten Prozess ausgeführt werden sollten, sind nach Möglichkeit im Prozess zu ergänzen.

7. **Ändern der Reihenfolge:** Aus inhaltlichen und organisatorischen Gründen kann es von Vorteil sein, die Reihenfolge der Durchführung bestimmter Teilprozesse und Aktivitäten zu ändern.

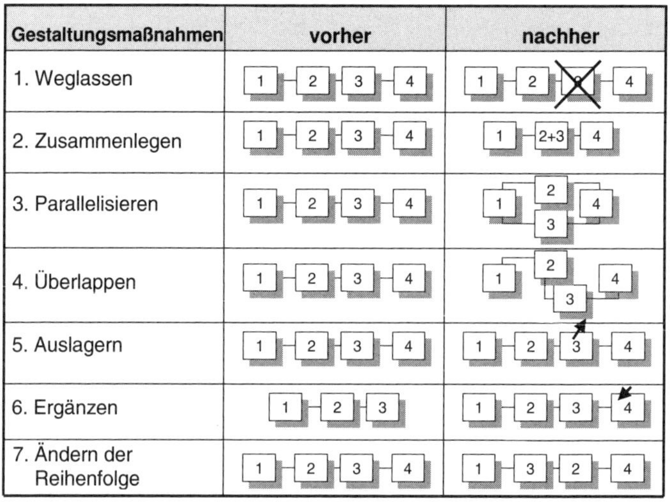

Gestaltungsmaßnahmen	vorher	nachher
1. Weglassen	1 – 2 – 3 – 4	1 – 2 – ✗ – 4
2. Zusammenlegen	1 – 2 – 3 – 4	1 – 2+3 – 4
3. Parallelisieren	1 – 2 – 3 – 4	1 – 2/3 – 4
4. Überlappen	1 – 2 – 3 – 4	1 – 2/3 – 4
5. Auslagern	1 – 2 – 3 – 4	1 – 2 – 3 – 4
6. Ergänzen	1 – 2 – 3	1 – 2 – 3 – 4
7. Ändern der Reihenfolge	1 – 2 – 3 – 4	1 – 3 – 2 – 4

Abbildung 4-7:   Gestaltungsmaßnahmen zur Steigerung der Effizienz des Prozessflusses

4.2 Generelle Analysewerkzeuge

4.2.1 Ursache-Wirkungs-Diagramm (7 M)

Um die Prozesseinflüsse zu beherrschen, ist es erforderlich, Prozesse hinsichtlich der Einflussgrößen (7 M) Mensch, Methode, Mitwelt, Management, Maschine, Material und Messung zu untersuchen.

Die sieben Schlagwörter und die zugehörigen, allgemein gehaltenen Möglichkeiten zur Verbesserung geben Denkanstöße, um noch unbekannte Verbesserungspotenziale aufzuzeigen. Jedes der 7 M steht dabei für einen Begriff im Rahmen des Ursache-Wirkungs-Prinzips nach Ishikawa (Ishikawa, 1985), das vielfach auch als Fischgrätendiagramm (Ishikawa, 1989) bezeichnet wird (Abbildung 4-8).

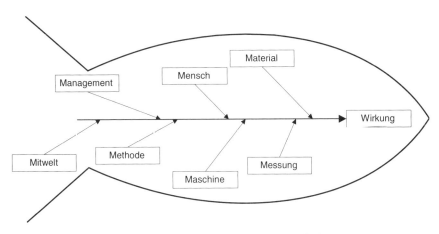

Abbildung 4-8:   Fischgrätendiagramm nach Ishikawa (Ishikawa, 1994)

Im Sinne einer einheitlichen Vorgehensweise können auch hier vorgefertigte Arbeitsblätter (wie Tabelle 4.4) verwendet werden.

Tabelle 4.4:   Auszug aus einem 7-M-Formular

Prozessanalyse/7-M-Methode	
Prozessname: Beschaffung durchführen	
7 M	**Auflistung der Einflussfaktoren, die den Prozess beeinflussen, in neutraler und selbsterklärender Form**
Management	▨ Unterschriftenregelung
▨ Verbesserung der Planung	▨ Klare Regelung der Verantwortlichkeiten
▨ Verringerung der Berichte, die verteilt werden	▨ Vorausschauende Bedarfsplanung
▨ Verbesserung der Organisation von Information, um besser miteinander zu kommunizieren	
Maschine	▨ Verfügbarkeit des Bestellsystems
▨ Bestmögliche Nutzung des EDV-Systems	▨ Verfügbarkeit der EDV-Systeme (SAP)
▨ Verbesserung von Verfahren im Fall von Maschinen- und Anlagenausfällen	▨ Verfügbarkeit der Barcode-Technologie im Lager
▨ Einsetzen weiterer Arbeitsmittel zur Arbeitserleichterung	
▨ Effektiveres Einsetzen der verwendeten Werkzeuge	
▨ Verbesserung der Wartung an Werkzeugen und Geräten	
Material	▨ Interner Materialtransport
▨ Verbesserung der effektiven Ausnützung von Ressourcen	▨ Lagerumschlag
▨ Vermeidung von unnötigem Abfall	
▨ Vermeidung von unnötiger Papierverschwendung	
▨ Verringerung des Lagerbestandes	
▨ Gewährleistung der Qualität der eingesetzten Materialien	

Tabelle 4.4: Auszug aus einem 7-M-Formular *(Fortsetzung)*

Prozessanalyse/7-M-Methode

Prozessname: Beschaffung durchführen

7 M	**Auflistung der Einflussfaktoren, die den Prozess beeinflussen, in neutraler und selbsterklärender Form**
Mensch	▦ Personalressourcen
▦ Verbesserung der Mitarbeiterausbildung	▦ Informationsaustausch zwischen Einkauf und Anforderer
▦ Verbesserung der Mitarbeitermotivation	
▦ Vermeidung von physischer und psychischer Überlastung	▦ Rückmeldung über nicht rechtzeitig lieferbare Materialien
▦ Verbesserung des Umganges miteinander	
▦ Steigerung der internen und externen Kundenzufriedenheit	
Messung	▦ Eindeutige Kriterien für Lieferantenbeurteilung
▦ Verbesserte Messung und Darstellung der Leistung	▦ Bestellzeiten
▦ Verbesserte Darstellung und Bekanntmachung der Zielsetzung	
▦ Einsetzen effizienter und genauerer Messmethoden	
Methode	▦ Reduktion Formularwesen
▦ Vereinfachung und Kombination von Arbeit und Materialien	▦ Eindeutige Festlegung von Richtlinien für die Anforderer
▦ Eliminierung von überflüssiger Arbeit	▦ Preislisten
▦ Erstellen von Standards und Richtlinien	▦ Rahmenverträge
▦ Verbesserung der Informationsverarbeitung	
▦ Verbesserung der Arbeitsplatzorganisation in Bezug auf Unterlagen, Materialien, Werkzeug usw.	
Mitwelt	▦ Festlegung von Beschaffungsalternativen bei Ausfall bzw. Lieferschwierigkeiten eines Lieferanten
▦ Verbesserung der Arbeitsumgebung	
▦ Bessere Anwendung und innerbetriebliche Bekanntmachung von Normen und Gesetzen	▦ Anliefer-Infrastruktur muss den gelieferten Produkten entsprechen (Platz, Türbreite usw.)
▦ Erarbeitung von Verbesserungsmaßnahmen für den Prozess oder das Produkt aufgrund von Vergleichen mit dem Mitbewerb	

4.2.2 6-W-Fragetechnik zur Ortung von Verbesserungsmöglich- keiten

Die 6-W-Fragetechnik dient zur Analyse von Problemen bis zu deren Wurzeln. Die gründliche Hinterfragung der Problemstellung soll vermeiden, dass
zwar die Auswirkungen, aber nicht die Ursache Inhalt der Problembehebung
ist. Jedes auftretende Problem kann mit folgenden sechs Fragen analysiert
werden:

1. Wer?
2. Was?
3. Wo?
4. Wann?
5. Warum?
6. Wie, wie viel?

Diese sechs W können zu einer 6-mal-6-W-Checkliste erweitert werden, wie
sie in Tabelle 4.5 dargestellt wird.

Tabelle 4.5: 6-W-Checkliste

Wer?	Was?	Wo?
Wer macht es?	Was ist zu tun?	Wo soll es getan werden?
Wer macht es gerade?	Was wird gerade getan?	Wo wird es getan?
Wer sollte es machen?	Was sollte gerade getan wer-den?	Wo sollte es getan wer-den?
Wer kann es noch machen?	Was kann noch gemacht werden?	Wo kann es noch gemacht werden?
Wer soll es noch machen?	Was soll noch gemacht wer-den?	Wo soll es noch gemacht werden?

Wann?	Warum?	Wie, wie viel?
Wann wird es gemacht?	Warum wird es gemacht?	Wie wird es gemacht?
Wann wird es wirklich gemacht?	Warum soll es gemacht wer-den?	Wie wird es wirklich gemacht?
Wann soll es gemacht wer-den?	Warum soll es hier gemacht werden?	Wie soll es gemacht werden?
Wann kann es sonst gemacht werden?	Warum wird es dann gemacht?	Kann diese Methode auch in anderen Berei-chen angewendet wer-den?
Wann soll es noch gemacht werden?	Warum wird es so gemacht?	Wie kann es noch gemacht werden?

4.2.3 Die sieben elementaren Qualitätswerkzeuge (Q7)

Die sieben elementaren Qualitätswerkzeuge werden an dieser Stelle nur kurz vorgestellt. Eine ausführliche Beschreibung ist bei Wagner 2006 zu finden (Wagner, 2006).

Fehlersammelliste
Die Fehlersammelliste ist eine einfache Methode zur Erfassung und Darstellung attributiver Fehler nach Art und Anzahl.

Brainstorming
Brainstorming ist eine Gruppen-Kreativitätsmethode mit dem Ziel, zu einem vorgegebenen Thema oder Problem möglichst viele Ideen oder Lösungsmöglichkeiten zu finden (siehe dazu auch Kapitel 6.3.3).

Histogramm (Säulendiagramm)
Ein Histogramm ist ein Säulendiagramm, in dem gesammelte Daten zu Klassen zusammengefasst werden.

Regelkarte (Qualitätsregelkarte)
Die Regelkarte dient zur grafischen Darstellung von Werten, die bei der Prüfung von Stichproben aus einem fortlaufenden Prozess eingetragen werden.

Korrelationsdiagramm (Streudiagramm)
Das Korrelationsdiagramm stellt die Beziehung zwischen zwei veränderlichen Merkmalen grafisch dar, die paarweise an einem Untersuchungsobjekt aufgenommen werden. Die Wertepaare werden in einem Diagramm als Punkte dargestellt, aus deren Form man Rückschlüsse auf die Beziehung der Merkmale ziehen kann.

Paretodiagramm
Das Paretodiagramm oder die ABC-Analyse basieren auf dem Paretoprinzip, das besagt, dass 20 % der Fehlerarten 80 % der Fehler bedingen. Das Paretodiagramm visualisiert nun den Beitrag der einzelnen Einheiten zur Gesamtwirkung in der Reihenfolge der Bedeutung. Der (relative) Beitrag jeder Einheit kann auf verschiedenen Messzahlen gegründet sein (z. B. Kosten je Einheit, Anzahl des Auftretens usw.).

Ursache-Wirkungs-Diagramm (Ishikawadiagramm)
Ursache-Wirkungs-Diagramme eignen sich besonders gut zur Visualisierung komplexerer Ursache-Wirkungs-Beziehungen und damit auch zur Unterstützung von Gruppenarbeit.

Abbildung 4-9 zeigt unter anderem die Einsatzbereiche der Q7-Methoden, in Kombination mit weiteren ausgewählten Managementwerkzeugen, in der Ausarbeitung von Maßnahmen zur Prozessverbesserung.

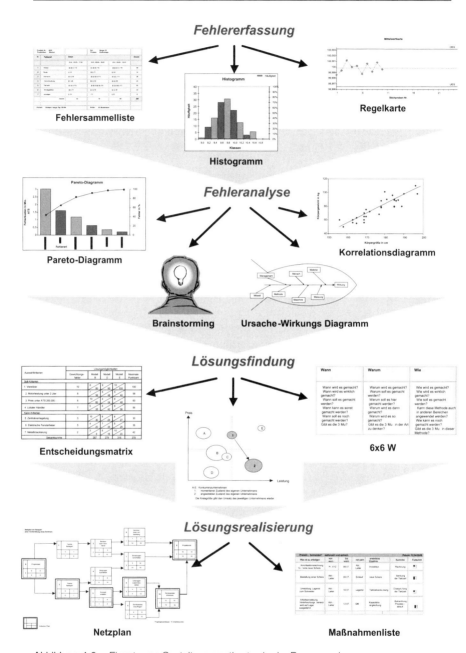

Abbildung 4-9: Einsatz von Gestaltungsmethoden in der Prozessverbesserung

4.3 Prozessgestaltung – Auslegung der Sollprozesse

4.3.1 Gestaltung der Sollprozesse

Ausgehend von den Istprozessen werden in den Analysen Verbesserungspotenziale identifiziert, die dann in den Sollprozessen umzusetzen sind. Die
Identifikation von Verbesserungspotenzialen geschieht über eine Ableitung
von Zielsetzungen aus den strategischen Vorgaben. Die Umsetzung richtet
sich an diesen Prozesszielen aus. Die Qualität der durchgeführten Istanalyse
lässt sich an der Möglichkeit einer exakten Zieldefinition für die Sollprozesse
messen. Die Zielsetzungen müssen dabei zu den strategischen Vorgaben kon-
form sein (Abbildung 4-10).

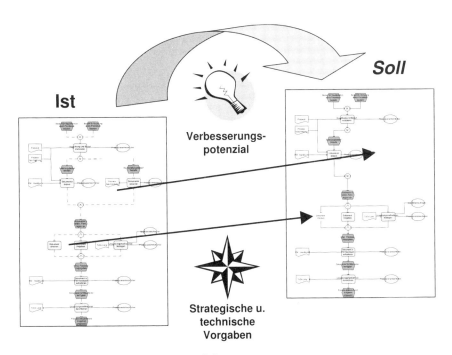

Abbildung 4-10:   Migration vom Ist zum Soll

Prozessziele können bezogen auf alle in der Analyse angesprochenen Dimensionen gestaltet werden. Eine hohe Bedeutung sollte immer der Kundendimension zugemessen werden, unabhängig davon, ob es sich um einen externen oder internen Kunden handelt. Grund dafür ist, dass jeder Prozess die Anforderungen der Kunden erfüllen soll. Es ist nicht zwangsläufig sinnvoll, in allen Dimensionen eine maximale Qualität zu fordern. Im Zentrum muss daher die Frage nach der richtigen Qualität stehen (vgl. Stöger, 2005). Die richtige Qualität ist über die Kundenanforderungen und die Qualität der Mitbewerber definierbar. Das heißt, die „richtige Qualität" richtet sich nach kaufentscheidenden Qualitätkriterien aus, die so weit erfüllt sein müssen, dass der Kunde das eigene Produkt dem der Mitbewerber vorzieht. Aus diesem Grund ist für jeden Prozess eine Gewichtung zu treffen, um den Grad der Berücksichtigung einer Dimension bei der Definition von Zielsetzungen sowie den erforderlichen Maßnahmen zu deren Realisierung festzulegen. Generell ist zu beachten, dass keine sich widersprechenden Zielsetzungen verfolgt werden (Tabelle 4.6).

Tabelle 4.6:   Gewichtung von Prozessdimensionen im Sollkonzept

Prozess	Kunden	Wirtschaftlichkeit	Risiko	Fähigkeit	Information	Organisation
Kundenaufträge abwickeln	50	10	10	10	10	10
Produkte entwickeln	10	30	20	20	10	10
Personal administrieren	10	50	5	10	10	15
Produkte herstellen	30	20	10	20	10	10

Kundensicht bei der Prozessgestaltung

Aus der Analyse der Kundendimension geht hervor, welche Anforderungen der Kunde an den Prozess und den Prozess-Output stellt, wie die Kundenkontakte gestaltet sind und welche Ursachen mögliche Lücken (Gaps) in der Erfüllung der Kundenanforderungen haben. Diese Informationen dienen der Festlegung von Qualitätkriterien (Zielvorgaben für den Sollprozess), die im Vergleich zum Istzustand eine Definition von konkreten Maßnahmen zu Leistungsverbesserung ermöglichen. Ergänzt durch eine Gewichtung der Relevanz der Maßnahmen in Bezug auf den Prozess und eine Gewichtung des Umsetzungsaufwandes ergibt sich das Leistungsverbesserungspotenzial (LVP) eines Prozessschrittes. Abbildung 4-11 zeigt eine Dokumentation von Leistungsverbesserungspotenzialen in Form einer Kontaktstellenanalyse für einen Kreditvergabeprozess.

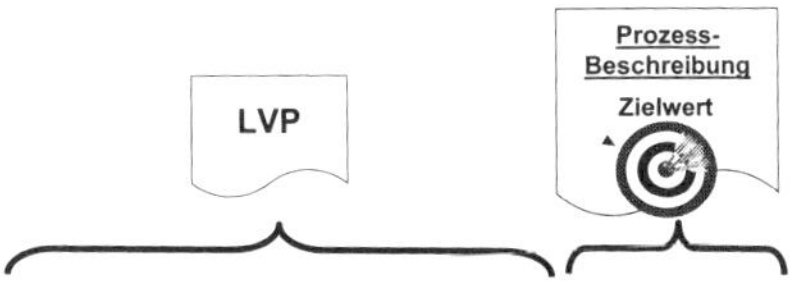

Prozess: Kreditvergabe

Nr	MOT/ Prozess- schritt	Q-Kriterium (intern / extern)	Ge- wichtung (1-10)	Ziele vorhanden ? (ja / nein)	Service versprechen vorhanden?	Verbesserungs- maßnahmen	Wichtig- keit für den Prozess	Aufwand zur Umsetzg	Service- standard
1	Erst- kontakt mit dem Kunden	Einfühlungs- vermögen (plausibler Grund für Erstkontakt)	7	nein	nein	Verknüpfung der Kundendatenbanken mit Produkteigenschaften (CRM einführen)	4	4	Kunden- zufriedenheit mit Art der Ansprache
2									

Abbildung 4-11:   Kontaktstellenanalyse

Wirtschaftlichkeitssicht bei der Prozessgestaltung

Die Dimension der Prozesswirtschaftlichkeit betrachtet die im Prozess anfallenden Aufwände hinsichtlich Zeiten und Kosten. Im Sollprozess fließen nun Zielsetzungen zur Reduktion von Prozesszeiten und -kosten ein. Nicht wertschöpfende Aktivitäten sind zu streichen, Liegezeiten zu vermeiden. Für wertschöpfende und unterstützende Aktivitäten ist zu eruieren, wie Kostensenkungen zu erreichen sind.

Risikosicht bei der Prozessgestaltung

Für die Dimension des Prozessrisikos sind im Sollprozess Zielsetzungen für die Systemelemente Mensch, Maschine, Material und Mitwelt festzulegen, die eine Aussage darüber treffen, welchen Beitrag diese Elemente für die Vermeidung und Reduktion von Risiken der Betrachtungsgegenstände Technologie, Zeiten, Ressourcen und Kosten beitragen können. Die Berücksichtigung der ausgearbeiteten Maßnahmen erfolgt nach der errechneten Risikprioritätszahl, die sich aus der Eintrittswahrscheinlichkeit, der Auswirkung und der Entdeckbarkeit zusammensetzt.

Fähigkeitssicht bei der Prozessgestaltung

Die Prozessfähigkeit wird basierend auf einem Reifegradmodell festgelegt. Zielsetzung für den Sollprozess ist es, einen höheren als den derzeitigen Reifegrad zu erreichen. Dazu lassen sich aus den in der zugrunde liegenden Norm festgelegten Anforderungen zur Erreichung eines bestimmten Reifegrades konkrete Zielsetzungen für den Sollprozess ableiten.

Informationssicht bei der Prozessgestaltung

Im Sollkonzept werden im Rahmen der Dimension der Prozessinformation Zielsetzungen für die Qualität des Informationsflusses festgelegt. Zielsetzung ist es, nur jene Informationen bereitzustellen, die für die Durchführung des jeweiligen Prozesses bzw. einer Aktivität oder für einen Folgeprozess (Informations-Output) erforderlich sind. Zudem muss eine klare Verantwortungsregelung für die Informationsgewinnung und -weitergabe erreicht werden.

Organisationssicht bei der Prozessgestaltung

Die Dimension der Prozessorganisation betrachtet den Prozessfluss (Ablauf), die Schnittstellen zwischen den Teilprozessen und die für die Prozessdurchführung erforderlichen Kompetenzen. Für diese Bereiche sind in den Sollprozessen Zielsetzungen zur Qualitätssteigerung zu verwirklichen. Grundsätzlich kann dabei eine komplette Neugestaltung des Prozesses erfolgen oder eine Prozessverbesserung basierend auf den modellierten Istprozessen durchgeführt werden. Wie Abbildung 4-12 zeigt, können bei Prozessen mit vielen Verbesserungspotenzialen erhebliche Veränderungen im Prozessfluss realisiert werden.

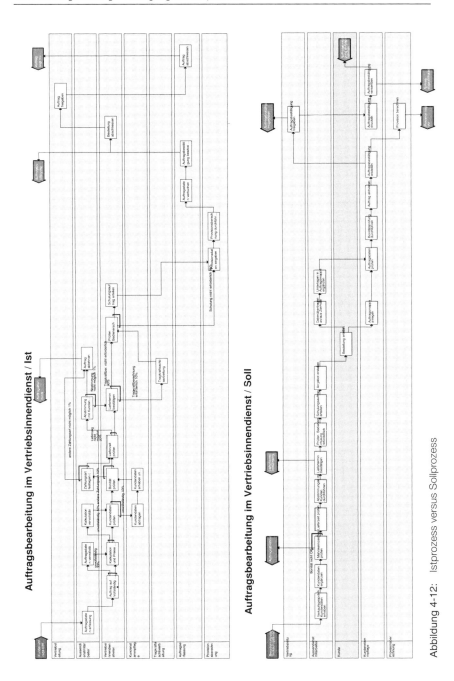

Abbildung 4-12: Istprozess versus Sollprozess

Die Konzeption des Sollprozesses wird vom Prozessteam gemeinsam durchgeführt. Eine bewährte Möglichkeit, den Sollprozess zu dokumentieren, ist die Prozessbeschreibung. In einer Prozessbeschreibung werden der Prozessablauf und alle zugehörigen relevanten Informationen in einem strukturierten Dokument dargestellt. Alle Prozessbeschreibungen sollen einfach, eindeutig und leicht verständlich sein sowie die Ziele und Leistungen des Unternehmens widerspiegeln.

Prozessbeschreibungen gelten je nach Verwendungszweck beispielsweise für das ganze Unternehmen oder für bestimmte Bereiche. Die äußere Form und der Umgang mit Prozessbeschreibungen sind eindeutig festzulegen. Diese sind als „betrieblicher Standard" festzulegen und für alle Prozessbeschreibungen in gleicher Art und Weise zu verwenden. Der Detaillierungsgrad richtet sich nach den unternehmensspezifischen Gegebenheiten. Das bedeutet, dass gegebenenfalls auch Arbeitsanweisungen, Checklisten und Prüfungsanweisungen zur Prozessbeschreibung erstellt werden können. Unternehmensinterne Überlegungen, spezifische Forderungen des Kunden oder Normforderungen beeinflussen dabei den Detaillierungsgrad.

4.3.2 Festlegung der Prozessmessung

Dieses Teilkapitel baut auf Kapitel 2 auf und wird in Kapitel 5 noch weiter vertieft.

Prozessziele

Die Definition der Prozessziele ist die Grundlage zur Steuerung und Kontrolle der Prozesse. Dies sollte unbedingt im Rahmen eines umfassenden Managementsystems auf der Basis des Prozessmanagementkonzepts erfolgen.

Die Prozessziele lassen sich in folgende Kategorien unterscheiden *(die Beispiele in Klammer beziehen sich auf ein Callcenter)*:

- Input-bezogene Prozessziele (Reduktion durchschnittliche Dauer je Anruf),
- durchführungsbezogene Prozessziele (Erhöhung der beantworteten Anfragen je Mitarbeiter und Tag, Steigerung der Auslastung der Callcenter-Mitarbeiter),
- Output-bezogene Prozessziele (Auftragswert je Anrufer).

Mit der Gewichtung der Zielsetzungen ergibt sich der Fokus der Prozessmessung.

Kennzahlen und Messgrößen

Wichtige Voraussetzung für die Messbarkeit ist, dass sich die Kennzahlen quantifizieren lassen. Weiterhin ist es wichtig, dass die Messgrößen auch von den im Prozess tätigen Personen beeinflussbar sind. Für jede Messgröße wird ein Zielwert für den Sollprozess definiert, der festlegt, welchen Wert die Messgröße über- oder unterschreiten muss, um das Prozessziel zu erreichen.

Fünf Prinzipien einer guten Messgröße:

- Prinzip 1: Die Messgröße muss wichtig sein.
- Prinzip 2: Die Messgröße muss verständlich sein.
- Prinzip 3: Die Messgröße muss die richtige Empfindlichkeit aufweisen.
- Prinzip 4: Die Messgröße unterstützt Analysen und Aktionen.
- Prinzip 5: Die für die Messgröße benötigten Daten müssen leicht erfassbar sein.

Frequenzen

Die Messfrequenz gibt an, wie häufig die Messung durchgeführt wird, bzw. wann gemessen wird. Diese ist abhängig von der Stabilität des Prozesses, den Auswirkungen von Einflussgrößen aus dem Prozessumfeld und der Annahme der Prozesssteuerungsaktivitäten.

Verantwortlichkeiten für Zielverfolgung und Messung

Gibt an, wer für das Vorhandensein der Messergebnisse verantwortlich ist, wie beispielsweise für das Vorliegen der monatlichen Auswertung zum vereinbarten Zeitpunkt. Hier ist zu beachten, dass die Verantwortung zur Bereitstellung der Messergebnisse und die Verantwortung zur Zielerreichung (liegt beim Prozessverantwortlichen) nicht bei derselben Person liegen muss.

Die getroffenen Festlegungen zur Prozessmessung werden tabellarisch aufbereitet und an die zuständigen Personen kommuniziert. Abbildung 4-13 zeigt ein Beispiel einer solchen Informationsaufbereitung.

Abbildung 4-13:   Prozessziele und Messgrößen

Für jeden Prozess werden eine oder mehrere aussagekräftige Messgrößen festgelegt. Diese machen die vorgenommenen Verbesserungen sichtbar. Dieser Gedanke wird im Rahmen des Prozessmanagements auf sämtliche Prozesse im Unternehmen angewendet.

Mithilfe von Messgrößen kann man Aussagen über den Zustand des Prozesses machen. Will man Aussagen über die Auswirkungen von Verbesserungen machen, so ist es notwendig, die Entwicklung der Messgrößen über einen längeren Zeitraum zu beobachten.

Die Ergebnisse der Messung und der Grad der Zielerreichung müssen regelmäßig in Form von Reportings dokumentiert und kommuniziert werden. Für die Reportings ist festzulegen, welche Informationen von wem an wen in welcher Form und zu welchem Zeitpunkt weiterzuleiten sind. Beim Kommunizieren der Kennzahlen ist darauf zu achten, dass die Form der Darstellung für die Mitarbeiter einfach und verständlich ist.

4.4 Realisierung der Verbesserungspotenziale – Implementierung der Sollprozesse

Mit der Freigabe des Sollkonzeptes startet die Planung und Durchführung der Implementierung. Es ist darauf zu achten, die relevanten Hierarchien und Entscheidungsstrukturen zu berücksichtigen. Grundsätzlich erfolgt die Abnahme der Sollprozesse durch die oberste Leitung einer Organisation, wodurch eine abgesicherte Grundlage für die Realisierung erreicht wird.

Zunächst ist die Umsetzung des in den vorangegangenen Schritten konzipierten und definierten Sollprozesses zu planen. Die Umsetzung bezieht sich dabei auf jene Maßnahmen, die durch die Änderungen des Prozessablaufes vom Ist zum Soll erforderlich sind. Bei der Umsetzung der Sollprozesse empfiehlt es sich, vor allem bei umfassenden Änderungen, eine Vorgehensweise in mehreren Schritten zu wählen:

- „**Dry run**": Durchsprache des Sollprozesses mit allen Beteiligten, mit dem Ziel, vorab potenzielle Schwachstellen zu erkennen und zu beseitigen.
- „**Wet run**": Probelauf über einen abgegrenzten Zeitraum und innerhalb eines abgegrenzten Bereiches. Abweichungen vom Plan sind zu dokumentieren und im Anschluss mit den Verantwortlichen des Prozesses durchzusprechen. Hierbei gilt es, die Schwachstellen zu beseitigen, bevor der Sollprozess endgültig umgesetzt wird.
- **Installation**: tatsächliche, schrittweise Installation und Umsetzung des Prozesses im Tagesgeschäft. Auch hier ist es wichtig, dass die Umsetzung von einer verantwortlichen Person begleitet wird.

Zur Durchführung der Implementierung der Verbesserungspotenziale haben sich in der Praxis unter anderem folgende Werkzeuge bewährt:

4.4.1 Prozessbegehungen

Jede Änderung eines Prozesses sowohl im Rahmen eines einmaligen Redesigns wie auch im Zuge des kontinuierlichen Monitorings stellt eine spezielle Herausforderung dar. Der Grund dafür liegt darin, dass neu festgelegte Prozesse zwar in der Theorie sehr gut aussehen können, jedoch die Praxis dieser theoretischen Einschätzung ungünstigerweise widerspricht. Um dieser Problematik Einhalt zu gebieten, empfiehlt es sich, die Prozesse vor Inkraftsetzung zu „begehen".

Prozesse zu begehen bedeutet, mit den Mitarbeitern des Prozesses gemeinsam die einzelnen Schritte des Prozesses in der realen Umgebung durchzuführen und explizit die Unterschiede und Abweichungen zum vergangenen Prozess zu erläutern. Es ist darauf zu achten, die Prozessbegehung in einem

ausreichenden zeitlichen Abstand zur geplanten Inkraftsetzung durchzuführen, um etwaige Änderungswünsche der Mitarbeiter des Prozesses noch
berücksichtigen zu können. Da solche Änderungen bei Produktionsprozes-
sen, aber auch Dienstleistungsprozessen umgebende Prozesse betreffen können, ist ein entsprechender zeitlicher Rahmen für Verbesserungen und Kor-
rekturen einzuplanen.

Bei der Prozessbegehung empfiehlt sich folgende Vorgehensweise (Abbildung
4-14):

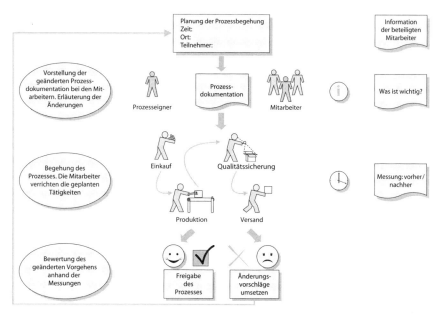

Abbildung 4-14:   Prozessbegehung (Wagner/Zacharnik, 2005)

- Bei der Planung der Prozessbegehung ist festzulegen, wer an der Prozessbegehung teilnehmen soll. Achten Sie darauf, auch jene Mitarbeiter ein-
  zuladen, die Schnittstellenpositionen zu anderen Prozessen einnehmen.
- Bei der Vorstellung des geänderten Prozesses und der Dokumentation an
  die Mitarbeiter ist darauf zu achten, dass alle Mitarbeiter beide Komponenten vollumfänglich verstehen. Dazu ist es notwendig, auf Details
  einzugehen und vor allem auch die Gründe der Änderung zu erläutern.
- An der Durchführung der Prozessbegehung nehmen alle beteiligten Mitarbeiter teil. Mitarbeiter werden während der Prozessbegehung auf die
  Änderungen hingewiesen und üben die Änderungen sofort am Arbeitsplatz ein. Dies erleichtert den Einstieg erheblich, steigert die Lernkurve
  und senkt die anfänglich meist hohen Fehlerquoten. In Prozessen, die

an unterschiedlichen Standorten ablaufen, müssen geeignete Personen eingeschult werden, wenn der Prozessverantwortliche die einzelnen Begehungen aus Kapazitätsgründen nicht selbst vornehmen kann. Die Begehung ist ein Wechselspiel zwischen praktischer Tätigkeit und Besprechung der geplanten Änderungen im Prozess.

Bei der abschließenden Bewertung darf jeder Mitarbeiter seine Änderungswünsche und Bedürfnisse bekannt geben, um durch direktes Feedback der Mitarbeiter den letzten Schliff anzulegen. Änderungsvorschläge werden vom Mitarbeiter direkt an den Prozessverantwortlichen gerichtet und können sehr schnell und effizient einer möglichen Verbesserung zugeführt werden.

4.4.2 Aktivitäten- oder To-do-Listen

Zur erfolgreichen Realisierung der Verbesserungspotenziale ist es erforderlich, den Maßnahmen verantwortliche Personen zuzuordnen und mit Terminen zu versehen, an denen die Umsetzung abgeschlossen sein muss. Für jede Maßnahme ist im Nachhinein die Wirksamkeit zu überprüfen und sind gegebenenfalls Folgemaßnahmen zu definieren. Damit den verantwortlichen Personen der zugewiesene Verantwortungsbereich bewusst ist, sind gezielte Informations- und Kommunikationsmaßnahmen zu setzen. Nur wenn allen Beteiligten klar ist, was sie bis zu welchem Zeitpunkt zu leisten haben und welche Zielsetzungen damit verfolgt werden, können die Verbesserungspotenziale auch umgesetzt werden. Als umfassende Kommunikationsplattform kann das Intranet (Projekthomepage) genutzt werden, um To-do-Listen zu veröffentlichen. Somit haben nicht nur die betroffenen Personen selbst Einsicht in ihre Verantwortungsbereiche, sondern auch alle anderen berechtigten Personen im Unternehmen werden über die Aktivitäten zur Realisierung der Verbesserungspotenziale informiert (Tabelle 4.7).

Tabelle 4.7:   To-do-Liste

Nr.	To do (Was?)	Wer?	Bis wann?	Wirksamkeit
1	Rechnerleistung erhöhen (IT)	Huber	30. Mai	Wartezeiten um 20% reduziert
2	Mitarbeiter auf Software XY einschulen	Maier	15. Oktober	Alle ausgewählten Mitarbeiter haben am Seminar teilgenommen
3	Prozessverantwortung neu regeln	Müller	30. Juni	Wagner ist ab 1. Juli verantwortlich

4.5 Etablieren des kontinuierlichen Verbesserungsprozesses (KVP)

Nach der Implementierung des Sollprozesses muss der Prozess einer kontinuierlichen Verbesserung zugeführt werden, um laufend die Qualität des Prozesses zu steigern und geänderten Rahmenbedingungen anzupassen (vgl. Phase 3 des Prozess-Lifecycles in Kapitel 2.6). Kern des Konzeptes des kontinuierlichen Verbesserungsprozesses (KVP) ist eine ständige Weiterentwicklung basierend auf einer laufenden Unzufriedenheit mit dem aktuell erreichten Status – ein ständiges Streben nach Verbesserung. Ausgangspunkt dieses Strebens sind die Mitarbeiter, denen ein besonderes Wissen über den Prozess zugesprochen wird. Über ein Vorschlagswesen kann und soll jeder Mitarbeiter Ideen und Anregungen zu Verbesserungen einbringen. Der kontinuierliche Verbesserungsprozess entspricht dem PDCA-Kreislauf von Deming (vgl. Deming, 1986; Abbildung 4-15).

Die kontinuierliche Verbesserung wird über eine regelmäßige Durchführung der Analyse und Gestaltung von Prozessen erreicht, wobei der Aufwand durch eine Adaption der bestehenden Pläne reduziert wird (Abbildung 4-16). Im ersten Schritt wird der Prozess geplant, indem ein Bild der Kundenanforderungen und der zur Erfüllung notwendigen Leistungen geschaffen wird. Basierend auf dieser Information gilt es, die kritischen Produkte und Prozesse zu analysieren und zu definieren. Über Prozessmessgrößen wird die Grundlage für die weitere Prozesssteuerung geschaffen. In der Prozessausführung wird die Wirksamkeit der getroffenen Maßnahmen evaluiert und bei Erfolg ein neuer Standard definiert. Sind die Prozessergebnisse nicht zufriedenstellend, wird gehandelt, indem aufbauend auf einer erneuten Analyse neue Maßnahmen ausgearbeitet werden. Auf diese Weise findet eine regelmäßige Planung, Durchführung und Kontrolle der Prozesse statt (vgl. hierzu auch Kapitel 5).

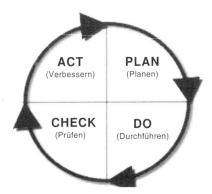

Abbildung 4-15:   PDCA-Zyklus von Deming

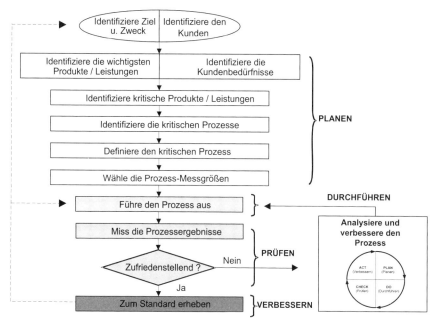

Abbildung 4-16:   Kontinuierlicher Verbesserungsprozess

5 Prozesse betreiben, steuern und optimieren

Auf die Konzeption, detaillierte Planung und Implementierung des Prozessmanagementsystems, gemäß der in den Vorkapiteln beschriebenen Vorgehensmodelle, folgen der Betrieb, die Steuerung und Optimierung.

Neu im Unternehmen zu implementieren ist dabei eine neuartige Sichtweise der Prozesssteuerung: Die implementierten Prozesse werden, jeder für sich, **bewusst** gesteuert und überwacht. Ausgehend vom Begriff der Steuerung wird in diesem Kapitel der Zugang zum Thema gewählt (vgl. Reichmann, 1990). Dabei wird neben der Definition einzelner Begriffe immer auch gleich deren inhaltliche Bedeutung für das Prozessmanagement herausgestrichen und erläutert.

5.1 Begriffe der Prozesssteuerung

Aufbauend auf dem Konzept des Regelkreises in allgemeiner Form, wie er im Zuge der systemtechnischen Grundlagen in Kapitel 1.3.5 gebracht wurde, seien nachfolgend die Begriffe eines Regelungssystems in ihrer praktischen Verwendung im Prozessmanagement besprochen.

Leider herrschen hier eine starke Sprachverwirrung und eine sehr unsaubere Verwendung der Begriffe in der Praxis vor. Trotzdem wird versucht, möglichst praxisnah und zugleich formal richtig vorzugehen:

- **Steuerung**, Prozesssteuerung
  Umfasst alle Maßnahmen zur Umsetzung einer zielorientierten Planung. Es geht um das Einwirken auf einen Realisierungsprozess, d.h. um das Vorgeben, Auslösen und Verantworten von Anordnungen und Maßnahmen.
- **Überwachung, auch Monitoring** (Kontrolle)
  Umfasst die Erfassung und Auswertung der Auswirkungen der Steuerung, also das Erfassen des jeweiligen Istzustandes samt Bewertung desselben im Sinne eines Vergleiches mit den angestrebten Planungswerten. Der Soll-Ist-Vergleich analysiert dabei:
  – die Größe der eingetretenen Abweichungen,
  – die Ursachen für das Eintreten der Abweichungen,
  – die Auswirkungen auf die Zielvorgaben.

Das Ergebnis des Soll-Ist-Vergleiches ist die Basis für die Ausarbeitung von **korrektiven Steuerungsmaßnahmen.**
Das Umsetzen dieser Steuerungsmaßnahmen zur Korrektur einer Abweichung vom Soll liegt dabei bereits im Kompetenzbereich der Steuerung.
Bemerkung: Exakt müsste dieser informationelle Kreis als **Regelung** angesprochen werden, leider wird oft jedoch für Steuerung **und** Überwachung zusammen der Begriff Steuerung verwendet (z. B. steuern eines Pkw).

- **Planung,** Zielplanung und Maßnahmenplanung sind als Vorgabe bzw. als Eingangsgröße in den eigentlichen Regelkreis zu sehen, damit aber notwendiger Bestandteil des Regelsystems.
- **Controlling** ist etwa synonym mit dem umgangssprachlichen **Steuern** zu verstehen (engl. to control = steuern, beherrschen). Dabei ist zu beachten, dass aus organisatorischer Sicht der Controller **nicht** die Anordnungskompetenz im Managementprozess besitzt, also eigentlich vor allem die Funktion des Monitorings verbunden mit einer Hilfestellung zum Prozessmanager ausübt.
- **Reporting** ist dabei der zentrale Bestandteil des Monitorings, die datenmäßige Auswertung der Ergebnisse des Prozessmonitorings und Weitergabe an das Prozessmanagement.

Vor allem sind in diesem Zusammenhang Kennzahlen zur Steuerung anzuführen. Kennzahlen und Kennzahlenbündel sind nur dann aussagekräftig, wenn sie Produkt einer klar formulierten Fragestellung sind und einen eindeutigen Zielbezug haben. Durch den Zielbezug wird die Aussage der Kennzahl konkretisiert und auf eine mit der Aussage verbundene Absicht begrenzt. Traditionelle Kennzahlensysteme im Prozessmanagement sind entweder nicht in ausreichender Form gegeben oder überwiegend auf den operativen Bereich ausgerichtet – eine Berücksichtigung des **strategischen** Bereichs fehlt zur Gänze. Die Hauptfunktion eines nicht auf operative Zwecke gerichteten Kennzahlensystems ist die Quantifizierung von strategischen Zielen (zur Planung und Kontrolle), Leistungsbeurteilung, Wirtschaftlichkeitsanalyse, Erfolgsmessung, Qualitäts- und Prozessmanagementsystementwicklung.

Die Grundlogik des Regelkreises in Abbildung 5-1 entspricht ebenso dem **PDCA**-Zyklus von Deming (Plan – Do – Check – Act, siehe Kapitel 4) wie allgemeinen Controllingdefinitionen bis hin zur **RADAR**-Logik im Excellence-Modell der EFQM (Results – Approach – Deployment – Assessment – Review) (Abbildung 5-2).

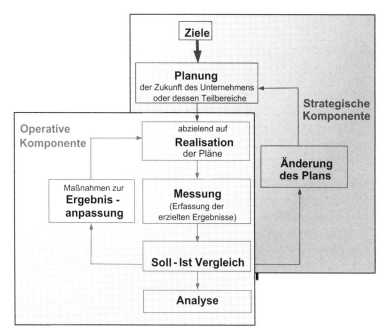

Abbildung 5-1: Controllingkreislauf

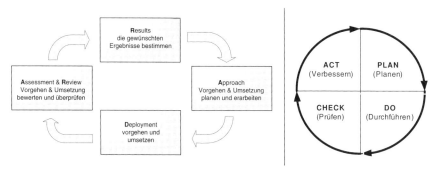

Abbildung 5-2: RADAR-Logik im EFQM-Modell und PDCA-Zyklus gegenübergestellt (EFQM, 2003)

5.1.1 Planung von Zielen und Maßnahmen

Das Element Planung nimmt den gewünschten Zustand gedanklich vorweg und stellt ihn als Zielsetzung in einer nachvollziehbaren Art und Weise dar. Das heißt, in der Planung werden Zustände in Form nachvollziehbarer Parameter – meist in Zahlen und Daten – beschrieben. Diese Werte haben die Aufgabe, die Energien der Mitarbeiter auf diese Ziele hin zu bündeln. Sie geben vor, was wichtig ist und was weniger wichtig ist.

Nachvollziehbarkeit bedeutet in diesem Zusammenhang nicht nur, dass die Zahlen verstanden werden können, die geplant werden, sondern dass an dieser Stelle bereits klar ist, dass und wie in der Ausführung tatsächlich überprüft werden kann, ob diese geplanten Ziele erreicht wurden oder nicht.

Das stellt einige Anforderungen an die Planung und die damit verbundenen Ziele. Allgemein bekannt ist die Forderung, dass Ziele **SMART** zu sein haben: Die Inhalte der einzelnen Forderungen überdecken sich und ergänzen einander.

- **S – Spezifiziert:** Die Planungszahlen müssen eindeutig, nachvollziehbar und somit verständlich sein. Darin versteckt sich der erste Hinweis auf die Kommunikation von Planzahlen – oder anders gesagt das Marketing für die Planung. Wenn in der Zielsetzung nicht klar hervorgeht, worum es sich handelt, und auch, warum der Wert in dieser Form ausgefallen ist, vergibt das Management eine wichtige Chance zur Konzentration der Energien auf die Erreichung der Ziele. Diese Grundsätze gelten für alle Ebenen und Formen der Planung und Zielsetzung, von persönlicher Planung bis hin zu strategischer Planung.
- **M – Messbar:** Das ist die eindeutige Forderung nach Zahlen oder anderwärtig eindeutig kategorisierbaren Fakten und Daten (z. B. Klassenbildung in Nominalskalen oder Ordinalskalen). Eine Zielsetzung ohne Zahlenvorgabe wird niemals nachvollziehbar, denn: Was man nicht messen kann, kann man nicht steuern!
- **A – Annehmbar:** Nicht befohlen, sondern antizipiert und damit auch von den Mitarbeitern getragen, hängt sehr stark mit der Eindeutigkeit und Marketingfähigkeit der Ziele zusammen. Gemeinsam vereinbarte Ziele entfalten bei Weitem größere Motivationsfähigkeit als verordnete. Allgemein ist diese Forderung durch ein Gegenstromverfahren der Zieldefinition top-down-bottom-up zu erreichen.
- **R – Realistisch:** Fordernde, aber nicht überfordernde Planzahlen sind das Gebot. Vor allem visionäre Ziele können und sollen hier hart an die Grenzen des derzeit Vorstellbaren gehen. Operative Zielsetzungen müssen den Umfeldbedingungen entsprechen und dürfen nicht zu abgehoben sein.
- **T – Terminbezogen:** Beantwortet wird die Frage, bis wann oder in welchen Schritten die gesetzten Ziele zu erreichen sind. In einigen Fällen beantwortet die Struktur der Planung selbst die Frage des eingegrenzten Zeitraums (Quartalsplanung), je längerfristig Planungen jedoch werden, umso mehr müssen sie zeitlich abgestuft oder gegliedert sein.

Hält man diese Grundsätze ein, hat man einen wesentlichen Grundstein zur tatsächlichen Erreichung der gesetzten Ziele gelegt.

5.1.2 Kontrolle und Analyse der Ergebnisse als zweites Element

Nach der Planung und „smarten" Zielsetzung gilt es, den Prozess in seine natürliche Umgebung zu entlassen.

Es folgt die routinemäßige Ausführung der Prozesse nach den vereinbarten Vorgaben ohne direkten steuernden Einfluss einer übergeordneten Managementebene. Dies entspricht dem Gedanken der selbstverantwortlichen Zielerreichung.

Erst durch die konkreten Ergebnisse der Prozessausführung kann ein Bild über die Erreichung der geplanten Ziele erlangt werden. Wichtig scheint der Hinweis, dass sich das Wort „Ergebnisse" nicht ausschließlich auf den Output – also das Endergebnis eines Prozessdurchlaufes – bezieht, sondern auf den Erreichungsgrad aller Ziele, die sich neben dem Prozess-Output auf den Prozess selbst und auf die Folgen des Prozess-Outputs – z. B. Kundenzufriedenheit – beziehen können. Der Soll-Ist-Vergleich gepaart mit der Analyse von etwaigen Abweichungen ist das zentrale Element in dieser Phase der Steuerung. Ziel ist es, die geeigneten Eingriffs- und Veränderungsmöglichkeiten herauszuarbeiten, um korrektive Maßnahmen zu veranlassen, um letztendlich die gewollten Ziele zu erreichen.

Wichtige Instrumente in der Bewertung der Ergebnisse sind Messgrößen und die entsprechende Messung selbst.

Messgrößen

Wie oben angesprochen, ist es entscheidend, jene Messgrößen für den Prozess festzulegen, die den Soll-Ist-Vergleich tatsächlich zulassen und aussagekräftige Aufschlüsse über die Zielerreichung erlauben. Dabei ist der Aufwand des späteren Messens immer mit zu berücksichtigen. Dies geschieht in der Konzeptionsphase des Prozesses, ist aber in der Ausführung immer Gegenstand einer kritischen Beobachtung und Hinterfragung.

Messung

Die Messung selbst ist aus der Sichtweise des Prozess-Lifecycles eindeutig der Lebensphase Prozessausführung und -regelung zuzuordnen. Die Grundsteine dafür wie vor allem Messungen zur Erhebung des Status quo können auch der Konzeptionsphase zugerechnet werden. Die Messung selbst ist wesentlicher Bestandteil der Prozessausführung und verursacht somit auch Aufwand. Dieser ist in der Konzeptionsphase bereits zu bewerten und zu berücksichtigen. Dem Aufwand für die Messung muss eine entsprechende Wichtigkeit der Messgröße gegenüberstehen.

Monitoring

Monitoring soll im Rahmen des Controllingkonzeptes Unterstützung sicherstellen durch regelmäßige Berichte, schnelle Verfügbarkeit der Schlüsselkennzahlen, grafische Aufbereitung, Visualisierung und personengerichtete Berichtslegung.

Das regelmäßige, standardisierte Monitoring, also das Beobachten und Verfolgen, geschieht mithilfe von exakt definierten Kennzahlen, die bestimmten Prozessen bzw. Subprozessen eindeutig zuzuordnen sind. Kennzahlen dienen grundsätzlich dazu, im Rahmen der Steuerung Prozesse zu erfassen und die Entwicklung zu dokumentieren. Kennzahlen müssen messbar und reproduzierbar sein und von allen Prozessbeteiligten (Kunden/Lieferanten) verstanden und akzeptiert werden.

Wenn hier von Monitoring im Kontext des Prozess-Lifecycles gesprochen wird, so ist klarzustellen, dass sich dieses Monitoring auf das Überwachen und Steuern des Prozesses **auf höherer Managementebene** bezieht. Vom Grundprinzip her entspricht dieser Monitoringbegriff genauso dem vorhin angesprochenen Prinzip des Controllings, anders gesagt: Es ist Teil eines weiteren Regelkreises, der allerdings vor allem ein **kontinuierliches Verbessern** sicherstellt (Abbildung 5-3).

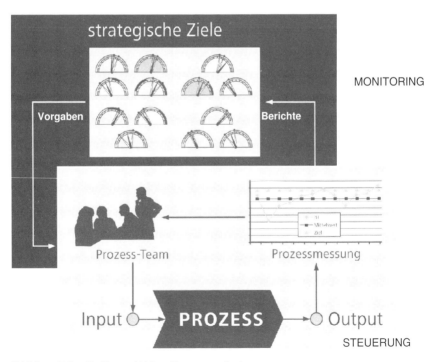

Abbildung 5-3:   Großer und kleiner Prozessregelkreis

Im Gegensatz zum kleinen Regelkreis der kontinuierlichen Prozesssteuerung und -verbesserung, der im Prozessmodell selber sichtbar wird, sind beim Monitoring die Sicht der Unternehmensziele (Vision, Mission und Strategien) und der Weitblick auch auf sich verändernde Unternehmensumfelder in Form eines **Prozessleitstandes** in die Sichtweise mit einbezogen. Dies wird durch das Topmanagement im Unternehmen sichergestellt. Nicht mehr die Selbstregelungskraft und das Detailwissen des Prozessverantwortlichen mit seinem Team sind Garant für den Erfolg, sondern die strategischen Instrumente der Unternehmensführung mit ihren Hilfsmitteln des strategischen sowie Finanzcontrollings, des Marketings und der strategischen Unternehmenssteuerung.

Änderungen des Umfeldes, des Mitbewerbes, der Kundenanforderungen sowie strategische Kurswechsel werden so in den Prozessen berücksichtigt und finden ihren Niederschlag sowohl in der grundsätzlichen Gestaltung der Prozesse als auch in den Zielsetzungen und Anforderungen an die Prozesse in Bezug auf Design oder Leistungsmerkmale.

Nehmen wir z. B. an: eine Druckerei, Marktführer im Segment von Drucksorten aller Art für Klein- und Mittelbetriebe. Der Auftragsabwicklungsprozess ist definiert und der Prozessverantwortliche nimmt seine Rolle sehr ernst, ruft monatlich Prozess-Jour-fixes ein, animiert sein Team und alle Mitarbeiter, Verbesserungs-, aber auch Fehlerpotenziale aufzuzeigen, sammelt die Erkenntnisse zur Verbesserung, veranlasst Schulungen bei Ausbildungsschwächen, spricht mit den Mitarbeitern, wenn gehäuft Fehler passieren, ändert Abläufe, um Fehler zu vermeiden und schneller zu sein. Dadurch erreicht er trotz steigender Kundenanforderungen in Bezug auf die Komplexität und technischer Anforderungen an die Drucksorten eines der vereinbarten Prozessziele, 95 % der Aufträge innerhalb von drei Wochen abzuwickeln. Eine zufriedenstellende Situation für alle Beteiligten, könnte man meinen.

Was aus dieser Warte nicht gesehen werden kann, ist die Tatsache, dass einer der wesentlichen Mitbewerber des Unternehmens die Zeit der Auftragsabwicklung von der Bestellung bis zur Auslieferung auf eine Woche verkürzen konnte.

Dadurch wird sichtbar, dass die Zielerreichung des Prozesses alleine kein Garant für eine erfolgreiche Unternehmensentwicklung ist. Erst durch das Zusammenspiel von strategischem Umfeldwissen und Wissen um die Leistungsfähigkeit der eigenen Prozesse kann die richtigen Maßnahmen zum Gegenlenken, aber auch proaktivem, strategischem Steuern hervorbringen. Das Reporting der Prozessdaten zu den Entscheidungsträgern auf höherer Managementebene ist die Voraussetzung für funktionierendes Monitoring.

Selbst wenn dem Prozessverantwortlichen die Information über den Mitbewerb laufend zur Kenntnis gebracht wird, ist es aus seiner Position sehr schwierig, richtig auf die Veränderung zu reagieren. Seine Aufgabe ist nicht die laufende Restrukturierung des Prozesses, sondern die laufende Verbesserung unter gegebenen Rahmenbedingungen und im Rahmen der vorgegebenen und vereinbarten Prozessziele. Die Leistungsfähigkeit des Prozesses von drei auf eine Woche Durchlaufzeit zu bringen übersteigt im Normalfall seine Kompetenzgrenzen, aber auch Willigkeitsgrenzen. Derart umfassende Veränderungen sind meist auch mit erhöhtem Finanzmitteleinsatz durch massive technische Unterstützung und – fast immer – mit massiver personeller Veränderung verbunden. Vor allem die Personaländerungen liegen im Widerspruch zu den ureigensten Interessen des Prozessteams und sehr oft auch des Prozessverantwortlichen, sodass der „Selbstregulierungs- und Selbstheilungskraft" des kontinuierlichen Prozessverbesserungsmodells hier natürliche Grenzen gesetzt sind. Der Eingriff durch das Management ist unabdingbar. Die Form des Eingriffes hängt ab von Unternehmenskultur, handelnden Personen und Art und Umfang der notwendigen Maßnahmen. Sie kann von Befehl bis zur gemeinsamen Erarbeitung von Lösungswegen reichen, von Neukonzeption des Prozesses auf der grünen Wiese durch externe Berater bis zum internen evolutionären Neugestalten des Prozesses unter Nutzung des internen Wissens der Mitarbeiter. Die Veränderungswilligkeit der beteiligten Personen ist natürlich eine Voraussetzung dazu.

Gleiches gilt für notwendige Veränderungen, die aus strategischem Antrieb notwendig sind und nicht als direkte Reaktion auf eine Marktveränderung. Auch diese Veränderungen werden typischerweise nicht aus dem Prozessteam heraus angestoßen und deren Notwendigkeiten werden nicht erkannt. Prozessdaten können aber ein wichtiger Hinweis auf Veränderungsbedarf sein. So z. B., wenn Wachstumsraten stagnieren, wenn Kundenzufriedenheitsdaten kontinuierlich schlechter werden oder wenn Ressourcenverbrauche steigen, um ein Ergebnis konstant zu halten. Richtig interpretiert liefern Prozessdaten einen wesentlichen Beitrag zur strategischen Analyse des Unternehmens. Nicht zuletzt aus diesem Grund ist der Wunsch vieler Entscheidungsträger nach Automatisierung des Prozessreportings im Unternehmen zu verstehen. Der Gedanke, alle relevanten Unternehmensinformationen und Kennzahlen auf einen Knopfdruck zur Verfügung zu haben, ist verlockend, aber auch gefährlich zugleich. Das Konzept des Unternehmenscockpits entspricht genau diesem Gedanken, wenngleich in der Realität meist Fragen der technischen Realisierbarkeit vor tatsächlichem Nutzen und sinnvollem Einsatz stehen.

Zusammenfassend kann man sagen, dass die Wahl der richtigen Prozessziele und dementsprechender geeigneter Messgrößen eine Voraussetzung für die Durchsetzung von sich laufend verbessernden Prozessen ist. Das Monitoring der Prozesse bildet die wesentliche Voraussetzung für das Finden von geeigneten Strategien für den langfristigen Erfolg des Unternehmens. Ein leistungsfähiges Reportingsystem, in dem standardisierte Antworten auf die Frage, was an wen in welcher Periodizität berichtet wird, bildet die Grundvoraussetzung dazu.

5.1.3 Instrumente des Monitorings

Prozessaudit

Unter einem Audit versteht man eine unabhängige und systematische Untersuchung zur Feststellung, ob die tatsächlich ausgeführten Tätigkeiten den festgelegten Anordnungen und Vereinbarungen entsprechen, ob Maßnahmen zur Verbesserung laufend erarbeitet und wirkungsvoll verwirklicht wurden und geeignet sind, die gesetzten Ziele zu erreichen. Unter anderem ist auch zu überprüfen, ob die festgelegten Rollen im Prozess in der Realität den betroffenen Mitarbeitern tatsächlich bekannt sind und die Verantwortlichkeiten tatsächlich gelebt werden.

Prozessassessment

Im Gegensatz zum Prozessaudit vergleicht das Prozessassessment den vorliegenden Prozess gegen ein existierendes Referenzmodell anhand eines detaillierten Bewertungsschemas. Beurteilt werden der Prozessreifegrad und die Prozessfähigkeit mithilfe von Prozessattributen und Performanceindikatoren, wodurch eine Standortbestimmung für den Prozessverantwortlichen und somit für das Unternehmen möglich wird. Ziel des Prozessassessments ist es einerseits, die Prozessfähigkeit nach außen hin nachzuweisen, was auch durch eine Zertifizierung nach ISO 15504 ermöglicht wird, und andererseits in der Auseinandersetzung mit dem Prozess zu lernen und ihn zu verbessern.

Ein Prozessassessment wird durch externe, dafür ausgebildete Assessoren durchgeführt, die beispielsweise das „capability level model" auf einer sechsstufigen Skala anwenden. Die Stufen dieser Skala sind genau definiert, wobei standardisierte Kriterien zum Erreichen der einzelnen Stufen eine objektive Bewertungsgrundlage darstellen. Dabei geht man in Anlehnung an bekannte aus der IT-Branche stammende Referenzmodelle (wie z.B. SPICE oder CMMI) vor.

Die Capability Levels (Abbildung 5-4) (Stufen der Prozessfähigkeit, basierend auf SPICE, dokumentiert im Standard ISO/IEC 15504-2) spannen sich über:

- **0 – incomplete:** „Wir arbeiten, folgen aber keinen Anweisungen."
- **1 – performed:** „Wir arbeiten, hier sind die Ergebnisse, aber fragen Sie nicht nach dem Wie."
- **2 – managed:** „Wir können nachweisen, dass wir meistens im Zeitplan sind und dass das Produkt die Anforderungen erfüllt."
- **3 – established:** „Wir folgen definierten (und angepassten) Prozessen und sammeln Metriken."
- **4 – predictable:** „Hier sind unsere Metriken (inklusive historische), sie geben Auskunft über die Qualität unserer Arbeit".
- **5 – optimizing:** „Hier sind unsere Verbesserungen und die dazugehörenden Metriken (perfekt abgestimmt)."

Weitere Details zum Thema Prozessassessment im Zusammenhang mit der ISO/IEC 15504 befinden sich in Kapitel 9.5.

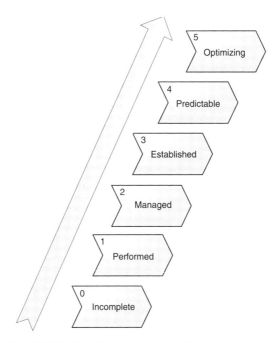

Abbildung 5-4:   Capability Levels im Prozessassessment

Reporting

Das Thema Reporting als Instrument der Informationsübergabe an das Monitoring wird nachfolgend in Kapitel 5.2 ausführlich behandelt.

5.1.4 Steuernde Begriffe durch den Prozessmanager

Erst das tatsächliche steuernde Ergreifen und Umsetzen von Maßnahmen bewirkt eine korrigierende Veränderung. Erst dann befindet sich der Prozess, die Organisation oder das gesamte Unternehmen auf dem Weg zum geplanten Ziel. Wie bereits angesprochen, können diese Maßnahmen unterschiedlicher Natur sein und werden folgende Aspekte beinhalten:

Anpassung der Planung und der Ziele

Durch das Monitoring könnte z. B. klar werden, dass die gesteckten Ziele nicht erreichbar sind. Vielleicht hat man in der Planung entscheidende Einflussfaktoren vergessen, möglicherweise haben sich Änderungen im Unternehmens- oder Prozessumfeld ergeben, wie z. B. der Wegfall von wichtigen Know-how-Trägern im Unternehmen, oder eventuell ist man zu pessimistisch an die Einschätzung der eigenen Leistungsfähigkeit gegangen, sodass die Setzung von ambitionierteren Zielen notwendig ist. Alle aufgezählten Fälle sollten nicht als Fehlplanung, sondern als natürliches Lernen mit der Chance der Anpassung gesehen werden.

Wenn man davon ausgeht, dass alle Kennzahlen ein Instrument zur Strategieumsetzung sind, bedeutet eine Anpassung der Prozessziele immer eine Auswirkung auf die Strategie.

Fragen wie: „Sind die strategischen Ziele trotz geänderter Prozessziele zu erreichen?", bzw. „Wie stelle ich sicher, dass sie erreicht werden?", müssen zu diesem Zeitpunkt gestellt werden. Deren Beantwortung ist Teil des **strategischen** Controllings, dessen Regelkreis nach den grundsätzlich gleichen Schritten abläuft wie das operative Prozesscontrolling.

Anpassung und Umgestalten des Prozesses

Hier stehen einander drei Ebenen von Anpassungsmaßnahmen gegenüber:

Auf **unterster** Ebene sind da einerseits Prozessanpassungen, die aus dem Prozessteam heraus vorgeschlagen werden. Einen Teil dieser kann der Prozessverantwortliche in seiner Verantwortung im Rahmen des kleinen Prozessregelkreises entscheiden und umsetzen. Die Abstimmung und der Konsens mit den betroffenen Linienverantwortlichen sind eine Voraussetzung für das reibungslose Funktionieren des geänderten Prozesses.

Der **andere** Teil der Vorschläge aus dem Prozessteam wird anderseits nur durch eine Entscheidung des übergeordneten Managements umzusetzen sein. Gründe dafür sind das Überschreiten gewisser Budgetgrenzen zur Umsetzung der vorgeschlagenen Maßnahmen oder eine langfristige Auswirkung auf das gesamte Unternehmen und somit Abstimmungsbedarf mit der vorhandenen Strategie. In unserem Beispiel der Druckerei wäre die Idee des Prozessteams, den Auftragsabwicklungsprozess durch eine geeignete Software zu unterstützen, nur dann sinnvoll, wenn sichergestellt ist, dass sich diese Anwendung in die bestehende Applikationslandschaft integrieren lässt. Grundsätzlich ist zu hinterfragen, ob nicht ohnehin eine integrierte Gesamtlösung für alle Unternehmensbereiche angestrebt wird oder ob andere Unternehmensbereiche und Prozesse ähnliche Vorhaben planen.

Die **dritte** Gruppe der Modifikationen kommt – wie oben besprochen – nicht aus dem Prozessteam heraus, sondern wird durch das Management aufgrund strategischer Überlegungen angeordnet. Beispiele hierfür sind der Einsatz neuer Technologien, Outsourcing von Prozessen oder Stilllegung ganzer Prozesse oder Geschäftszweige.

Anpassung der Messung

Im Zuge des Monitorings kann sich herausstellen, dass an den falschen Punkten gemessen wird, dass Messgrößen keine Aussagekraft besitzen, die Messmethoden nicht geeignet sind oder bessere Mittel der Messung zur Verfügung stehen. Diese Erkenntnis hat eine Änderung der Messung zur Folge.

Die Durchlaufzeitermittlung im Auftragsabwicklungsprozess im Beispiel der bereits bekannten Druckerei wurde bislang durch händisches Protokollieren der Eingangszeitpunkte der Aufträge und Ausgangszeitpunkte der Lieferungen gemessen. Eine neuerdings erfolgte Posteingangsautomatisation samt elektronischem Dokumentenmanagementsystem hat zur Folge, dass die Messung der Auftragseingänge jeder Art automatisch erfolgt und in jeder Aggregationsstufe ausgewertet werden kann. Eine Nutzung des gleichen Systems zur Ausgangsprotokollierung bietet sich an und erspart mühsames händisches Eintragen in Listen samt monatlicher Zusammenfassung und Auswertung.

5.2 Reporting

Das Prozessreporting hat neben der Messung die zentrale Rolle im Monitoring inne: Es stellt das Vehikel der Informationsweitergabe im Unternehmen zur Verfügung und hat mehrere Schwerpunkte. Es ist ein Leistungsnachweis und ein Kommunikationsinstrument des Prozessmanagements zugleich. Neben der Grundlage für das Monitoring und somit das Steuern der Prozesse und des gesamten Unternehmens trägt es in seiner Kommunikationsfunktion wesentlich zur Motivation der Mitarbeiter der Prozesse bei und hilft so, das Denken in Abteilungsmaßstäben zugunsten des durchgängigen

Prozesses aufzuweichen. Das Berichten von Daten erfolgt in unterschiedlichen Informationskanälen an unterschiedliche Adressaten in unterschiedlichen Ebenen. Es reicht vom Berichten der aktuellen Messdaten an den Prozessverantwortlichen im Rahmen des kleinen Prozessregelkreises bis zur Lieferung von Daten an das Topmanagement als Entscheidungsgrundlage. Die Information an die Mitarbeiter über die Leistung des eigenen Prozesses ist dabei nicht aus den Augen zu verlieren (Abbildung 5-5).

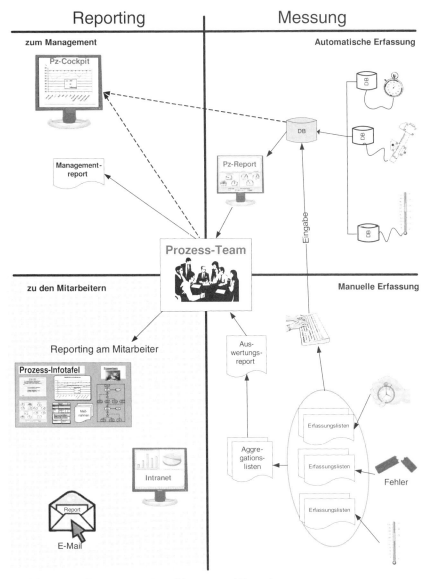

Abbildung 5-5: Zusammenspiel von Messung und Reporting

5.2.1 Reporting der gemessenen Daten zum Prozessverantwortlichen

Man könnte diesen Ablauf als Teil der Messung selbst sehen, führt man sich aber vor Augen, dass ein und dieselbe Messung an unterschiedlichen Standorten durchgeführt wird, wird klar, dass auch hier eine klare Regelung der Zusammenführung notwendig ist. Dieses Reporting hat entscheidenden Stellenwert bei der Lagebeurteilung der Prozessleistung.

Im Beispiel der Druckerei wird die Auftragsbearbeitung in drei Produktionsstandorten ausgeführt. Es muss sichergestellt werden, in welcher Form und Regelmäßigkeit die Messdaten an den Prozessverantwortlichen übermittelt werden, damit eine spätere aussagekräftige Auswertung in Bezug auf die Standorte möglich ist. Weiterhin ist genau zu definieren, wo die Messdaten selbst aufgeschrieben und in welcher Form sie gesammelt und aggregiert werden. Werden Zeitpunkte des Auftragseingangs z.B. in einer Papierliste erfasst, ist zu klären, ob die Daten später in einer elektronischen Form zusammengeführt werden, ob es ein gemeinsames Dokument dazu auf einem Laufwerk gibt oder ob die Daten in Papierform weitergeleitet werden. Es ist auch zu klären, ob und wie „Aufträge in Bearbeitung" in die Messung eingehen, da es bei uneinheitlichem Umgang zu Doppelzählungen kommen kann, wodurch das Gesamtbild stark verzerrt würde.

5.2.2 Reporting der Prozessleistung zu den Prozessmitarbeitern

Dabei liegt der Schwerpunkt des Reportings in der Kommunikation der Prozesszielerreichung an alle beteiligten Mitarbeiter des Prozesses (Abbildung 5-6). In Projekten zum Aufbau eines Prozessmanagementsystems werden in der Aufbauphase die Gründe für und der Nutzen von Prozessmanagement gewissenhaft und umfangreich kommuniziert. Später werden Vorgehensweisen und Fortschritte im Prozess dargestellt, wird die Prozesslandschaft samt darunter liegenden Prozessen im Intranet publiziert und in Newsletter und Projektmarketingaktionen darauf hingewiesen. Mitarbeiter werden geschult und ihre neuen Rollen als Prozessmitarbeiter bewusst gemacht. Schließlich werden Prozessziele publiziert und kommuniziert und die Mitarbeiter auf die Erreichung der neuen, selbstverantwortlich zu erreichenden Ziele eingeschworen.

All dies sind richtige und wichtige Maßnahmen der Kommunikation in der Konzeptionsphase des Prozessmanagements – allerdings nur sehr kurzfristig wirksam, wenn die Mitarbeiter nicht regelmäßig Feedback über die Erreichung oder Nichterreichung der gesteckten Ziele erhalten.

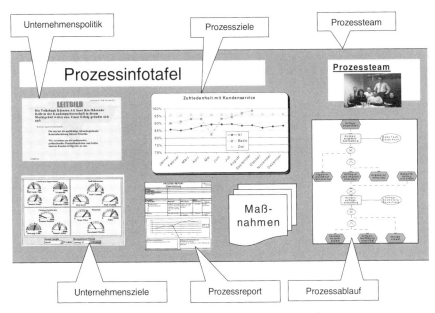

Abbildung 5-6:   Prozessinfotafel mit allen relevanten Aussagen zum Überblick für die Mitarbeiter

Dabei ist zu beachten, dass dieses Feedback immer in einer kommentierten, aber einfachen Form stattfinden sollte. Gründe für Erreichen oder Nichterreichen sollten kurz erläutert und korrigierende Maßnahmen angeführt werden. Die Formen dieser Art von breiter Berichterstattung sollten immer dem Prozess angepasst sein. Die Möglichkeiten reichen von regelmäßigen Info-Mails bis zu Aushängen, Anzeigetafeln mit Leuchtschrift über der Produktionsstraße, Veröffentlichung im Intranet oder Newsletter (Abbildung 5-7).

Ein wichtiges Instrument auch in diesem Zusammenhang ist das Mitarbeitergespräch, wo Beiträge des Einzelnen zum Prozessergebnis erörtert werden. Stellt man die Frage nach Hol- oder Bringschuld, ist letzterer für die breite Information der Vorzug zu geben.

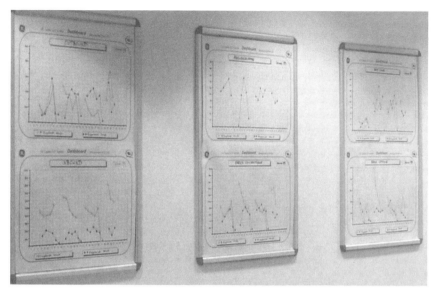

Abbildung 5-7: Prozessteaminfotafel zur Visualisierung der Prozessleistung in einem Monat

5.2.3 Reporting an das Management

Diesem Reporting im engeren Sinn seien vorweg vertiefende Gedanken in den folgenden Absätzen gewidmet. Dabei stehen Form und Aufbau, der Nutzen von Prozessreporting und die Integration des Prozessreportings in das bisherige Reportingsystem des Unternehmens im Mittelpunkt.

Wenn man sich vor Augen hält, dass die Frage: „An wen reportet x?", eigentlich die Klärung der Hierarchiestellung im Unternehmen zur Absicht hat, wird rasch klar, dass das Thema Reporting eng mit der Aufbauorganisation im Unternehmen verbunden ist.

5.2.3.1 Konzeptionelle Probleme beim Prozessreporting an das Management

Folgende **konzeptionelle** Probleme können sich im Prozessreporting darstellen:

a) Datenbasis
   – zu geringe Detaillierung,
   – Probleme der zeitlichen Zuordenbarkeit der Daten,
   – fehlende Strukturgleichheit zwischen Plan und Ist,
   – mangelnde oder verspätete Verfügbarkeit steuerungsrelevanter Informationen,

- fehlende Berücksichtigung der Saisonalität im Plan,
- Planfortschreibung,
- fehlende Normalisierung.

b) Orientierung an den internen Kunden/Entscheidungsrelevanz
  - zu hohe Detaillierung (Zahlenfriedhöfe),
  - keine Reportinghierarchie,
  - dominante Vergangenheitsorientierung (Zeitreihenanalysen),
  - keine Kommentare und Erläuterungen,
  - unklare Begriffsdefinitionen,
  - mangelhafte konzeptionelle Stabilität im Standardberichtswesen,
  - fehlende Verknüpfung der Informationen (Ursache-Wirkungs-Beziehungen),
  - fehlende Anforderungen seitens der internen Reportingkunden.

c) Strukturierung des Berichtswesens
  - strikte Trennung von Finanzreporting und Prozessreporting,
  - fehlende Ursache-Wirkungs-Beziehung zwischen Finanz- und Prozessreporting,
  - fehlende Standardisierung des Berichtswesens,
  - Vielzahl an Berichtselementen und -medien,
  - informelle Berichte überlagern das formale Berichtswesen.

d) Abweichungsanalyse (Feedback)
  - Plan-Ist-Vergleich ist nicht institutionalisiert,
  - Analysen sind nicht institutionalisiert,
  - keine Ursachenforschung,
  - zu viel Detailinformation, um das Wesentliche noch erkennen zu können,
  - keine Kommentare.

e) Erwartungsrechnung (Feedforward)
  - kein Forecast unter Einbeziehung des Umfeldes,
  - nur Weiterschreiben des Ist oder Trendextrapolation.

f) Weiße Flecken/fehlender Umfang
  - Fehlen einzelner vitaler Funktionen (z.B. Vertrieb, Personal oder Ähnliches),
  - Fehlen von strategisch relevanten Prozessen oder Teilprozessen,
  - problematische Zeitintervalle (z.B. kein Monatsreporting oder überschneidende Zeitintervalle),
  - fehlende Dokumentation des Berichtswesens,
  - Ausnahmesituationen (Projekte oder Umfeldereignisse) sind nicht abgebildet,
  - keine Kennzahlen,
  - keine Unterscheidung in Leading und Lagging Indicators (Früherkennungssystem).

5.2.3.2 Ablaufprobleme im Prozessreporting

Die wesentlichen Ablaufprobleme des Reportings sind hier zusammengefasst:

a) Vorsysteme
   - zu später Schluss der Vorsysteme,
   - mangelnde Disziplin in Messung, Zusammenfassung und Auswertung der Messdaten,
   - geringer Anteil an (voll)automatisierten Messungen,
   - fragwürdige Datenqualität,
   - manuell zu ergänzende Daten,
   - datentreibende Systeme nicht klar definiert,
   - manuelle Nachbearbeitung aus ERP-Systemen notwendig.
b) EDV-Unterstützung bei Datenzugriff und -aufbereitung
   - kein Management Information System (MIS) Tool vorhanden,
   - Inhalte nur über Zentralsysteme änderbar,
   - Vielzahl an dezentralen Insellösungen erschwert die Integration von Daten und die Erreichung der Datenqualität, zusätzlich wird die Notwendigkeit manueller Eingriffe erhöht, was die zeitgerechte Verdichtung von Daten erschwert,
   - hoher Aufwand für die Berichterstellung (manuelle Eingriffe nötig; Abstimmung der Daten nötig; Plausibilitätsüberprüfungen der Daten nötig; Systeme nicht integriert),
   - viele Auswertungen aus den Systemen nötig,
   - Zugang zu Detailinformationen großteils nur über Ausdruck möglich,
   - keine grafische Unterstützung.
   - aufwendige Erstellung präsentationsfähiger Unterlagen,
   - zu „quick and dirty" bzw. zu „slow and dirty".
c) Ergebniskommunikation (Selbstcontrolling versus Managementberatung)
   - Informationen vor allem zentral vorhanden,
   - kein Zugang zu den Daten durch die Mitarbeiter,
   - kein Selbstcontrolling möglich,
   - hoher Verarbeitungsaufwand beim Management,
   - Gespräche zwischen Prozessverantwortlichen und Management nicht institutionalisiert.
d) Organisatorische Verankerung
   - unterschiedliches Reportingverständnis (nicht Denken in Prozessebenen, sondern im Abteilungsebenen herrscht vor),
   - hierarchische Wege behindern das zielgerichtete Prozessreporting,
   - Parallelarbeiten,
   - unterschiedliche Berichte aus unterschiedlichen Abteilungen,
   - keine unternehmensweite Akzeptanz,
   - Mehrfacherfassungen,

- Filterung und Schönung von Informationen,
- fehlende konzeptionelle Verantwortung für Prozessreporting,
- nachträgliche Änderung der Daten,
- Zusammenschau von Finanz- und Prozessreporting nicht institutionalisiert.

Die Ursache einer Vielzahl der oben angeführten Probleme ist in der mangelnden Integration des Prozessreportings in das Unternehmensreporting, wie es traditionellerweise in Unternehmen etabliert ist, zu finden. Die Voraussetzung für eine funktionierende Integration ist eine Durchdringung des Unternehmens mit dem fachübergreifenden Prozessgedanken. Nicht Parallelwelten sollten dadurch im Unternehmen geschaffen werden, sondern integrierte Sichtweisen auf das Ganze.

Zuvor werden die wesentlichen Schritte und die damit zusammenhängenden Fragen bei der Integration des Prozessreportings in das Unternehmensreporting dargestellt. Die oben beschriebenen Probleme konzeptioneller sowie ablaufmäßiger Natur stellen Hinweise zur Vermeidung von Fehlern dar. Solch eine Integration bedingt auch immer ein Hinterfragen der bestehenden Reportingstrukturen. Verbesserungsmöglichkeiten werden erkannt und umgesetzt.

5.2.4 Allgemeine Grundsätze bei der Integration des Prozessreportings in das Unternehmensreporting

Das **bestehende Unternehmensreporting** muss berücksichtigt werden, mehr noch, das bestehende Reportingsystem, das neben dem reinen Finanzcontrolling Elemente von Prozessreporting beinhalten wird, muss systematisch, sauber und nach gleichen Regeln ablaufend mit dem Prozessreporting verschmolzen werden.

Das Prozessreporting muss sich **an die unternehmensspezifischen Gegebenheiten anpassen.** Das betrifft die Besetzung von Begrifflichkeiten genauso wie die Struktur des Reportings. Insbesonders gilt das für die Zeitpunkte des Prozessreportings, die identisch mit denen des bestehenden Reportings sein müssen. Darüber hinaus müssen sämtliche Vorlaufzeiten berücksichtigt und Reportings aus Untersystemen synchronisiert werden, damit auf oberster Managementebene alle Daten zum richtigen Zeitpunkt vorliegen. Andererseits müssen aber auch Änderungen im bestehenden System herbeigeführt werden, wo diese sinnvoll und unumgänglich sind. Ein neuer Aspekt der Reportingstruktur könnte z.B. sein, dass ungeachtet des bisherigen streng hierarchischen Meldewegs Informationen an diejenige Stelle reportet werden, die unmittelbar die Information zur eigenen Steuerung benötigt. Durch die Pfeile in Abbildung 5-8 ist zu erkennen, dass Reports eines Teilprozes-

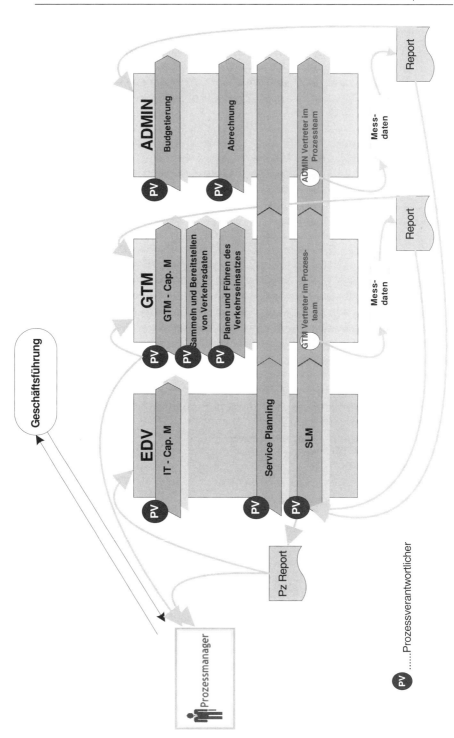

Abbildung 5-8: Beispiel eines Informationsflusses an die Adressierten im Unternehmen

ses im Prozess SLM (Service Level Management) einerseits an den Abteilungsleiter GTM (General Traffic Management) geliefert werden, andererseits direkt dem Prozessverantwortlichen zur Verfügung gestellt werden. In diesem Zusammenhang wird vor allem in streng hierarchisch geführten Unternehmen die neue Sichtweise von Prozessmanagement deutlich. Wichtig ist das sinnvolle Aufweichen der Linienhierarchien einerseits, aber auch die Betonung darauf, dass keine neuen Prozesshierarchien mit allen negativen Konsequenzen auf Kommunikation und Zusammenarbeit entstehen.

Der Grundsatz des **Hinterfragens und Verbesserns der bestehenden Struktur** wurde schon erwähnt und sei der Vollständigkeit halber nochmals angeführt.

Ein weiterer Grundsatz ist es, **bestehende Strukturen so weit wie möglich zu nutzen**, um geringstmöglichen Aufwand zu verursachen. Zum Beispiel könnte ein neu zu etablierendes Meeting der Prozessverantwortlichen in unmittelbarem Anschluss oder vor einem Abteilungsleitermeeting anberaumt werden. Vor allem in Unternehmen, wo die Prozessverantwortung der obersten Ebene – also der Prozesslandschaft – vorwiegend in den Händen der Abteilungsleiter liegt, lassen sich solche Meetings in der Regel leichter koordinieren. Selbst in Unternehmen, wo Abteilungsleitung und Prozessverantwortung weitgehend getrennt wahrgenommen werden, ist es notwendig, beide Rollen zusammenzubringen, um gleiche Sichtweisen und koordiniertes Vorgehen sicherzustellen, um Verständnis für die Bedürfnisse des jeweils anderen zu erreichen und um Zielkonflikte samt damit verbundenen persönlichen und fachlichen Konflikten vorzubeugen bzw. zu beseitigen.

5.2.5 Vorgehensweise bei der Integration des Prozessreportings

Im Sinne der behandelten Grundsätze ist vor der Integration das bestehende Reportingsystem genauer unter die Lupe zu nehmen (Waniczek, 2002).

5.2.5.1 Fragestellungen zum bestehenden Reportingsystem

a) Sender – Empfänger

- Wer berichtet an wen?
- Folgt die Reportingstruktur exakt den aufbauorganisatorischen Vorgaben?
- Wo werden informelle Kanäle zum Informationsaustausch genutzt?
- Wo werden Daten eingefordert (top-down)?
- Wo gibt es einen Druck von unten (bottom-up)?

b) Inhalte

▨ Was wird reportet, welche Daten gehen an den Empfänger?
  – Sind diese Daten mit den Bedürfnissen des Empfängers abgestimmt?
  – Wann wurden sie zuletzt hinterfragt und abgestimmt?
  – Welche konkreten Aktionen hat der Empfänger aufgrund der Daten in den letzten zwei Jahren gesetzt?
  – Ist die Information für Empfänger überhaupt nutzbar?
  – Werden zu viele Daten reportet?
  – Gibt es Informationslücken bei den Empfängern?
▨ Wie sind die Daten aufbereitet?
  – Sind Reports kommentiert?
  – Sind die Begriffe in den Reports eindeutig besetzt und abgegrenzt, z. B. was bedeutet Netto-Ausstoß oder Brutto-Fehlerquote?
  – Gibt es eine eindeutige Beschreibung und Definition der verwendeten Kennzahlen und Messgrößen und kann der Empfänger leicht darauf zugreifen?
▨ Werden nur Vergangenheitswerte reportet oder wird eine Vorausschau unter den gegebenen Bedingungen eingefordert?

c) Äußere Form

▨ Excel; Word; Eintrag in eine Datenbank; Standardbericht eines Managementinformationssystems ...
▨ Sind Templates vorhanden?

d) Zeitpunkte

▨ Wann sind Reports abzuliefern?
▨ Gibt es einheitlich definierte Zeitpunkte für die Unternehmensreports?
▨ Sind die Reportingzeiträume und Stichtage eindeutig definiert und kommuniziert?
▨ Liegt genügend Zeit zwischen Stichtag und Abliefern des Reports (abhängig vom Automatisierungsgrad des Reportings)?
▨ Werden beim Zusammenführen der Daten die Gesichtspunkte
  – zum Zusammenführen mehrerer Ebenen von Daten (vertikale Aggregation) (Teilprozesse zu Prozessen und zu Hauptprozessen) und
  – zum Zusammenführen mehrerer Ausprägungsmöglichkeiten von Daten (horizontale Aggregation) (z. B. Regionen, Produkte, Kunden) berücksichtigt?
▨ Gibt es Probleme bei der Pünktlichkeit der Anlieferung der Daten?

e) Verantwortlichkeiten im Reporting

Sind die Verantwortungen für das Liefern und die Inhalte der Reports eindeutig festgelegt?
Sind Stellvertreterregelungen getroffen?

f) Umgang mit Daten

Wie werden Daten erfasst?
Werden standardisierte Soll-Ist-Vergleiche eingesetzt?
Werden Ursache-Wirkungs-Zusammenhänge hinterfragt und dargestellt?
Ist eine Abweichungsanalyse, die zu geeigneten Maßnahmen hinführt, zwingend eingefordert?
Werden Reportingergebnisse in regelmäßigen Meetings besprochen und die Sichtweisen koordiniert?
Sind getroffene Maßnahmen in den Reports angeführt?
Werden Entscheidungsvorschläge in den Reports geliefert und Entscheidungen des Managements eingefordert?
Ist eine Aufgliederung der Daten nach unterschiedlichen Gesichtspunkten horizontal und vertikal möglich (z.B nach Region, Produkt, Kunden ...)?

g) Dokumentation

Ist die Ablage der Reports eindeutig geregelt?
Sind Zeitreihen Teil der Reports oder lassen sich aus den Reports einfach Zeitreihen bilden?
Ist die Reportingvorgehensweise ausreichend dokumentiert?
Hat man all diese Fragen beantwortet, ergeben sich daraus die entscheidenden Hinweise zur Gestaltung des Prozessreportings.

5.2.5.2 Der Informationsbedarf des Managements bestimmt die Inhalte des Reports

In der Beantwortung der Frage: „**Wer braucht welche Information?**", sollten – wie bereits beschrieben – hierarchische Überlegungen keine Rolle spielen. Jeder Kunde von Datenlieferanten sollte rechtzeitig und in der richtigen Qualität beliefert werden. In der Realität wird allerdings sehr oft auf eine Einhaltung des Dienstweges gepocht. Information wird zuerst über den Vorgesetzten gespielt und von dort weiter nach oben oder nach unten weitergegeben. Die Auswirkungen wurden bereits in Kapitel 2 besprochen. Informelle Informationskanäle sind ein Indiz des Leidensdrucks bei Einhaltung des offiziellen, hierarchischen Reportings. Sie haben den Nachteil, dass sie sehr oft zufällig zustande kommen, nicht standardisierbar und dementsprechend unzuverlässig sind. Durch direktes Reporting können die vormals informellen Wege zur formellen Norm erhoben und standardisiert werden.

Zur Feststellung des Datenbedarfes von Empfängern und somit der Inhalte des Reports sollte vorab eine Befragung durchgeführt werden. Diese dient einerseits dazu, die Bedürfnisse des Datenempfängers zu kennen und ihn andererseits auf die neuen Aspekte des Prozessreportings aufmerksam zu machen.

Die Bedürfnisse beziehen sich auf folgende Aspekte und sollten im Reporting ihren Niederschlag finden:

- Datenumfang, Einbeziehung aller relevanten Teilprozesse und Bereiche.
- Genauigkeit bezüglich zeitlicher Abgrenzung und Datendetails.
- Pünktlichkeit
- Verfügbarkeit von Zeitreihen, um Entwicklungen besser nachvollziehen zu können.
- Möglichkeit des Daten-Drill-downs, um bei Bedarf Detailanalysen durchführen zu können.
- Form und Umfang der Kommentierung der gelieferten Daten samt Ursachenanalyse, um Maßnahmen aus den Daten ableiten zu können (qualitative Zusatzinformation statt Zahlenfriedhöfe).
- Ein strukturierter Soll-Ist-Vergleich samt Abweichungsanalyse im Report.
- Ausblicke und Erwartungen der weiteren Entwicklung, die nicht nur aus Trends extrapoliert werden, sondern unter Neueinschätzung der Umfelder und Einflussgrößen des Restjahres erstellt werden. Die bereits getroffenen Maßnahmen spielen hier eine wesentliche Rolle.
- Vorschläge und Empfehlungen für Maßnahmen als Entscheidungsgrundlage.

Im laufenden Betrieb sollten Zufriedenheitsmessungen mit dem Berichtswesen durchgeführt werden, die folgende Aspekte beinhalten können:

- *Inhalte*
  - Anzahl der Rückfragen zur Klärung der Berichtsinhalte.
  - Aktualitätsanforderungen immer gegeben?
  - Individuelle Anforderungen berücksichtigt?
  - Alle steuerungsrelevanten Informationen enthalten?
  - Entspricht Verdichtungsgrad der Daten den Anforderungen?
- *Aufbau, Gestaltung, Umfang*
  - Gestaltung nach Anforderungen?
  - Form der Übermittlung den Anforderungen entsprechend (Papier, E-Mail, elektronisch, Intranet ...)?
  - Aufbau und Struktur des Berichtes zufriedenstellend?
  - Berichtsumfang zufriedenstellend?

Aktualität und Frequenz
- Sind Daten rechtzeitig im Sinne von bedarfsgerecht oder liegt veraltetes Zahlenmaterial vor?
- Wie rasch sind die Daten an der richtigen Stelle?

Daraus ergibt sich ein Zufriedenheitsindex, aus dem ein eventueller Änderungsbedarf abzuleiten ist.

Bei der Festlegung der Prozessdatenströme ist auf die Struktur der Prozesslandschaft und die damit verbundenen Ebenen Bedacht zu nehmen. Die gemessenen Prozesswerte müssen sinnvoll verdichtet werden und in Abstimmung mit dem Datenempfänger in die richtige Aggregierung gebracht werden (Abbildung 5-9). Diese ist immer abhängig von den Drill-down-Möglichkeiten des Systems. Sind diese gegeben, wird sich der Bericht auf einer geringeren Detaillierungsebene bewegen, als wenn alle Informationen in voller Tiefe angeführt werden müssen. Die Gefahr, Reports dabei zu überladen und somit unübersichtlich und unbrauchbar zu machen, ist nicht zu unterschätzen.

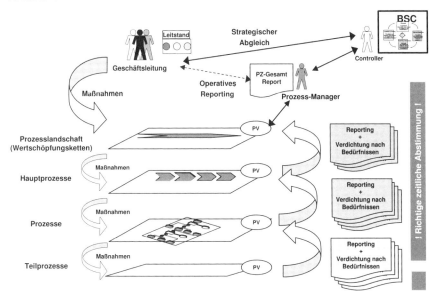

Abbildung 5-9: Verdichtung und Steuerung der Information entlang der Prozessebenen

Anhand der Datenströme entlang der Prozesslandschaft wird sichtbar, wie wichtig eine Standardisierung des Berichtswesens und eine genaue zeitliche Abstimmung der einzelnen Elemente sind. Die Standardisierung schützt vor allzu häufigen Änderungen von Berichtsstruktur und Inhalten, vor einer unkontrollierten Berichtsflut und ungeplanten Zwischenberichten und stellt sicher, dass konkrete Aktionen abgeleitet werden können.

Die Verantwortung dafür, dass die Reports im richtigen Umfang und zum richtigen Zeitpunkt beim Empfänger eintreffen, liegt beim Prozessverantwortlichen der jeweiligen Ebene (siehe auch Kapitel 2.8).

Die Verantwortung für die Vorgehensweise, für die Erstellung eines Handbuches, für die einheitliche Ablage und Dokumentation, für Templates und Vorgaben bezüglich Illustrierung und Einsatz von Grafiken in Reports, für die Verwendung und Zurverfügungstellung von Zeitreihen – kurz für den Aufbau und Betrieb des Prozessreportings – liegt beim Prozessmanager. Dies hat in enger Absprache und Zusammenarbeit mit dem Unternehmenscontroller zu geschehen, der bislang die alleinige Verantwortung für das Reporting im Unternehmen innehat und der eine Verbindung zu den strategischen Zielen herstellt. Ob diese Strategieanbindung mithilfe einer Balanced Scorecard (BSC) erfolgt oder nicht, spielt dabei eine untergeordnete Rolle.

Der Prozessmanager selbst stellt keine Berichtsebene dar, sondern fungiert ähnlich dem Controller als sammelnde Stelle, der gegebenenfalls die Daten der obersten Geschäftsleitung in aufbereiteter Form zur Verfügung stellt. Verantwortung für die Prozesszielerreichung ist damit – mit Ausnahme des Prozessmanagementprozesses – nicht verbunden.

5.2.5.3 Nutzen von derzeitigen Meetingstrukturen und Integration des Prozessreportings

Reporting für sich gesehen ist wertlos, wenn nicht eine Auseinandersetzung mit dem Datenmaterial erfolgt, um letztendlich steuernde Maßnahmen setzen zu können. Dies betrifft in erster Linie den Empfänger von Reportingdaten, also den einzelnen Entscheidungsträger. Gerade aber die Prozesssichtweise verlangt eine Koordinierung und Abstimmung von Teams oder Gruppen von einzelnen Entscheidungsträgern, die alle in einer Weise vom vorliegenden Prozess betroffen sind. Deshalb ist der Austausch von Informationen in Meetings unumgänglich. Bestehende Meetingstrukturen sollten genutzt werden, um – unter gegebenenfalls geringfügiger Veränderung der personellen Zusammensetzung – Prozessthemen zu besprechen und Informationen auszutauschen und eine gemeinsam abgestimmte Entscheidung zu treffen.

5.2.5.4 Standardisierte und abgestimmte Zeitpunkte erhöhen die Effektivität des Reportings

Die Frage, mit welcher Häufigkeit Reportingzyklen versehen werden sollten, ist nicht generell zu beantworten und hängt sehr stark von der bisherigen Unternehmenspraxis und von den Notwendigkeiten ab. Reports sollten auf alle Fälle regelmäßig eingefordert werden, wobei eine monatliche, aber auch quartalsmäßige Häufigkeit sinnvoll erscheint. Hierbei ist aber zu bedenken, dass vor allem Managementprozesse tendenziell durch eine geringere Repetitivität gekennzeichnet sind als Prozesse anderer Kategorien. Man denke nur an den Strategieentwicklungsprozess. Gleiches kann auch z. B. für einen Kundenbefragungsprozess gelten. Das kann zur Folge haben, dass zwischen diesen standardisierten Reportingzeitpunkten keine Veränderung stattgefunden hat. Entscheidend ist, dass diese Prozesse sinnvoll in einen Jahreszyklus eingebettet sind und festgelegt ist, wann diese Ergebnisse in Absprachemeetings behandelt und besprochen werden.

Der Umgang mit Bedarfsberichten (Ad-hoc-Berichte) bei speziellem Informationsbedarf des Managements und Abweichungsberichten muss geregelt sein, um der Gefahr vorzubeugen, dass zu viele Reports außerhalb der Standardreports eingefordert bzw. vorgelegt werden.

Bei der Festsetzung der Reportingtermine ist vor allem in Unternehmen mit hohem manuellen Anteil an Zahlenverdichtungstätigkeiten darauf zu achten, dass genügend Zeit dafür vorhanden ist. Besonders sollten die reinen Zahlenberichte durch Kommentare in Les- und Erfassbarkeit unterstützt werden. Auch Ursachenforschung bei Abweichungen sollte in jedem Bericht eingefordert werden und Raum dafür in der Struktur von standardisierten Templates oder Systemberichten vorgesehen sein.

Stichtage sollten gemeinsam mit dem Reportinginhalt kommentiert festgelegt sein. In diesem Zusammenhang ist eindeutig zu klären, was gezählt wird, und was nicht, vor allem für Tätigkeiten, die länger dauern, als sich der Reportingzeitraum erstreckt, kann es zu Doppelzählungen oder Auslassungen kommen, wenn der Umgang nicht eindeutig definiert ist. Wenn sich die Akquisition eines neuen Kunden z. B. über Monate streckt, könnte es sein, dass dieser Vorgang mehrere Monate hindurch zu den „neuen Akquisitionen" in Bearbeitung zählt. Die Folge wäre eine zu hohe Anzahl dieser Vorgänge, wenn man zur Gesamtanzahlerhebung die einzelnen Monatssummen addiert.

Die Lösung liegt in diesem Fall in der Vergabe von einem Datum für ein Ereignis, das eine genaue Zuordnung der Ereignisse (z. B. „Neuakquisition begonnen") zu Zeiträumen erlaubt. Das gilt für manuelle Systeme genauso wie für automatisierte, wo diese Erfordernisse in dementsprechenden Eingabefeldern bei den Transaktionsdaten eingefordert werden müssen.

Berichtswesen ist abhängig von Vorebenen und Vorsystemen in Bezug auf Zeitnähe, Qualität und Detaillierung der Daten. Zeitgerechtes Reporting bedeutet, dass wenig Zeit vom Datenerfassungsschluss bis zum Vorliegen des Berichts vergehen darf, was Zeitdruck und -mangel bei der Analyse und Interpretation der Daten bedeutet. Der Zeitdruck nimmt mit der Nutzung der im nächsten Abschnitt aufgelisteten Erfassungs- und Verarbeitungsmög-

lichkeiten ab. Qualität und Datendetaillierung hängen sehr stark von dem
ursprünglich geplanten und zur Verfügung stehenden Datenmaterial ab.

5.2.5.5 Die EDV-Unterstützung und die Art der Datenerfassung spielen eine wesentliche Rolle in der Effizienz des Reportings

Folgende grundsätzlichen Möglichkeiten der Erfassung und Verarbeitung
von Reportingdaten existieren:

- Erfassung laufend manuell und Eintrag in standardisierte Berichte oder
elektronische Dokumente (z. B. Word oder Excel).
- Erfassung laufend manuell und Eintrag in ein System (Reportingsystem
oder Datenbanken mit Reportingfunktion).
- Automatische Erfassung der Messdaten und manueller Eintrag in standardisierte Berichte oder Systeme.
- Automatische Erfassung der Messdaten und automatischer Eintrag in ein
Reportingsystem, das die Datenaggregation nach einem vordefinierten
Regelwerk automatisch durchführt, z. B. Management Information System (MIS) mit OLAP-Front-End (On-Line Analytical Processing) zur um-
fassenden Datenauswertung.

Daraus ergibt sich häufig eine Schnittstellenproblematik zwischen Vorsystemen bzw. von Vorsystemen zum Reporting. Ein Beispiel von vielen benötigten Insellösungen kann das Reporting von Service-Level-Management
sein. Benötigte Daten stammen aus Incident-Systemen, aus Beschwerdesys-
temen aus Anlagedatenbanken, aus Überwachungssystemen von Anlagen,
aus Kundenzufriedenheitsdaten und vielen mehr. Um einen Monatsbericht
zu erstellen, müssen Daten aus diesen unterschiedlichen Systemen heraus-
gezogen und in einen Bericht verdichtet werden. Sehr häufig ist damit auch
die manuelle Eingabe von Daten aus einem System in ein operatives SLA-
Monitoring System oder mitunter auch die Verarbeitung von handschriftli-
chen Aufzeichnungen in ebendieses System verbunden. Stellt man sich vor,
dass dieses Unternehmen eine Struktur von unterschiedlichen Servicearten,
Anlagengruppen und Kunden aufweist, ist der Zeitaufwand zur Berichts-
erstellung enorm.

Entscheidend ist die Definition der Systematik der Datenerhebung und Erfassung im Vorfeld einer technischen Systemetablierung, wobei eine sinnvolle
Anpassung aufgrund von Erkenntnissen in der Praxis sinnvoll und notwendig ist. Besonders in komplexen Bereichen, wo die Qualität des zu erfassen-
den Datenmaterials entscheidend für Steuerungseingriffe ist, sollte mit Proto-
typen in abgegrenzten Bereichen mit der Datenerhebung begonnen werden,
um mit weitgehend abgeschlossenen Erkenntnissen in einen weiteren Rollout gehen zu können.

Durchgängig automatisch laufende Erfassung und automatisierte Verarbeitung der Daten zu einem Bericht stellen den Idealfall dar, sind aber gleichzeitig eine Herausforderung, die wesentlichen Daten zu erkennen und dadurch die dementsprechende Datenqualität zu liefern. Durch die technische Machbarkeit werden zu viele Daten zur Verfügung gestellt.

Informationsüberflutung ist die Folge. Die Frage: „Was hat überhaupt die Möglichkeit, Gehör zu finden?", geht einher mit der Suche nach Möglichkeiten, die Wahrscheinlichkeit zu steigern, dass Aussagen wahrgenommen werden. Die wichtige Möglichkeit von Hervorhebungen in Reports, um wesentliche Aussagen vor Hintergrundinformation zu kennzeichnen, steht in automatisierten Systemen oft nicht zur Verfügung. Um drohendem Reportingwildwuchs entgegenzutreten, sei allen Lieferanten von Daten das Wort von Antoine de Saint-Exupéry in Erinnerung gerufen: „Vollkommenheit entsteht offensichtlich nicht dann, wenn man nichts mehr hinzufügen kann, sondern wenn man nichts mehr wegnehmen kann."

Eine weitere Gefahr von stark automatisierten Managementinformationssystemen liegt in ihrer Komplexität bei der Datenauswertung. Entsprechendes Bediener-Know-how für den Datennutzer kann oft nicht ausreichend aufgebaut werden, was zur Folge hat, dass die Anwender frustriert sind und die Möglichkeiten nicht genutzt werden.

Die vollständige Integration von Systemen ist nicht immer möglich oder wirtschaftlich. Sie hängt neben dem Zeitaufwand pro Messung von der Durchlaufhäufigkeit ab. Die Kosten von Messungen müssen den Kosten möglicher Automatisierungen gegenübergestellt werden. Zuvor ist aber zu prüfen, ob nicht eine stichprobenartige Messung ausreichend signifikant für die Steuerung des Prozesses ist. Damit lassen sich die Kosten der Messung enorm verringern und Fehlentscheidungen bezüglich der Anschaffung kostenintensiver Systeme vermeiden.

Unternehmen mit einer ERP-Software (Enterprise Resource Planning) im Einsatz haben sehr viele Daten, die für das Prozessreporting benötigt werden, verfügbar, stoßen aber meist dann an die Grenzen, wenn aufgrund der neuen (abteilungsübergreifenden) Sichtweise des Prozessmanagements zusätzliche Anforderungen nach Daten entstehen. Vor allem die Integration in das bestehende Berichtswesen bereitet die größten Probleme. Unternehmen mit einem Management Information System (MIS) schaffen es leichter, die prozessrelevanten Daten darin zu integrieren, haben aber weiterhin die erwähnten konzeptionellen Probleme.

Die Auswahl von EDV-Tools ist abhängig von der grundsätzlichen Frage, ob die Kennzahlen mittels Pull- oder Push-Prinzip zur Verfügung gestellt werden sollen.

Pull-Prinzip: Aufbereitete Informationen werden zur Nutzung zur Verfügung gestellt, Beispiele dafür sind Intranet oder ein Management Information System. Selbstcontrolling des Datenempfängers, also die selbstständige Beschäftigung mit den Daten und Ableiten der Aktionen daraus ist die Voraussetzung.

Push-Prinzip: aktive Verteilung der Daten über Internet, Mail, SMS, Fax oder in persönlichen Meetings. Eine Anpassung der Medien an die Adressatenkreise ist möglich.

In Anbetracht der schwindenden Zeitressourcen des Managements scheint zumindest eine verpflichtende Erinnerungsfunktion gemäß dem Push-Prinzip die Wahrscheinlichkeit der zeitgerechten Auseinandersetzung mit den Daten zu erhöhen, wenn diese gemäß Pull-Prinzip zum Abruf bereitgestellt werden.

Tabelle 5-1 zeigt die Chancen und Gefahren elektronischer Informationspräsentationen im Überblick.

Tabelle 5-1:   Chancen und Gefahren elektronischer Informationspräsentationen (Waniczek, 2002)

Tool	Chancen	Gefahren
OLAP-Front-End	volle Analysemöglichkeit vor Ort intensives Selbstcontrolling rasche Problemerkennung, Maßnahmendefinition und -umsetzung	intensiver Know-how-Aufbau nötig Überforderungen der operativen Mitarbeiter keine ausreichende Nutzung vor Ort Schwächung des zentralen Controllings Doppelarbeiten
Tabellen-kalkulation	geringerer Einschulungsaufwand Selbstcontrolling	keine ausreichende Nutzung vor Ort Schwächung des zentralen Controllings Doppelarbeiten
Browser	kaum Einschulungsaufwand	keine ausreichende Nutzung vor Ort
elektronisches Berichtsheft	kaum Einschulungsaufwand	wenig Selbstcontrolling keine ausreichende Nutzung vor Ort
Papierreports	kein Einschulungsaufwand	Aufwand für Wartung und Pflege der Berichtshefte wenig Selbstcontrolling

5.2.5.6 Checkliste für die Elemente eines Prozessreports

- Ist die Berichtstiefe und -breite an die Anforderung des Empfängers angepasst?
- Liegt der Schwerpunkt des Zeiteinsatzes bei der Report-Erstellung auf Kommentierung und Interpretation?
- Sind Daten im Zeitverlauf dargestellt (inklusive Veränderung zu Vorperiode)?
- Sind Daten interpretiert (kurz, prägnant, aber verständlich)?
- Abweichungsanalyse, Ursachen, Auswirkungen (Qualität, Zeit, Kosten), warum Schwankungen oder Einbruch, warum Hoch?
- Sind Ausblicke auf die zukünftige Entwicklung dargelegt?
- Unter festgestellten Rahmenbedingungen samt gesetzten Maßnahmen, nicht einfach Fortschreibung.
- Sind eingeleitete und/oder umgesetzte Maßnahmen dargestellt?
- Ist zusätzlicher Ressourcen-/Finanzbedarf für Maßnahmen angeführt?
- Wurden Schwachstellen in anderen Bereichen erwähnt, die den eigenen Prozess beeinflussen?
- Gibt es Hinweise auf erkannte Entscheidungsnotwendigkeiten und Vorschläge an das Management als Entscheidungsgrundlage?
- Gibt es dringende Hinweise auf bereits länger anstehende und noch nicht getroffene Entscheidungen des Managements (Priorität und Dringlichkeit einstufen)?
- Sind erkannte Abstimmungsnotwendigkeiten zwischen Bereichen oder Prozessverantwortlichen bzw. Zielkonflikten dargelegt?
- Sind Verbesserungsvorschläge in Bezug auf die Rahmenbedingungen des Prozesses zu erwähnen?
- Wird auf die Notwendigkeit einer verbesserten Prozesszielsetzung verwiesen (neue Ziele, Ziele streichen, neue Zielwerte)?

6 Prozesse leben: Der Mensch im Prozessmanagement

Organisationen sind soziale Systeme. Prozesse in Organisationen werden von Menschen geplant, von Menschen ausgeführt, optimiert und am Ende ihres Lebenszyklus stillgelegt. Vor diesem Hintergrund kommt dem Menschen – sowohl als Individuum wie auch im Team – eine hohe Bedeutung zu. Es ist seine Aufgabe, die Prozesse über ihren gesamten Lebenszyklus hinweg mit Leben zu füllen und auf diese Weise das Prozessmanagementsystem und schlussendlich die gesamte Organisation am Leben zu erhalten. Damit ist die erfolgreiche Umsetzung von Prozessmanagement ohne tieferes Verständnis für die „menschliche Seite" des Prozessmanagements undenkbar.

Der Aufbau des Kapitels folgt hierbei dem in Abbildung 6-1 dargestellten Systemmodell, das einen Rahmen für die Zuordnung der einzelnen sozialen Aspekte auf unterschiedlichen Ebenen einer Organisation liefert, ausgehend vom Individuum als kleinste betrachtete Einheit über die Gruppe bzw. das Team bis hin zur gesamten Organisation und ihrer Kultur.

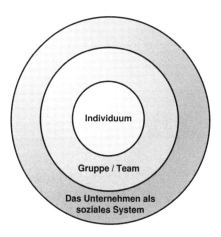

Abbildung 6-1: Systemmodell der Stellung des Menschen im Unternehmen

Vor dem Hintergrund des Prozessmanagements werden einzelne wesentliche Charakteristiken aufgezeigt und beschrieben: auf der Ebene des **Individuums** z. B. die gängigsten Persönlichkeitsmodelle, ihre Anwendung und ihr Nutzen im Hinblick auf die Zusammenstellung von Teams. Auf der **Teamebene** beispielsweise die einzelnen Phasen der Teamentwicklung, Rolle und Aufgabe des Teamleiters usw. Bis schlussendlich auf der höchsten Gliederungsebene – jener der gesamten **Organisation** – die Frage behandelt werden kann, wie der Prozessmanagementgedanke mit der Unternehmenskultur zusammenhängt bzw. wie und in welchem Ausmaß sich diese verändern oder beeinflussen lässt, damit sie der angestrebten Prozessorientierung entspricht.

Der Bezug zum Prozessmanagement wird hierbei aus zwei unterschiedlichen Blickwinkeln hergestellt. Einerseits wird die Phase des **Aufbaus** eines Prozessmanagementsystems betrachtet, die mit großen Veränderungen für eine Organisation verbunden sein wird. Auf der anderen Seite die Phase des **Betriebs** der Prozesse durch die einzelnen Prozessteams und den in dieser Phase auftretenden Veränderungen im Rahmen des Lebenszyklus der einzelnen Prozesse.

6.1 Das Individuum

Jeder Mensch besitzt gewisse Denk- und Verhaltensmuster, die er bevorzugt und die für ihn typisch sind. Sie sind Ausdruck seiner Einmaligkeit und Voraussetzung seiner Autonomie. Diese dominierenden Denkstile haben sich auf Grundlage der angeborenen Eigenheiten wie auch durch das Elternhaus, die Schulerziehung und Ausbildung und durch die soziale Umgebung entwickelt.

Die Art und Weise, wie das Individuum an eine Aufgabe herangeht, seine Kreativität einsetzt oder mit anderen kommuniziert, ist gekennzeichnet durch die Denk- und Verhaltensweisen, die es bevorzugt.

6.1.1 Persönlichkeitsinventar

In einem sozialen System ist es von großem Vorteil, das **Verhalten** des Einzelnen richtig zu erkennen und zu verstehen, um die Zusammenarbeit zu erleichtern. Dies gilt ganz besonders beim Recruiting, bei Teamzusammensetzung, beim Auftreten von persönlichen Konflikten, bei der Aufgabendelegation und vielem mehr. Viel kann dabei helfen, wenn man Kenntnis über typische Verhaltensweisen in strukturierter Form zur Hand hat. Selbstverständlich sind dies nur sehr beschränkte Konstrukte des in seiner Vollständigkeit nicht abbildbaren Persönlichkeitsinventars eines Individuums.

Trotzdem sei – bei allem Vorbehalt – auf derartige Modelle zur systematischen Erfassung von Charaktersegmenten nachfolgend eingegangen.

Die hier beschriebenen **Typologiemodelle** sind die bekanntesten und am besten dokumentierten Instrumente zur Beschreibung von Persönlichkeit. Aufgrund ihres wissenschaftlichen Hintergrundes sind sie weitgehend anerkannt, wenngleich sie für unterschiedliche Ziele eingesetzt werden.

Viele Varianten sowie Weiterentwicklungen von Tests sind heute am Markt erhältlich. Grundsätzlich muss man feststellen, dass es „die perfekte Typologie" nicht gibt. Es ist vielmehr nur eine tendenzielle Charakterisierung einer Persönlichkeit möglich.

Es sind in der Praxis die folgenden Persönlichkeitsmodelle unterschiedlich weit verbreitet.

- ALPHA PLUS
- Biostruktur-Analyse mit STRUKTOGRAMM und TRIGOGRAMM
- DISG-Persönlichkeitsprofil
- Enneagramm
- Herrmann-Dominanz-Instrument (HDI)
- INSIGHTS MDI (Management-Development-Instruments)
- INTERPLACE – Teamanalyse-Software
- LIFO-Methode
- Myers-Briggs-Typenindikator (MBTI)
- Teammanagementsystem (TMS)

Aus der Sicht der effizienten Teamarbeit beim Aufbau und Betrieb eines Prozessmanagementsystems seien die drei Persönlichkeitsmodelle der Tabelle 6.1 ausgewählt und näher diskutiert. Dabei wird weitgehend der Publikation von Schimmel-Schlos (2002) gefolgt.

Tabelle 6.1:   Persönlichkeitsmodelle (Schimmel-Schloo, 2002)

Modell	Nutzen
HDI	Einsatz vor allem im Rahmen von Trainings zur Bestimmung der beruflichen Orientierung, Lösung von Konflikten, Teamoptimierung, Steigerung der Kreativität, Optimierung des Lernstils. Auch im privaten Bereich zur Partnerschafts- und Beziehungsarbeit einsetzbar.
MBTI	Fundierte Grundlage für die Selbsterkenntnis und Verhaltensarbeit im persönlichen und im gesamten beruflichen Kontext – von Führung, Konflikttraining und Kommunikation bis Teambildung. Zusatztool zum Erkennen von Handlungsmotiven.
DISG	Einsatz zur Erkenntnis der eigenen Potenziale zur persönlichen und beruflichen Nutzung. Tools für unschiedliche Tätigkeiten und Einsatzgebiete, z.B. Kommunikation, Führung, Verkauf, Teamentwicklung, Stellenbesetzung. Hohe Anschaulichkeit durch Verwendung von Cartoons, Spaßfaktor bei der Persönlichkeitsarbeit.

6.1.1.1   HDI – Herrmann-Dominanz-Instrument

Mit dem Herrmann-Dominanz-Instrument (HDI) hat Ned Herrmann eine Methode entwickelt, die die individuell unterschiedlichen Denkstile deutlich sichtbar und damit vergleichbar macht. Aus der Auswertung eines Fragebogens ergibt sich ein Profil, das zeigt, in welchem Maße unterschiedliche Denkstile bevorzugt, genutzt oder vermieden werden.

Ned Herrmanns Entwicklung basiert auf seinen Untersuchungen über menschliche Kreativität im Rahmen seiner Arbeit als Leiter der Führungskräfteentwicklung bei General Electric in den USA. Aus den dabei gewonnenen Erkenntnissen ergaben sich sehr interessante Zusammenhänge mit den Ergebnissen auf dem Gebiet der Gehirnforschung.

Ned Herrmann entwarf nun ein metaphorisches Modell der unterschiedlichen Bereiche des Gehirns, das Denk- und Verhaltensweisen in vier grundlegende Kategorien einteilt, welchen wiederum bestimmte Merkmale zugeordnet werden.

Entwicklung der Methode

Der Gehirnforscher Dr. Paul McLean entwickelte die Theorie eines dreigeteilten Gehirns. Die drei Hirnbereiche sind bei einem Längsschnitt durch das menschliche Gehirn ersichtlich: „Reptiliengehirn" oder Stammhirn, das „limbische System" oder Zwischenhirn und der „Neocortex" oder Großhirn.

Im Stammhirn, dem evolutionsgeschichtlich ältesten Hirnbereich, liegen alle dem normalen Bewusstsein entzogenen Programme, die für Atmung, Kreislauf, Temperaturregulierung und die Steuerung biochemischer Vorgänge zuständig sind. Ebenso die Programme, die der Erhaltung von Individuum und Art dienen.

Die nächstälteste Region, das Zwischenhirn, überdeckt das Stammhirn und beherbergt die Gefühlsdimension: Angst, Aggression, Liebe und Geborgenheit.

Das Großhirn überdeckt mit seinen walnussartigen Hälften das Zwischenhirn und ist Träger des „nicht emotionalen" Denkens. Es steuert den Gebrauch der Gliedmaßen als Werkzeuge. Es ist zuständig für das, was man als „Denken" bezeichnet, und enthält die Funktionen, die man mit dem „Selbst", dem „Ich" und dem „Bewusstsein" in Verbindung bringt.

Der Psychologe Roger Sperry zeigte mit einer Vielzahl von Experimenten die grundsätzliche Ausprägung des Denkens in der linken und rechten Gehirnhälfte (Tabelle 6.2). Bei diesen Untersuchungen konnte er weiterhin beobachten, dass jeder Mensch eine Seite mehr oder weniger für sein Denken bevorzugt (Links/Rechts-Dominanz).

Tabelle 6.2: Ausprägung des Denkens in der rechten und linken Gehirnhälfte

LINKS	RECHTS
rational	gefühlsbetont
linear	ganzheitlich
kausal	intuitiv
ordnend	visuell
verbal	bildlich

Die vier Denk- und Verhaltensstile

Ned Herrmann kombinierte die Forschungsergebnisse von Paul McLean und Roger Sperry und entwickelte ein Modell des menschlichen Gehirns bestehend aus den zwei Hälften des Großhirns und des Zwischenhirns. Die linke und rechte Hälfte des Großhirns (Neocortex) wie auch die linke und rechte Hälfte des Zwischenhirns (limbisches Gehirn) sind bei Menschen unterschiedlich ausgeprägt. Obwohl über Nervenfasern ein ständiger Austausch von Informationen zwischen den einzelnen Hirnhälften besteht, dominieren sie jeden Menschen individuell in seinem Denken und schließlich in seinem Handeln.

Dieses Modell unterscheidet somit neben links/rechts auch oben/unten (limbisch). Jeder der vier Quadranten steht für einen bestimmten Denkstil und kann durch mehrere Adjektive beschrieben werden (Tabelle 6.3).

Tabelle 6.3: Vier Quadranten des menschlichen Hirns

Quadrant A – Linker Cortex	Quadrant D – Rechter Cortex
Rationales Ich	**Experimentelles Ich**
mathematisch	synthesenbildend
logisch	einfallsreich
problemlösend	konzeptionell
analytisch	künstlerisch
technisch	ganzheitlich

Quadrant B – Links limbisch	Quadrant C – Rechts limbisch
Sicherheitsbedürftiges Ich	**Fühlendes Ich**
geplant	emotional
organisiert	musikalisch
kontrolliert	kommunikativ
konservativ	mitfühlend
administrativ	spirituell

Das HDI-Dominanzprofil

Der von Ned Herrmann entwickelte Fragebogen umfasst 120 Fragen, die nach Auswertung eine Darstellung eines Profils der bevorzugten Denk- und Verhaltensstile in grafischer und tabellarischer Form ergeben.

Das Herrmann-Dominanz-Instrument ist kein Test. Es beruht auf einer Selbsteinschätzung, gibt also die Verteilung von bevorzugten Denk- und Verhaltensweisen so wieder, wie ein Mensch sich selbst sieht und erlebt.

Beim HDI-Profil in grafischer Form werden die Präferenzen für einen Denkstil entlang der Quadrantenachsen aufgetragen und miteinander verbunden.

Je weiter außen ein Wert liegt, umso höher ist die Präferenz für diesen Denkstil. Der Innenkreis und die nach außen folgenden Ringe werden mit den Nummern 3, 2, 1 und 1+ versehen. Jeder dieser Bereiche hat eine bestimmte Bedeutung – siehe Tabelle 6.4.

Tabelle 6.4:   Ausprägungen HDI-Profilwerte

Nr.	Wertebereich	Bedeutung	Lage im Profil
3	0–33	Vermeidung	innerster Kreis
2	34–66	Akzeptanz und Nutzung	
1	67–100	Bevorzugung	
1+	101–150	starke Bevorzugung	äußerster Kreis

Abbildung 6-2 zeigt ein Beispiel eines HDI-Profils. Die entsprechende Person hat im Quadranten B einen Wert 40, der im Bereich 2 (34–66) liegt. Das bedeutet, die Person akzeptiert und nutzt diesen Denkstil ohne Bevorzugung und ohne Vermeidung. Demgegenüber liegt D = 136 im Bereich 1+, wird also stark bevorzugt. Alles, was zu D gehört, liegt der Person und wird bevorzugt gemacht, denn dabei wird der bevorzugte Denkstil D eingesetzt und benötigt.

Grundsätzlich gibt es keine „guten“ oder „schlechten“ Dominanzprofile. Aber die Ausprägung unterschiedlicher Denkstile hat natürlich Konsequenzen:

Wie wir kommunizieren, mit Konflikten umgehen, mit anderen zusammenarbeiten oder kreativ sind, wird wesentlich durch unser HDI-Profil repräsentiert!

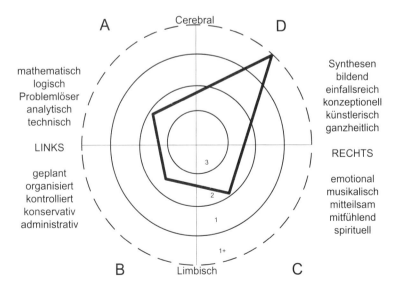

Abbildung 6-2:   Beispiel für ein HDI-Profil

Nutzen der Dominanzprofile

Die Kenntnis der eigenen Denkstile und Denkpräferenzen kann in vieler Hinsicht helfen:

▨ für Selbstbewusstsein und Achtung vor anderen,
▨ zur Konfliktanalyse und Konfliktbewältigung,
▨ bei der Personenauswahl,
▨ für Kreativität als Wechselspiel unterschiedlicher Denkstile.

Gruppenprofile

Das HDI-Profil zeigt in wertfreier Darstellung den Denk- und Verhaltensstil eines Menschen. Werden in die grafische Darstellung die Profile mehrerer Personen (eines Teams) eingetragen, sind die Dominanzen der Gruppe einfach ablesbar. Es ist zu erkennen, mit welchen Denk- und Verhaltensweisen ein Team Aufgaben angeht und Probleme löst.

Anhand eines Gruppenprofils kann entschieden werden, ob sich durch personelle Ergänzungen die für eine Aufgabe notwendigen Denk- und Verhaltensweisen nachrüsten lassen.

Kreativität

Kreativität braucht ein „ganzes Gehirn", wenn nicht beim Einzelnen, dann im Team. Für außerordentliche Innovationen sind daher heterogene Gruppen besser geeignet als homogene, weil in ihnen die Leistung aller vier Quadranten ausgeprägter vertreten ist.

Lernen

Jeder Mensch hat bevorzugte Lernstile, die seinem Dominanzprofil entsprechen. Der Lernende, der sein HDI-Profil kennt, kann sich bewusst die für ihn geeigneten Lernerfahrungen suchen. Lehrer und Trainer sollten das berücksichtigen und versuchen, alle Quadranten anzusprechen, um den Zuhörern ganzheitliches Lernen zu ermöglichen oder durch ein HDI-Gruppenprofil die vorhandenen Denk- und Verhaltensstrukturen kennenzulernen. Danach lässt sich leichter die Lehrmethode für eine Gruppe auswählen, die zu größerem Lernerfolg führt.

Berufswahl

Das HDI-Profil beeinflusst die Berufswahl bzw. die Art und Weise, wie ein Beruf ausgeübt wird. Sieht man das Profil eines jungen Menschen, kann man ihm Hinweise geben, welche berufliche Richtung er einschlagen sollte. Andererseits lassen sich berufliche Probleme leichter verstehen und Chancen für Veränderungen besser einschätzen, wenn man einem Menschen entweder zu einer den Denk- und Verhaltensstrukturen entsprechenden Fortbildung verhilft oder eine Anpassung des Aufgabengebietes vornimmt, das seinen Dominanzen stärker entspricht. Bewusstes Selbstmanagement wird durch diese Erkenntnis möglich.

Persönlichkeit versus kognitiver Stil

Nobelpreisträger H. Simon definiert den kognitiven Stil des Menschen als die charakteristische, konsistente Art und Weise des Funktionierens, die Individuen bei ihrer Wahrnehmungs- und geistigen Tätigkeit zeigen.

Der Unterschied zu Charakterzügen bzw. Persönlichkeit des Menschen ist dabei wesentlich: Es werden nicht allgemeine Charakterzüge, abgeleitet aus beobachteten Signalen des Verhaltens, untersucht, sondern die geistigen Aktivitäten und Verhaltensweisen des Menschen in Bezug zu spezifischen beeinflussenden Bedingungen. Das bedeutet: Es ist ein Unterschied, was ein Mensch denkt (Persönlichkeit) und auf welche Art und Weise er denkt (kognitiver Stil).

6.1.1.2 MBTI – Myers-Briggs-Typenindikator

Der Myers-Briggs-Typenindikator basiert auf der Typentheorie von C. G. Jung und gibt Aufschluss über Neigungen und Präferenzen von Individuen. Hierbei werden vier Grundtypen unterschieden. Der Typ bleibt im Laufe eines Lebens konstant und ist die Grundlage dafür, wie ein Mensch an die Dinge herangeht, wie er kommuniziert, wie er führt und leitet. Die Betonung liegt hierbei auf dem „Wie" und nicht auf dem „Was". Der MBTI betrachtet somit in erster Linie die grundlegenden Prozesse, aus denen bestimmte Verhaltensweisen entstehen.

Entwicklung

Der MBTI wurde von Katherine Briggs und Isabel Myers, Mutter und Tochter, in den 1930er- und 1940er-Jahren entwickelt. Stimulierend war die Vermutung, eine genaue Kenntnis der persönlichen Präferenzen werde Armeeangehörigen des Zweiten Weltkrieges, die nach Kriegsende die Armee verlassen und erstmals ins zivile Arbeitsleben eintreten, bei der Suche nach einem geeigneten Arbeitsplatz helfen können. Myers und Briggs entwickelten unter dieser Zielvorgabe einen Fragebogen, der bestimmte Muster und Züge menschlichen Grundverhaltens verständlich und transparent macht, und zwar in einer Weise, dass Erkenntnisse in allen Bereichen der zwischenmenschlichen Kommunikation formend und verbessernd eingesetzt werden können.

Über 20 Jahre lang forschten und experimentierten Myers und Briggs, um dieses diagnostische Instrument zu entwickeln. In den 1960er-Jahren wurde die Fachwelt aufmerksam und seitdem ist der MBTI als Typologie-Instrument anerkannt.

Der MBTI geht in seinen Wurzeln auf die „psychologischen Typen" des Schweizer Psychoanalytikers und Entwicklers der analytischen Psychologie Carl Gustav Jung (1875–1961) zurück. Mit seinem klassischen Werk lieferte Jung bereits 1921 Ergebnisse der Grundlagenforschung zur Entstehung des MBTI-Typenindikators.

Der Psychoanalytiker postulierte unter anderem das Vorhandensein eines kollektiven, präexistenten Unbewussten und erweiterte damit die von Sigmund Freud aufgestellten Theorien. Das „kollektive Unbewusste", wie Jung diese präexistente Ebene nannte, wird im Gegensatz zum individuellen Unbewussten nicht durch persönliche Erfahrungen und Erlebnisse geprägt, sondern beinhaltet alle Verhaltensweisen, die allgemeiner Natur und in allen Menschen identisch sind.

Die Weiterentwicklung der Typenlehre von Jung

Es ist das Verdienst von Myers und Briggs, durch die Weiterentwicklung der jungschen Theorie diese der allgemeinen Verbreitung zugänglich gemacht zu haben. Der von ihnen entwickelte Fragebogen ermöglicht es jedem Einzelnen, auch ohne therapeutische Analyse seinen eigenen Typus kennenzulernen. Zu den Voraussetzungen des MBTI-Modells zählen vor allem drei Punkte:

- Menschliches Verhalten ist nicht zufällig, auch wenn es manchmal so scheint. Es existieren Muster.
- Menschliches Verhalten ist klassifizierbar: Es kann beschrieben werden, wie Menschen Informationen bevorzugt aufnehmen und Entscheidungen treffen.
- Menschliches Verhalten ist unterschiedlich, weil es bestimmte Neigungen und Präferenzen gibt. Wir verhalten uns und entscheiden so, weil wir bestimmte Präferenzen haben – andere Menschen mit anderen Präferenzen entscheiden anders.

Die vier Dimensionen des Typenindikators

Die verwendeten Dimensionen dieses Modells lassen sich grundsätzlich in zwei Kategorien teilen: **psychische Funktionen** (Wahrnehmung und Entscheidung) und **Einstellungen** (zur Umwelt und zum Leben). Jede der Dimensionen wird auf einer bipolaren Skala gemessen.

Nach Jung nimmt jeder Mensch ständig Impulse auf und bringt diese in ein rationales Gefüge. Diese beiden Prozesse werden im MBTI mit Wahrnehmen und Entscheiden beschrieben. Jung nannte sie „Funktionen". Die beiden Skalen S-N und T-F beschreiben diesen Kern der Theorie.

Psychische Funktionen

Die psychischen Funktionen beschreiben Prozesse, die im Bewusstsein des Menschen ablaufen. Das sind Prozesse der **Wahrnehmung** – wie der Mensch Informationen aufnimmt – und Prozesse des **Entscheidens** – wie der Mensch zu Entscheidungen kommt (Abbildung 6-3).

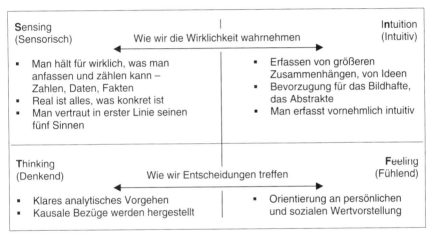

Abbildung 6-3:   Psychische Funktionen

Durch Kombination der beiden bipolaren Skalen der Funktionen ergeben sich vier Grundtypen:

- **ST-Typ:** Sensorisch (Sensing) – Denkend (Thinking)
- **NT-Typ:** Intuitiv (Intuitive) – Denkend (Thinking)
- **SF-Typ:** Sensorisch (Sensing) – Fühlend (Feeling)
- **NF-Typ:** Intuitiv (Intuitive) – Fühlend (Feeling)

Einstellung zur Umwelt

Die Einstellungen beschreiben grundsätzliche Einstellungen des Menschen in Bezug auf seine Umwelt und das Leben allgemein (Abbildung 6-4). Die Einstellung des Menschen zur Umwelt kann zu seiner Außenwelt hin orientiert oder seiner Innenwelt zugewandt sein. Zum Leben allgemein kann der Mensch eine vorgefasste (= beurteilende) Einstellung oder eine offene (= wahrnehmende) Einstellung haben.

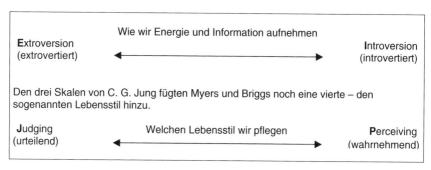

Abbildung 6-4: Einstellung zum Leben

Sowohl bei den Funktionen als auch bei den Einstellungen lassen sich somit jeweils zwei verschiedene Formen unterscheiden. Durch die verschiedenen Kombinationsmöglichkeiten dieser Funktions- und Einstellungsausprägungen erhält man insgesamt 16 unterschiedliche Typen (Tabelle 6.5).

Tabelle 6.5: Kombinationsmöglichkeiten der Funktions- und Einstellungsausprägungen nach MBIT

ISTJ	ISFJ	INFJ	INTJ
ISTP	ISFP	INFP	INTP
ESTP	ESFP	ENFP	ENTP
ESTJ	ESFJ	ENFJ	ENTJ

Die vier Grundtypen im Kontext der Führung

Erhebungen haben gezeigt, dass 38 % der Manager ST-Typen sind und weitere 24 % NT-Typen sind, zusammen somit etwa zwei Drittel.

Demnach ist ein Wissen um die Persönlichkeitstypen und deren zu erwartendes Verhalten in Arbeitssituationen von großem Vorteil. So können etwa die unterschiedlichen Managementstile und die bevorzugte Organisationsform direkt den vier Typen zugeordnet werden:

▓ Der ST-Typus (Sensing – Thinking)
    Er repräsentiert den Rationalisten, Argumentierer, er betont Fakten, Genauigkeit, Kontrolle, unpersönliche Analyse, das logische geordnete Den-

ken. Er bevorzugt quantitative Analysen, mathematische Abhängigkeiten, exakte Messung von Daten unter kontrollierten Bedingungen. Für ihn ist alles, was der quantitativen Analyse (derzeit) nicht zugänglich ist, für eine wissenschaftliche Bearbeitung ungeeignet.

Schlagworte: Traditionalist, Stabilisator, Konsolidator, kühl rechnender Analytiker.

Der NT-Typus (Intuitive – Thinking)

Er bevorzugt Konzepte und Konstrukte und verzichtet dabei auf quantifizierte, messbare Daten, da ihn die Ganzheit mit allen qualitativen Aspekten interessiert und weniger die Details; er liebt Taxonomien, Gliederungen, Prinzipmodelle. Dabei geht er (wie der ST-Typus auch) möglichst sachorientiert und unpersönlich, objektiviert vor, er betont ebenfalls Variable und deren Relationen, allerdings eher auf konzeptioneller, grafischer bzw. verbaler Ebene, und nicht formalisiert. Seine Problemlösungen sind eher abstrakte Konzepte, Kategorien und Typologien, bei welchen der Mensch ausgeklammert bleibt.

Schlagworte: Visionär, Architekt, Gestalter, Generalist (die zukunftsgerechte Gesamtschau).

Der SF-Typus (Sensing – Feeling)

Er ist das Gegenstück zum NT-Typus, allerdings weisen beide Typen qualitative wie auch quantitative Aspekte in ihrem Vorgehen auf und sind daher nicht diametral zu sehen. Er verlässt sich bei der Wahrnehmung immer auf das, was er selbst mit seinen Sinnen erkennen kann, zeigt aber eine starke Personenorientierung.

Schlagworte: Verhandler, Krisenmanager, Feuerwehrmann, Technokrat mit Herz (zügiges taktisches Vorgehen).

Der NF-Typus (Intuitive – Feeling)

Er ist das genaue Gegenteil zum ST-Typus; die Art der Informationsaufnahme und der Entscheidungsprozess sind diametral zum ST-Verhalten. Er repräsentiert die Extremform des qualitativen Vorgehens im Management, die im krassen Gegensatz zum quantitativen Ansatz des ST-Typus steht. Die NF-Auffassung ist praktisch die Antithese zum Scientific Management, Operations Research, Arbeitsstudium etc. Er besitzt eine langfristige Zukunftsperspektive für eine menschenwürdige Organisation.

Schlagworte: Katalysator, Sprecher, Vermittler, Generalist mit Herz (die Dinge am Laufen halten).

Der MBTI-Fragebogen

Der MBTI ist ein Fragebogen zur Selbsteinschätzung mit 90 Fragen. Durch die Antworten des jeweiligen Teilnehmers werden die Präferenzen identifiziert. Das Ergebnis ist eine Buchstabenkombination, die auf die primären Neigungen und Verhaltensmuster hinweist.

Seit 1991 liegt eine geprüfte deutsche Fassung des MBTI-Fragebogens vor, der von lizenzierten Beratern auch online über das Internet angeboten und bewertet wird. Lizenzierte Berater im deutschsprachigen Raum tauschen sich über die Deutsche Gesellschaft für Angewandte Typologie (DGAT) aus. Die Rechte der deutschen Version besitzt der Hogrefe-Verlag – der Verlag der deutschen Psychologen.

Anwendungen des MBTI

Mit dem MBTI erforschen allein in den USA jährlich 3,5 Millionen Menschen ihr Stärken/Schwächen-Profil. Fast alle „Fortune 500"-Unternehmen sowie amerikanische Elite-Universitäten (z. B. Harvard, MIT) und Militärakademien (z. B. Offizierskader der National Defense University) nutzen den Typenindikator für Analysen, Weiterbildung und Training.

Der MBTI im Beratungsprozess

Der MBTI kann in einem weiten Spektrum von Beratungsprozessen eingesetzt werden. Der Hauptfokus liegt in der Persönlichkeitsberatung sowie der Team- und Organisationsentwicklung.

Der MBTI identifiziert die Persönlichkeitsmerkmale mit zentralen Neigungen und Verhaltensmustern von Personen, von Teams oder von Organisationen. Der Mitarbeiter erkennt sich im Ergebnis häufig erstaunlich präzise wieder. Er erkennt sehr effektiv, warum und wie er selbst funktioniert, und warum andere anders sind. Zu- und Abneigungen gegenüber Arbeitsweisen, Aufgabenstellungen und Arbeitsumgebungen werden transparent. Der eigene authentische Führungsstil wird bewusst und kann im Abgleich mit der Organisations- und Mitarbeitersituation modifiziert werden.

Der MBTI hilft mit, die richtigen Weichenstellungen für die persönliche und berufliche Weiterentwicklung zu wählen. Das Arbeiten im Team ist zu einem wesentlichen Bestandteil des Berufslebens geworden. Durch den Einsatz von MBTI werden die dynamischen Prozesse in Teams transparent. Für das Teammitglied wird dadurch seine persönliche Arbeitsweise reflektiert, die Zusammenarbeit mit Kollegen verbessert und werden die persönlichen Ziele und die Unternehmensziele überprüft.

6.1.1.3 Das DISG-Persönlichkeitsprofil

Das DISG-Persönlichkeitsprofil kategorisiert das Verhalten von Menschen und untersucht Motive (Beweggründe) für Handlungen. Es basiert auf den Forschungen der beiden Amerikaner John G. Geier und William M. Marston. Es ist in mehr als 50 Ländern und in über 44 Sprachen verfügbar.

Entwicklung

Der Psychologe William Marston setzte sich in den 1920er-Jahren mit der Frage auseinander, warum Menschen in verschiedenen Umfeldern sehr unterschiedliche Verhaltensweisen an den Tag legen. Er ging dabei davon aus, dass menschliches Verhalten in gewissem Sinn als eine Art Reaktion einer Person auf eine günstige oder feindliche Umgebung gesehen werden kann. Weiterhin fand er heraus, dass sich Menschen je nach Situation in ihrem Umfeld als stärker oder schwächer erleben. Dieses Erleben beeinflusst ihr Verhalten und die Art und Weise, wie sie auf ihre Umwelt zugehen und wie sie Einfluss auf sie nehmen. In Bezug auf das menschliche Verhalten untersuchte er hierbei Kategorien wie Dominanz, Zustimmung, Unterordnung, Gewissenhaftigkeit etc.

John Geier, der eigentliche Entwickler des DISG-Persönlichkeitsprofils, lernte in den frühen 1950er-Jahren die Theorie von Marston kennen. Er entwickelte die Items des Profils, die grafische Darstellung und den Fragebogen.

Die vier wesentlichen Verhaltensstile

Marston verwendete ein zweiachsiges Vierquadrantenmodell, um vier verschiedene Verhaltensstile zu kennzeichnen (Abbildung 6-5).

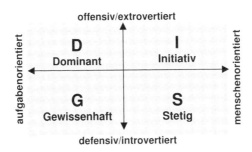

Abbildung 6-5:   Die vier wesentlichen Verhaltensstile

Mit **Dominant, Initiativ, Stetig** und **Gewissenhaft** sind zunächst die vier Verhaltenstypen definiert, die in jeder Persönlichkeit in unterschiedlicher Ausprägung vorhanden sind. Das dargestellte Koordinatensystem stellt gleichzeitig das Spannungsfeld der verschiedenen Verhaltensstile dar, die je nach Situation vom Individuum – in stärkerer oder schwächerer Ausprägung – eingenommen werden.

Die einzelnen Typen lassen sich wie folgt charakterisieren:

▨ *Typ D – Dominant*
Personen, die vor allem dem D-Typ entsprechen, sind durchsetzungsfähig, risikobereit, entscheidungsfreudig, konsequent und direkt. Sie treten meist autoritär auf und übernehmen gerne das Kommando. Sie sind motiviert, Probleme zu lösen und schnelle Ergebnisse zu erreichen. Sie stellen den Status quo infrage, bevorzugen direkte Antworten, vielfältige Tätigkeiten und Unabhängigkeit.
„Typische" Aussagen können sein:
– Am liebsten bin ich mein eigener Chef.
– Ich weiß, was ich will, und setze mich dafür ein.
– Ich fordere mich gerne selbst heraus.

▨ *Typ I – Initiativ*
I-Typen sind teamfähig und kommunikativ, knüpfen gerne Kontakte und unterhalten andere Menschen. Sie können andere mitreißen und begeistern und zeichnen sich durch Optimismus und Vielseitigkeit aus. Sie sind offen und drücken ihre Gedanken und Gefühle in Worten aus und sie arbeiten am liebsten mit anderen zusammen.
„Typische" Aussagen können sein:
– Ich erzähle gerne Storys und unterhalten gerne andere.
– Ich kann mich über alles Mögliche aufregen.
– Ich will frei sein von Detailarbeit und Kontrolle.

▨ *Typ S – Stetig*
Personen des Typus S sind sympathisch, hilfsbereit, loyal-konservativ, beständig und geduldig. Sie entwickeln in der Regel ein spezielles Können und halten sich gerne an einmal festgelegte Arbeitsabläufe. Sie sind motiviert, ein berechenbares Umfeld zu schaffen, sind geduldige Zuhörer. Sie sind lieber Teammitglied als Teamleiter und hören lieber zu, als selbst zu reden.
„Typische" Aussagen können sein:
– Ich arbeite gerne mit Menschen, die miteinander auskommen.
– Ich helfe gerne anderen.
– Bei der Erledigung von Aufgaben kann man sich auf mich verlassen.

▨ *Typ G – Gewissenhaft*
G-Personen sind qualitätsbewusst und streben nach Perfektion. Sie hinterfragen kritisch, analysieren und konzentrieren sich auf Fakten. Auch sie nehmen gerne einmal definierte Arbeitsabläufe an, wenn diese qualitativ hochwertige Ergebnisse gewährleisten. Sie bevorzugen ein Umfeld, das klar definierte Erwartungen hat, und sind eher diplomatisch und wägen Pro und Contra ab.
„Typische" Aussagen können sein:
– Ich liebe es, Dinge zu analysieren.
– Ich fühle mich in emotionsgeladenen Situationen unwohl.

– Ich arbeite gerne mit Menschen zusammen, die organisiert sind und hohe Standards haben.

Anwendung des DISG-Persönlichkeitsprofils

Durch die Betrachtung konkreter Situationen beim Ausfüllen des Auswertungsbogens versetzt sich der Anwender in die Situation, für die dieser Test durchgeführt wird. Der Bogen enthält insgesamt 28 Wortgruppen, für die jeweils die Aussage „am ehesten" oder „am wenigsten" gewählt wird. Die Auswertung erfolgt durch den Probanden selbst, wobei die Ergebnisse grafisch aufgetragen werden: ein Diagramm für die Daten von „am ehesten", eines für „am wenigsten" und eines für die Differenz.

Am Arbeitsplatz beispielsweise vermittelt das Persönlichkeitsprofil dem Einzelnen eine auf ihn zugeschnittene Beschreibung seiner Stärken, Schwächen und möglichen Idealsituationen.

Schlussendlich geht es aber nicht primär darum, herauszufinden, welcher Typ man ist, sondern vielmehr darum, welche Anteile in welcher Kombination vorherrschen, denn **Stärken werden bei Übertreibung zu Schwächen**: Zum Beispiel kann stark ausgeprägte Entschlussfreudigkeit (Stärke) nahe an der Schwäche der Voreiligkeit zu liegen kommen.

Der DISG-Test erfasst sowohl den Persönlichkeitstyp – das Rollenverhalten –, den man z. B. im Berufsfeld nach außen zeigt, als auch den innen liegenden Teil – das natürliche Verhalten. Das kann unter Umständen gleich oder ähnlich sein, aber in vielen Fällen unterscheiden sich diese Typen, was darauf hindeutet, dass die Umgebung von einem ein Verhalten fordert, das sich von dem inneren, natürlichen Verhalten unterscheidet.

Das DISG-Persönlichkeitsprofil gibt (weiterhin) Antworten auf folgende Fragen:

- Welche Stärken hat eine Person?
- Welchen Arbeitsstil bevorzugt eine Person?
- Welches Umfeld braucht die Person, um sich optimal entfalten zu können?
- Was sollten Kollegen tun, um mit dieser Person gut auszukommen?
- Welche Konfliktpotenziale gibt es und wie lassen sich diese schon im Vorfeld reduzieren?
- Wozu ist eine Person „berufen"?

6.1.2 Individualkompetenz

Neben den oben beschriebenen Persönlichkeitsmodellen soll als Abrundung der Ausführungen zum Individuum an dieser Stelle der Begriff der Kompetenz und ihrer verschiedenen Ausprägungen näher beleuchtet werden. Kompetenz sei dabei als das **Vermögen** bzw. die **Fähigkeit** eines Individuums verstanden.

6.1.2.1 Dimensionen der Kompetenz

Abbildung 6-6 zeigt die verschiedenen Ausprägungen der Kompetenz eines Individuums anhand eines Baumdiagramms. Demnach kann nach einer ersten Differenzierung in

- **informelle** Kompetenz: das Vermögen individueller Fähigkeiten samt Umsetzung, die Zuständigkeit,
- **formelle** Kompetenz: die durch die Organisation gegebene Entscheidungs- und Anordnungsgewalt, die Befugnis

und weiterhin in

- **emotionale** Kompetenz: das Vermögen mit sich selbst und andern umzugehen,
- **kognitive** Kompetenz: das Vermögen eigenes Wissen (Fach- und Methodenwissen) samt Erfahrungen einzusetzen,

unterschieden werden. Im vorliegenden Zusammenhang ist die emotionale Kompetenz, d. h. der Komplex von Fähigkeiten, die im Umgang mit sich selbst und in der Auseinandersetzung mit den Mitmenschen ausgespielt werden können, im Zentrum der Betrachtung. Folgt man dem Zweig der emotionalen Kompetenz, so kann man diese mäßig scharf in zwei Bereiche unterteilen, in die

- **Sozial**kompetenz: alle Fähigkeiten im Umgang mit anderen,
- **Selbst**kompetenz: die Art und Weise des Umgangs mit sich selbst, die Selbstsicht, die Selbstkontrolle, die Selbstmotivierbarkeit (auch persönliche oder Individualkompetenz genannt).

Die Sozialkompetenz tritt augenscheinlich zutage, wenn man das Verhalten des Individuums in der Gruppe betrachtet. Das ist die Thematik des nächsten Abschnitts (siehe Kapitel 6.2). An dieser Stelle wird in weiterer Folge die Selbstkompetenz näher betrachtet die sich aus der Selbstwahrnehmung, der Selbstregulierung und der Selbstmotivierbarkeit zusammensetzt.

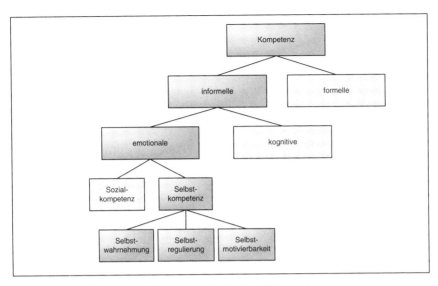

Abbildung 6-6:   Gliederung der Kompetenz (nach Daniel Goleman)

6.1.2.2 Selbstwahrnehmung

Die Grundlage der **Selbstwahrnehmung** bildet die Fähigkeit, Botschaften aus unserem inneren Speicher emotionaler Erinnerungen zu erfassen und damit bewusst umzugehen. Goleman untergliedert die Selbstwahrnehmung in drei **Subkompetenzen**, nämlich

- das emotionale Bewusstsein,
- die zutreffende Selbsteinschätzung und
- das Selbstvertrauen.

Das **emotionale Bewusstsein** umfasst einerseits die Erkenntnis, wie unsere Emotionen unsere Leistung beeinflussen, und andererseits die Fähigkeit, uns in unseren Entscheidungen von unseren Wertvorstellungen leiten zu lassen: Menschen, die diese Kompetenz besitzen, wissen, welche Emotionen sie empfinden, wann sie diese empfinden und wie sie sich auf ihr Denken und Handeln auswirken.

Die zweite Komponente stellt die zutreffende **Selbsteinschätzung** dar, welche als Bewusstsein für unsere Stärken und Grenzen zu jedem Zeitpunkt beschrieben werden kann. Ein klares Bild davon zu haben, wo wir uns verbessern müssen, aber auch uns selbst mit angemessenem Humor und Abstand zu sehen und die Fähigkeit, aus Erfahrung zu lernen, sind Punkte, die die Selbsteinschätzung charakterisieren.

Ist man sich seiner Qualitäten und Fähigkeiten bewusst, so entwickelt sich **Selbstvertrauen,** das uns unsere besondere Ausstrahlung und das sichere Auftreten gibt, welches notwendig ist, um trotz Ungewissheit und Stress (im landläufigen Sinn) vernünftige Entscheidungen zu fällen.

6.1.2.3 Selbstregulierung

Wenn eine Belastung zur anderen kommt, addieren sich diese nicht einfach, sondern scheinen das Gefühl der Belastung zu vervielfachen. So reicht am Ende eine kleine zusätzliche Belastung – der bekannte letzte Tropfen – aus, um das Fass zum Überlaufen zu bringen.

Emotionale Kompetenz bedeutet in diesem Zusammenhang auch, dass man die Wahl hat, wie man seine Gefühle ausdrücken will.

Die Selbstregulierung – die Beherrschung von Impulsen und Gefühlen – beruht auf den beiden primären Fähigkeiten der Beherrschung dieser Impulse und dem richtigen Umgang mit unangenehmen Erfahrungen.

Die Selbstkontrolle hilft uns, störende Emotionen und Impulse richtig handzuhaben, sodass wir auch in kritischen Situationen einen klaren Verstand beibehalten und die emotionale Verstimmung so schnell wie möglich überwinden können.

Erfährt der Mitarbeiter oder das Teammitglied eine Behandlung, die nicht von unkontrollierten Gefühlsschwankungen vonseiten des Vorgesetzten überschattet ist, wächst das Vertrauen und somit die Bereitschaft, vorgegebene Ziele aktiv zu verfolgen.

Vertrauenswürdigkeit und **Gewissenhaftigkeit** bedeuten, Verantwortung für die eigene Leistung zu übernehmen. Hier spielt ebenfalls die Selbstkontrolle eine wichtige Rolle, denn wer sie besitzt, kann die möglichen Folgen seines Verhaltens durchdenken und für seine Worte und Taten Verantwortung übernehmen.

Die **Anpassungsfähigkeit,** d. h. flexibel angesichts von Veränderungen und Herausforderungen zu reagieren, ist sowohl ein kreativer als auch ein emotionaler Akt und bildet sozusagen den Grundstein für Innovationen. Zu einer kreativen Erkenntnis zu gelangen ist meist kognitiver Natur. Doch ihren Wert zu erkennen, an ihm festzuhalten und aus der Vision heraus sie umzusetzen verlangt emotionale Kompetenzen wie Selbstvertrauen, Initiative, Überzeugungskraft etc.

6.1.2.4 Selbstmotivation

Motivation bzw. die Selbstmotivation, wenn wieder nur das Individuum betrachtet wird, kann gemäß Goleman in drei motivationale Kompetenzen unterteilt werden, nämlich

- Leistungsstreben,
- Engagement,
- Initiative und Optimismus.

Menschen mit **Leistungsdrang** haben das Bestreben, einen Maßstab vorzüglicher Leistungen zu erfüllen oder gar zu übertreffen. Es besteht ein ständiger Drang nach neuen Informationen und Ideen, um Ungewissheiten bei der Erreichung gesetzter Ziele zu minimieren und um Wege zu finden, sich zu verbessern – zu lernen, die eigene Leistung zu erhöhen. Gemessen wird die Leistung am Ergebnis, weshalb Menschen mit dieser Fähigkeit stark ergebnisorientiert agieren.

Das Wesen des Engagements besteht darin, Visionen und Ziele einer Organisation oder Gruppe zu übernehmen bzw. mit den eigenen Zielen zur Deckung zu bringen. Der Grad des Engagements lässt sich daran erkennen, wie viele Opfer jemand bereitwillig erbringt, damit die Organisation ein höheres Ziel erreichen kann.

Mitarbeiter, die sich mehr als Besucher denn als Mitglieder eines Unternehmens sehen, zeigen wenig Engagement.

Bei **Initiative und Optimismus** handelt es sich um zwei weitere Komponenten der Selbstmotivation, die Menschen dazu bringen, Chancen zu ergreifen, und sie befähigen, trotz Rückschlägen und Hindernissen beharrlich ihr Ziel anzustreben. Menschen mit Initiative handeln bereits, bevor sie von äußeren Ereignissen dazu gezwungen werden, was wiederum ein gewisses Maß an Engagement voraussetzt.

Man erkennt, dass die Komponenten der Selbstwahrnehmung, Selbstregulierung und Selbstmotivation ebenfalls ineinander stark verwoben sind und sich gegenseitig beeinflussen bzw. sogar eine Fähigkeit die Voraussetzung für eine andere Fähigkeit darstellt.

Mit der Gliederung der Kompetenz des Menschen sei ebenfalls ein Ansatz zur strukturierten Erfassung des Verhaltens von Individuen geliefert, indem die emotionale Kompetenz des Menschen und hier insbesondere die persönliche Kompetenz in Einzelbegriffe des Phänomens „Persönlichkeit" heruntergebrochen wird.

6.2 Die Gruppe, das Team als soziales System

Aufbauend auf dem vorangegangenen Abschnitt zum Individuum – der einzelne Mitarbeiter – werden im vorliegenden Abschnitt zur Gruppe die Basisthemen wie Teamentwicklung, Teambildungsprozess, Leitung und Führung von Teams sowie Führungsstile behandelt. Eine Reihe von praktischen Aspekten für die Führung von Teams, die auch eine Liste von Eigenschaften und Funktionen von Teamleitern enthält, sollte im Kontext zu den Persönlichkeitsmodellen aus dem vorigen Abschnitt gesehen werden. Inhaltlich abgerundet wird das Kapitel mit dem Thema Motivation, an dieser Stelle aus der Sicht der Führungsperson.

Eingangs sei noch festgehalten, dass im vorliegenden Abschnitt der Fokus primär auf **Teams**, also auf Kleingruppen mit einer Größe von drei bis ca. zwölf Mitgliedern gerichtet ist, während eine Gruppe im Allgemeinen durchaus wesentlich mehr Personen aufweisen kann. Die optimale Größe für Teams, die an klassischen Aufgaben eines Prozessmanagementsystems arbeiten, sei vorweg mit etwa vier bis sieben Mitgliedern festgehalten.

6.2.1 Teamentwicklung

Teams, ihre Zusammensetzung, Entwicklung und Führung, sind im Kontext des Prozessmanagements von essenzieller Bedeutung. Einerseits im Rahmen des Projekts zum Aufbau eines Prozessmanagementsystems, andererseits in Bezug auf die Prozessteams, die im laufenden Betrieb unter der Führung des Prozessverantwortlichen die Aufgabe wahrnehmen, den Prozess so zu leben und zu optimieren, dass die vereinbarten Prozessziele erreicht werden. Die Teams sind demnach sowohl als temporäre Projektteams zur kooperativen Bewältigung der Projektaufgabe zu sehen als auch als dauerhaft bestehende Prozessteams.

Ein Team ist als soziales System (Handlungsträgersystem) aufzufassen, das, wie jedes System, die Phasen eines geschlossenen Lebenszyklus durchläuft. Die **Teambildung** ist dabei als Prozess anzusehen, der die ersten drei Phasen des gesamten Teamlebenszyklus umfasst.

Der **Lebenszyklus von Teams** umfasst:

- Teamzusammenstellung (Forming),
- Teamabstimmung (Storming), Primärkrisenbewältigung,
- Teamselbstorganisation (Norming),
- Teamregelarbeit (Performing), Sekundärkrisenbewältigung,
- Teamauflösung (Adjourning).

Ein analoges Schema der Stufen der Teamentwicklung verwendet die Begriffe:

- testing: abtasten,
- infighting: um Macht kämpfen,
- getting organized: organisieren,
- mature closeness: reifen.

Keine dieser Phasen kann völlig umgangen oder unterdrückt werden. Ein Leitfaden kann allerdings den Prozess der Teambildung reibungsärmer gestalten, möglicherweise beschleunigen und damit die eigentliche Arbeitsphase einschließlich der Bewältigung auftretender Konflikte effizienter gestalten.

Die **Personenauswahl** bei der Teamzusammenstellung sollte nach dem Gesichtspunkt vorgenommen werden, dass alle erforderlichen Kompetenzen vertreten sind (vgl. Kompetenzgliederung im Kapitel 6.1):

- **Kognitive Kompetenz:** Sie gliedert sich in die Fachkompetenz und Methodenkompetenz und umfasst einschlägiges Wissen und Erfahrung zur Abdeckung der involvierten Fachgebiete (Fachexperte), Wissen um die Prozessorganisation.
- **Emotionale Kompetenz:** Sie gliedert sich in die Sozialkompetenz und in die Selbstkompetenz und umfasst einerseits alle Fähigkeiten bezüglich Teamarbeit wie vor allem Menschenführung, Organisationsfähigkeit, Gruppendynamik sowie Nutzung des Sozialkapitals, andererseits den richtigen Umgang mit sich selbst (Selbststeuerung etc.).
- **Formale Kompetenz:** Sie beinhaltet die durch die Organisation zugewiesene Macht zur Anordnung sowie zum Fällen von Entscheidungen und zur Umsetzung der Gruppenergebnisse.

Dabei können durchaus mehrere dieser Kompetenzen bei ein und demselben Teammitglied vertreten sein. Zumindest die Entscheidungskompetenz, was Änderungen und Verbesserungen am Prozess betrifft, sollte beim Prozessverantwortlichen liegen. Ebenso muss dieser jedoch soziale Kompetenz besitzen.

Bei der Zusammenstellung des Teams ist eine ausschließliche Orientierung am Sachgebiet in jedem Falle zu kurzsichtig und für effektive Teamarbeit nicht förderlich: Das Erreichen und Aufrechterhalten von guten Beziehungen zwischen den Teammitgliedern ist essenziell. Dies bedeutet keineswegs, dass immer Meinungsübereinstimmung und Konfliktfreiheit vorliegen – ideenmäßige Konflikte sind erwünscht –, wohl aber, dass keine feindselige oder verängstigte Stimmung vorherrscht.

Eine weitere Sichtweise der Teamzusammensetzung ist es, möglichst alle wesentlichen Stakeholder (Betroffenen) im Team vertreten zu haben, wobei dieser Aspekt beim Aufbau des Prozessmanagementsystems von größerer Bedeutung ist als für den laufenden Betrieb der Prozesse.

6.2.1.1 Fachheterogenität

Als Richtschnur kann vorgegeben werden, dass wirksame Teams heterogen (bezüglich des jeweiligen fachlichen Backgrounds) zusammenzustellen sind, wobei der dadurch induzierte Widerspruch trotz potenzieller Schwierigkeiten als der eigentliche Motor für eine kreative Gruppenarbeit anzusehen ist. Ein gutes Beispiel hierfür sind abteilungsübergreifende Prozesse, deren Teams zwangsläufig aus Mitarbeitern von unterschiedlichen Abteilungen bestehen, dementsprechende Sichtweisen einbringen und schlussendlich tragfähige Lösungen erreichen.

Um breit gestreute, unterschiedliche Problemsichten in der Gruppe zu garantieren, sollten möglichst unterschiedliche Fachdisziplinen vertreten sein. Man muss sich allerdings im Klaren sein, dass dies nicht immer funktioniert. So wird etwa ein Jurist unter lauter Ingenieuren unterschiedlicher Fachrichtungen eher als Exot betrachtet und leicht übergangen.

Trotz gebotener Heterogenität sollte die Gruppengröße die Zahl Sieben nicht wesentlich überschreiten. Ist eine größere Gruppe erforderlich (um etwa unterschiedliche Interessenlagen und/oder Fachgebiete abzudecken), sollten Untergruppen von jeweils vier bis fünf Teilnehmern gebildet werden. Eine andere Lösung ist das Formen eines Kernteams und eines erweiterten Teams, Letzteres zur Informationsgewinnung und zum Abchecken von Zwischenergebnissen.

6.2.1.2 Charakterheterogenität

Ein weiterer Grundsatz für die Bildung effizienter Arbeitsteams ist die Berücksichtigung der Persönlichkeiten der einzelnen Teammitglieder – z.B. nach MBTI (Myers-Briggs-Typenindikator, siehe Kapitel 6.1). Je nach vorherrschender Gruppenaufgabe sollten Gruppenmitglieder entsprechend ihrem unterschiedlichen Stil geistiger Arbeit ausgewählt werden. Für den umfassenden Problemlösungsprozess in der Gruppe sind alle vier Kategorien nach MBTI vorteilhaft, weshalb eine Streuung der Charaktertypen im Team anzustreben ist:

Der **Sinnbetonte** (Sensing) ist eher **Gestalter, Strukturierer**, er wählt die Fakten aus, diagnostiziert, legt klar, was zu tun ist, behält die Details im Auge, sucht nach harten Daten, formuliert das Problem. Der **Intuitive** ist eher der **Künstler, Ausloter,** er geht über das Bestehende hinaus, sieht neue Möglichkeiten, Relationen, ihn stören schlecht strukturierte Fragestellungen nicht, er liefert Einblick, abstrahiert Verhaltensmuster, entdeckt Schwachstellen. Der **Denkende** (Thinking) ist eher der **Beurteiler, Bewerter,** er analysiert das Problem, bewertet kritisch sachlich, listet Vor- und Nachteile, ist der Opposition gegenüber standfest, erkennt unterstützende Fakten, kann entscheiden. Der **Fühlende** (Feeling) ist der **Prozessagent, Facilitator,** er kann Leute überreden, findet Kompromisse bei unterschiedlichen Standpunkten, motiviert, „verkauft" Lösungen, fördert gute Kommunikation, macht die Feinabstimmung, bringt persönliche Werte und Gefühle ein.

6.2.2 Die Teambildung als Prozess (Phase 1 bis 4 des Teamlebenszyklus)

Im Hinblick auf Prozessmanagementsysteme treten die Aspekte der Teambildung besonders während des Projekts zum Aufbau des Systems zutage. Ziel ist hierbei die Verankerung einer stark ausgeprägten Prozessorientierung in der Organisation und über Abteilungen hinweg, die für alle Beteiligten die Möglichkeit wie auch die Gefahr von potenziellen Verantwortungsverschiebungen im Rahmen der Veränderung der tagtäglichen Abläufe mit sich bringt.

1. Phase: Gruppenaufbau (Forming)

Die Mitglieder der neu zusammengestellten Gruppe entsprechen vorerst den an sie gestellten Erwartungen und nehmen die Gruppenarbeit auf. Jedes Mitglied geht zunächst mit Erwartungen und unmittelbaren Eindrücken in die Gruppe. Das Verhalten ist von vorherigen Arbeitsformen geprägt. Die Mitglieder reagieren aufeinander in Form von verbaler und nicht verbaler Kommunikation, die sich wie folgt auswirken kann:

- positiv, bestätigend, ermutigend,
- neutral, unklar, zweideutig, abwartend,
- negativ, ablehnend, entmutigend.

Schrittweise nimmt der neutrale Kommunikationsanteil zugunsten der positiv oder negativ wirkenden Beiträge ab.

Rollenspezialisierung: Die positiv oder negativ verstärkende Wirkung der Beiträge hat Aufforderungscharakter für manche Mitglieder, ihre jeweilige Position und Spezialisierung klarzumachen, während sich andere bei der Übernahme von Rollen zurückhalten („Kampf um die Erstverteilung von Rollen").

Diese Rollen sind im Wesentlichen:

- inhaltlicher Art: Fachmann,
- prozessualer Art: Organisator,
- sozioemotionaler Art: Moderator, Mediator,

Eine derartige Rollenspezialisierung findet in jeder Gruppe schon sehr früh statt. Die Gruppe strukturiert sich damit und ist zunächst arbeitsfähig.

2. Phase: Der Kampf um den Status (Storming)

Die Rollenzuteilung (aufgrund des entwickelten Rollenanspruches) und ganz besonders der damit verbundene Status in der Gruppe sind noch keineswegs geklärt: Aufgrund des eingenommenen Platzes jedes einzelnen Gruppenmitgliedes entwickelt sich in der Gruppe ein **Wert** für jede Rolle, wobei den höherwertigen Rollen ein höherer **Status** zugeordnet wird.

Diese Statushierarchie kann man analysieren, indem man die Art und Weise der Kommunikation zwischen den Gruppenmitgliedern beobachtet: **Hochstatus**-Personen werden öfter und direkt angesprochen, sie sprechen mehr zur ganzen Gruppe als zu Einzelnen, sie werden mit mehr Aufmerksamkeit durch die anderen bedacht. Einer Hochstatus-Person wird mehr Aufmerksamkeit gewidmet, man hört zu sprechen und arbeiten auf, um ihr zuzuhören, man stimmt ihr schneller zu. Demgegenüber werden **Niederstatus**-Mitglieder oft ignoriert, ihre Beiträge übergangen oder abgeschnitten.

Da mit dem Status somit Prestige und Wertschätzung verbunden sind, sind diese Positionen umkämpft. Es entstehen offene Konflikte und Meinungsverschiedenheiten. Die Arbeitskraft der Gruppe ist in Status- und Machtkampf gebunden, sodass inhaltlich wenig erledigt werden kann. In dieser Phase kann die Gruppe auch zerplatzen bzw. untergehen.

Jede neu formierte Gruppe muss durch diese Rüttelstrecke, die eine harte Belastung ausmacht, hindurch. Es werden Rollen abgesteckt, der bzw. die Leiter in den einzelnen Disziplinen werden schrittweise anerkannt, es zeigt sich, wer die meisten Sympathien erhält. Dabei gibt es einige individuelle Enttäuschungen.

3. Phase: Die Vereinbarung von Regeln, das Anerkennen von Gruppennormen (Norming)

Die Verteilung von Rollen und die Anerkennung von Status und Macht verlangen nach Operationalisierung dieser Strukturen. Es werden Standardabläufe der Zusammenarbeit, sowohl für die **aufgabenorientierte** wie für die **sozial orientierte** Arbeit, entwickelt. Es bilden sich Verhaltensrichtlinien heraus. Die Werthaltungen der einzelnen Mitglieder kondensieren sich zu einem „einheitlichen" Gruppenwertempfinden (vgl. Kapitel 6.4.5), Ansätze von Gruppenriten sind bemerkbar, alle Aspekte der Gruppenkultur (Gegenstände, Sprache, Handlungen, Wissensbestände) beginnen Gestalt anzunehmen.

In der Auseinandersetzung mit der Gruppenumwelt (z.B. bei der Kopplung der Prozessziele mit strategischen Zielen, bei der Festlegung des Prozessreportings etc.) wird die erzielte Gruppenorganisation auf die Probe gestellt und bewertet. Gruppennormen können sich ungesteuert herausbilden („zufällig"), man kann aber auch gezielt eine Änderung anstreben. Die wesentlichen Schritte dafür sind: Thematisieren, Diskutieren, Feststellen der Schwächen, Konsens zur Änderung, Festlegen von Maßnahmenschritten.

Zu vereinbarende Spielregeln der Zusammenarbeit im Team sind etwa:

- In der Ichform sprechen, eigene Empfindungslagen statt Schuldzuweisungen äußern.
- Alle halten sich an die Regeln für Besprechungen (z.B. pünktliches Erscheinen, Protokollführung, Rednerliste akzeptieren, niemandem ins Wort fallen, alle sollen mitdiskutieren).
- Alle äußern Feedback – auch Kritik – so, dass der Betroffene die Chance und die Motivation hat, sein Verhalten zu ändern (z.B. konkrete Vorschläge mitliefern, auch die guten Seiten des Kritisierten erwähnen).
- Die Teammitglieder informieren sich gegenseitig (z.B. über organisatorische und personelle Neuigkeiten, fachlich Interessantes), damit alle optimal arbeiten können und sich niemand ausgegrenzt fühlt.
- Alle tragen Entscheidungen mit, die nach den Regeln des vom Team gemeinsam vereinbarten Entscheidungsfindungsprozesses gefällt wurden.
- Konflikte bzw. Konfliktpotenzial werden offen angesprochen und gemeinsam gelöst.
- Jedes Teammitglied bemüht sich nach Kräften, jeden einzelnen Teamkollegen zu respektieren.

4. Phase: Die Teamleistung (Performing)

Je nach Qualität des Durchlaufens der drei vorgelagerten Phasen kommt es dann zur eigentlichen Leistungsphase, die im Zentrum der Zweckorientierung steht. Allerdings ist diese Leistungsphase in sich durch Schwankungen der Effizienz gekennzeichnet, wobei durch Maßnahmen vor allem seitens des Teamleiters diesem gegensteuernd begegnet werden sollte.

In jedem Team gibt es sogenannte „Durchhänger", das sind Abschnitte geschwundener Motivation, es treten Konflikte auf, es kann auch zu übergroßer Gruppenloyalität kommen (Group Think), was letztlich die Kreativität, Dynamik und damit die Leistungsfähigkeit des Teams behindert.

Eine wesentliche Maßnahme zur Wiedererlangung der vollen Teamleistung ist längerfristig der Austausch, vor allem die Aufnahme eines neuen Teammitgliedes. Zwar werden dadurch Phase 2 und Phase 3 abermals durchlaufen, die Karten zum Teil neu verteilt, die Aktivität und Leistung der Gruppe mittelfristig jedoch erhöht.

Abfolge und Dauer der Phasen

Diese Phasen können unterschiedlich lang dauern, und es kann oft vorkommen, dass eine der Phasen mehrmals durchlaufen wird. Dieser Umstand tritt vor allem dann ein, wenn vom Teamleiter eine dieser Phasen unterdrückt wird, wenn neue Mitglieder in das bestehende Team integriert werden oder sonstige äußere Einflüsse massiv auf das Team einwirken.

Wenn eine Phase vom Team übersprungen wird, was häufig für die Storming- und Norming-Phase zutrifft, rächt sich dies später. So wird oft erwartet, dass ein neu geformtes Team sofort produktiv arbeitet. In der ersten gemeinsamen Sitzung wird etwa sofort (ohne entsprechende Aufwärmphase) mitten ins Thema gesprungen und die Festlegung auch von einfachsten Umgangsregeln und von Rollen übergangen.

Wiederholungen von früheren Stadien sind keine „Rückfälle", sie sind notwendig, wenn neue Mitglieder ins Team kommen oder ausscheiden.

Daraus resultiert meistens, dass das Team über die gesamte Projektdauer immer wieder gewisse Normen und teaminterne Rollen definieren muss. Teammitglieder, denen in den ersten Phasen nicht die Möglichkeit gegeben wurde, sich darzustellen und ihre Meinung einzubringen, werden, aktiv oder passiv, Widerstand leisten.

Eine große Hilfe beim Ablauf dieses Teambildungsprozesses sind das Vorhandensein und das Anwenden von Rollenbeschreibungen für die einzelnen Teammitglieder, die Ziele, Verantwortungen und Kompetenzen für jeden festhalten. Dies gilt sowohl für den Aufbau des Prozessmanagementsystems (für das Projekt) als auch für den anschließenden Betrieb. Auf diese Art und Weise kann für alle Mitglieder transparent dargelegt und diskutiert werden, welche Chancen und Möglichkeiten vor einem liegen und welche Pflichten damit verbunden sind.

6.2.3 Maßnahmen zum Ausbau und zur Pflege effizienter Beziehungen in Gruppen

Zur Steuerung der Entwicklung sowie der Aufrechterhaltung wirksamer und guter Beziehungen in der Gruppe sind folgende Maßnahmen wesentlich:

▪ **Auswahl geeigneter Gruppenmitglieder** hinsichtlich Persönlichkeitstypus und Erwartungshaltung. Hierzu gehört:
  - Die individuellen Erwartungen der Bedürfnisbefriedigung müssen ausgeglichen werden können, sie müssen sich vertragen.
  - Extrem hohe Ansprüche müssen vermieden werden, da dies eine Quelle für interpersonelle Probleme darstellt. Desgleichen sind Personen mit starker Ausprägung ihrer Erwartungen auf bloß einem Gebiet eher zu vermeiden.
  - Eine breite Palette von Persönlichkeiten ist anzustreben (heterogene Gruppe), jedoch unter Vermeidung von Extramausprägungen bezüglich Macht, Zugehörigkeit, Akzeptanz.
    So ist etwa eine Gruppe mit durchgehend hohem Akzeptanzanspruch der Mitglieder („ich möchte geliebt werden") sehr freundlich, aber unproduktiv.
  - Zu Beginn des Gruppenlebens liegt üblicherweise nur wenig diesbezügliche Information vor, sodass die Steuerung einer wirksamen Gruppenzusammensetzung eher über spätere Aufnahmen zusätzlicher Mitglieder als Kompensation sich herausbildender Einseitigkeiten in der Gruppe vorgenommen werden muss.
▪ **Verwendung geeigneter Gruppenprozeduren.** Klare Regelungen nach demokratischem Vorbild vermeiden Konflikte, fördern gleichmäßige Teilnahme bzw. vermeiden Dominanz Einzelner.
  Auch Methoden der Ideenfindung mit den jeweils zugehörigen Regeln (Brainstorming und Varianten, Nominal Group Technique, Delphi usw.) tragen hierzu bei, insbesondere um Problemquellen hinsichtlich des Ideeneigentums zu eliminieren.
▪ **Training der Gruppenmitglieder,** um deren Verständnis für eigenes und fremdes Verhalten zu schulen. Im Fall von bereits bestehenden Gruppen ist eine Schulung der Gruppenmitglieder möglich, und zwar in zwei Richtungen:
  - Selbsterfahrungstraining (Self-Awareness): Das eigene Verhalten steht im Vordergrund, dieses wird in sogenannten Encounter Groups beeinflusst.
  - Gruppendynamiktraining: Das Gruppenverhalten steht im Vordergrund, die Gruppe forciert eine Verhaltensänderung in der Gruppe selbst.
▪ **Zwischenmenschliche Probleme** in der Gruppe offen und freimütig ansprechen, diskutieren und gemeinsam Verständnis dafür entwickeln, ein

bewusstes Konfliktmanagement in der Gruppe anstreben. Dabei lernt die Gruppe, mit den eigenen Ausprägungen zwischenmenschlicher Beziehungen umzugehen.

Die Stufen laufen wie folgt in der Gruppe ab:

- Selbstpräsentation jedes Gruppenmitgliedes,
- Diskussion persönlicher Präferenzen der Zusammenarbeit,
- Einbringen von Neigungen, Gefühlen und Werthaltungen, die das Gruppenleben beeinflussen,
- gemeinsames Verständnis entwickeln.

6.2.4 Leitung und Führung von Teams

Definition: Die **Leitungsfunktion** in Teams umfasst alle Einzelfunktionen, die einem Team verhelfen, auf sein vereinbartes generelles Ziel zuzusteuern, einschließlich jener, die eine wirksame interpersonelle Beziehung fördern.

Aufgabe des Teamleiters ist es, aus den Gruppenmitgliedern eine eingeschworene Gemeinschaft (ein Team) zu machen. Dazu muss er

- gemeinsam mit seinen Mitarbeitern **Spielregeln** für die Zeit der Zusammenarbeit erarbeiten;
- sicherstellen, dass alle den **Auftrag** und die **Ziele** verstanden haben und ihr Verständnis von beidem übereinstimmt;
- die **Zuständigkeiten** klar regeln;
- durch Erklären, Überzeugen und Vermitteln zwischen verschiedenen Positionen dafür rechtzeitig sorgen, dass alle Mitarbeiter die wichtigen **Entscheidungen mittragen;**
- dafür sorgen, dass alle den **gleichen Informationsstand** haben;
- die Voraussetzungen für eine **offene Kommunikation** schaffen;
- dem Team regelmäßig **Feedback** zu dessen Leistung und Entwicklung geben, fachlich und bezüglich der Zusammenarbeit;
- **Konflikte** schnellstmöglich ansprechen und konstruktiv lösen;
- eine **Streitkultur** schaffen, innerhalb derer alle Beteiligten ihre Anliegen ohne Furcht vor Sanktionen durch die Gruppe vertreten können.

Teamleitung ist eine hervorstechende Ausprägung von Kommunikation in Teams in Form von zielorientierter Einflussnahme **eines** Mitgliedes auf die anderen. Dabei soll unter **Leitung** eine umfassende geistige Richtungsgebung und Steuerung eines Teams und unter **Führung** zusätzlich das physische Anführen (Guiding) und „Vorausgehen" verstanden werden. Diese Aufgabe fällt in Prozessmanagementsystemen normalerweise dem Prozessverantwortlichen zu – die Führung des Prozessteams. Je nachdem, wie stark die Prozessorientierung in der Organisation ausgeprägt ist, muss der Prozessverantwortliche seine Entscheidungen mit den entsprechenden Linienverantwortlichen abstimmen.

Als neuerer Ansatz wird hier auch das Coaching als permanente und begleitende Unterstützung und Hilfestellung ganzer Teams gesehen.

Das Fundament einer Vorgesetztenposition

Folgende drei Bedingungen für die wirksame Ausfüllung einer Vorgesetztenposition, eines Teamleiters, sind festzuhalten:

- Übertragene Autorität (Dienstgewalt, Befugnisse), von Vorgesetztem gegeben.
- Zuerkannte Autorität (Prestige), von Untergebenen erworben und anerkannt.
- Persönliche Autorität (Führertum), ererbt, zum Teil auch trainiert.

Diese drei Faktoren, auf den entsprechenden Kompetenzen basierend, müssen wenigstens in einem Mindestmaß gegeben sein.

Das Herausbilden von Gruppenführern

Warum will ein Gruppenmitglied Gruppenführer werden (auch wenn er oder sie das nicht zugibt)? Wie wird eine bestimmte Person Gruppenführer?

Jeder Mensch liebt Erfolg. Spitzenpositionen bzw. Rollen mit hohem Status sind Symbole für Erfolg. Die Gruppenleiterrolle, von innerhalb der Gruppe wie von außen gesehen, ist besonders imageträchtig, da die Gruppe ein gut abgegrenztes soziales System ist, eine kleine Welt für sich.

Die folgenden **Theorien** zur Erklärung des Entstehens eines Gruppenleiters können unterschieden werden. Bei der Auswahl bzw. Festlegung von Prozessverantwortlichen im Rahmen des Projekts sind diese zwar von geringerer Bedeutung, jedoch im gruppen- bzw. teaminternen Zusammenhang zu sehen (Zusammenarbeit zwischen Prozessverantwortlichem und Prozessteam). Grund hierfür ist die Notwendigkeit, im Rahmen des Projektes auf bereits in der Linienorganisation etablierte Entscheidungsträger zurückzugreifen, um die Definition der Unternehmensprozesse abgesichert vorantreiben zu können. In weiterer Folge – vor allem im Betrieb des Systems – und in Verbindung mit Personalentwicklungsaspekten gewinnen die Theorien allerdings wieder an Interesse.

„Große Persönlichkeit" (**great man theory**): Dieses Phänomen betrifft Personen mit stark ausgeprägtem Charisma, mit Ausstrahlung, mit der Fähigkeit zu einer auf Emotionen basierenden Demagogie und mit faszinierendem Auftreten. Früher wurde oft zur Legitimation die Auswahl durch eine höhere Macht ins Spiel gebracht. Historische Beispiele sind: Historische Persönlichkeiten, „Große Führer" der Geschichte.

Charakterzugansatz: Personen mit ausgeprägten Charakterzügen betreffend die Führungsqualifikation, erfasst etwa durch

▨ Extrovertiertheit,
▨ Selbstbehauptung und Durchsetzungsvermögen,
▨ soziale Reife: Sensitivität für soziale Aspekte und die Bereitschaft und Sicherheit des Umgangs mit Leuten.

Führungsstilansatz: Im Prinzip wird in folgende Stile (vgl. Kapitel 6.2.4.1) der Führung von Personengruppen unterschieden:

▨ autoritär,
▨ kooperativ,
▨ demokratisch,
▨ liberal.

Diese Stile bilden sich (in Übergangsformen) entsprechend der Situation, der Aufgabe, aber vor allem der persönlichen Präferenz und Qualifikation des Leiters heraus (Erläuterungen zu den Führungsstilen finden sich im Anschluss).

Situativer Ansatz: Hier wird davon ausgegangen, dass sich in Abhängigkeit von der jeweiligen Situation (Aufgabenstellung, Problemsetting, Zeitdruck, Not) unterschiedliche Gruppenmitglieder mit entsprechendem Status und entsprechenden Fähigkeiten als Gruppenleiter herausbilden: Dies weniger, weil sie sich besonders anbieten, sondern eher, weil die Gruppe Nichtführer nach und nach ausscheidet. Dieser Ansatz kombiniert die kontextuellen Einflüsse mit den Charakterzügen plus Erfahrungen des potenziellen Führers; er liefert eine Erklärung, warum Gruppenleiter in einer Situation (Gruppenstruktur, Aufgabe etc.) Erfolg haben und in einer anderen scheitern; desgleichen, warum es keinen **einzig** erfolgreichen Führungsstil gibt.

Funktionaler Ansatz: Je nach Fragestellung wird der **fachlich** am besten Ausgewiesene zum Gruppenleiter gemacht, wobei (fälschlicherweise) davon ausgegangen wird, dass sich jeder die **soziale** Komponente der Gruppenleitungsfähigkeit aneignen kann. So wird oft in stark sachlich betonten Fragestellungen der einschlägige **Fachexperte** in der Gruppe (oder das dafür gehaltene Mitglied) automatisch als Leiter der Gruppe angesehen und auch akzeptiert.

Gruppendynamischer Ansatz: Hier wird davon ausgegangen, dass ein Gruppenleiter seine Position auf einer Machtbasis begründet innehat, die als Druckmittel verwendet wird und die auf unterschiedlichen Ebenen liegen kann:

▨ Legitimierung (Macht basierend auf Position, Rang, Funktion),
▨ Zuteilung (Macht ist **befristet** als Verdienst zugeteilt),

▓ Fachkompetenz (Macht durch Wissensmonopol, Expertentum),
▓ Zuständigkeit (Macht durch organisatorisches Wissen – „gewusst, wo/
wer").

Rollentheoretischer Ansatz: Durch das Wechselspiel der Interaktionen in einer zunächst führerlosen Gruppe bilden sich von selbst die Rolle des Gruppenleiters und ihre Besetzung heraus. Eine Gruppe mit einem von **außen bestimmten Gruppenleiter** (Legitimierung) macht dabei die gleichen Phasen des Gruppenlebens durch wie jede andere: Es muss sich der bestimmte Gruppenleiter als akzeptierter, **tatsächlicher** Gruppenleiter herausbilden und bewähren. Zeigt er sich bei Herausforderung (Machtkampf) verletzt und enttäuscht über verweigerte Gefolgschaft, hat er seine Rolle verloren: Solche Gruppen sind dann nicht arbeitsfähig, da es kaum gelingt, einen vorweg bestimmten Gruppenleiter zurückzugliedern.

6.2.4.1 Führungsstile (im Überblick)

Definition: Führungsstil ist ein zeitlich überdauerndes, in Bezug auf bestimmte Situationen konsistentes Führungsverhalten von Vorgesetzten gegenüber Mitarbeitern.

Die wichtigsten Dimensionen zur Beschreibung von Führungsstil sind:

▓ Möglichkeit der Teilnahme am Entscheidungsprozess,
▓ Aufgabenorientierung versus Personenorientierung.

Nach diesen Kriterien sind nachfolgend die vier prinzipiellen Führungsstile diskutiert. (Zu beachten ist hierbei, dass in diesem Zusammenhang der Begriff „Prozess" nicht im Sinn von Unternehmensprozess verwendet wird, sondern für Arbeitsprozess, Arbeitsablauf, Art und Weise, wie die Arbeit in der Gruppe aufgeteilt und erledigt wird, steht.)

▓ **Autoritärer Führungsstil** (auch patriarchalischer Führungsstil):
Der Führer entscheidet über Inhalt (Richtung, Ziele) und Prozess (Ablauf, Mitteleinsatz). Er berücksichtigt keine Kritik an seinen Handlungen, er führt die Gruppe durch genaue Einzelanweisungen und detaillierte Kontrolle.
Sonderform: patriarchalische Führung (Vaterfigur).
In allen Fällen kommen Mitdenken, Mitverantwortung und Kreativität zu kurz.
Bei unmittelbarem, raschem Handeln von vielen Mitarbeitern in abgestimmter Weise zielführend. Dieser Führungsstil ist autoritär, alle weiteren Führungsstile sind als „partizipativ" anzusehen.
▓ **Kooperativer Führungsstil** (auch kollegialer Führungsstil):
Die Gruppenmitglieder werden an den Entscheidungen über Inhalt (Richtung, Ziele) und Prozess beteiligt. Alle Rollenträger sind auf das Zu-

sammenwirken aller angewiesen, um die gesetzten Ziele zu erreichen. Voraussetzung ist Kommunikation in der Gruppe, vor allem zwischen Gruppenleiter und Mitgliedern, um Ziele und gesetzte Maßnahmen zu durchschauen. Letztentscheidung verbleibt beim Leiter. Zusammengefasst sei dieser Führungsstil durch folgende Merkmale:

- Beteiligung bei Zielfestlegung und Prozessgestaltung (bevor Entscheidungen getroffen werden).
- Delegation von Aufgaben, Befugnissen und Verantwortung.
- Kommunikation zur Erhöhung der Transparenz (Erläuterung von Führungsmaßnahmen, persönlicher Kontakt).
- Ergebniskontrolle (als Ergänzung der Selbstkontrolle) zur Prozessverbesserung und positiven Rückmeldung.
- Grundsätzliche Entscheidungen sind allerdings vom Gruppenleiter vorgegeben.

Hohe Gruppenkohäsion und Interaktion ist das Ergebnis, mit einer starken Betonung der Eigenverantwortlichkeit des Mitarbeiters, wobei das kooperativ erzielte Gruppenereignis im Vordergrund steht.

Demokratischer Führungsstil (auch Führung durch die Gruppe selbst): Bei der demokratischen Gruppenführung werden Inhalt (Richtung, Ziele) sowie auch Prozess durch Gruppendiskussion und **Gruppenentscheidung** beschlossen. Die Kooperation in der Gruppe wird nach persönlichen Präferenzen der Mitarbeiter zugelassen. Der demokratische Leiter schlägt Entscheidungen vor, entscheidet aber nicht selbst, er besitzt Vertrauen in die Fähigkeiten der Selbststeuerung in der Gruppe. Hohe Gruppenkohäsion und Interaktion stellen sich ein, eine starke Motivation und Gruppenmoral sind die Folge. Qualität und Originalität der Leistung sind hoch, Mengenleistung und Organisationsstruktur eher schwach. Steht die wirtschaftliche Leistung vor der Arbeitszufriedenheit, so ist die demokratische Führung eher nicht geeignet.

Liberaler Führungsstil (auch Laissez-faire):
Der liberale Führer führt nicht im eigentlichen Sinne, er hält sich bloß zur Verfügung, wenn man ihn benötigt; er gibt Informationen und Kommentare nur, wenn er gefragt wird. Einzelne oder Untergruppen entscheiden über Inhalt und Prozess, es wird nicht geplant, alles entwickelt sich (evolutionär). In dieser Konstellation ist die Gruppe sehr labil, eine Einigung auf Ziele, die von allen getragen werden, fällt schwer, die Arbeitsleistung ist eher gering. Sonderform: Laissez-faire (das Ziel ist eher bedeutungslos).

Im Arbeitsleben wird heute vor allem der **kooperative** Führungsstil als günstigstes Vorgesetztenverhalten empfohlen, da die Sachleistung aus wirtschaftlichen Zwängen höhere Priorität genießen muss als das Glücksstreben des Einzelnen. Ganz im Gegensatz zu nicht erwerbswirtschaftlichen Einheiten wie Familie, Verein, Gemeinde, Kommune, Staat, wo der **demokratische**

Führungsstil unseren heutigen Wertvorstellungen eher entspricht. Die beiden extremen Ausprägungen autokratisch und liberal werden heute bloß in Ausnahmesituationen die optimale Führungsform darstellen.

Situativer Führungsstil

Speziell in **Projekten** mit ihrer hohen Dynamik ist es erforderlich, den Führungsstil an die jeweilige Situation, d. h. an die Anforderungen in den unterschiedlichen Projektphasen anzupassen. Es ergibt sich dadurch ein dynamischer Ansatz in Form eines **situativen Führungsstils** (Situational Leadership, Abbildung 6-7, nach Hersey und Blanchard). Die richtige Wahl hängt dabei

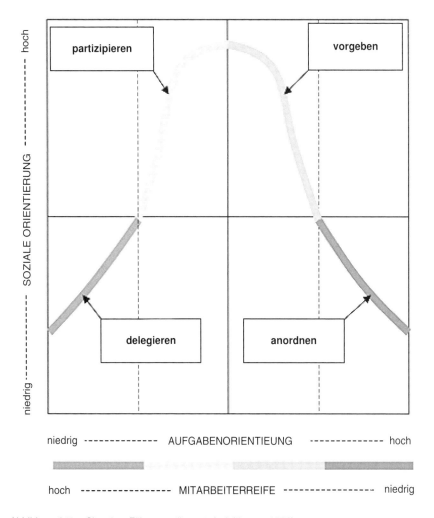

Abbildung 6-7: Situativer Führungsstilansatz (vgl. Hersey, 1986)

auch von der Reife der Teammitglieder (d. h. deren jobspezifischen Fähigkeiten und deren Wollen) und von der sich entwickelnden Teamkultur ab. So wird vor allem in den ersten Projektphasen eher aufgabenorientiert vorzugehen sein, nicht zuletzt, da die Teamkultur noch nicht entwickelt ist: bestimmte Anordnungen oder Vorgaben von Strukturen, Prioritäten. In späteren Phasen, wenn das Team eine Reife erreicht hat, sollte stärker personenorientiert geleitet werden. Demgegenüber wird in Krisensituationen auf das Prinzip der Anordnung zurückgesprungen.

Zwischen den vier prinzipiellen Führungsstilen bzw. Ausprägungen des situativen Führungsstils lässt sich folgende Zuordnung treffen:

- anordnen: Ausprägung als autokratischer Führungsstil,
- vorgeben: Ausprägung als kooperativer Führungsstil,
- partizipieren: Ausprägung als demokratischer Führungsstil,
- delegieren: Ausprägung als liberaler Führungsstil.

6.2.4.2 Praktische Aspekte der Leitung und Führung von Teams

In bestehenden Organisationen der Wirtschaft und Verwaltung wird im Allgemeinen ein Teamleiter **nominiert,** d. h., seine Legitimierung erfolgt durch Einsetzung von außen, seine Funktion ist mit Position und Titel abgesichert ("Vorgesetzter"). Das Team wird meist erst danach aufgebaut und macht alle Phasen der Teambildung durch, wobei der von außen bestimmte Leiter seine Erfahrungen auf dem Gebiet der Teamleitung unter Beweis stellen muss.

Dies bedeutet jedoch nicht, dass alle Aspekte der Teamleitungsfunktion in seinen Händen vereinigt sein müssen. Trotzdem ist gegenüber der Stammorganisation der Leiter die Kontaktperson, die Leitfigur und der Träger der Letztverantwortung (accountability) bezüglich Aktionen, Ergebnissen und Gruppenverhalten. Eine Delegation von Verantwortung (responsibility) seinerseits an Gruppenmitglieder kann ihn davon nicht entbinden.

Oft entwickeln sich in einem Team zwei Leiter:

- **der nach außen gültige,** aufgabenorientiert und fachlich ausgewiesen, der tatsächliche Leiter;
- **der soziale** Leiter als Manager der interpersonellen Beziehungen, dem das meiste Vertrauen hinsichtlich Schaffung und Erhaltung der Gruppenhygiene zugesprochen wird.

Personen mit hohem **Status** werden eher die Funktion des Teamleiters anstreben, aber zugleich auch eher vom Team dafür in Betracht gezogen werden, desgleichen Personen mit **fachlicher Kompetenz,** was sich in beiden Fällen nicht automatisch als günstig herausstellen muss.

Von den Führungsstilansätzen haben sich Spielarten des kooperativen und des **demokratischen Führungsstils** am besten bewährt: Das Team löst Probleme, es entscheidet mit, wie und wer Aufgaben erledigt. Aktivitäten, die nicht als zielorientiert (produktiv) erachtet werden, werden in Grenzen gehalten, das Gefühl der Mitwirkung beim Einzelnen ist hoch. Eine starke Führungsfunktion auf Aufgaben- wie auf zwischenmenschlicher Ebene gekoppelt mit einer Entscheidungs**mitwirkung** der Gruppe zeigt sich am effektivsten. Die Führungsfunktion kann dabei mehr oder minder stark innerhalb des Teams aufgeteilt sein. Wenn ein Teammitglied zur Übernahme einzelner Führungsaufgaben herangezogen wird, ist dies mit einer hohen Motivation dieser Person verbunden. Dies trifft vor allem für die Leitung von Untergruppen zu.

6.2.4.3 Leitlinien teamorientierter Führung

▓ Die Führungsfunktion wird nicht ausschließlich von dem jeweils bestimmten Teamleiter wahrgenommen. Jede Intervention, die das Team den beiden Zielen Aufgabenerledigung und Gruppenhygiene näher bringt, ist als Führung zu verstehen. Somit ist letztlich die Führungsfunktion auf alle Gruppenmitglieder verteilt, alle tragen unterschiedlich dazu bei. Manche sind mehr auf die Aufgaben konzentriert (Info-Sammlung, Bewertung etc.), andere mehr auf die Erfordernisse der Teampflege (Hilfestellung betreffend gehemmte Mitglieder, Klarstellen von Störfaktoren, Förderung des Gruppenprozesses etc.).

▓ Führungsfunktion erfordert **aufmerksames Zuhören**, um die jeweilige Wechselwirkung von emotionalen und sachlichen Kommunikationsaspekten zu erfassen und um steuernd eingreifen zu können (Zusammenfassen, Klarlegen, Weitertreiben etc.). Vor allem sollten verbale und nonverbale Andeutungen verfolgt werden und die dahinterliegenden Agenden und Verhaltensweisen verstanden werden. Wirken sich diese Mechanismen stark störend aus, so muss der Führer sie ansprechen und offen im Team einer Behandlung/Lösung zuführen. Das Erkennen von Gruppenphänomenen baut vor allem auf Zuhören auf!

▓ Die Führungsfunktion betrifft den **Aufbau** und die **Weiterentwicklung** des Teams. Die Qualität der Wirkung als Gruppenmitglied sollte einer ständigen Entwicklung und Verbesserung unterworfen sein. Diese Aufgabe ist durch das Bereitstellen eines Lernprozesses in der Gruppe (Konfliktbehandlung, Umgang mit internen Problemen) und außerhalb (Schulungen etc.) zu bewerkstelligen. Alle Mitglieder müssen ein Bewusstsein für die sozialen und emotionalen Prozesse im Team entwickeln. Ein Konflikt zwischen zwei Mitgliedern ist vor allem ein Problem für die gesamte Gruppe, nicht bloß für die beiden vordergründig Involvierten!

Die Führungsfunktion ist eine **Servicefunktion für die Gruppe**, eine **Hilfestellung** für das Entwickeln von Teamklima, Teamgeist, Teamkultur. Führen bedeutet außerdem Hilfestellung bei der Bearbeitung hinderlicher Konflikte in der Gruppe.

Die Führungsfunktion erfordert die Sicht der Gruppe als ein **soziales System**, als eine Einheit und nicht als eine Zusammenfassung von Personen. Sie baut darauf auf, dass individuelle Gefühle, Emotionen und Handlungen auf die Gruppe einwirken (was zugleich ein Rückwirken auf das Individuum erzeugt) und damit einen wesentlichen Einfluss auf das Verhalten der gesamten Gruppe besitzen.

6.2.4.4 Hauptaufgaben der Teamleitung

Führungsaufgaben in Teams können wie folgt zusammengefasst werden:

Förderung der

- **Zielklarheit** und Zielakzeptanz,
- **Entwicklung** der Mitarbeiter (Fähigkeiten, Erfolgserlebnis, Problembewältigung) – Zusammenarbeit im Team,
- **Arbeitsbedingungen** für das Team (Arbeitsmittel, Störungen von außen verhindern).

Betreffend die Einzelfunktion der Teamführung sei nachfolgend eine Checkliste geliefert.

Aufgabenorientierte Funktionen

- Vorschriften und Entscheidungen aus übergeordneten Bereichen erklären und begründen
- Eigene Ideen einbringen, insbesondere bei Prozessauslösung
- Ideen bei der Gruppe provozieren (inhaltliche Inputs), **Konflikt aufbauen** auf der **sachlichen** Ebene zur Prozessverbesserung
- Bewertung der Ideen, insbesondere bei Prozessweichenstellung
- Ideenbewertung durch die Gruppe provozieren
- Auswahlentscheidungen treffen (bei Pattstellungen), Zustimmung und Annahme
- Spezifizieren von zu generellen Sachverhalten, Reduktion von Komplexität
- Generalisieren von zu spezifischen Sachverhalten

Prozessorientierte Funktionen

- Ziele setzen für die Gruppenarbeit, in Abstimmung mit der Gruppe
- Festlegen des Vorgehens, Agenden für die Gruppe und für jedes einzelne Mitglied aufstellen, abstimmen
- Klarlegen von Kommunikationsbarrieren, Zusammenarbeit fördern
- Zusammenfassen des in der Gruppe jeweils erreichten Ergebnisses
- Verbalisieren von Vereinbarungen, Übereinstimmungen (Konsens)
- Geeignete Arbeitsmittel und förderliche Arbeitsbedingungen bereitstellen

Interpersonell orientierte Funktionen

- Teilnahme steuern, insbesondere bei unausgeglichener Partizipation; Persönlichkeitsentwicklung fördern
- Motivation fördern
- Unterstützung bereithalten, Lob austeilen, Aussprachemöglichkeiten schaffen
- Reflexion in der Gruppe bezüglich des Gruppenprozesses auslösen
- Arbeitsklima beeinflussen hinsichtlich Gruppenatmosphäre, soziale Sicherheit, Spannung; Ängste abbauen, Gefühlslage ansprechen, Hilfe bei persönlichen Problemen
- Konflikte abbauen auf der **personellen** Ebene, vermitteln
- Kritik einbringen, Leistungsdruck erzeugen (richtiges Ausmaß), Feedback liefern
- Vertreten der Gruppeninteressen nach außen (bei unvernünftigen Vorgaben, Angriffen etc.)

Untersuchungen haben gezeigt, dass Gruppenmitglieder **am vordringlichsten** als spezifische Einzelfunktion eines Teamleiters erwarten, dass dieser direkt und effektiv auf **egoistisches** Verhalten einzelner Gruppenmitglieder eingeht (siehe Punkt 3 und 4 der interpersonell orientierten Funktionen). Dagegen fallen sogar die aufgaben- und prozessorientierten Funktionen an Bedeutung ab.

6.2.4.5 Personale Eigenschaften des erfolgreichen Teamleiters

Zur Orientierung sind in Tabelle 6.6 erstrebenswerte **Eigenschaften**, die mehr oder minder ausgeprägt vorliegen sollten, aufgelistet.

Tabelle 6.6: Checkliste der Eigenschaften eines Teamleiters

Kommunikation	**Organisation**
▦ zuhören können	▦ Ziele setzen können
▦ Ideen verkaufen können	▦ planen können
▦ mitteilungsbereit sein	▦ Probleme (früh) erkennen
Teamaufbau	**Führen**
▦ Beziehungen aufbauen können	▦ Glaubwürdigkeit besitzen
▦ motivieren können	▦ Visionen haben
▦ Teamgeist fördern	▦ Einsatz zeigen
Eigenverhalten	▦ Delegieren können (Empowerment)
▦ Anpassungsfähigkeit besitzen	▦ positive Einstellung haben, vertrauens- bereit sein
▦ Unvollständigkeit akzeptieren	**Fachwissen**
▦ Kreativität, Problemlösungskapazi- tät besitzen	▦ Erfahrung besitzen
▦ Geduld besitzen	▦ kein Fachexperte sein, allgemeines Sach- wissen besitzen
▦ Beständigkeit aufweisen	

Im Detail sind folgende spezifische **Eigenschaften und Verhaltensweisen des Teamleiters** erforderlich:

▦ Selbsteinbringungsbereitschaft besitzen, als Voraussetzung für Gefolgschaft,

▦ belastungsfähig sein,

▦ hart bezüglich Leistungsstandards sein,

▦ sich um Mitarbeiter bemühen, ihnen Dank aussprechen, ihre Leistungen anerkennen,

▦ Visionen liefern, Sinngebung vornehmen können, überzeugen können,

▦ eigene Ziele der Organisation unterordnen,

▦ offen für neue und andere Ideen sein,

▦ entscheidungskräftig sein (aber mit Geduld, nicht vorschnell),

▦ motivationsfähig sein,

▦ sichtbar sein, Zeit für Kontakte haben,

▦ Humor besitzen,

▦ bereit sein, das eigene Verhalten zu analysieren (sowohl selbst als auch durch die Gruppe),

▦ zuverlässig sein, zu Entscheidungen stehen, ehrlich sein,

▦ Integrität des einzelnen Gruppenmitgliedes hochhalten.

6.2.5 Motivation von Mitarbeitern

Zu den traditionellen Ansätzen der Human Relations-Bewegung zählen

▨ Maslow: Bedürfnishierarchie,
▨ McGregor: Charakteristiken nach Theorie X und Y,
▨ Herzberg: Zufriedenheitsdeterminanten,

die auf Prozessen und Zuständen **innerhalb einer Person** und damit auf Ursachen aufbauen (Bedürfnisse, Motive, Erwartungen, Werthaltungen). Es wird davon ausgegangen, dass diese Konzepte hinlänglich bekannt sind.

Während im Management die übrigen Wissensgebiete einer zunehmend exakteren Behandlung zugeführt wurden (Zeitmanagement, Kostenmanagement, Ressourcenmanagement, Finanzmittelmanagement einschließlich jeweiliger Optimierungstechniken), ist das Management der **Systemkomponente Mensch**, somit das Human Resource Management, weiterhin eher schwammig und unklar geblieben. Dies, obwohl der Mensch als die **wichtigste** Ressource des Unternehmens anzusehen ist. Es herrschen Daumenregeln, subjektive Ansichten, Intentionen und auch Missinformation vor.

Nachfolgend einige Gesichtspunkte und Regeln zur Motivation:

Mitarbeiter gewinnen, die das Unternehmensziel zu ihrem eigenen machen

Die Leistung und der Einsatz eines jeden Mitarbeiters tragen zum Unternehmenserfolg bei. Die Arbeitsleistungen motivierter Menschen liegen deutlich höher als bei gleichgültigen oder gar bei frustrierten, innerlich schon gekündigten Mitarbeitern. Schon bei Hilfskräften kommt man auf Unterschiede von 40 % und mehr. Bei geistigen Berufen, Konstrukteuren, Programmierern oder „Kontakt"-Berufen wie Verkäufern etc., liegt der Unterschied noch höher. Daher ist es eine zentrale **Führungsaufgabe**, die Mitarbeiter zu motivieren.

Den Willen zur Motivation besitzen

Das Wichtigste ist, überhaupt motivieren zu wollen. Viele langjährige Führungskräfte bauen unbewusst ein Weltbild auf, in dem sie, übertrieben ausgedrückt, zu den Herren zählen und die Mitarbeiter zu den Gehorchenden. In einem solchen Weltbild ist für Motivation gar kein Platz. Viele sind sich gar nicht, zumindest nicht mehr, bewusst, dass sie Mitarbeiter motivieren sollten. Motivation darf keine Zufallsangelegenheit sein, sondern muss geplant, beabsichtigt und Bestandteil einer gut funktionierenden Arbeitskultur sein. Wer Mitarbeiter motivieren will, der findet auch einen Weg.

Abbau von vorhandener Demotivation und motivationshemmenden Einflüssen

Bevor überhaupt damit begonnen werden kann, einen Mitarbeiter zu motivieren, müssen etwaige negative Einstellungen gegenüber seiner Arbeit und/oder gegenüber seinem Vorgesetzten abgebaut bzw. vermindert werden. Oftmals sind die Anzeichen für eine derartige Einstellung des Mitarbeiters aus seinem Verhalten gegenüber seinem Vorgesetzten und den Arbeitskollegen zu erkennen. In Tabelle 6.7 sind einige Beispiele solcher Verhaltensweisen und mögliche Steuerungsmaßnahmen angeführt.

Tabelle 6.7:   Dysfunktionale Verhaltensweisen des einzelnen Gruppenmitgliedes

Symptome	Ursachen	Steuerungsmaßnahmen
Zeigt keine Mitarbeit	Keine Akzeptanz, starke Spannungen	Finde die persönlichen Interessen des Gruppenmitgliedes heraus, höre ihm zu, sprich mit ihm in den Pausen, erwähne besonders seine Beiträge. Frage ihn direkt, und zwar so, dass nur er antworten kann und dass er gedrängt wird, mit mehr als bloß Ja oder Nein zu antworten.
Macht laufend Blödeleien	Spannungen, möchte sie loswerden	Anerkenne seinen Witz, aber ordne ihn ein als Spannungslöser, der in speziellen Fällen produktiv ist, in anderen jedoch vom Ziel ablenkt.
	Ist gern im Mittelpunkt	
Hält Dauerreden, dominiert die Diskussion	Ist im Rollenkampf verstrickt, möchte höheren Status, will beeindrucken	Trachte danach, dass die Gruppe das Problem löst; unterbrich die überlangen Beiträge und versuche zusammenzufassen. Übertrage ihm eine spezielle Rolle in der Gruppe, trachte danach, das Gruppenmitglied nicht zu verletzen, sein Wissen wird sehr benötigt, zerlege den Beitrag in Portionen und gib das Wort dazwischen an andere.
	Möchte sein Fachwissen loswerden	
Ist eigensinnig, streitsüchtig, immer dagegen („der Opponent vom Dienst")	Ist stark im Rollenkampf verhaftet	Bleibe ruhig, lasse auch die Gruppe keine Feindschaft aufbauen. Frage, was die Gruppe zur Verhaltensänderung beitragen kann.
	Hat persönliche Probleme mit dem Thema	Versuche, die Gründe zu verstehen und anzuerkennen, versuche, das Positive in den negativen Beiträgen herauszuarbeiten, sprich mit ihm persönlich, mache ihm seine Wichtigkeit klar, aber stelle das Gesamtziel „Gruppeneffizienz" davor.

Motivation durch klare und realistische Ziele

Wenn man Kindern ankündigt: „Wir gehen spazieren!", ertönt oft ein lautes Murren und es wird schwierig, sie überhaupt aus dem Haus zu bekommen. Benennt man aber ein attraktives Ziel, einen Spielplatz, ein interessantes Museum oder eine Gastwirtschaft, dann kann man sogar mit Jubelschreien rechnen. Selbst der Kleinste kann plötzlich kilometerweit gehen. Erwachsene sind da nicht anders.

Die Kunst der Motivation besteht also nicht darin, Befehle zu geben, sondern starke, reizvolle und realistische Ziele zu setzen. Es ist jedenfalls motivierend, den Mitarbeitern die Bedeutung der Arbeit klarzumachen und sie letztendlich für die Unternehmensziele zu begeistern.

Der Ton macht die Musik

Außerhalb militärischer Strukturen hört man nicht gerne Befehle. Auch wenn Sie getarnt auftreten: „Wären Sie so freundlich ...", „Ich wünsche mir ..." Viele formulieren auf diese Weise und knirschen dabei mit den Zähnen ... Aber selbst wenn die Körpersprache stimmt: Die Aussage ist die gleiche, es handelt sich um Befehle, diese motivieren, wenn überhaupt, nur für begrenzte Dauer. Ein freier Mensch tut nur das gern, was er selbst gerne will. Die ideale Form, einen Befehl zu erteilen, ist, den Mitarbeiter um Vorschläge zu bitten: „Was schlagen Sie vor?" Der Mitarbeiter, der mit einbezogen wird, der am Ende seine eigenen Vorschläge ausführt, oder wenigstens das Gefühl hat, das wäre so, leistet mehr.

Der richtige Zugang zur Belohnung

Es stehen selten die finanziellen Mittel für uferlose Belohnungen bereit. Außerdem gibt es viele Menschen, deren Motivation durch Geld nur wenig zunimmt. Manchmal fördert Geld nur Einbildung und Gier und schmälert sogar die Einsatzbereitschaft. Maßgebliche Motive sind eher das Bedürfnis nach

 Sicherheit,
 Kontakt (Zusammenarbeit mit anderen Menschen),
 Anerkennung,
 Selbstständigkeit.

Heutige Sichtweise: Motivation, ohne motivieren zu müssen

Zahlreiche Unternehmen haben in jüngster Zeit überaus positive Erfahrungen mit einer Form der Motivation gemacht, die dem „gesunden Menschenverstand" zu widersprechen scheint. Der Ansatz industrieller Praktiker ist:

Gestalte das Unternehmen wirklich menschengerecht und eine Motivierung mittels Druck und Anreizen ist nicht weiter erforderlich. Es geht somit in Richtung einer sogenannten intrinsischen Motivation.

Aus Sicht der arbeitenden Menschen werden Aufgaben als menschengerecht empfunden, die sinnvoll und herausfordernd sind und dabei individuelle Ziele sowie Wertvorstellungen berücksichtigen. Im Mittelpunkt einer derartigen Gestaltung stehen Freiheit und Individualität, die durch Verzicht auf Anweisungen, Vorgaben und Formalismen erreicht werden. Um der Aufgabe trotzdem eine Ausrichtung und Orientierung zu geben, werden Qualifikation, Übersicht und eine ausgeprägte Unternehmenskultur gezielt gestaltet. Auf diese Weise entsteht eine motivierende Situation, die Druck und Anreize durch den Vorgesetzten unnötig macht. Dem Bedürfnis, das eigene Umfeld nicht als gegeben hinnehmen zu müssen, sondern auch gestalterisch Einfluss auf die eigene Arbeit nehmen zu können, entspricht die **Einbindung der Mitarbeiter in Prozessteams** mit dem Ziel, die **eigenen** Prozesse mitgestalten und auf die Definition der Prozessziele Einfluss nehmen zu können.

6.2.6 Konfliktmanagement

6.2.6.1 Konflikte in Teams

Teams sind in besonderer Weise von Konflikten bedroht, die sich sowohl aus dem eingeschränkten Zeitrahmen als auch ihrer Abgrenzung gegenüber der sonstigen Unternehmensorganisation ergeben können.

Definition: Ein Konflikt auf persönlicher Ebene liegt vor, wenn der Handlungsplan des einen den Handlungsplan des anderen einschränkt oder massiv behindert.

Auftreten von Konflikten vermeiden: Regeln erleichtern den Umgang miteinander. Die Regeln der Zusammenarbeit müssen die Mitglieder eines Teams erst entwickeln und über eine gewisse Zeit hin erproben. Deshalb ist insbesondere für ein Projekt die Anfangsphase besonders kritisch.

Folgende Formen sind zunächst noch keine Konflikte:

- logischer Widerspruch,
- Meinungsdifferenz,
- Missverständnis,
- Gefühlsgegensätze,
- Spannung.

Erst durch die **Erwartung,** der andere müsse sich der eigenen Position anschließen, entsteht ein Konflikt oder zumindest ein Konfliktpotenzial.

Durch die spezielle organisationsübergreifende Zusammensetzung der Teams sind meist auch unterschiedliche Ausgangssituationen, Ziele und Bedürfnisse gegeben. Das daraus entstehende Konfliktpotenzial kann durch unklare oder unausgeglichene Machtverhältnisse, Belohnungssysteme und Etats, Koordinations- und Kooperationszwang, Heterogenität der beteiligten Parteien, Einschränkungen des Handlungsspielraumes oder übertriebene Wettbewerbsorientierung verstärkt werden.

Es gibt einige Anzeichen und augenscheinliche **Hinweise**, wie man Konfliktpotenzial in Teams erkennen kann:

- Widerspruch, Streit,
- Ärger, Gereiztheit, Feindseligkeit,
- offene oder auch versteckte Ablehnung,
- aktiver bis passiver Widerstand,
- Klatsch, Gerüchte und Intrigen,
- Unnachgiebigkeit, Uneinsichtigkeit, Sturheit,
- vorschnelle Gefügigkeit und Unterordnung,
- Desinteresse, emotionaler Rückzug,
- Depression,
- Arbeitsstörungen,
- Angst,
- psychosomatische Symptome,
- Flucht in die Sucht.

Konfliktpotenziale haben einerseits ihre Ursachen innerhalb des Teams, anderseits auch außerhalb (Team samt Leiter versus Linie, Unternehmensleitung, Kunde etc.).

6.2.6.2 Konfliktarten

Zwei **Konfliktarten** sind prinzipiell zu unterscheiden:

- **(Intra)individueller Konflikt:** Der Konflikt spielt sich innerhalb einer Person ab. Die Person ist vor eine Wahl oder Entscheidung gestellt, die ihr Schwierigkeiten macht oder deren Problematik sie völlig blockiert.
- **Interpersonaler** (bzw. **interindividueller**) Konflikt: Zwei oder mehrere voneinander abhängige Parteien verfolgen unvereinbare Pläne bzw. Ziele, wobei sie sich ihrer Gegnerschaft im Klaren sind.

In der Literatur wird oft von Konflikttypen gesprochen, denen man einen aufgetretenen Konflikt zuordnen kann, um dann auf prinzipielle Lösungsansätze zu kommen.

Konflikttypen

▨ Konstruktiver/destruktiver Konflikt:
  - Der konstruktive Konflikt muss durchgehalten und begleitet werden.
  - Der destruktive Konflikt muss so schnell wie möglich angesprochen und gelöst werden.
▨ Bewusster/unbewusster Konflikt:
  - Der bewusste Konflikt muss direkt angesprochen und offen gelöst werden.
  - Der unbewusste Konflikt muss zuerst bewusst gemacht werden und dann gelöst werden.
▨ Offener/verdeckter Konflikt:
  - Der offene Konflikt muss direkt und ohne Umwege angesprochen und gelöst werden.
  - Der verdeckte Konflikt muss zuerst offengelegt und dann gelöst werden.
▨ Unterschätzter/überschätzter Konflikt:
  Beide Erscheinungsformen müssen auf die tatsächlichen Dimensionen reduziert, angesprochen und gelöst werden.
▨ Scheinbarer Konflikt:
  Muss erkannt, enttarnt und gelöst werden.

Konflikttypen (nach Ursachen)

Es gibt anlassbedingt unterschiedliche Konflikttypen:

▨ Zielkonflikte, ⎫
▨ Beurteilungskonflikte, ⎬ (eher sachliche Ursachen)
▨ Verteilungskonflikte, ⎭
▨ Werthaltungskonflikte, ⎫
▨ Beziehungskonflikte, ⎬ (eher emotionale Ursachen)
▨ Machtanspruchskonflikte. ⎭

Diese können somit eher der **sachlichen** Ebene oder eher der **psychosozialen** Ebene zugeordnet werden. Für viele Konflikte in der Praxis ist es allerdings charakteristisch, dass sie sich nicht so ohne Weiteres auf einen einfachen Grundtypus reduzieren lassen und meist beide Ebenen beinhalten.

6.2.6.3 Konfliktverhalten (Strategien zum Umgang mit Konflikten)

Abhängig von persönlichen Erfahrungen gibt es ein bestimmtes Konfliktverhalten für bestimmte Situationen. Abbildung 6-8 zeigt die Einzelposition (Vertreter der eigenen Meinung in der Gruppe) bezogen auf Gruppenkohäsion.

Kämpfen um Position (Machteinsatz) bedeutet: seine Autorität nutzen, Informationen manipulieren, Koalitionen schließen, Druck durch Macht, vollendete Tatsachen schaffen, den Gegner diffamieren oder nicht beteiligen. Ergebnis sind Win-lose-Situationen.

Vermeiden heißt: den Konflikt ignorieren, die Probleme verlagern, auf büro-kratische Erledigung hoffen, Konfliktinformationen geheim halten. Es erfolgt ein Rückzug, das Anspruchsniveau des Einzelnen wird gesenkt.

Kompromiss (Verhandeln) bedeutet: Jeder muss etwas nachgeben, feilschen, drohen, einlenken. Das Ziel sind brauchbare statt optimale Lösungen.

Konsens (Zusammenarbeit): Differenzen diskutieren, die Interessen offenle-gen, die Position des anderen zu verstehen versuchen, gemeinsam nach neuen Lösungen suchen, wobei keiner verliert. Das Ziel sind optimale Lösungen.

Arrangieren (Die zwischenmenschliche Beziehung steht im Vordergrund): Nachgeben, sich unterordnen, harmonisieren. Das Anspruchsniveau wird angepasst, Eigeninteressen werden geopfert, um der Gruppe und der Sache zu dienen.

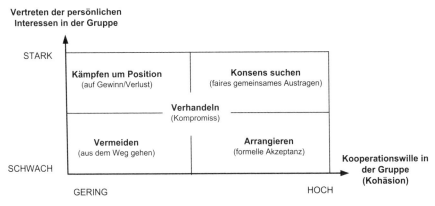

Abbildung 6-8:   Konfliktverhalten in der Gruppe bezogen auf Gruppenkohäsion und individu-elle Interessen

6.2.6.4 Konfliktbehandlung

Konflikte laufen meistens nach einer bestimmten Dynamik ab, sie haben zyklischen Charakter und folgende Merkmale:

▪ eine Latenzphase (kürzere oder längere Vorgeschichte),

▪ einen Auslöser (ein Anlassfall wirkt als Zündung),

- ein Ausbrechen (der Konflikt manifestiert sich),
- eine Behandlung (es gibt ein zwischenzeitliches Resultat),
- daraus entwickelt sich oft eine neue Konfliktepisode.

Man unterscheidet **neun Eskalationsstufen** bei Konflikten (vgl. Glasl, 2004). Abhängig von der Steigerung/Eskalation eines Konflikts ergeben sich auch unterschiedliche Behandlungsmethoden:

- Win-win:
  - **Eskalationsstufe 1:** **Verhärtung**
    Meinungen kristallisieren sich heraus, Parteien verhalten sich weniger offen und bereit für Diskussionen.
  - **Eskalationsstufe 2:** **Polarisation und Debatte**
    Fronten verhärten sich, es kommt zu einer wesentlichen Änderung des sozialen Klimas.
  - **Eskalationsstufe 3:** **Taten statt Worte**
    Gegner soll im Erreichen seiner Ziele gebremst werden, Symbolverhalten gewinnt große Bedeutung. Die Situation ist komplexer geworden und für die Parteien weniger steuerbar.
- Win-lose:
  - **Eskalationsstufe 4:** **Sorge um Image und Koalition**
    Es geht den Parteien um Sieg und Niederlage, feindselige Haltungen sind auf allen Seiten deutlich erkennbar. Werben um Anhänger wird immer wichtiger.
  - **Eskalationsstufe 5:** **Gesichtsverluste**
    Der Unterschied Selbstbild – Fremdbild wird in dieser Stufe kritisch und es kommt zu einem grundsätzlichen Vertrauensbruch.
  - **Eskalationsstufe 6:** **Drohstrategien**
    Gewalt nimmt sowohl im Denken als auch Handeln zu. Drohaktionen stehen auf der Tagesordnung. Die Konfliktdynamik beschleunigt immer mehr.
- Lose-lose:
  - **Eskalationsstufe 7:** **Begrenzte Vernichtungsschläge**
    Der gegnerischen Partei werden alle menschlichen Eigenschaften aberkannt. Man bezeichnet die Konfliktpartei als unbeseelte Objekte. Die Kommunikation findet nur noch in eine Richtung statt.
  - **Eskalationsstufe 8:** **Zersplitterung**
    Zerstörung richtet sich auf die Lebenszentren der Gegner. Letzte Stufe, bei der die eigene Vernichtung noch vermieden werden soll.
  - **Eskalationsstufe 9:** **Gemeinsam in den Abgrund**
    Es führt kein Weg mehr zurück, totale Konfrontation. Die Zerstörung des Feindes auch auf Kosten des eigenen Lebens.

Zugehörige Konfliktlösungsmethoden

Nachdem man einen beliebigen Konflikt einer der oben genannten Eskalationsstufen zugeordnet hat, kann man in Abhängigkeit der Eskalationsstufe folgende Konfliktlösungsmethoden verwenden:

- **Moderation (Stufe 1–3):**
  Der Moderator nimmt eine neutrale Haltung ein, zeichnet die Konfliktsituation auf, klärt die Streitpunkte und unterstützt die Konfliktparteien nach dem Motto „Hilfe zur Selbsthilfe".
- **Prozessbegleitung (Stufe 3–5):**
  Ist ein längerfristiges Vorhaben, bei dem die Prozessbegleiter kein Durchsetzungsvermögen haben, sondern in erster Linie auf eine Verbesserung der Beziehung zwischen den Konfliktparteien abzielen.
- **Soziotherapeutische Prozessbegleitung (Stufe 4–6):**
  Mehr Tiefgang als bei der Prozessbegleitung, Fokussierung auf die Individuen. Direkte Konfrontation der Parteien erfolgt erst zu einem späteren Zeitpunkt der Begleitung.
- **Vermittlung (Stufe 5–7):**
  Der Vermittler stellt sich zwischen die Parteien und kanalisiert ihre gegenseitigen Beziehungen. Er droht, die öffentliche Meinung zu mobilisieren oder seine Funktion niederzulegen.
- **Schiedsverfahren (Stufe 6–8):**
  Schiedsspruch beschränkt sich nur auf die akute Situation, die Heilung des gewachsenen Konflikts wird dadurch selten erreicht.
- **Machteingriff (Stufe 7–9):**
  Konfliktparteien werden durch Übermacht unterworfen, Konfliktparteien werden auseinandergehalten, um Allianzen gegen Machtinhaber zu vermeiden.

Wichtig ist, nach jeder Konfliktbehandlungsmethode die Wirkung und die Nachhaltigkeit zu überprüfen, um das kurzfristige Ziel, die Arbeitsfähigkeit der Gruppe zu erhalten, sicherzustellen. Längerfristiges Ziel ist es, die Konfliktparteien zu befähigen, in Zukunft möglichst selbstständig an Spannungen und Konflikten zu arbeiten.

Mit dem Konflikt sind Gefahren auf folgenden Ebenen verbunden:

- **Die Gefahr der Emotionalisierung:** aggressive Reaktionen und Gefühlsäußerungen und -ausbrüche.
- **Die Gefahr der Personalisierung:** Einzelne Personen werden zu den eigentlichen Verursachern erklärt (Sündenböcke).
- **Die Gefahr der Desorganisation:** Es erfolgt eine Destabilisierung und Schwächung bisher bewährter Strukturen.

6.2.6.5 Das Management von Konflikten

Das Behandeln von Konflikten in Gruppen ist eine ganz wesentliche Aufgabe des Gruppenleiters. Er fungiert dabei als Vermittler und Katalysator. Zu den wichtigsten Aufgaben eines erfolgreichen Konfliktmanagements gehört eine sorgfältige Diagnose festgestellter Konflikte. Es kann von Nutzen sein, zur Konfliktbewältigung unbeteiligte Berater heranzuziehen.

Folgende **Stufen** sollten beschritten werden, um ein erfolgreiches Management des Konflikts zu bewerkstelligen:

Schritt 0: Schaffe ein generelles Verständnis für das Wesen von Konflikten

Mache klar, dass Konflikte notwendig sind, sie sind keine prädisponierte Katastrophe. Sie stellen eine fehlende Übereinstimmung dar, basierend auf unterschiedlichen Ansätzen, die allesamt berechtigt und wertvoll sind; ein Konfliktmanagement betont das Verstehen und das faire Behandeln der jeweils gegenteiligen Ansicht, und nicht das Erzielen einer vollen Übereinstimmung.

Schritt 1: Schaffe eine positive Atmosphäre der kooperativen Behandlung des Konflikts

Betone die Gemeinsamkeiten, die gemeinsamen Ziele, sei dabei möglichst konkret und klar. Arbeite den Nutzen der jeweiligen Lösung für alle Partner heraus. Damit werden die Kontrahenten in das gemeinsame Boot gezogen. Betone den Nutzen einer gemeinsam getragenen Lösung für das Team.

Schritt 2: Reduziere die Konfliktsituation auf das Wesentliche

Führe den Konflikt auf eine möglichst rational sachliche Ebene durch Erfassung und Beschreibung mit einfachen Worten zurück, lege ihn klar.

Kommt es zu emotionalen Ausbrüchen, so sollten die Redebeiträge reduziert werden. Betone die Wichtigkeit des Zuhörens, ohne dem anderen ins Wort zu fallen. Werden personelle Attacken geritten, so sind diese eher zu überhören. Die Problemdiagnose als Voraussetzung für eine Problemlösung steht im Vordergrund, nicht die Irritation über unangebrachte Bemerkungen.

Die Frage nach Ursache oder gar Schuld ist so weit wie möglich herunterzuspielen.

Schritt 3: Suche eine inhaltliche Übereinstimmung

Dabei müssen beide Kontrahenten jeweils die **gegnerische** Position verstanden haben und damit die Natur und den Umfang des Konflikts. Stelle vorerst die eher sachliche Frage nach den **Mitteln** zur Problemlösung und erst dann nach möglichen Lösungsvorschlägen. Oft wird hier klar, dass weitere Information eingeholt werden muss, wobei ein Konsens hinsichtlich **welcher, von wo, von wem** eher leicht zu erzielen ist – dies fungiert dann als Muster bzw. erster Schritt zur Erzielung eines Gesamtkonsenses.

Sind die erforderlichen Informationen vorhanden, so ist die Frage zu verfolgen, wie ein Schlichten der Meinungsverschiedenheit aussehen könnte. Zwar sind vom Gruppenleiter ebenfalls Lösungsvorschläge erwünscht, seine Hauptfunktion ist jedoch das **Neuformulieren** von Argumenten („Ich verstehe das folgendermaßen: …"), das **Zusammenfassen** und das **Herausstreichen** von Teilbereichen, wo eine Übereinstimmung bereits erzielt wurde, um so Erfolgserlebnisse aufkommen zu lassen.

Tenor bei der Konfliktlösungssuche sollte sein:

„Hilfst du mir, so helfe ich dir" (entsprechend der bekannten Problemstellung „Prisoner's Dilemma").

Schritt 4: Erfolgssicherung

Stelle durch Überwachung und Coaching sicher, dass der Lösungsvorschlag auch umgesetzt und gelebt wird.

Generell gesagt bewährt sich Kooperation letztlich für beide Parteien; die **optimale Strategie** für jeden der Streitpartner ist nachweislich folgende:

- Übervorteile nie als Erster, sei nett.
- Erwidere jedoch Übervorteilung, vor allem aber erwidere Kooperation.
- Sei verlässlich; der Gegner soll wissen, woran er ist.
- Sei großzügig; strebe zwar an, dass es dir gut geht, aber nicht extrem überlegen gut.

Damit wird Vertrauen aufgebaut, die entstehende Kooperation zeigt sich als für beide Kontrahenten von Vorteil, als eine sich unmittelbar „selbst belohnende Moral".

Kommt es zu keiner Form einer Übereinstimmung, so ist ein **Schiedsspruch** erforderlich (Konfliktlösung durch **Delegation**), was für jeden Gruppenprozess die relativ ungünstigste Lösung darstellt, da ein bitterer Nachgeschmack bleibt. Schiedssprüche sollten die letzte Zuflucht sein; es sind dies Entscheidungen durch einen Dritten, durch eine Außeninstanz, womit klar wird, dass die Gruppe als Gruppe versagt hat.

6.2.6.6 Leitlinien für eine kooperative Konfliktregelung

▓ Jeder ist in erster Linie für sich selbst verantwortlich.
▓ Störungen personeller und zwischenmenschlicher Art haben Vorrang vor der Sache.
▓ Jeder ist mit seinen Gefühlen und Gedanken autonom.
▓ Es kann immer nur einer sprechen.
▓ Kontakt kommt vor Kooperation.
▓ Es ist wichtig, „ich" anstelle von „man" oder „wir" zu sagen.
▓ Es ist wichtig, andere direkt anzusprechen, anstatt über sie zu reden.
▓ Es ist wichtig, die eigene Meinung offen darzulegen und sich nicht hinter Fragen zu verstecken.
▓ Es ist wichtig, Rückmeldungen zu geben und selbst Rückmeldungen anzunehmen.

6.2.7 Coaching

Coaching ist die fachliche Begleitung einer Person (Coachee) oder auch einer Personengruppe, durch einen Coach (Trainer) bei der Ausübung von komplexen Handlungen mit dem Ziel, optimale Leistungen hervorzubringen.

Es ist ein Begriff, der ursprünglich aus dem Sport kommt. Durch die Anregung durch einen Experten werden die Handlungen im realen Umfeld gemeinsam durchdacht und wird nach besseren Handlungsalternativen gesucht. Mit dem Coachingprozess können Spitzenleistungen erreicht werden.

Coaching wird **auch** als Führungsinstrument eingesetzt. Der Vorgesetzte übernimmt dabei die Rolle des Coachs. Es können dabei aber Rollenkonflikte auftreten.

Anwendung und Ziele

Coaching ist ein Prozess, welcher einer Person hilft, sich in einem Umfeld zurechtzufinden, wo Werte, Zielsetzungen, Bedürfnisse, Organisation und Managementmethoden aufeinanderprallen: Die berufliche und persönliche Situation wird gemeinsam abgeklärt, um damit zu verhindern, dass Mitarbeiter sich blockieren oder allein gelassen fühlen.

Ziel des Coachings ist das Erreichen eines Gleichgewichtes zwischen den beruflichen Anforderungen und der Selbstverwirklichung.

Coaching ist nicht nur für oberste Führungskräfte bestimmt, obwohl diese eine bevorzugte Zielgruppe darstellen.

Das Coaching streift Gebiete wie etwa Betreuung, Tutoring, Mediation, Schulung, liefert aber keine fertigen Lösungen, übt keine Kontrolle und keinen direkten Einfluss aus.

Durch Zuhören, Fragenstellen, Neuformulierung, Distanzierung und Respektierung der Vertraulichkeit gibt das Coaching dem Betreuten die Entscheidungsfreudigkeit und das Verantwortungsbewusstsein zurück.

Externes Coaching

Um einzelne Personen oder Gruppen beim Lösen beruflicher Positions- oder Managementprobleme beizustehen, wird ein externer Spezialist hinzugezogen. Das externe Coaching kann sich offen oder unter Wahrung der Vertraulichkeit abspielen.

Die zu betreuende Person sollte ihren Coach persönlich auswählen, damit dieser aber objektiv bleibt, soll er in wirtschaftlicher Hinsicht nicht abhängig vom Unternehmen sein. Zusätzlich kann die Entscheidung für das Coaching im Auftrag des Unternehmens als dessen positiver Beitrag zur Personalentwicklung erbracht werden oder aber auch auf Verlangen des Betreuten selbst auf privater Basis erfolgen.

Internes Coaching

Es sind Fachleute des Unternehmens selbst, wie etwa Manager oder Verantwortliche der Personalabteilung, die einzelne Mitarbeiter oder Gruppen unterstützen, wenn es darum geht, Gruppendynamik zu entwickeln oder andere Projekte durchzuführen.

Die Grenzen des internen Coachings sind jedoch bestimmt durch Fragen betreffend die Neutralität des Coachs, seine Distanz zum Unternehmen, Diskretion und die internen Machtverhältnisse.

In Bezug auf den Aufbau von **Prozessmanagementsystemen** ist der Einsatz von Coachs in mehreren Bereichen sinnvoll. Einerseits was das erforderliche Know-how bei der Erhebung und Definition der Prozesse betrifft, der Abstimmung von Schnittstellen und der Kopplung von Prozesszielen und Unternehmenszielen. Andererseits auf der persönlichen Ebene der Prozessverantwortlichen und -teammitglieder im Hinblick auf die Wahrnehmung und Ausübung ihrer neuen Rollen. Hier ist das Erfolgskriterium bzw. die Kernaufgabe der Beteiligten, das neue Prozessmanagementsystem und seinen Nutzen bei jedem Mitarbeiter zu verankern und es zum Leben zu erwecken.

6.3 Kreativität des Einzelnen und der Gruppe

Kreativität ist die Fähigkeit, sich auf Unterbewusstes rückzubesinnen und die Ergebnisse dieses Denkens (vor allem originelle **neue** Verarbeitung existierender Informationen) zu konkretisieren. Methodisch gestütztes Vorgehen kann diesen Prozess fördern.

Der Einsatz von **Kreativitätsmethoden** ist vor allem vor dem Hintergrund wichtig, dass

- … nur 2 bis 3 % der Menschen hoch kreativ sind. Das ist für die Menge und Komplexität der vorhandenen Probleme nicht ausreichend.
- … Kreativität nicht nur von Einzelpersonen abhängig ist. Kreativität bei der Problemlösung ist zu einem gewissen Grad durch den Einsatz von Techniken erlernbar bzw. verbesserungsfähig.
- … das Kreativpotenzial einer Gruppe an Menge und Qualität jener von Einzelpersonen überlegen ist.
- … auch durchschnittlich kreative Mitarbeiter zu originellen und innovativen Problemlösungen fähig sind.
- … die häufige Anwendung von Kreativitätsmethoden längerfristig wirkt: Querdenken wird gefördert und alte Wahrnehmungs- und Vorstellungsmuster werden verlassen.

6.3.1 Voraussetzungen für den Einsatz von Kreativitätsmethoden und -techniken

Anlässe für den Einsatz von Kreativitätsmethoden sind gegeben, wenn

- die Problemlösung unter starkem Zeitdruck erfolgen muss, man nicht einfach auf den Einfall warten kann,
- unterschiedliches Wissen für die Problemlösung gefordert ist (interdisziplinäre Problemstellung),
- Einbindung mehrerer Personen in die Lösungsfindung für spätere breitere Akzeptanz erforderlich ist (Partizipation),
- neue und originelle Lösungen benötigt werden (Innovation).

Eine Reihe von Blockaden behindern generell die Entfaltung von Kreativität. Kreativitätskiller sind z. B. starke persönliche Prägungen (Erziehung, Schule, Ausbildung, Lebensgestaltung), eigene Bequemlichkeit, eingefahrene Denk- und Verhaltensmuster. Die üblichen **Killerphrasen** sind dabei:

- „Das geht nicht bei uns."
- „Das haben wir immer so gemacht."
- „Das kostet zu viel."
- „Das hat noch nie funktioniert."

- „Das ist doch längst bekannt."
- „Als Fachmann kann ich Ihnen sagen ..."
- „Seien Sie erst einmal einige Jahre hier ..."
- „Ja wenn das so einfach wäre."
- „Das ist nicht unser Bier."
- „Wollen Sie das verantworten?"
- „Das ist doch Wunschdenken!"
- „Das mag zwar theoretisch richtig sein, aber ..."

6.3.2 Problemerkennung und generelles Vorgehen

Voraussetzung für den Einsatz der Kreativitätsmethoden ist, dass das Problem verstanden wurde. Ansonsten läuft man Gefahr, dass die erarbeitete Lösung zwar interessant sein mag, aber nicht zum eigentlichen Problem passt. Es wird zwischen zwei Problemkategorien unterschieden:

1. Wohlstrukturierte Probleme

- „vollständige" Kenntnis aller Problemkomponenten,
- gesetzmäßiger Zusammenhang der Problemkomponenten,
- Lösungsprozess ist klar, systematisch, logisch,
- in der Regel ist nur eine richtige Lösung möglich,
- Nachweis ist möglich, dass die Lösung ein Optimum darstellt.

2. Schlecht strukturierte Probleme

- unvollständige Kenntnis der Problemkomponenten,
- ein ersichtlicher oder kein gesetzmäßiger Zusammenhang der Problemkomponenten,
- Lösungsprozess ist ungerichtet, intuitiv, zufallsabhängig,
- viele alternative Lösungen sind denkbar,
- kein Nachweis der Optimalität, lediglich die relativ beste Lösung ist bekannt.

Kreativitätsmethoden dienen zur Lösung von **schlecht** strukturierten Problemen. Hierbei erfolgt der Problemlösungsprozess in sechs Phasen:

1. Problem wird wahrgenommen oder wird vorgegeben.
2. Verstehen des Problems, Verdauen des Problems.
3. Möglichst exakte Definition des Problems und seiner Komponenten.
4. Suche nach Lösungen durch kreatives Verhalten, Erfolg kann nicht erzwungen werden.
5. Entscheidung über die wahrscheinlich beste Lösung.
6. Realisierung der Lösung.

6.3.3 Kreativitätsmethoden

Kreativitätsmethoden sind unexakte Methoden. Trotzdem sie sich am Rande wissenschaftlicher Seriosität bewegen, erfreuen sie sich zunehmender Wertschätzung.

Entsprechend den Arten produktiven Denkens kann man folgende drei Methodengruppen der Kreativität unterscheiden:

- rein intuitives Vorgehen (Brainstorming und Varianten),
- diskursives Vorgehen (Morphologie und Varianten),
- umstrukturierendes Vorgehen (Synektik und Varianten).

Unabhängig von den mehr oder minder ausgearbeiteten Methoden seien zunächst allgemeine **Denkstrategien** aufgezeigt, die (als Ein- oder Mehrpersonen-Rollenspiel) den Geist auf „fündige" Lösungsfelder führen helfen:

- **Infragestellen** (Mäeutik):
  Ansätze, Hypothesen, Argumente werden prinzipiell in Form von Fragen gestellt. Der Zwang zur Argumentation führt zu neuen Lösungen beim Befragten („Geburtshilfe").
- **Negieren** (Advocatus Diaboli):
  Es wird konsequent das Gegenargument, d. h. die Begründung, warum etwas falsch sein müsse bzw. nicht funktionieren könne, eingebracht. Der Zwang zur Verteidigung löst Modifikationen und damit durchführbare neue Lösungskonzepte aus.
- **Übertreiben** (Karikatur):
  Durch Übertreibung wird ein Lösungsgedanke ad absurdum geführt, wodurch anhand derartiger extremer Ausprägungen zu neuen Ideen angeregt wird.
- **Dummstellen** (Inkompetenz):
  Aus Unverständnis heraus werden (insbesondere von Nichtfachleuten) Erklärungen eingefordert, die unerwartete, neue Gesichtspunkte und Sichtweisen fördern (geht nur bedingt als Einzelperson).
- **Übertragen** (freie Assoziationen):
  Es werden völlig problemunabhängige Ad-hoc-Erlebnisse, Eindrücke aus der Umwelt sowie Perseverationen hinsichtlich eines möglichen Beitrages zur Problemlösung geprüft (Zwangsanalogie, forced relationship).

Kreativitätsmethoden können auch hinsichtlich der teilnehmenden Personen unterschieden werden, und zwar in Methoden, die in der Gruppe durchgeführt oder die alleine umgesetzt werden können (Abbildung 6-9).

Methoden der Kreativität

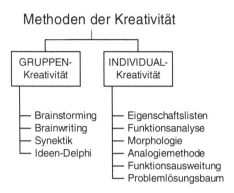

Abbildung 6-9:   Methoden der Kreativität

6.3.3.1 Methoden der Gruppenkreativität

Brainstorming

Die Methode „Gedankensturm" beruht auf einer möglichst freien Assoziation und der ausschließenden, zeitlich hinausgeschobenen Bewertung.

Teilnehmer: fünf bis zehn Personen, ein Leiter, möglichst gute Fachdurchmischung, möglichst gleiche hierarchische Ebene.

Durchführung: Sitzungsdauer maximal 45 Minuten, freie Gedankenäußerung (keine Killerphrasen, „Quantität vor Qualität"). Vorgebrachte Ideen werden aufgegriffen, abgewandelt und weiterentwickelt.

Alle Ergebnisse werden festgehalten, von den zuständigen Fachleuten anschließend gesichtet und auf Brauchbarkeit untersucht. Diese Ergebnisse werden mit der Gruppe diskutiert, um Missverständnisse zu vermeiden.

Die Aufgabe des Leiters liegt in organisatorischen Tätigkeiten wie Leitung der Sitzung. Die Methode liefert den Anstoß zu neuen Ideen, kann aber keine fertigen Lösungen produzieren, weil die Probleme meistens zu komplex und zu schwierig sind.

Varianten: Diskussion 66; Didaktisches Brainstorming; Stop and Go; Destruktiv-konstruktives Brainstorming, NGT (Nominal Group Technique).

Brainwriting

Brainwriting ist eine Weiterentwicklung des Brainstormings auf schriftlicher Basis. Nach Definition der Aufgabe und einer eingehenden Analyse werden die Teilnehmer aufgefordert, jeweils drei Lösungsansätze zu Papier zu bringen und stichwortartig zu erläutern. Nach etwa fünf Minuten gibt man diese

Unterlage an seinen Nachbarn weiter, der wiederum, nach Durchlesen der vom Vorgänger gemachten Vorschläge, drei weitere Lösungen, vornehmlich in einer **Weiterentwicklung**, hinzufügt. In diesem Sinne wird die ganze Teilnehmerrunde durchlaufen.

Varianten: Pool-Methode; Notebook-Methode.

Synektik

Eine Gruppe von etwa sechs Teilnehmern führt folgende Schritte durch:

1. Darstellung des Problems.
2. Vertraut machen mit dem Problem.
3. Sammeln spontaner Einfälle (ähnlich Brainstorming).
4. Neuformulierung des Problems.
5. Verfremden des Vertrauten:
   erste Verfremdung durch direkte Analogiebildung (z. B. Analogien aus der Natur)
   zweite Verfremdung durch persönliche Analogiebildung,
   dritte Verfremdung durch symbolische Analogie (markante Worte aus der persönlichen Analogie werden als Stichwort für eine symbolische Umschreibung verwendet, paradoxe Ergänzungen sind meistens hilfreich).
6. Analyse der Analogien.
7. Vergleich zwischen Analogielösungen und ursprünglich bestehendem Problem.
8. Ableitung von Lösungsideen.
9. Entwickeln einer möglichen Lösung.

Varianten: Visuelle Synektik; Reizwortanalyse; Forced Relationship.

Ideen-Delphi

Die Methode basiert auf der sukzessiven Befragung einer Mehrzahl von einschlägigen Experten:

Es wird mit anerkannten Experten eines bestimmten Fachgebietes, unabhängig voneinander und räumlich getrennt, Kontakt aufgenommen, indem ihnen zunächst ein strukturiertes Fragenprogramm vorgelegt wird. Die zurückkommenden, unterschiedlich stark streuenden Antworten werden, nach dem Prinzip einer Dissonanzreduktion durch mehrmalige Rückkopplung, hinsichtlich ihrer gegenseitigen Abweichungen immer mehr eingeengt. Dies geschieht dadurch, dass die einzelnen Gruppenmitglieder, nach Abgabe ihrer Stellungnahme, mit den anonymen Meinungen und Argumenten der übrigen – insbesondere der extrem liegenden – Mitglieder konfrontiert werden und um Überprüfung ihrer Ansicht und neuerliche Stellungnahme gebeten werden. Diesem Vorgang liegt die Hypothese zugrunde, dass eine so entstandene kollektive Meinung von Experten dem Wert mit der höchsten Wahrscheinlichkeit des Eintretens entspricht.

6.3.3.2 Methoden der Individualkreativität

Eigenschaftslisten

Diese Methode ist vorwiegend für Rationalisierungsprobleme (Verbesserung bestehender Systeme) geeignet.

Die wesentlichen Eigenschaften des zu verbessernden Systems werden in einer als Checkliste zu verwendenden Eigenschaftsliste aufgelistet. Diese werden anhand Tabelle 6.8 analysiert.

Tabelle 6.8: Checkliste: Änderungsmöglichkeiten von Eigenschaften

Weglassen	Auf Funktion völlig verzichten
Ersetzen	Andere Komponenten verwenden
Verwendung ändern	Andere Funktion einer bestehenden Komponente nützen
Umordnen	Neustrukturieren
Invertieren	Ablaufstruktur umdrehen
Anpassen	Adaptieren an vorgegebene Struktur
Kombinieren	Mit anderer Funktion zusammenfassen
Trennen	Von anderer Funktion separieren

Funktionsanalyse

Die Gesamtfunktion wird schrittweise in immer tiefer gehende Teilfunktionen zerlegt (Abbildung 6-10). Um systematisch und effizient vorzugehen und eine möglichst vollständige Erfassung der Teilfunktionen zu erhalten, sollten je Gliederungsebene bewusst Kriterien der Gliederung gewählt werden, wie:

▪ technologischer Gesichtspunkt: Gliederung nach inhaltlichen Kriterien;
▪ topologischer Gesichtspunkt: Gliederung nach räumlichen Kriterien;
▪ Prozess-logischer Gesichtspunkt: Gliederung nach dem zeitlich-logischen Ablauf.

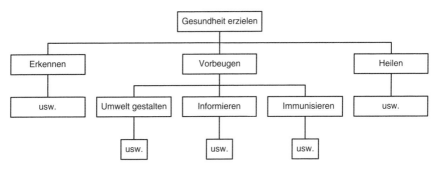

Abbildung 6-10: Funktionsanalyse (Beispiel aus dem Gesundheitswesen)

Für die Teilfunktionen sind darauf aufbauend Realisierungsmöglichkeiten zu suchen bzw. auszuwählen, wobei die Suche sich umso leichter gestaltet, je detaillierter eine Funktion formuliert ist.

Morphologie

Die Methode ist besonders für stark innovative Probleme geeignet, wenn entsprechend dem jeweiligen Stand des Wissens möglichst alle denkbaren Lösungen berücksichtigt werden sollen (Abbildung 6-11):

Realisie-rungen Teil-funktionen	1	2	3	4
Vorspeise	Suppe	Apperitif	Salat	-
Hauptspeise	Huhn	Fisch	Schwein	Rind
Nachspeise	Eis, Kaffee	Kuchen	Obst	Käse

Abbildung 6-11: Morphologie (Beispiel Speisenplanung)

▨ Schritt 1: Zerlegen der Systemfunktion mittels Funktionsanalyse in möglichst disjunkte, gegenseitig unabhängige Teilfunktionen.

▨ Schritt 2: Für jede Teilfunktion ist völlig isoliert eine möglichst „erschöpfende" Anzahl von Realisierungsmöglichkeiten zu erarbeiten und anzugeben.

▨ Schritt 3: Durch Kombination ergibt sich daraus eine Gesamtlösungsmenge.

▨ Schritt 4: Ausscheiden der in sich unverträglichen Lösungskombinationen.

Als Hilfsmittel können Elementekataloge oder Lösungskataloge herangezogen werden.

Analogiemethode

Unter Analogie wird eine erkennbare Gleichartigkeit oder Ähnlichkeit hinsichtlich interessierender Merkmale von Systemen verstanden, eine Gleichartigkeit/Ähnlichkeit hinsichtlich ausgewählter

- **Zustands**eigenschaften: wie etwa Form, Aufbau;
- **Wirk**eigenschaften: spezifischer Einzelfunktionen;
- **Verhaltens**eigenschaften: wie etwa Nutzen, Kosten, Zuverlässigkeit, Transporteignung, Instandhaltbarkeit usw.

Die bewusste, methodische Suche von Analogien sei generell als Analogiemethode angesprochen. Wird die Suche auf **natürliche Systeme** beschränkt, so handelt es sich um die Methode Bionik (Studium lebender Organismen). Es geht somit um ein Transponieren und Adaptieren von in der Natur vorgefundenen Lösungsprinzipien für beliebige Problemstellungen im Zuge der Gestaltung neuer **künstlicher Systeme** (Tabelle 6.9).

Tabelle 6.9:   Analogiemethode (technische Problemstellungen)

PROBLEM	LÖSUNG in der NATUR
Leichtbaukonstruktionen, Masten, Flugzeugkomponenten	Pflanzenstiele, Halme, Blattaufbau, Waben, Spinnennetz
Scharfstellen bei optischen Geräten ohne Verschiebung der Linsen	Augenkonstruktion (Biofokus)
Strömungsgünstige Gestaltung von Transportmitteln	Fischkörper, Meeressäugetiere (z.B. Delfine, Haie)

Funktionsausweitung, Idealsystem

Die Methode der Funktionsausweitung hat zum Ziel, die Problemstellung schrittweise so breit wie möglich umzuformulieren, wobei man durch Abstraktion und anschließende Rückführung zu neuen, besseren Lösungsvorschlägen gelangt.

Durch schrittweise, systematische Problemausweitung und damit ein Übergehen auf ein nächsthöheres Abstraktionsniveau der Problemstellung wird das Problem zum Teil verfremdet. Man befreit sich von vorgeprägten Lösungsansätzen und lässt neue, umfassende Lösungsmöglichkeiten zu. Charakteristisch hiebei ist das bewusste Ignorieren von ursprünglich vorgegebenen

Randbedingungen und Beschränkungen, die sich im Nachhinein oft als gar nicht zwingend oder gerechtfertigt erweisen. Zu unterscheiden sind hierbei:

▨ im Problem definierte Randbedingungen und Beschränkungen,
▨ unbewusste, ungerechtfertigt angenommene Randbedingungen,
▨ Wissensbeschränkungen.

Ganz besonders zwingt die Methode, vom Denken in Realisierungen wegzukommen und mit abstrakten Funktionen zu arbeiten.

Beispiel Futtermittellogistik:

Ursprüngliche Problemformulierung: Füllen, Wiegen, Verschließen und Stapeln der mit Futtermitteln gefüllten Säcke.

Die schrittweise **Ausweitung** könnte lauten:

▨ Übergabe des Futtermittels vom Silo in Vorratssäcke im Lagerhaus;
▨ Übergabe von Futtermitteln aus dem Silo in Säcke auf den Lieferwagen;
▨ Übergabe von Futtermitteln aus dem Silo an ein Transportmittel;
▨ Übergabe von Futtermitteln aus dem Silo an den Vorratsbehälter des Verbrauchers;
▨ Übergabe von Gut aus den Vorratsbehältern der Futtermittelkomponenten an den Vorratsbehälter des Verbrauchers;
▨ Übergabe von Futtermitteln vom Erzeuger zum Verbraucher.

Problemlösungsbaum

Komplexe und dadurch nicht als Ganzes bearbeitbare Problemstellungen werden in eine hierarchisch strukturierte Menge von untereinander möglichst klar abgegrenzten Teilproblemen zerlegt und als Baumstruktur erfasst, wobei die Lösung eines jeden Teilproblems in direkter Relevanz zum unmittelbar übergeordneten Teil- bzw. Gesamtproblem steht, also zur Lösung des letzteren beiträgt. Auch wegen der Beschränktheit der Möglichkeit für die Weiterverfolgung sämtlicher Teilprobleme wird nun eine Bewertung der Teilprobleme hinsichtlich ihres Beitrages, ihrer Relevanz für die Lösung des übergeordneten Problems vorgenommen:

▨ Schritt 1: Definition des Betrachtungsobjektes.
▨ Schritt 2: Zerlegung des Betrachtungsobjektes (die Gliederungsbreite sollte maximal etwa acht Elemente, die Gliederungstiefe maximal vier Ebenen betragen).
▨ Schritt 3: Quantifizierung der jeweiligen Relevanz, als Beitrag zum übergeordneten Ziel.
▨ Schritt 4: Ermittlung der Gesamtrelevanz.
▨ Schritt 5: Ordnen der Elemente nach Gesamtrelevanz.

6.3.4 Allgemeine Richtlinien zur Förderung von Kreativität

Checkliste für die Auswahl kreativ tätiger Personen

Folgende Eigenschaften sollten Personen, die sich mit der Lösung von Problemen beschäftigen, besitzen:

- Optimismus,
- Selbstvertrauen, Begeisterungsfähigkeit,
- Lust am divergenten Denken, Fantasiereichtum, geistige Flexibilität, Experimentierfreudigkeit,
- Geduld, Beständigkeit, Bestimmtheit,
- Fähigkeit des Denkens in **Analogien,**
- **kein** ausgeprägtes fachliches Spezialistentum,
- **kein** praktisch orientiertes Denken; Denken in allgemeinen Begriffen,
- **kein** Perfektionsdrang, keine Detailverliebtheit.

Leitsätze zur Anregung kreativer Tätigkeit

- Probleme lösen ist schwer, schwerer ist es, Probleme zu sehen.
- Fordern Sie sich heraus, selbstzufrieden sind die anderen.
- Organisieren Sie die Zukunft, die Gegenwart ist schon vergeben.
- Kreativität und tierischer Ernst schließen einander aus; Komik ist kreativ.
- Schauen Sie Ihre Umwelt an, sie birgt tausend Ideen.
- Stellen Sie sich einmal auf den Kopf: Sehen Sie nicht alles neu?
- Absurde Ideen sind immer besser als keine.
- Sprechen Sie Ihre kühnste Idee heute noch aus, morgen ist sie nicht mehr neu.
- Wenn Sie für ein Problem keine Lösung finden, ändern Sie das Problem.
- Wagen Sie es, Denkmäler von ihrem Sockel zu stürzen.
- Ihr Großvater hatte sicherlich recht – vor 100 Jahren!
- Halten Sie sich mit guten Einfällen nicht auf – es gibt bessere.
- Produzieren Sie mehr Ideen, als Sie brauchen.
- Es ist auch kreativ, noch einmal von vorne anzufangen.

6.4 Die Organisation als soziales System

Gewinn, Wachstum, Kundenbindung, Sicherheit der Arbeitsplätze, Dominanz, Prestige. So lauten die Ziele fast aller Unternehmen einer freien Marktwirtschaft. Um diese langfristig realisieren zu können, ist es notwendig, den Kunden – oder vielmehr den Menschen generell – bei allen Arbeitsprozessen in den Mittelpunkt der unternehmerischen Bemühungen zu stellen. Mit entscheidend für den Erfolg eines Unternehmens ist das Bewusstsein aller Mitarbeiter, dass die Ausrichtung auf Kundenerwartungen und der partnerschaftliche Umgang miteinander als Werte mit höchster Priorität täglich gelebt werden.

Im Laufe der letzten Jahre stellten sich den Unternehmen aller Größen und Branchen immer neue und kontinuierlich steigende unternehmerische Herausforderungen. Vielfältige Motive führten zu einem tief greifenden Wandel der Anforderungen, die heute an Unternehmen gestellt werden.

Soziale, kooperative und kommunikative Fähigkeiten werden zu zentralen Erfolgsfaktoren und die „Ressource Mensch" wird immer wichtiger, um die Unternehmensziele effizient erreichen zu können.

An erster Stelle der Ursachen der stetig steigenden Anforderungen an Unternehmen steht mit Sicherheit die Internationalisierung der Märkte durch die neuen Informationstechnologien. In der Folge entstehen:

- Strukturwandel,
- Virtualisierung,
- E-Business,
- vernetztes Arbeiten, zum Teil in virtuellen Teams,
- steigende Anforderungen an Mobilität, Flexibilität, Kreativität und Innovationskraft,
- steigende Anforderungen an die Geschwindigkeit und Effizienz von Prozessen,
- steigende Anforderungen an die Fähigkeit zur Vermehrung und Bewahrung von Wissen.

Verstärkt werden diese Anforderungen durch eine immer kritischere Öffentlichkeit, d. h. durch Konsumenten, Anleger und Analysten, die den Außendruck auf das Unternehmen steigern.

6.4.1 Organisationskultur – Eine erste Definition

Unter Organisationskultur (= Unternehmenskultur) soll die Gesamtheit der Einstellungen, Werthaltungen, Normen und Umgangsformen innerhalb der Organisation verstanden werden.

Das Wesen von Kultur einer Organisation lässt sich **beschreiben** als gemeinsames Grundverständnis mit Wahrnehmungen, Gedanken und Gefühlen, das eine Gruppe von Personen im Laufe der Zeit angenommen hat, während sie ihre Probleme löste, und dabei die Erfahrung gemacht hat, dass sie konsistent und stabil genug ist, um sie beizubehalten und an neue Mitglieder direkt oder indirekt weiterzugeben.

Die Kultur **manifestiert** sich als beobachtbare Artefakte und angenommene Ideen, Ziele, Werthaltungen, Normen und Verhaltensregeln. Unternehmenskultur ist die Kultur von Unternehmen als spezielle Gruppen.

Vordergründig äußert sich die **Unternehmenskultur** in Phänomenen, die man sehen, hören und fühlen kann, wenn man einen Betrieb betritt: architektonische Gestaltung und Ausstattung, Sprache, Technik und Produkte, künstlerische Gestaltungen, Bekleidung, Umgangsformen, Mythen und Geschichten, Rituale und Zeremonien, veröffentlichte Ziele und Regeln und anderes mehr. Unternehmenskultur wird wesentlich von Führungskräften gestaltet und beeinflusst.

6.4.2 Die Organisationskultur bestimmt das Verhalten von Organisationen

Jede Organisation entwickelt im Laufe ihres Bestehens eine eigene Organisationskultur, die sich mehr oder minder von früheren Ausprägungen unterscheidet und die durch mehrere Faktoren in ihrer Entwicklung beeinflusst wird.

Eine grundlegende Frage in diesem Zusammenhang lautet, ob die Kultur einer Organisation wesentlichen **Einfluss** auf deren Erfolg bzw. Überlebensfähigkeit hat, und wenn, wie und in welchem Ausmaß eine Organisationskultur beeinflusst bzw. zielgerecht gestaltet werden kann. Die Antworten auf diese beiden Fragen fallen positiv aus: Ja, die Kultur hat wesentlichen Einfluss auf den Erfolg einer Organisation und sie kann auch gestaltet werden. Wie und in welchem Ausmaß das vonstattengehen kann, wird in den folgenden Abschnitten dargelegt.

Vorweg muss noch der folgende Umstand festgestellt werden: Ein Projekt- wie auch Prozessmanager sollte viel von Organisationskultur verstehen, um

- einerseits während der Aufbauphase eines Prozessmanagementsystems die **eigene** Organisation (das Projektteam genauso wie die Prozessteams) bei der Kulturentwicklung beeinflussen zu können und
- andererseits die Organisationskultur der wesentlichen **Stakeholder**, vor allem der Kundenorganisationen und der Lieferantenorganisationen, zu erkennen, zu beurteilen und sich darauf einstellen zu können.

Hierbei muss die jeweilige Kultur der Projekt- wie auch der Prozessteams ihrerseits als Subkultur einer oder mehrerer bestehender Mutterorganisationen angesehen werden, weil jede Gruppe in der Organisation bzw. jede Organisationseinheit in gewissem Maß eine eigene Kultur besitzt, die sich von jener der Mutterorganisation(en) unterscheidet. Diese Kultur hat – wie im nächsten Abschnitt beschrieben wird – großen Einfluss auf das Verhalten und Handeln der Mitglieder der Gruppe bzw. der Organisationseinheit.

Die Notwendigkeit, ausführlichst über das Wesen von Unternehmenskultur Bescheid zu wissen – Erkennbarkeit und Beeinflussbarkeit –, ist für die Einführung einer prozessorientierten Organisation von maßgeblicher Bedeutung. Einerseits, weil es um grundlegende Eingriffe in die Organisation geht, bei deren Durchführung die Unternehmenskultur immer eine entscheidende Rolle für den Erfolg des ganzen Projektes darstellt. Andererseits, weil die Unternehmensstrategie an den Prozessen ausgerichtet sein muss bzw. die Prozessorientierung in die Unternehmenspolitik Eingang finden muss, um nachhaltig in der Organisation verankern werden zu können.

6.4.3 Grundlegende Begriffe und Konzepte zur Organisationskultur

Organisationskultur ist als Begriff etwa seit 1980 in Verwendung und ist heute fast zu einem Kultwort geworden. Dabei streuen die Einschätzungen von „das Paradigma der Organisationstheorie schlechthin" bis „nichts Neues".

Wenngleich allgemein die Existenz und auch die Wichtigkeit der Unternehmenskultur anerkannt sind, so sind doch Anleitungen und Methoden für die empirische und/oder theoretische Analyse und vor allem für die Beeinflussung derselben eher rar.

Was ist Kultur – wo liegt ihr Ursprung?

Ganz allgemein gesprochen besteht die **Kultur einer Organisation** aus einer gemeinsam getragenen, expliziten oder impliziten Übereinstimmung zwischen den Organisationsmitgliedern bezüglich all dem, was wichtig ist im Verhalten und den Einstellungen (siehe dazu auch Kapitel 1).

Organisationen (wie auch Völker, Stämme, Siedlungseinheiten, Familien) entwickeln und pflegen eigenständige Systeme von

- Werten,
- Überzeugungen und Annahmen,
- Normen und Regelungen sowie
- Bedeutungen,

die das Verhalten der Organisationsmitglieder und damit der gesamten Organisation wesentlich beeinflussen.

Organisationskultur ist letztlich die angeeignete Art und Weise der Verarbeitung von Erfahrungen – eine Art des Lernens in Organisationen – zur fortwährenden Anpassung an die Umwelt. Eine Gruppe von Autoren, eher aus der empirischen Schule, definiert Organisationskultur als das **langfristig bestehende Kollektiv von gemeinsamen Werthaltungen,** die sich manifestieren in Artefakten wie Symbolen, Vorbildern und Helden, Riten, Mythen, Legenden und Anekdoten, und die unter der Oberfläche wirken und starken Einfluss auf das **Verhalten** in Organisationen ausüben.

Kultur für eine Organisation ist etwa das, was für eine Person ihre **Persönlichkeit** ist.

Eine andere Gruppe von Autoren streicht stärker den behavioristischen Aspekt (Verhaltensweise) hervor und definiert Organisationskultur als **Satz von Normen, Ritualen des täglichen Lebens und Jargons,** die, durch Tradition von Generation zu Generation weitergegeben, für eine Organisation typisch sind und Handlungen und Verhaltensweisen in Organisationen verstehen helfen.

Funktionale Definition der Unternehmenskultur

Im Hinblick auf das Ziel, das Phänomen Unternehmenskultur mit einem funktionalen Ansatz zu greifen (nämlich auf Handlungen und Verhaltensweisen ausgerichtet), wird im Weiteren die folgende Definition verwendet:

Organisationskultur ist ein Kollektiv von **Grundannahmen und Überzeugungen,**

- die von den Mitgliedern einer Gruppe mit Geschichte (gemeinsame Erfahrungen) getragen werden,
- die unbewusst wirken, indem sie die Eigensicht einer sozialen Einheit und die Sicht der Umwelt in einer selbstverständlichen, grundlegenden Weise definieren,
- die erlernte Antworten auf die Anforderung, in der Auseinandersetzung mit der externen Umwelt zu bestehen sowie sich intern zu organisieren, darstellen (Lernprozess),
- die als gegeben und gesichert angenommen werden, da sie in wiederholter Weise obige Probleme zur Zufriedenheit gelöst haben,
- die als gültig zur Weitergabe an neue Organisationsmitglieder angesehen werden, und zwar betreffend die Art und Weise, wie man sich in der Organisation zu verhalten hat.

Funktionen der Unternehmenskultur

Die **Auswirkung einer ausgeprägten Organisationskultur** drückt sich in folgenden Kategorien aus:

- **Integration:** Einbindung und Vernetzung der Mitglieder.
- **Konsistenz:** Zusammenhalt, Sicherheit, Beständigkeit, Standhaftigkeit.

- **Konsens:** gemeinsame Entschlusskraft mit Verbindlichkeit.
- **Klarheit:** keine Zweideutigkeiten, problemlose Kommunikation.

Für das **einzelne** Organisationsmitglied vermittelt die Organisationskultur ein Gefühl der Identität und fördert die Verbindlichkeit des Einzelnen zu einer gemeinsamen größeren Sache. Der Nutzen der Kultur für den einzelnen Mitarbeiter lässt sich beschreiben mit:

- Orientierungshilfe, Reduktion von Unsicherheit,
- Sinngebung,
- Identifikation,
- Dissonanzreduktion (Umgang mit Verschiedenheiten).

Für die **gesamte** Organisation wird eine positive Auswirkung einer starken Organisationskultur auf die ökonomische Leistung der Organisation angenommen, was sich in einem besseren Arbeitsergebnis sowie in einem verbesserten Arbeitsklima manifestiert.

Wie äußert sich Unternehmenskultur?

Aufbauend auf den oben genannten Funktionen der Unternehmenskultur kann, von unterschiedlichen zweckorientierten Sichtweisen aus betrachtet, die Unternehmenskultur angesehen werden als:

- **analytisches Instrument**, das einen Beitrag zum **Verständnis** des Verhaltens komplexer Organisationen liefert,
- **Managementinstrument** zur **Gestaltung** von Organisationen in außen gesteuerter oder selbstorganisierter, evolutionärer Weise,
- **Sinngebungsinstrument** für Organisationsmitglieder in der Auseinandersetzung mit der Organisation**umwelt**.

6.4.4 Mehrfachkulturen, Subkulturen

In großen Unternehmen bilden sich vielfach unter dem Schirm einer gemeinsamen Unternehmenskultur eindeutig unterscheidbare Subkulturen heraus. Es liegt das sicherlich in der Tendenz des Menschen begründet, bei aller Integration auch eine Differenzierung anzustreben. Dies führt letztlich auch zu Konkurrenz, Spannungen und Konflikten, Wettkampfstimmung sowie Missverständnissen.

Man könnte dabei das gesamte Ausmaß des Zulassens von Subkulturen als **eine** wesentliche Ausprägung des Unternehmens ansehen.

Speziell im Hinblick auf die **Beeinflussung** der Unternehmenskultur durch den Übergang von der **Funktionsorientierung** zur **Prozessorientierung** wird man auch hier schlussendlich nicht in allen Prozessen der Organisation ein und dieselbe Unternehmenskultur wiederfinden. Vielmehr werden sich genau wie auch in großen Unternehmen entsprechend der Ausrichtung bzw. dem Zweck der Prozesse folgend Subkulturen bilden. Hierbei wird die Subkultur in den Prozessen vornehmlich durch die Mitarbeiter geprägt sein, die die Prozesse ausführen, deren Kultur wiederum durch ihre Position und Herkunft aus der Aufbauorganisation mitbestimmt wird. Es werden sich z. B. kulturelle Unterschiede zwischen unterstützenden Prozessen (IT, EDV), Geschäftsprozessen, die nach außen orientiert sind und die zahlreiche Kundenkontakte aufweisen, und Managementprozessen, die der strategischen Ausrichtung des Unternehmens dienen, erkennbar sein.

Dabei sei generell festzuhalten, dass Prozessorientierung eine eigenständige, ganz wesentliche Ausprägung einer Unternehmenskultur darstellt, die sich auf alle Bereiche des Unternehmens auswirkt und eine spezifische Weise des Denkens und des Verhaltens impliziert.

6.4.5 Modell zu Aufbau und Funktionsweise der Organisationskultur

Als Zusammenfassung der bisher behandelten Begriffe, Definitionen und Funktionen der Unternehmenskultur zeigt Abbildung 6-12 ein Modell zur Verdeutlichung des Aufbaus der Unternehmenskultur (vgl. Schein, 1995).

BEOBACHTBARE ORGANISATIONSKULTUR

NORMEN BETREFFEND

GEGENSTÄNDE:	Gebäude, Raumgestaltung, Dekoration, Kleidung etc.
SPRACHE:	Jargons, Metaphern, Aufschriften, Spitznamen etc.
HANDLUNGEN:	Riten, Rituale, Zeremonien, Routinen, Traditionen etc.
WISSENSBESTÄNDE:	Legenden, Helden, Geschichten, Anekdoten, Witze etc.

ARTEFAKTE ALS Manifestationen de Organisationskultu beobachtbar, schwer zu erklären bzw. zu interpretieren

FUNDAMENTE DER ORGANISATIONSKULTUR

WERTEBENE

VERTRETENE WERTE ◄──► HANDLUNGSLEITENDE WERTE
(Einstellungen, Überzeugungen) (Normen, Erwartungen)

KOGNITIVE WERTHALTUNGEN
nicht beobachtbar, bewusst, normative Wirkung ausübend

GRUNDLEGENDE ANNNAHMEN & ÜBERZEUGUNGEN DER EINZELNEN ORGANISATIONSMITGLIEDER

ANALYTISCHE KONSTRUKTE
Nicht beobachtbar, nicht bewusst, nicht hinterfragbar

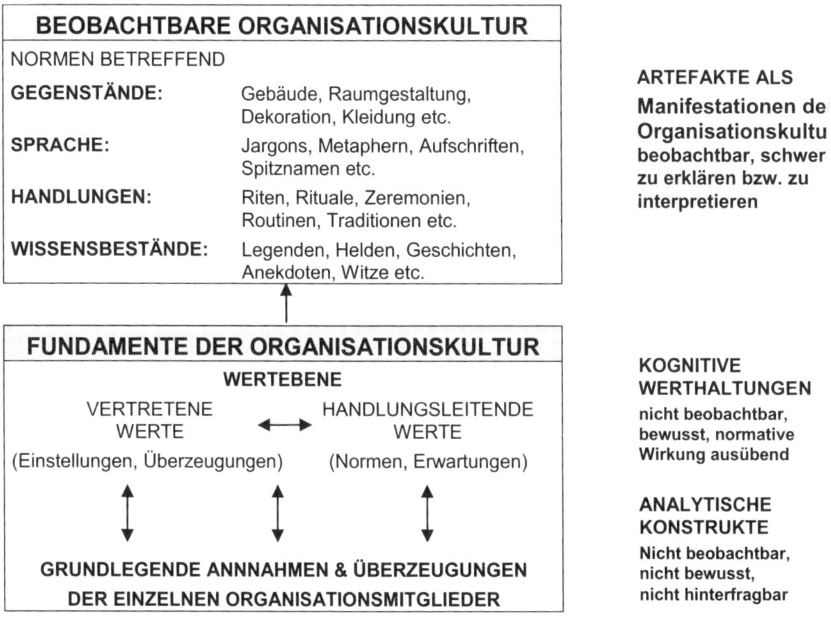

Abbildung 6-12: Beschreibungsmodell der Organisationskultur (vgl. Schein, 1995)

Im Wesentlichen geht es hierbei um die Wechselwirkung der beobachtbaren Unternehmenskultur und ihrem Fundament, der Wertebene, sowie den noch tiefer liegenden grundlegenden Annahmen und Überzeugungen der Organisationsteilnehmer.

Die **beobachtbaren** Manifestationen der Organisationskultur sind Artefakte auf verschiedenen Seins-Ebenen wie:

- Gegenstände,
- Sprache,
- Handlungen,
- Wissensbestände.

Diese Phänomene nehmen einen wesentlichen Stellenwert im Verhalten des Menschen in einer Organisation ein. Artefakte sind leicht zu beobachten, aber schwer und nicht eindeutig auf die darunter liegenden Werthaltungen zurückführbar, die die Ursache für das Entstehen und Vorhandensein der Artefakte darstellen.

Die **Fundamente der Organisationskultur,** die Wertebene als Basis der Organisationskultur, weisen zunächst zwei Gruppen von Werten auf:

- vertretene Werte und
- handlungsleitende Werte,

die durch Befragungen erfasst, jedoch naturgemäß nicht direkt beobachtet werden können. Der Unterschied zwischen diesen beiden Wertkategorien ist wesentlich für die Interaktion, den Umgang und die Auseinandersetzung der **einzelnen** Mitglieder in der **Gruppe.**

Vertretene, eigene, internalisierte Werte sind normative Feststellungen **des Einzelnen,** die seine Einstellungen, Hoffnungen und Überzeugungen reflektieren, wie die Dinge sein sollen. **Handlungsleitende** Werte sind demgegenüber die **in der Organisation** als Richtlinien des Verhaltens gültigen Werte für die Gruppe.

Die Diskrepanz zwischen den beiden Wertkategorien ist bestimmend für die Teamzugehörigkeit des Einzelnen, wobei allerdings beide als veränderlich anzusehen sind: Es gibt eine Wertanpassung des Einzelnen an die Gruppe, es gibt genauso eine Mitwirkung des Einzelnen bei der Entwicklung der gültigen Werte einer Organisationseinheit. Letztlich kann auch eine A-priori-Übereinstimmung vorliegen. Geringe Diskrepanzen können als Kontraste erlebt werden und letztlich auch als Konflikt behandelt werden.

Die unterste Ebene der **grundlegenden Annahmen und Überzeugungen** ist ein analytisches Konstrukt des Organisationsforschers – eine theoretische, aber brauchbare Basis im Modell, um **künstlich Struktur** in eine Welt zu bringen, die möglicherweise keine Ordnung hat und letztlich nicht erfasst

werden kann. Trotzdem ist diese Ebene als Krücke für das Verständnis der
Organisationskultur wesentlich und hilfreich, sie ist die **eigentliche** Basis der
Organisationskultur. Sie umfasst eher unbewusste Annahmen und Überzeugungen, die mit der bewussten Werteebene in Wechselwirkung stehen, und
lässt sich wie folgt durch Fragen erfassen:

- Sicht von **Realität, Wahrheit, Zeit, Raum:**
  Was ist wirklich – was ist Einbildung?
  Was sind Fakten – was sind Meinungen?
  Wie kann Wahrheit erfasst werden, durch Enthüllung oder Entdeckung,
  gar nicht?
  Was ist Zeit, was ist Raum?
- Sicht/Wesen der **Natur des Menschen:**
  Was ist die menschliche Natur, was sind die intrinsischen Eigenschaften
  des Menschen?
  Ist der Mensch gut, schlecht, indifferent?
  Ist der Mensch verbesserungsfähig?
- Sicht/Wesen der **menschlichen Tätigkeit:**
  Was soll der Mensch tun?
  Soll der Mensch aktiv oder passiv sein?
  Ist der Mensch fähig zur Selbstentwicklung?
  Was ist Arbeit, was ist Spiel?
- Sicht/Wesen der **zwischenmenschlichen Beziehungen:**
  Wie soll der Mensch mit Menschen umgehen?
  Wie ist Macht, Liebe zu verteilen?
  Ist das Leben eher Zusammenhalt oder Konkurrenz?
  Sind Beziehungen auf Autorität/Anordnung oder auf Charisma aufge-
  baut?
- Sicht/Wesen der **menschlichen Beziehungen zur Umwelt:**
  Soll sich der Mensch unterordnen oder soll er herrschen?
  Soll er in Harmonie oder im Gegensatz mit der Umwelt leben?

Obige Listung ist zugleich eine sehr brauchbare Checkliste für den Einzelnen
zur Erfassung und Bewusstmachung seiner **individuellen Werthaltungen.**

Oft werden statt der Unternehmenskultur, die quasi die **Atmosphäre** einer
Organisation ist, handfeste beobachtbare Phänomene gesehen und diese als
Unternehmenskultur bezeichnet. Es ist jedoch die Qualität der verwendeten Planungsinstrumente, die organisatorische Struktur, der Führungsstil, die
Kommunikations- und Entscheidungsprozesse als solche **nicht** die Organisationskultur selbst; Organisationskultur ist das, was mitschwingt, das, was
die Organisation als Ganzes unverwechselbar macht.

Wesentliche Erkenntnis ist, dass die leicht beobachtbaren Verhaltensweisen,
als Manifestationen der Organisationskultur, **nicht** oder zumindest nicht ein-

deutig auf die vertretenen Wertsysteme und noch schwerer auf die grundlegenden Annahmen schließen lassen. So werden etwa manche Artefakte
bewusst gesetzt, um der Außenwelt etwas zu signalisieren, was – dem vorliegenden Wertsystem folgend – möglicherweise gar keine hohe Priorität
besitzt.

Mit anderen Worten: Es ist nicht eindeutig möglich, als Außenstehender aus
dem Verhalten der Personen in der Organisation auf deren handlungsleitende Werte rückzuschließen.

6.4.6 Analyse und Änderung einer Organisationskultur

Jede (bevorstehende) Veränderung erzeugt bei den Betroffenen in unterschiedlichem Maß eine „Angst vor dem Unbekannten", wobei erfahrungsgemäß mehr die Angst vor dem Selbsterfahren der Veränderung als vor der
Änderung als solcher vorherrscht. Im Kontext mit Veränderungen in und
von Organisationen ist die Unternehmenskultur eher als träges Phänomen
anzusehen; als Resultat eines langfristigen Entwicklungsprozesses, dessen
Richtung sich **nicht kurzfristig** durch gezielte Eingriffe verändern lässt.

Unternehmenskultur in ihrer Bedeutung zu **erkennen** und mit ehrlicher Überzeugung zu **steuern** bzw. ihre Elemente als Steuerungsinstrumente einzusetzen, kann zu sehr konkreten Resultaten hinsichtlich des Unternehmenserfol-
ges (auf monetärer wie auf sozialer Basis) führen.

Änderungen der Unternehmenskultur sind **erforderlich**, wenn

- sich die Unternehmensumwelt sehr stark verändert, dies entweder durch
  örtliche oder inhaltliche Ausweitung eines Unternehmens oder durch
  starke Marktdynamik.
- das Unternehmen vor dem Abgrund steht, nicht zuletzt wegen einer von
  der Umwelt nicht akzeptierten Unternehmenskultur.
- das Unternehmen einen Organisationssprung vornimmt (z. B. vom Meis-
  terbetrieb zum funktional strukturierten Mittelbetrieb mit formalisierten
  Abläufen, oder von einer stark funktional organisierten Organisation zu
  einer **prozessorientierten**).
- das Unternehmen so stark wächst, dass die Zugänge an Personal bestehende Ausprägungen von Kultur überdecken. Dies trifft insbesondere auf
  Merger-Prozesse zu, wo der Zusammenfluss zweier Kulturen unerwartete
  Chancen, aber auch Verunsicherung und Kulturkampf erzeugt.

Das **Verändern** einer Kultur (Management of Culture Change) ist und bleibt
eine Kunst, die jedoch durch **kritische Erkenntnisse und Vorgehensregeln**
unterstützt werden kann:

▓ In jeder Organisation besteht irgendeine Form einer Kulturausprägung.

▓ Unternehmenskultur kann nicht gewechselt werden, wohl aber beeinflussend verändert werden.

▓ Kulturänderung umfasst das gesamte Unternehmen, sie sollte alle Elemente der Kultur ansprechen, jedoch nur wenige von diesen gleichzeitig und bewusst ändern wollen (Kontinuitätsproblem), es ergibt sich ohnedies eine positive langfristige Rückwirkung auf die übrigen Kulturfelder.

▓ Voraussetzung für eine Kulturänderung ist eine Offenheit und Bereitschaft im Unternehmen für diese. Alle Führer im Unternehmen, formelle wie informelle, sollten ähnliche Sicht besitzen, **was** geändert werden sollte bzw. muss und **warum**.

▓ Neue Organisationsmitglieder, die sich Ansehen und Vertrauen erwerben, sind sehr wirksame Keimzellen für Organisations- und Kulturänderungen, für die Entwicklung einer sogenannten kritischen Masse. Hingegen werden bloße Ratschläge von außen (Berater etc.) meist abgelehnt oder lächerlich gemacht.

▓ Offene Information und Kommunikation sind erforderlich; hierzu gehören auch eine entsprechende Ausbildung und Training der Mitarbeiter sowie Gelegenheit, **andere** Kulturen zu erleben.

▓ Kenntnisnahme und Anerkennung des Veränderungsprozesses durch das Management: „Was sagt das Management zu dem bisher erzielten Status?"

▓ Testinseln im Unternehmen für die Analyse von Kulturänderungen zur Ableitung von Go-/No-go-Entscheidungen **funktionieren nicht**, sie werden von der feindlichen Umwelt, außen und im Unternehmen selbst, diskreditiert und schließlich umgebracht.

▓ Es ist ein Engagement für die Sache bei den Organisationsmitgliedern zu entwickeln. Dabei ist aufseiten der Unternehmensführung unbedingt **zu vermeiden**:
  – Inkonsistenz zwischen „gepredigtem" und eigenem, tatsächlichem Verhalten,
  – Zynismus, Lächerlichmachen,
  – saftlose Lippenbekenntnisse ohne eigene Überzeugung,
  – das Nichtrealisieren großartiger Ankündigungen, dies führt zur Abstumpfung,
  – Umsetzungen ohne Vorinformation, dies führt zu Widerstand.

Möglichkeiten der Einflussnahme durch die Führung

Der **Träger** einer Organisationskultur ist immer die Organisation selbst. Die **Führer** der Organisation haben jedoch eine ganz entscheidende Funktion der Einflussnahme in den einzelnen Lebensphasen einer Organisation.

Obwohl die Entwicklung einer Organisationskultur ein gruppendynamischer Prozess ist, der zwischen **allen** Mitgliedern abläuft und bei dem diese unterschiedlichen Einfluss ausüben, geht die wesentliche Gestaltung der Organisationskultur in der Gruppe jedoch **vom Führer der Gruppe** aus. Umgelegt auf das Management von Teams – Prozess- wie auch Projektteams, sowohl in der Aufbau- wie auch in der Betriebsphase eines Prozessmanagementsystems – bedeutet das, große Sorgfalt bei der Auswahl der Teamführer (der Prozessverantwortlichen und Projektmanager) walten zu lassen, weil sie im Hinblick auf die Gestaltung der (künftigen) Unternehmenskultur Schlüsselpersonen sind.

Der **Weg der Änderung einer Kultur** geht ausschließlich über die Wertebene: Wenn ein Verhalten sich wiederholt als richtig erweist, so werden die entsprechenden unterlegten Werte in die grundlegenden Annahmen übernommen. **Dies ist im Wesentlichen der Prozess einer Änderung von Kultur in Organisationen.**

Ein alternativer Zugang der Änderung von Organisationskultur ergibt sich durch Änderung der Zusammensetzung der Organisationsmitglieder, etwa durch Austausch von älteren durch jüngere, neue Mitarbeiter. Damit ändert sich ebenfalls die Zusammensetzung der kulturellen Werte und damit der Grundannahmen in der Organisation.

Typen von Organisationskulturen

Ein ausgeprägtes Kulturbewusstsein verhilft dem Teamführer, sowohl die Verhaltensweise des einzelnen Partners richtig zu verstehen und zu interpretieren, als auch selbst jeweils die richtige Sprache (im umfassenden Sinne) zu finden. Der Tritt in so manches Fettnäpfchen in Form von verletzender, falsch verstandener Wortwahl oder unpassenden Meinungen und Verhaltensweisen kann dadurch verhindert werden.

Um die eigene Organisationskultur, im gesamten Unternehmen oder in dem spezifischen Projekt oder Prozess, besser beurteilen zu können sowie sich auf Kulturen der Partner, der Auftragnehmer und Kunden, rasch einstellen zu können, seien im Folgenden Hilfsmittel zur Einordnung unterschiedlicher Kulturen sowie eine Indikatorenliste zur Erfassung derselben angeführt.

Jedes Unternehmen, jede Organisation stellt im konkreten Fall eine Mischform der in Abbildung 6-13 skizzierten idealtypischen Ausprägungen dar. Das Portfolio wird über die beiden Achsen: **Informationsgewinnung** und **Informationsauswertung** aufgespannt. Die Ausprägungen der beiden Achsen sind hierbei wie folgt: Die Informationsgewinnung kann entweder sensorisch oder intuitiv erfolgen. Die Informationsauswertung rational oder emotional (vgl. hierzu Myers-Briggs-Typenindikator, MBTI, in Kapitel 6.1).

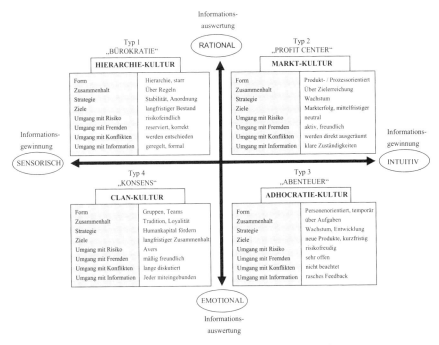

Abbildung 6-13: Typen von Organisationskulturen (vgl. Cameron, 1991)

Dabei hat jeder der vier Kulturtypen seine Berechtigung; Urteile der Bevorzugung können nicht generell getroffen werden.

Indikatorenliste zur Beurteilung einer Organisationskultur

Die nachfolgende Liste ist gegliedert nach typischen **Phasen der Kooperation** (Erstkontakt, Besprechungen, Entscheidungen, Zusammenarbeit) sowie nach den obigen vier idealtypischen Ausprägungen der Organisationskultur.

Erstkontakt

Typ 1: Distanziert, eher unfreundlich, korrekt,
unverbindlich,
formal, passende Kleidung wichtig,
man muss sich zum Boss durchkämpfen, muss warten, bleibt an Sekretärin hängen.

Typ 2: Freundlich, sachlich,
man ist rasch an der richtigen Stelle,
man wird empfangen, betreut,
verbindlich, Kosten spielen eine große Rolle.

Typ 3: Freundlich, aber kurz angebunden,
        Kompetenzen eher unklar,
        zeitliche Koordination schwierig, geringe Verbindlichkeit,
        man wird wie ein Kollege behandelt.

Typ 4: Mäßig freundlich,
        eher unverbindlich, oft inkompetent,
        unklare fachliche Zuständigkeiten,
        man irrt durch die Hallen, wird von einem zum anderen geschickt.

Besprechungen

Typ: 1: Alle relevanten Entscheidungsträger sind vertreten,
        schriftliche Protokolle, Verbindlichkeit,
        starke Betonung von Äußerlichkeiten,
        dominante Besprechungskultur, Einhalten der üblichen Sitzungsord-
        nung ist wichtig.

Typ: 2: Direkte, kompetente Abwicklung,
        unkomplizierte Abmachungen,
        klare Betonung des Nutzens,
        rasche Abwicklung, effizienzbetont.

Typ: 3: Unklare Kompetenz der Ansprechpartner,
        oftmaliger Wechsel der Personen,
        zerfahrene, oft unterbrochene Besprechungen,
        sehr rasche Abwicklung, die oft nicht hält.

Typ: 4: Viele, auch wenig kompetente Personen nehmen teil,
        es ist wichtig, dass sich alle vertreten fühlen,
        Protokolle sind langatmig, mehrere Versionen,
        wenig zügige Abwicklung, das Identifizieren der informellen Führer
        erspart viel Zeit.

Entscheidungen/Verbindlichkeit

Typ: 1: Das Topmanagement setzt die Unterschrift,
        viele Side-Letters zur Absicherung,
        klare Verhältnisse,
        hohe Verbindlichkeit,
        schwieriger Umgang mit neuen Ideen, Änderungen, Unklarem, Risi-
        kobehaftetem.

Typ: 2: Klare Unterschriftsbefugnis,
        Ziele des Unternehmens stehen im Zentrum,
        klare Verträge,
        hohe Verbindlichkeit,
        neue Ideen werden sofort bewertet.

Typ: 3: Entscheidungen durch wenige, jeweils zuständige Sitzungsteilnehmer,
kurze Verträge, werden erst später mit Leben gefüllt,
Inhalt wird oft geändert, auch noch nach Unterzeichnung,
Verbindlichkeit durch Zuständigkeitswechsel eingeschränkt,
man reagiert sofort auf neue Ideen, verwirft sie aber auch schnell.

Typ: 4: Sehr viele Unterschriften erforderlich,
Problem der Formulierung von Abmachungen,
wenig spezifische Form der Verträge,
es ist schwierig, die Verantwortlichkeiten dingfest zu machen,
man ist sehr offen für Neues, jede Idee braucht einen Promotor.

Zusammenarbeit

Typ: 1: Hohe Beständigkeit der Kooperation,
wenig Kontakte erforderlich/gewünscht,
klare Aufgabenverteilung,
nüchterne Erfolgsbewertung durch den Vorgesetzten.

Typ: 2: Kooperation ist vom Beitrag zur Zielerfüllung abhängig,
hohe Verbindlichkeit bei der Aufgabenverteilung,
Misserfolg erschüttert die weitere Zusammenarbeit.

Typ: 3: Kooperation stark wechselnd,
permanente Kontakte sind erforderlich,
geringe Verbindlichkeit, man muss stark auf persönlicher Ebene arbeiten,
Misserfolg kann uminterpretiert werden.

Typ: 4: Kooperation stark emotional getragen,
man ist stark mit eigenen Problemen der Befindenslage beschäftigt,
Misserfolg wird nicht als solcher gesehen (alles ist Lernchance).

6.4.7 Bemerkungen zur Kultur im Spezialfall „Projektteams"

Im Rahmen der Einflussnahme auf die Kultur einer Organisation beim Aufbau eines Prozessmanagementsystems kommt – wie zuvor bereits ausgeführt – der Führung eine wesentliche Rolle bzw. Schlüsselfunktion zu, sowohl der Unternehmensführung wie auch der Projektleitung, dem Projektteam und den einzelnen Prozessverantwortlichen, die wiederum Gruppen von Mitarbeitern der Organisation – nämlich die Prozessteams – führen.

Über die Projektorganisation, die nichts anderes als eine temporäre Führungsstruktur für die Dauer des Projektes darstellt, gilt es auf die Unternehmenskultur Einfluss zu nehmen. Dabei ist eingeschlossen, den Betroffenen den erforderlichen Wandel und die damit verbundenen Werte vorzuleben und den Nutzen für jeden einzelnen aufzuzeigen, der sich aus der Veränderung ergibt.

Damit dieses Konzept aufgeht, muss das Verständnis für die Veränderung der Organisation und ihrer Kultur entlang der Führungsstruktur im Prozess Stimmigkeit aufweisen und mit einem einheitlichen Verständnis umgesetzt werden. Ziel des Projektteams ist es, eine nachhaltige Veränderung in der Organisation zu bewirken. Dieses Vorhaben wird begünstig, wenn das Team und seine Mitglieder eine Vorreiterrolle im Hinblick auf den angestrebten Zustand und die damit verbundenen Werte einnehmen und vorleben – also die Organisation durch den Wandel führen.

Weil diese Umsetzung auf einem einheitlichen Verständnis im Projektteam aufbaut, sind im Folgenden wesentliche Aspekte der Kultur von Projektteams behandelt. Dies erfolgt nicht nur mit dem speziellen Fokus für den Fall des Aufbaus eines Prozessmanagementsystems, sondern ist aus Gründen der Anschaulichkeit, der Bildhaftigkeit und des leichteren Verständnisses allgemein gehalten.

Im Falle der Kultur einer **Projektorganisation** müssen folgende Spezifika beachtet werden:

- Projektkulturen sind (mit Ausnahme der reinen Projektorganisation) in eine oder auch in mehrere **langfristig bestehende** Unternehmenskulturen eingebettet.
- Projekten als zeitlich begrenzten Organisationen steht nur relativ kurze Zeit zur Entwicklung einer eigenen Kultur zu Verfügung.
- Projekte basieren in extremem Maße auf Teamarbeit, was die Entwicklung einer eigenständigen Projektkultur fördert.
- Projektorganisationen stehen in direktem Kontakt zum externen Auftraggeber (Kunden) und seiner Organisationskultur, was eine eigenständige Projektkultur der Kundenorientierung begünstigt.
- Projektorganisationen besitzen eine klare Führungsstruktur, wobei der Projektleiter in der Aufbauphase der Projektorganisation **grundlegenden Einfluss** auf die Ausprägung der Projektkultur ausübt.

All diese Tatsachen bewirken, dass Projekte innerhalb bestehender Unternehmen eine relativ eigenständige, unterscheidbare Kultur entwickeln, was als notwendig und auch förderlich für den Projekterfolg anzusehen ist. Sie manifestiert sich etwa durch folgende Phänomene:

- Ein eigener **Projektraum**, die Raumgestaltung ist eher als Infozentrale und Schauraum für die Außenwelt gedacht, eigene Bilddokumentation des Projekts, Kleidung des Projektteams ist ein Code für flexibles Zupacken, Tanzen auf allen Kirchweihen zugleich, souveränes Steuern und interdisziplinäres Arbeiten, man gibt sich außenorientiert.
- Die **Sprache** ist durch interne Codes geprägt, man zeigt Stolz, mit Budgets zu jonglieren, es werden Metaphern und Spitznamen verwendet, die

Mitglieder sind per Du, Vornamen werden verwendet. Das Projekt besitzt ein eigenes Logo, eigene Farbsymbolik, vielleicht Aufkleber, eine eigene Projektzeitung oder auch Seite im Unternehmensblatt.

Rituale betreffend Jour fixe, Projektteamsitzungen, Besprechungen mit Subkontraktoren etc. entwickeln sich (es geht dies bis zum eigenständigen Stil bezüglich Getränke, Kleinigkeiten etc.).

Zeremonien für Projektabschnitte, außergewöhnliche Leistungen einzelner Projektmitglieder und auch für private Anlässe entstehen. Man setzt sich oft bewusst von den Traditionen der Stammorganisation ab. Manche Projektmanager behaupten, der Erfolg eines Projekts steht und fällt mit der Qualität der „Nachsitzungen", etwa im Gasthaus beim Bier.

Die **Episoden** und lustigen sowie kritischen Vorfälle im Projekt werden dokumentiert (Projektvideo, Fotosammlung, Logbuch) und der Außenwelt mitgeteilt. Erlebnisse der Projektmitglieder machen die Runde, sie widerspiegeln Stolz und Pioniergeist. Projektwitze geben die permanente Bedrohung in Form des Projektrisikos wieder.

Verstärkt werden diese Kulturartefakte durch eigenständige **Organisationsmittel** wie Projekthandbuch, projektspezifische Regeln, eigenes Projektabrechnungssystem, eigenes EDV-System.

7 Prozesswerkzeuge zur Modellierung auswählen und anwenden

Die Prozessmodellierung ist ein integraler Bestandteil des modernen Prozessmanagements. Ausgehend von der Identifikation der Prozesse kann sie die Beschreibung, Darstellung, Optimierung und gegebenenfalls auch die Simulation von Prozessen umfassen. Die Einsatzmöglichkeiten liegen im gesamten Prozessmanagement. Daher spielen Prozessmodellierungswerkzeuge eine wesentliche Rolle, die eine intensive Auseinandersetzung rechtfertigt (Becker u. a. 2002).

Gründe für Prozessmodellierung

Der Wunsch nach **Kenntnis des aktuellen organisatorischen Stands** des Unternehmens kann die Ausgangsbasis für eine Prozessmodellierung darstellen. Alleine die Beschäftigung mit den eigenen Prozessen trägt immens zur Transparenz und zum Verständnis bei. Die grafische Aufbereitung erleichtert die Erarbeitung der Prozesse und die Auseinandersetzung mit der Thematik erheblich.

Eine anstehende **Zertifizierung** – zum Beispiel nach ISO 9001:2000 – ist oft der Beginn der Auseinandersetzung mit Prozessmanagement und somit auch mit der Prozessmodellierung. Der Dokumentation wird in Prozessmanagementsystemen ein sehr hoher Stellenwert eingeräumt. Prozessmodellierungswerkzeuge unterstützen diese Forderung. Sie erleichtern auch die Kommunikation innerhalb des Prozessmanagementsystems durch Mechanismen wie Aufbereitung der Prozesse im Unternehmensintranet.

Der Wunsch nach **Prozessoptimierung** ist in vielen Unternehmen Ausgangspunkt für Prozessmanagement. Jedoch ist ohne eine gesicherte und nachvollziehbare Ausgangsbasis eine Optimierung nur schwer möglich, da die größten Verbesserungspotenziale nicht bekannt sind. Am Beginn steht daher die Erarbeitung des aktuellen organisatorischen Stands. Danach ist es zielführend, die Prozessmodellierung auch bei der Prozessoptimierung einzusetzen. Etwa um Szenarien zu vergleichen oder Schlüsselprozesse zu simulieren.

Markt für Modellierungswerkzeuge

Für Modellierungswerkzeuge, die die Analyse und Optimierung von Prozessen bzw. Prozessmanagementsystemen unterstützen, gibt es eine immer breitere Auswahl. Die Preisspanne reicht von wenigen hundert bis mehreren zehntausend Euro. Eine fundierte Auswahl auf Basis der Erfordernisse des Unternehmens ist auf jeden Fall durchzuführen. Die Auswahl sollte Referenzen der Softwareanbieter genauso wie einen Testlauf berücksichtigen.

Eine Erleichterung bringt die nachfolgende Einteilung sowie der Leitfaden zur Auswahl von Prozessmodellierungswerkzeugen.

Aus der Umsetzungserfahrung werden wesentliche Stolpersteine aufgezeigt und gleichzeitig Maßnahmen angeführt. Dies stellt die Weichen für eine erfolgreiche Auswahl und Implementierung.

7.1   Einteilung von Prozessmodellierungswerkzeugen

Zur besseren Erfassung der Möglichkeiten von Modellierungswerkzeugen bietet sich folgende Einteilung an. Aus der Erfahrung ist die praktikabelste Einteilung jene nach der Funktion.

Die einfachste Ausprägung von Modellierungswerkzeugen ist die Software, die rein zur **Visualisierung** eingesetzt wird. Einer der bekanntesten Vertreter ist Microsoft Visio. Das Hauptaugenmerk liegt in dieser Gruppe auf gefälligen Symbolen, die sich ideal den firmenspezifischen Erfordernissen anpassen lassen, und auf der Anwenderfreundlichkeit.

Von **statischen Modellierungswerkzeugen** spricht man, wenn zusätzlich zur Visualisierungskomponente noch weitere Informationen – Zeiten, Kosten etc. – hinterlegt werden können. Im Hintergrund arbeitet eine Datenbank, die es ermöglicht, Auswertungen durchzuführen und somit Zusammenhänge zu erkennen.

Dynamische Modellierungswerkzeuge verfügen über Simulationsmöglichkeiten. Damit können beispielsweise Bearbeitungszeiten und Durchlaufzeiten von Prozessen berechnet werden. Hierbei werden wichtige Informationen für Szenarienbewertungen gewonnen.

Natürlich lässt sich keine eindeutige Trennung zwischen den Werkzeugen vornehmen. Vor allem dann nicht, wenn manche Funktionalitäten zwar vorhanden, aber in der Leistung nur sehr schwach sind.

7.1.1 Modellierungswerkzeuge für reines Visualisieren

Vorteile

Für reine Visualisierungswerkzeuge sprechen die einfache Handhabung sowie die breiten Einsatzmöglichkeiten. Diese Werkzeuge können neben der Prozessmodellierung auch für die Darstellung von Organigrammen, Datenlandschaften, Bauplänen und vieles mehr eingesetzt werden.

Da diese Produkte in der Handhabung den Office-Produkten von Microsoft sehr ähnlich und auch intuitiv zu bedienen sind, halten sich der Schulungsaufwand und somit auch die Kosten in Grenzen.

Greift man auf schon im Haus befindliche Software zurück (beispielsweise Word, Excel, PowerPoint), so können auch hier noch Kosten gespart werden. Allerdings ist zu bedenken, dass die eben genannten Produkte nicht vorrangig für die Prozessvisualisierung erschaffen wurden und dadurch die Gefahr besteht, dass der Anwender sehr bald auf Grenzen stoßen wird.

Nachteile

Gegen reine Visualisierungswerkzeuge sprechen die mangelnden Auswertungsmöglichkeiten. Dies liegt darin begründet, dass im Hintergrund keine Datenbank arbeitet und somit vom Visualisierungswerkzeug keine Zusammenhänge zwischen Prozessen, Tätigkeiten und Verantwortungen erkannt werden können.

Beim Aufbau eines Prozessmanagementsystems mithilfe eines Visualisierungswerkzeugs entsteht eine Vielzahl an Dateien. Diese Dateien sowie andere schon bestehende Unterlagen werden mittels Hyperlink-Technologie verknüpft. Für den Benutzer ist das eine komfortable Lösung, für den für die Systempflege Verantwortlichen steigt allerdings der Aufwand mit der Zahl der Dateien enorm.

Innerhalb von reinen Visualisierungswerkzeugen gibt es keine Möglichkeit, Rechte zu vergeben. Somit ist man dem Risiko ausgesetzt, dass Mitarbeiter unabsichtlich Änderungen vornehmen.

Symbolbibliotheken

In Symbolbibliotheken (Abbildung 7-1) findet der Modellierer alle gebräuchlichen Symbole. Die Bibliotheken sind themenbezogen geordnet und in einer großen Zahl vorhanden. Für Flussdiagramme und Prozessdarstellungen stellen gängige Softwarepakete eigene Bibliotheken zur Verfügung.

Im Zuge der Prozessanalyse ist es ratsam, sich auf eine einheitliche Darstellungsform zu verständigen. Dies bedeutet nicht nur die Schaffung von Vorlagen für Prozessbeschreibungen und andere Vorgabedokumente, sondern auch die Festlegung auf einen Symbolsatz. Damit wird auch die Corporate Identity sichergestellt – zum Beispiel durch Integration des eigenen Logos. Die Erarbeitung aller Vorlagen findet in einem Konventionen-Workshop statt.

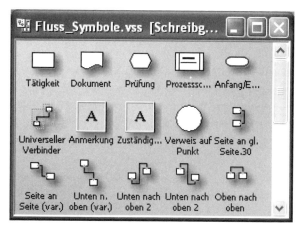

Abbildung 7-1: Symbolbibliothek

Die Ergebnisse bilden die Basis für die Schulung der Modellierer und in weiterer Folge auch der Mitarbeiter. Nicht zuletzt erleichtern einheitliche Symbole die Kommunikation.

Mögliche Kriterien für die Anwendung reiner Visualisierungswerkzeuge

Nachfolgend sind einige Kriterien angeführt, welche die Verwendung von reinen Visualisierungswerkzeugen nahelegen:

- Der Fokus liegt auf der grafischen Aufbereitung der Informationen.
- Die Zahl der Prozesse und Schnittstellen ist überschaubar.
- Der Änderungszyklus der Prozesse ist nicht zu kurz.
- Der Schulungsaufwand soll klein gehalten werden.
- Das zur Verfügung stehende Budget ist klein.
- Eine Prozesssimulation ist nicht geplant.
- Datenbankgestützte Auswertungen sind nicht geplant.

Anwendungsbeispiel aus der Praxis

Die Magistratsabteilung 48 – Abfallwirtschaft, Straßenreinigung und Fuhrpark – der Stadt Wien hat für den Fuhrpark ein Qualitätsmanagementsystem nach ISO 9001:2000 aufgebaut und zertifizieren lassen.

Einen wesentlichen Beitrag zur Kommunikation liefert das Intranet, in dem die Prozesse ausgehend von der Prozesslandschaft über Knopfdruck erreicht werden können. Eine Besonderheit stellt die grafische Gestaltung in Form eines Lkws dar (Abbildung 7-2). Als Programm zur Visualisierung wurde Microsoft Visio verwendet, über HTML-Seiten wurden die Dokumente verlinkt.

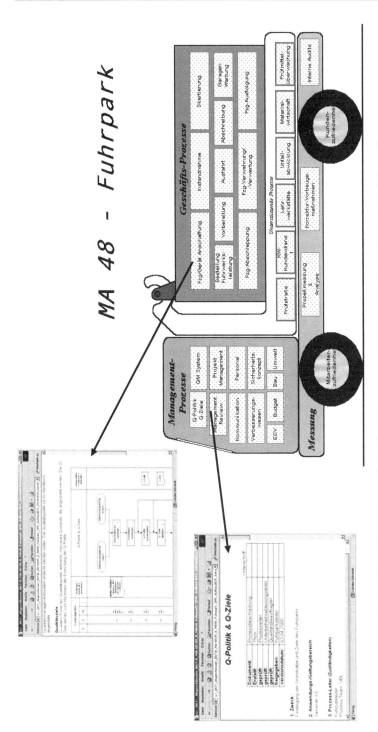

Abbildung 7-2: Beispiel einer Visio-/HTML-Lösung (Quelle: Qualitätsmanagement-System Magistratsabteilung 48 – Fuhrpark)

7.1.2 Statische Modellierungswerkzeuge

Statische Modellierungswerkzeuge verfolgen das Ziel einer EDV-gestützten strukturellen Modellierung und Optimierung sowohl der Prozesse als auch der Aufbauorganisation von Unternehmen. Mithilfe dieser Software können Daten wie Arbeitsinhalt, Personaleinsatz, Stellendefinition, Informationsflüsse und vieles mehr erfasst werden. Ergebnis dieser Erfassung ist ein Modell, in dem Tätigkeiten, Verantwortliche und Informationen auf vielfältige Weise miteinander verknüpft sind.

Bestehende elektronische Unterlagen – alle OLE-Objekte – können in allen gängigen Formaten in die Prozesse eingebunden werden und später mittels Link direkt aufgerufen werden. Dies hat den Vorteil, dass die bestehende Dokumentation weiterverwendet werden kann und nicht alles in das statische Modellierungswerkzeug übertragen werden muss.

Statische Modellierungswerkzeuge dienen damit einerseits zur grafischen Darstellung von Prozessen, ermöglichen darüber hinausgehend jedoch auch Auswertungen (z. B. Zeit, Kosten, Ressourceneinsatz etc.). Durch diese Funktionalitäten werden die statischen Modellierungswerkzeuge nun zu statischen Optimierungswerkzeugen. Die Identifikation von Verbesserungspotenzialen wird nun nicht mehr ausschließlich durch die bloße grafische Darstellung unterstützt.

Man erkennt Organisationsbrüche entlang der Prozesskette, Abhängigkeiten der Prozesse untereinander sowie die Wichtigkeit diverser Informationen, die an mehreren Stellen im Unternehmen Bedeutung haben.

Vorteile

▨ Erkennen von Zusammenhängen.
▨ Analysebasis vor Änderungen der Organisation.
▨ Bewertung der Auswirkungen von Änderungen bei Anwendungssystemen.
▨ Einfache Darstellung der Inhalte im Intranet.
▨ Praktikables Navigieren im Intranet.

Nachteile

Vor dem Einsatz von statischen Modellierungswerkzeugen sollten auch die Nachteile in die Überlegungen mit einbezogen werden:

▨ Statische Modellierungswerkzeuge sind komplex. Die vielen Möglichkeiten überfordern so manchen User, vor allem, wenn nach einer längeren Pause der Wiedereinstieg versucht wird.

Statische Modellierungswerkzeuge sind aufgrund ihrer Funktionalitäten kostenintensiv. Dies rechtfertigt eine fundierte Auswahl und Überlegung zum Lizenzmodell.

Die oft parallel erforderliche Generierung von automatischen Reports für Mitarbeiter ohne Systemzugang erfordert meist einen aufwendigen Adaptierungs-/Programmierungsaufwand dieser Reports.

Mögliche Kriterien für die Anwendung von statischen Modellierungswerkzeugen

Nachfolgend sind einige Kriterien angeführt, welche die Verwendung von statischen Modellierungswerkzeugen nahelegen:

Die Zahl der Prozesse und Schnittstellen ist sehr hoch.

Prozesse ändern sich sehr oft.

Die Vorteile einer objektorientierten Datenbank sollen genutzt werden.

Die Inhalte sollen auf einfache Weise den Mitarbeitern im Intranet zugänglich gemacht werden.

Bereitschaft, in die Schulung zu investieren.

Genügend Budgetmittel stehen zur Verfügung.

Datenbankgestützte Auswertungen zur Optimierung sind vorgesehen.

Anwendungsbeispiele aus der Praxis

Abbildung 7-3 zeigt den Ablauf eines Prozesses zur Planung und Durchführung interner Audits, realisiert in einem statischen Modellierungswerkzeug.

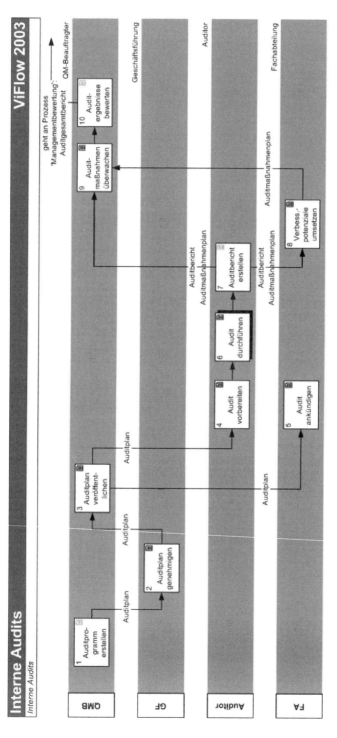

Abbildung 7-3:   (Quelle: www.vicon.biz entnommen aus Onlinemodell)

7.1.3 Dynamische Modellierungswerkzeuge

Vorteile

▨ Dynamische Modellierungswerkzeuge ermöglichen durch eine Simulation schon vor der Implementierung der Prozesse eine Alternativenbewertung und Identifikation von Schwachstellen. In die Berechnung fließen beispielsweise Arbeitszeiten von Mitarbeitern, Auslastungskurven von Prozessen sowie Einarbeitungszeiten ein. Ebenso können die Zeiten mit Kosten hinterlegt werden.

▨ Die Ergebnisse stellen bei einer sehr guten Datenbasis eine wichtige Entscheidungsgrundlage dar.

Abbildung 7-4 zeigt ein entsprechendes Beispiel von ARIS.

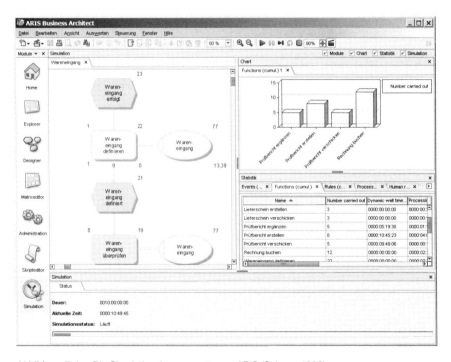

Abbildung 7-4: Die Simulationskomponente von ARIS (Scheer, 1998)

Nachteile

▨ Da aber nicht alle Einflussfaktoren berücksichtigt werden können und bei Prozessverzweigungen auch mit Wahrscheinlichkeiten gearbeitet werden muss, ist auf jeden Fall eine Interpretation und Diskussion der Ergebnisse durchzuführen.

▨ Die Datenerhebung kann zu einem sehr großen Aufwand führen, der dann wieder den Nutzen der Simulation infrage stellt. Oft passiert es, dass die Erkenntnis nach Verbesserungspotenzialen nicht erst bei der Simulation, sondern schon bei der strukturierten Datenerhebung passiert. Die Simulation bestätigt dann lediglich diese Erkenntnisse.

Mögliche Kriterien für die Anwendung von dynamischen Modellierungswerkzeugen

▨ Nicht alle Prozesse sind simulierbar. Eine wichtige Voraussetzung ist eine entsprechend hohe Zahl an Prozessdurchläufen, um aussagekräftige Daten für die spätere Simulation zu gewinnen.

▨ Die Simulationsergebnisse von Prozessen, die einen hohen Prozentsatz an kreativer Leistung – Denkarbeit – beinhalten, sind immer mit einem hohen Unsicherheitsfaktor behaftet. Besser eignen sich Prozesse mit gar keinen oder geringen Anteilen an kreativer Leistung.

▨ Sehr gut zur Simulation eignen sich Prozesse, die in hohem Maße von IT-Systemen unterstützt ablaufen. Hier können die anfallenden Daten für die Simulation übernommen werden und müssen nicht erst mühsam definiert und gesammelt werden.

7.2 Vorgehen bei der Auswahl von Modellierungswerkzeugen

Die Auswahl von Modellierungswerkzeugen erfolgt in den meisten Fällen in drei Phasen, die in Abbildung 7-5 dargestellt sind.

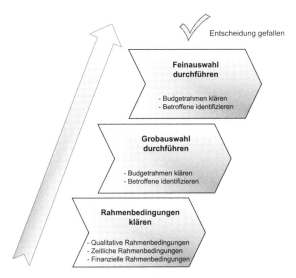

Abbildung 7-5: Auswahl von Modellierungswerkzeugen

7.2.1 Rahmenbedingungen klären

Prozessmanagement betrifft jeden einzelnen Mitarbeiter im Unternehmen. Bei der Auswahl des Modellierungswerkzeugs sind somit sämtliche Interessen zu berücksichtigen. Die Interessen des Managements gehen in Richtung Steuerungsinstrument und Erhöhung der Transparenz, die Mitarbeiter wünschen sich einfache Handhabung sowie eine vollständige Information und einen leichten Zugang zu allen wichtigen Unterlagen.

Gerade in der Projektstartphase gilt es umsichtig zu sein, da hier der Grundstein für die richtige Auswahl und spätere Akzeptanz seitens der Mitarbeiter gelegt wird.

Qualitative Rahmenbedingungen klären

Unter den qualitativen Rahmenbedingungen versteht man in diesem Zusammenhang, welche groben Anforderungen das Unternehmen an die Funktionalität der Software stellt. Hier muss – zumindest in groben Zügen – die Frage beantwortet werden, ob man bei der folgenden Auswahl ein passendes High-End-Produkt wählt oder ob man mit einer Basisausstattung das Auskommen findet. Die Antwort hat ganz massiven Einfluss bei der Klärung der finanziellen Rahmenbedingungen.

Im Zuge der Klärung der qualitativen Rahmenbedingungen ist es nötig, einen Blick in die Zukunft zu werfen. Anforderungen, die im Moment nicht bestehen, können im nächsten Jahr durchaus zutreffen. Anhand dieser Anforderungen erfolgt eine Risikoabwägung.

Zeitliche Rahmenbedingungen klären

In die grobe zeitliche Abschätzung fließt die Auswahl der Software, die Installation, die Anpassung sowie die Schulung der Mitarbeiter ein. Die qualitativen Rahmenbedingungen liefern als Input die Komplexität des angestrebten Modellierungswerkzeugs. Der zeitliche Aufwand bis zur Inbetriebnahme steht damit in einem direkten Zusammenhang.

Finanzielle Rahmenbedingungen klären

Die Kosten, die im Zuge der Einführung und Weiterentwicklung eines Modellierungswerkzeugs anfallen, sind in der Praxis die relevanteste Entscheidungsgrundlage. Wichtig ist, den gesamten Lebenszyklus der Software ins Auge zu fassen. Dies beginnt bereits beim Auswahlverfahren, wo die Einbeziehung externer Experten zur Unterstützung in Betracht gezogen werden sollte. Die Kostenschätzung geht weiter über die Hardwarevoraussetzungen und Softwarevoraussetzungen. Gerade wenn keine Standarddatenbanken vorhanden sind und erst angeschafft werden müssen, lässt dies die Investitionen in die Höhe schnellen. Auch die unternehmensgerechte Anpassung der Software stellt einen Teil des Aufwands dar, letztendlich soll sich auch hier die Corporate Identity wiederfinden. Im nächsten Schritt sind die Schulungskosten der Mitarbeiter zu bedenken, wobei hier zur Kostensenkung die Unterscheidung zwischen Modellierern und Administratoren sinnvoll ist. Die zeitlichen Ressourcen für die Pflege der Dokumentation sollten in der Lebenszyklusbetrachtung beinhaltet sein. Einen wesentlichen Teil bei den laufenden Kosten stellen die Softwareupdates sowie die Benutzungsberechtigung der Hotline dar.

Die Abklärung der finanziellen Rahmenbedingungen endet – sofern auf Basis der vorliegenden Informationen eine positive Aussage getroffen werden kann – mit der Budgetierung und dem Projektstart.

7.2.2 Grobauswahl durchführen

Der Markt der Prozessmodellierungs- und Optimierungswerkzeuge ist sehr breit und stellt dadurch hohe Anforderungen an die Auswahl. Durch die Definition von Musskriterien kann die Anzahl der infrage kommenden Programme reduziert werden. Dadurch wird das gesamte Auswahlverfahren beschleunigt, da nur mehr die prinzipiell geeigneten Prozessmodellierungs- und Optimierungswerkzeuge einer genaueren Analyse unterzogen werden.

Typische Musskriterien können zum Beispiel sein: Multi-User-Fähigkeit, Berechtigungssystem, Anforderungen an spezielle Schnittstellen oder die Möglichkeit einer inkludierten elektronischen Dokumentenlenkung.

Studien und Marktanalysen

Eine wesentliche Hilfe bei der Auswahl von Modellierungssoftware stellen Marktübersichten, Studien und Bewertungen dar.

Dabei ist zu beachten, dass hinter jeder Bewertung Kriterien stecken, die auf das eigene Unternehmen in den meisten Fällen nicht eins zu eins übertragbar sind. Aufgrund der Breite des Markts sind Marktübersichten sehr gut für eine Vorauswahl geeignet.

Bei der näheren Betrachtung sind die individuellen Anforderungen des Unternehmens als Basis für die Bewertung heranzuziehen. Die Erfahrung zeigt, dass die Ergebnisse durchaus von Studien abweichen.

Gartner Research – Magic Quadrant for Business Process Analysis

Gartner Research bewertet jährlich Anbieter von Software im Bereich der Geschäftsprozessanalyse und teilt diese in Nischenanbieter, Visionäre, Herausforderer und Marktführer ein. Die Darstellung erfolgt übersichtlich in vier Quadranten (Abbildung 7-6).

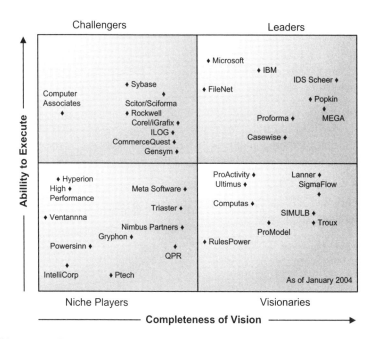

Abbildung 7-6: Bewertung von Softwareanbietern (Quelle: Gartner Research, Januar 2004)

Die **horizontale Achse** charakterisiert die Erreichung der „Vision" eines Anbieters in Bezug auf die Erfüllung der Anforderungen und Rahmenbedingungen durch das Tool, die seitens des Geschäftsprozessmanagementmarktes gestellt werden. Dabei werden folgende Aspekte berücksichtigt.

- **Technologie:** Bei diesem Aspekt wird die Qualität der technischen Umsetzung des Produkts beleuchtet.
- **Marktführerschaft:** Marktaufmerksamkeit durch Interessenten und Wettbewerber basierend auf starkem und konsistentem Marketing.
- **Kommunikation:** Kommunikation des Herstellers mit dem Markt – regelmäßige Werbeveranstaltungen, Aktivitäten im Internet, Roadshows, Informationsmaterialien.
- **Externe Investoren:** Im Rahmen dieses Aspekts wird das Engagement von externen Investoren beim jeweiligen Hersteller untersucht.

Die **vertikale Achse** zeigt, wie gut der Anbieter die Vision umsetzt. Dabei werden insbesondere folgende Punkte in die Bewertung mit einbezogen:

- **Produkt:** Preisgestaltung, Schwierigkeit der Installation und Schwierigkeit der Anwendung.
- **Service und Support:** Qualität und Kompetenz im Service, sowie Reaktionszeiten.
- **Management:** Fähigkeiten des Managements.

Gesellschaft für Prozessmanagement: Marktübersicht GPO/GPM-Tools (www.prozesse.at)

Die Gesellschaft für Prozessmanagement erstellt jährlich eine Marktübersicht, um einen fundierten Überblick über Softwaretools für Geschäftsprozessoptimierung/-management zu geben. Dabei soll neben dem Überblick auch die Auswahl erleichtert werden.

Insgesamt werden über 160 verschiedene, weltweit angebotene Softwaretools angeführt. 30 davon werden näher beleuchtet. Über folgende Punkte gibt diese Marktübersicht Auskunft:

- Erzeuger/Anbieter,
- Beschreibung,
- Funktionalität,
- unterstützte Modelle,
- Schnittstellen,
- Support,
- Zusatzmodule,
- verkaufte Lizenzen/Firmengröße (Firmengröße in Anzahl der Mitarbeiter),
- Kosten,
- Zielgruppen.

Auch diese Marktübersicht kann ein professionelles Auswahlverfahren nicht ersetzen, sie bietet aber dafür eine hilfreiche Ausgangsbasis.

Geschäftsprozessmanagement Inside – Ergebnisse einer Befragung im April 2004 (Bach u. a., 2005)

Zusammen mit der Universität Gießen hat der Carl Hanser Verlag im April 2004 die bisher größte deutsche Befragung zum Geschäftsprozessmanagement durchgeführt. Ein Teil dieser Befragung beschäftigt sich mit der Frage, welche Software für Geschäftsprozessmanagement eingesetzt wurde.

Am Schluss des Ergebnisberichtes geben die Autoren wertvolle Handlungsempfehlungen für die Praxis.

7.2.3 Feinauswahl durchführen

Die Grobauswahl liefert eine überschaubare Zahl zur näheren Begutachtung. Für die Feinauswahl werden die Anforderungen an die Software im Team diskutiert und nach Wichtigkeit bewertet. Dies ist wesentlich, da nicht zu erwarten ist, dass ein Anbieter alle Anforderungen 100-prozentig erfüllen kann (Abbildung 7-7).

Produktbewertung

Produkt:

Segment	Kriterien	Bewertung SOLL	Bewertung IST	%	mittl. EG in %	Gew.-faktor	gew. Bewertg.
1. Prozessbeschreibungen	Versionierung und Rückverfolgbarkeit (wer hat was verändert)	10	5	50			
	Ablaufdarstellung	10	10	100			
	Beschreibungsmöglichkeit (Modellarten)	20	20	100			
	Verlinkung Prozess	10	10	100	85,0	0.20	17,0%
	Verlinkung Dokumente	10	10	100			
	Min. 5 Ebenen Darstellung	10	10	100			
	"drill in" und "drill out" Funktion	10	10	100			
	Automatisches Nachziehen von Änderungen	20	10	50			
2. Bedienung/ Installation	Kurze Einführungszeit für Prozessverantwortliche	60	30	50	62,0	0.20	12,4%
	Installationsaufwand/Wartung	40	32	80			
3. Auswertungen	Stellenbeschreibung	5	5	100			
	Komplette Prozessdokumentation (M-Handbuch)	45	45	100			
	Formatierte Ausgabebericht incl. Corporate Identity	30	30	100	96,0	0.20	19,2%
	Dokumentation über HTML veröffentlichen						
	Verteilungskonzept vorhanden	20	16	80			

Abbildung 7-7: Auszug aus einer Produktbewertung im Rahmen eines Auswahlverfahrens

Das Bewertungsteam sollte interdisziplinär zusammengesetzt sein. Spezialisten der IT stellen sicher, dass die Software auch in die System- und Datenlandschaft des Unternehmens passt. Experten aus der Organisationsabteilung sorgen dafür, dass die Forderungen in Richtung Prozessmanagement erfüllt werden. Einen wichtigen Beitrag zur späteren Akzeptanz stellt die Einbindung der späteren Nutzer dar. Diese umfassen die Modellierer sowie die Betrachter der Ergebnisse im Intranet. Hierbei gewinnt man wichtige Informationen über die Gefälligkeit der Darstellung.

Die Feinauswahl sollte eine Präsentation im Haus beinhalten sowie die Erfahrungssammlung an einem praktischen Beispiel aus dem Unternehmen vorsehen.

7.3   Stolpersteine bei der Auswahl und beim Einsatz

7.3.1 Stolperstein „laufende Kosten"

Eine übereilte Anschaffung kann mit einem bösen Erwachen enden, sollte auf eine ganzheitliche Kostenbetrachtung vergessen worden sein. Die Anschaffungskosten sind nur ein Teil, der über die Jahre relativ zu den Gesamtkosten gesehen abnimmt.

Laufende Wartung und eine 24-Stunden-Hotline können jährliche Kosten in der Höhe von bis zu 20 % der Lizenzkosten, manchmal sogar darüber, verursachen. Verlagen Sie vom Anbieter eine detaillierte Kostenaufstellung für die folgenden Jahre.

7.3.2 Stolperstein „Konfektion statt Maß"

Die Mehrzahl der Anbieter hat neben der Software auch inhaltliche Zusatzpakete im Angebot. Das bedeutet, dass man fertige Prozesse erwerben kann. In diesem Fall spricht man auch von Referenzprozessen. Ein Referenzprozess ist ein fertig modellierter Prozess, der Normforderungen von zugrunde liegenden Normen oder Modellen berücksichtigt. Referenzmodelle sind zum Beispiel für

- SCOR – Supply-Chain Operations Reference-Modell,
- ITIL – Information Technology Infrastructure Library,
- eTOM – enhanced Telecom Operations Map,
- ISO 9001 – Forderungen an ein Qualitätsmanagementsystem,
- TS 16949 – Forderungen der Automobilindustrie an ein Qualitätsmanagementsystem,
- ISO 14001 – Forderungen an ein Umweltmanagementsystem,
- etc.

verfügbar.

Da kein Unternehmen exakt wie ein Referenzmodell funktioniert, ist es notwendig, die Referenzprozesse zu hinterfragen und auf das eigene Unternehmen hin anzupassen. Der Erfolg wird sich dann einstellen, wenn die Mitarbeiter bei der Prozesserarbeitung mit einbezogen werden und ihnen keine fertigen Prozesse vorgesetzt werden.

7.3.3 Stolperstein „Komplexität"

Geschäftsprozess-Optimierungstools stellen die Anwender nicht selten vor komplexe Aufgaben. Dies stellt bei häufiger Anwendung kein Problem dar, allerdings muss damit gerechnet werden, dass nach dem Aufbau des Prozessmanagementsystems die Software in einem kleineren zeitlichen Umfang genutzt wird. Gerade bei seltener Anwendung verlernen die Modellierer die Fertigkeit im Umgang mit der Software. Die Folgen können unter anderem sein:

- mangelnde Qualität in der Prozessdokumentation;
- veraltete Prozessdokumentation, da der Aufwand des Wiedererlernens zur Änderung gescheut wird.

Diesem Risiko kann durch ein dementsprechendes Kriterium bei der Auswahl vorgebeugt werden. Für einen langfristigen erfolgreichen Einsatz ist eine einfache und leicht verständliche Anwendung unabdingbar.

7.3.4 Stolperstein „Lizenzzahl"

Beim Aufbau eines Prozessmanagementsystems stellt sich neben der Art der Software, die eingesetzt werden soll, auch die Frage nach den Anwendern dieser Software. Es ist zu klären, wer die Prozesse ins System aufnimmt, wer die Prozessdokumentation pflegt und wer die technische Administration übernimmt.

Gerade bei der Lizenzanzahl für die Modellierer zeigt sich immer wieder, dass hier oft zu hoch gegriffen wird. Nachdem die Prozesse erfasst und dokumentiert wurden, geht der Aufwand naturgemäß stark zurück. Dies hat zur Folge, dass sich die Modellierer nur noch von Zeit zu Zeit mit der Prozessdokumentation beschäftigen und den Umgang mit der Software verlernen – gerade wenn diese in der Handhabung komplex ist.

Bei der Anschaffung sollte man daher ein Modell in Betracht ziehen, das eine Reduzierung der Lizenzen nach der Erfassungsphase ohne Mehrkosten erlaubt.

7.3.5 Stolperstein „Zusatzfunktionen"

Bei einer ungenauen Bewertung in der Evaluierungsphase kann es passieren, dass Zusatzfunktionen wie einer Kostenrechnung, einer Simulation oder einer Balanced Scorecard ein viel zu hoher Stellenwert eingeräumt wird. Die Gründe hierfür liegen meist in der Unkenntnis der Anwendung dieser Module und in einer zu optimistischen Erwartungshaltung.

Erst in der Anwendung wird erkannt, dass die Datenerhebung für die Kostenrechnung oder Simulation ein extrem aufwendiges Unterfangen darstellt, welches dann oft abgebrochen wird.

Es empfiehlt sich, Zusatzmodule erst dann anzuschaffen, wenn diese wirklich gebraucht werden. Dies bietet außerdem den Vorteil, die Funktionalität vor dem Kauf an den eigenen Prozessen evaluieren zu können.

Durch den Einbezug von unabhängigen Experten im Rahmen der Evaluierungsphase kann jedoch sichergestellt werden, dass die erforderliche Zukunftssicherheit der gewählten EDV-Lösung gewährleistet wird.

8 Prozesse der Veränderung managen

8.1 Projektmanagement von Organisationsänderungen

Im nachfolgenden Abschnitt wird anhand des Projekts „Aufbau eines Prozessmanagementsystems" beispielhaft auf die wesentlichen Projektmanagementtools eingegangen. Besonderes Augenmerk wird auf die praktische und unmittelbare Umsetzung der Inhalte gelegt. Das Projektvorgehen folgt den international anerkannten Standards des Projektmanagements.

Ausgegangen wird von einem mittelständischen Unternehmen (ca. 500 Mitarbeiter). Das Projekt „Aufbau des Prozessmanagementsystems" wird als internes Organisations- bzw. Organisationsentwicklungsprojekt behandelt.

Sehen wir also Projektmanagement als Prozess an und widmen uns nachfolgend diesem Projektmanagementprozess und seiner beispielhaften Darstellung anhand des Projektes zum Aufbau eines Prozessmanagementsystems. Der Prozess zur Abwicklung von Projekten hat klare Inputs (Projektidee, Projektauftrag), klare Ergebnisse (Projektergebnisse) sowie klare Outcomes (Lessons Learned, entlastete Projektleitung, Kundenzufriedenheit). Genauso lassen sich Ziele und Messparameter definieren, Ressourcen und Verantwortungen zuordnen und der Prozess lässt sich in die Prozesslandschaft des Unternehmens eingliedern.

Der Prozess wird begleitet von einem laufenden Informations- und Kommunikationsmanagement, im Projekt und nach außen, sowie einem klar strukturierten Änderungsmanagement (Management of Change) und einem Projektmarketing.

8.1.1 Projekte initiieren und beauftragen

Jedes Projekt startet mit der Projektidee, deren Quelle unterschiedlichen Ursprungs sein kann. Projekte zum Aufbau des Prozessmanagementsystems werden in der Regel basierend auf klaren Maßnahmen aus einer strategischen Zielsetzung heraus gestartet. Forderungen, wie die Schaffung einer Grundlage für kontinuierliche Verbesserungen, die Integration anderer Managementsysteme (z.B. ISO 9001; TS 16949, ISO 14001 etc.), eine Integration in die Unternehmens-BSC, sind weitere mögliche Auslöser für das Projekt „Prozessmanagement".

Zwischen der Initiierung des Projektes und der tatsächlichen formalen Beauftragung ist jedoch klar zu unterscheiden.

8.1.2 Projekte starten

„So, wie ein Projekt gestartet wird, so endet es auch." Dieser Leitsatz manifestiert die Bedeutung und Wichtigkeit der Startphase des Projektes. Projekte starten nicht mit dem Projekt-Kick-off! Sie starten mit der ersten Idee, mit den ersten Gedanken.

Es gilt, das Projekt abzugrenzen sowie die **Ziele** und **Nichtziele** des Projektes klar zu definieren, denn vor allem deren Definition ist wesentlich für den Projekterfolg, um gegen spätere Reklamationen/Claims gerüstet zu sein (Tabelle 8-1). Ziele des Projektes müssen SMART sein:

S　Spezifiziert
M　Messbar
A　Annehmbar
R　Realistisch
T　Terminbezogen

Mit der Endabnahme des Projektes werden die Ziele auf ihre Erfüllung hin kontrolliert und abgenommen. Je leichter messbar diese Ziele sind, umso friktionsfreier verläuft die Endabnahme (auch final acceptance genannt).

Tabelle 8-1: Beispiele für Ziele/Nichtziele des Projekts „Aufbau eines Prozessmanagementsystems"

Mögliche *Ziele* des Projektes „Aufbau eines Prozessmanagementsystems"	Mögliche *Nichtziele* des Projektes „Aufbau eines Prozessmanagementsystems"
▦ Erstellung der Prozesslandschaft	▦ Zusammenlegen/Trennen von Abteilungen
▦ Visualisierung aller Hauptprozesse	
▦ Kurzschulung aller Mitarbeiter	▦ Implementierung neuer Software
▦ Verankerung von Prozessverantwortlichen	▦ Änderung der strategischen Vorgaben des Unternehmens
▦ Maßnahmenplan für die Umsetzung der identifizierten Verbesserungsmaßnahmen	▦ Bürokratisierung im Unternehmen
▦ Abbildung der Prozesse im Intranet	
▦ Zertifizierung nach ISO 9001:2000	

8.1.3 Arbeitsstrukturen in Projekten (Projektorganisation)

Eines der Wesensmerkmale von Projekten beim Aufbau eines Prozessmanagementsystems ist es, dass es von mehreren Personen und Unternehmensbereichen durchgeführt wird, die zusammen an der Lösung der gestellten Aufgaben arbeiten.

Die Zusammenarbeit ist am effizientesten, wenn jede dieser Personen eine definierte Rolle wahrnimmt sowie die Verantwortungen, die dieser Rolle zugeschrieben sind.

Die Projektorganisation beschreibt die prinzipiellen Aufgaben und die Struktur der Zusammenarbeit der mitarbeitenden Personen durch die Zuordnung definierter Projektrollen, sie gilt temporär (für die Laufzeit des Projektes), orientiert sich am Projektziel und ist meist interdisziplinär besetzt.

Als **Projektrollen** mit ihren wichtigsten **Aufgaben** sollten definiert werden:

- **Projektauftraggeber** (PAG)
  Ernennen des Projektleiters, Genehmigen des Projektauftrages, Treffen von Entscheidungen, die den Projektrahmen sprengen, Abstimmung mit Unternehmenszielen.
- **Projektlenkungsausschuss** (PLA)
  Oberste fachliche Instanz für das Projekt.
- **Projektleiter** (PL)
  Erreichen aller Projektziele, Führen des Projektteams.
- **Projektmitarbeiter** (PMA)
- **Projektkernteam** (PKT)
  Gruppenrolle; fasst den Projektleiter, wenn vorhanden Projektassistenz bzw. -coach, und jene Projektmitarbeiter, die in der Planung oder im Controlling Projektmanagementaufgaben übernehmen, zusammen. Erreichen der mit der Projektleitung vereinbarten Ziele.
- **Projektassistenz** (PAS)
  Unterstützen des Projektleiters bei Projektmanagementarbeiten, Übernehmen von organisatorischen Tätigkeiten.
- **Projektcoach** (PC)
  Unterstützen und Anleiten von Projektleitern mit wenig Erfahrung.
- **(Erweitertes) Projektteam** (PT)
  Gruppenrolle; beinhaltet den Projektleiter, wenn vorhanden Projektassistenz bzw. -coach, und alle Projektmitarbeiter.

Auf Basis dieser allgemeinen Rollendefinitionen wird der Bedarf für eine projektspezifische Rollenbeschreibung untersucht und werden gegebenenfalls die Rollen an die besonderen Bedingungen beim Aufbau eines Prozessmanagementsystems angepasst.

Projektauftraggeber und Projektleiter stehen bereits vor Projektstart fest, im Zuge der Projektplanung werden bei der Erstellung der Projektorganisation die restlichen Rollenträger bestimmt. Ein langfristiges Abklären der Verfügbarkeit zu den gewünschten Zeitpunkten verhindert Engpässe bei der Projektdurchführung. Bewährt haben sich schriftliche Abstellungserklärungen durch die jeweiligen Linienvorgesetzten. Die Projektorganisation wird in tabellarischer und/oder grafischer Form (Abbildung 8-1) beschrieben.

Grundlegend für das Erstellen und Beibehalten einer Gesamtsicht des Projektes ist das Kommunizieren der Projektorganisation: Die Information soll zumindest an das gesamte Projektteam sowie an Auftraggeber und Steuerungsausschuss gehen.

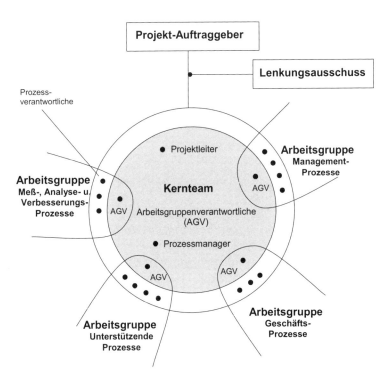

Abbildung 8-1: Darstellung der Organisationsstruktur für das Projekt „Aufbau eines Prozessmanagementsystems" (Projektorganisation nach innen)

8.1.4 Aufgabenmanagement: Der Projektstrukturplan (PSP)

Der Projektstrukturplan ist das **zentrale Planungstool** im Projekt und bildet die Basis für Ablauf- und Terminplanung, Ressourcenplanung, Kostenplanung, Risikoanalyse und die Projektverfolgung.

Der englische Begriff lautet „Work Breakdown Structure (WBS)" und beschreibt noch klarer den Sinn und Zweck des PSP.

Die Instrumente zur Beschreibung der Projektstruktur sind neben dem Projektstrukturplan als Grafik oder Liste die Beschreibung ausgewählter Arbeitspakete.

8.1.4.1 Aufbau des Projektstrukturplans

Die Projektstruktur (Abbildung 8-2) kann nach unterschiedlichen Kriterien gegliedert werden:

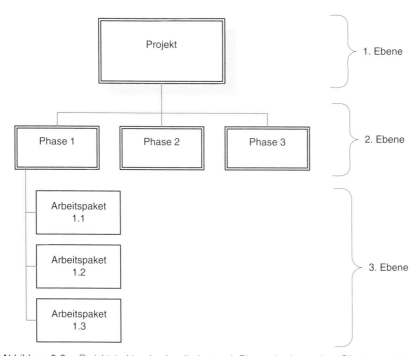

Abbildung 8-2: Projektstrukturplan (gegliedert nach Phasen in der zweiten Gliederungsebene)

▧ **Phasenorientiert:** Zum Beispiel Konzeptphase, Realisierungsphase, Test-
phase; sämtliche Arbeitspakete einer Projektphase müssen abgeschlossen
sein, um mit der nächsten Phase beginnen zu können.

▧ **Ablauforientiert:** Zum Beispiel Konzeption, Vorbereitung, Durchführung
etc.; es müssen nicht alle Arbeitspakete eines Teilprojekts vor Beginn des
nächsten abgeschlossen sein (Überlappung!). Eine ablauforientierte Gruppierung verbessert die Verwendbarkeit der Projektstruktur als Basis für
die Terminplanung (der Projektstrukturplan ist aber **kein** Netzplan mit
Abhängigkeiten!).

▧ **Objektorientiert:** Zum Beispiel Fundament, erster Stock etc.; die Arbeitspakete müssen dennoch Tätigkeiten beschreiben.

▧ **Funktionsorientiert:** gegliedert nach Fachgruppen, z.B. Programmieren,
Testen, Implementieren.

Je nach Projektinhalt können Kombinationen der Gliederungskriterien
sinnvoll sein. Bewährt hat sich auch die Kombination aus Ablauf- und
Objekt- bzw. Funktionsorientierung, z.B. Projektmanagement, Konzeption,
Vorbereitung, Hardware, Vorbereitung Software, Durchführung Hardware,
Durchführung Software, Nachbereitung.

Den Arbeitspaketen wird zur besseren Orientierung ein Nummerncode
zugeordnet (Abbildung 8-3: das Arbeitspaket 1.5.6 stellt im Projekt 1 in der
Phase 5 das sechste Arbeitspaket dar).

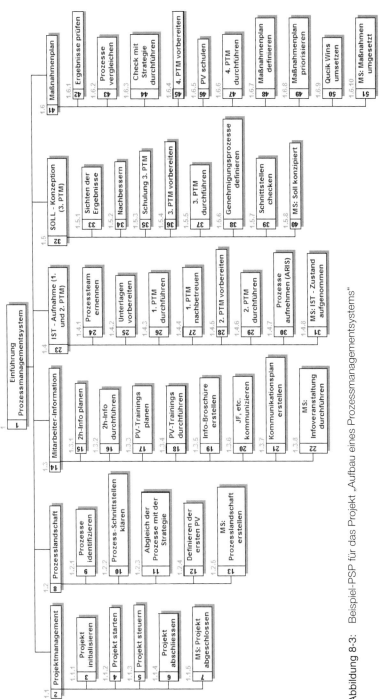

Abbildung 8-3: Beispiel-PSP für das Projekt „Aufbau eines Prozessmanagementsystems"

8.1.4.2 Arbeitspaketbeschreibung

Ausgewählte Arbeitspakete, die einer genaueren Spezifikation bedürfen, sind durch die Bestimmungsstücke Verantwortlicher, Inhalt/Nichtinhalt, Ergebnisse, Schnittstellen, Anfang/Ende und Ressourcenbedarf zu beschreiben. Ausgewählt werden z. B. Arbeitspakete am kritischen Pfad, mit externer Mitarbeit, oder mit unklaren, komplexen Aufgabenstellungen. Die Arbeitspaketspezifikationen erleichtern das Delegieren der Aufgaben (Tabelle 8-2).

Tabelle 8-2: Beispiel einer Arbeitspaketbeschreibung von 3.3. – 1. PTMs durchführen

Arbeitspaketbeschreibung	PSP-Code: 3.3. – 1. PTMs durchführen
Verantwortlich	Qualitätsbeauftragter
Ziele	Durchführung des 1. PTM (Prozessteammeeting) pro Prozess Vervollständigung des ersten Arbeitsblattes Einheitliche Dokumentation (ausgefülltes Arbeitsblatt) für jeden Prozess
Nichtziele	Visualisierung des Prozesses Umsetzung von Verbesserungsmaßnahmen
Teilschritte	Bei Bedarf weitere 1. PTMs durchführen, wenn Klärung nötig
Schnittstellen	Andere Prozesse und deren Ergebnisse Prozesslandschaft
Ergebnisse	Ausgefülltes 1. Arbeitsblatt für jeden Prozess
Start, Ende	08.02.2008/28.02.2008
Ressourcen	Prozessverantwortliche, Prozessteammitglieder, Prozessmanager, Qualitätsbeauftragter
Kosten/Budget	Nur interne Aufwände; ca. 12 MT pro Prozess

8.1.4.3 Umsetzungstipps

- Die erste und zweite Ebene des Projektstrukturplanes in der Baumstruktur soll gut lesbar auf einem A4-Blatt Platz finden. Sind Äste zu lang, können Arbeitspakete vielleicht zusammengefasst werden.
- Die Gliederung sollte nur so weit erfolgen, bis plan- und kontrollierbare Einheiten (Arbeitspakete) entstehen, und nicht weiter!
- Nicht jeder Ast muss gleich tief gegliedert werden.
- Der Projektstrukturplan muss alle Arbeitspakete beinhalten, die zur Erreichung der Projektziele notwendig sind. Eine Zuordnung der Ziele zu

den Arbeitspaketen hilft bei der Überprüfung der Zielerreichung: Sind die entsprechenden Arbeitspakete abgeschlossen? Konnte das Ziel damit erreicht werden?

Moderations- und Visualisierungstechniken (Post-it-Kärtchen, Flipcharts, Pinnwände etc.) helfen, das Projektteam effizient zu nützen und ein von allen akzeptiertes Ergebnis zu bringen.

8.1.5 Umfeldmanagement

Durch das Definieren des Projektes wird eine Grenze zwischen „innen" und „außen", d. h. zwischen dem, was im Rahmen des Projekts bearbeitet wird, und den Bereichen, die explizit ausgeschlossen werden, gezogen. Dennoch ist eine Berücksichtigung des „Rundherum" für den Projekterfolg entscheidend. Die Analyse des Projektumfeldes betrachtet das soziale und sachliche Umfeld des Projektes, um Maßnahmen zur Gestaltung einer positiven Beziehung zwischen den beeinflussenden Personen bzw. Gruppen und dem Projekt zu definieren sowie auf wichtige sachliche Einflussfaktoren entsprechend reagieren zu können.

Soziales Umfeld

Das soziale Umfeld eines Projektes umfasst Personen oder Interessengruppen (Stakeholder), die durch das Projekt oder die Ergebnisse beeinflusst werden oder je nach Bedeutung und Macht auf das Projekt Einfluss ausüben. Die Beziehungen zu (ausgewählten) Personen bzw. Gruppen wird durch entsprechende Maßnahmen aktiv gestaltet, um eine positive Einstellung zum Projekt zu fördern, ihre **Erwartungen** erfüllen und auf ihre **Befürchtungen** reagieren zu können und so das Erreichen der Projektziele zu unterstützen.

Sachliches Umfeld

Unter dem sachlichen Umfeld eines Projektes werden Einflussfaktoren wie z. B. Stand des Wissens, Gesetze, andere Projekte oder Wetterbedingungen verstanden, die auf das Projekt oder die Ergebnisse einen direkten Einfluss ausüben. Durch entsprechende Maßnahmen kann auf die Auswirkungen und Konsequenzen reagiert und so das Erreichen der Projektziele unterstützt werden.

Die Projektumfeldanalyse wird in tabellarischer und grafischer Form durchgeführt.

In Tabelle 8-3 ist exemplarisch ein Auszug aus der Projektumfeldanalyse zum Aufbau eines Prozessmanagementsystems dargestellt.

Tabelle 8-3: Beispiel für eine soziale Projektumfeldanalyse beim Aufbau eines Prozessmanagementsystems

Umfeld	Erwartungen	Befürchtungen	Macht	Einstellung	Maßnahmen
Betriebsrat	Keine Änderungen für Mitarbeiter; Jobgarantie	Transparenz, Darlegung interner Abläufe	1	0	Aktive Einbindung vor dem Projektstart Redebeitrag bei Kick-off geben, laufende Information, Kontakt, bevor Infos an MA gehen
Mitarbeiter	Keine Zusatzbelastung	Transparenz, Zunahme des Bürokratismus	1	0	Info, Info, Info, bedarfsgerechte Veranstaltungen, Tag der offenen Tür einplanen, Info-Board installieren, Projektsprecher für MA definieren
Softwareentwickler	Einbinden in das bestehende System	Mangelnde Akzeptanz von Lösungen	2	–	Einbindung in die Ausschreibung, Bedürfnisse klären, technische Machbarkeiten möglichst früh abklären, Zusatzausbildungen checken
Geschäftsführung	Zertifizierung, Effizienzerhöhung	Schwindender Einfluss, Ressourcenbedarf	1	+	Kurze Berichte, auf notwendige Unterstützungsleistungen hinweisen
Berater	Verfügbarkeit der internen Ressourcen, Einhalten von Zusagen	Verzögerung, Verschleppung von Entscheidungen	2	+	Check der externen Projektleitung, Bericht über die abgeleisteten Stunden, Auslagerung und Einbindung möglichst vieler Aktivitäten
Kunden	Raschere, qualitativ hochwertige Abläufe	Abnahme der Flexibilität	1	0	Kundenzufriedenheitsumfrage **vor** dem Projekt, Identifizierung von Verbesserungsmaßnahmen kundenseitig
Lieferanten	Raschere, qualitativ hochwertige Abläufe	Abnahme der Flexibilität	2	–	Einbindung der Lieferanten, Auswahl der Kriterien hinsichtlich Lieferantenbeurteilung mit den Lieferanten gemeinsam
Prozessverantwortliche	Mehr Verantwortung	Konflikt mit Linie, Bürokratisierung	1	0	Frühe Schulung, frühe Einbindung in das Projekt, Übertragung von Verantwortung und Kompetenz, Regelung der unterschiedlichen Zuständigkeiten im Projekt
Personalverantwortlicher	Klar geregelte Abläufe, Kompetenzen und Verantwortlichkeiten	Motivationsverlust der Mitarbeiter	2	–	Laufende Einbindung hinsichtlich Schulungsmaßnahmen, laufende Einbindung hinsichtlich Rollenbeschreibungen und Stellenbeschreibungen

8.1.6 Risikomanagement

Jedes Projekt ist während seiner Durchführung von Risiken bedroht. Einmaligkeit, Neuartigkeit und Komplexität der Projekte beinhalten ein hohes Risikopotenzial. Aufgrund dieser typischen Projektmerkmale ist die Risikolage in einem Projekt in der Regel wesentlich höher als für das ganze Unternehmen. Projektrisikomanagement beinhaltet alle Tätigkeiten und Hilfsmittel zur Analyse (Identifizieren und Bewerten des Risikos) und Kontrolle (Planen von Maßnahmen und Überwachen der Risikoentwicklung) von Risiken, die den Projekterfolg gefährden.

Wird das Risiko finanziell bewertet, gilt:

Risiko = potenzieller Schaden = Eintrittswahrscheinlichkeit · Schadensausmaß [€].

Der **Aufwand** für das Risikomanagement soll im Verhältnis zum finanziell bewerteten Risiko stehen, d. h. den potenziellen Schaden auf keinen Fall übersteigen. Da viele Risiken allerdings nicht, nur schwer oder nur sehr ungenau finanziell bewertet werden können, liegt es im Ermessen des Projektleiters, den Risikomanagementaufwand adäquat zu halten und entsprechend zu argumentieren.

Das strategische bzw. gelebte Risikoverhalten (risikofreudig oder risikoscheu) der Entscheidungsträger im Unternehmen ist die Basis des Projektrisikomanagements.

Das klassische Projektrisikomanagement beinhaltet Maßnahmen wie Vertragsgestaltung (Risikotransfer an Kunden oder Lieferanten), Versicherung, Risikoaufschläge in der Kalkulation oder Rücklagenbildung. Eine risikoscheue Unternehmenspolitik verringert bereits im Vorfeld der Projektarbeit mögliche Risiken durch präventive Maßnahmen wie Projektauswahl, Marktforschung, Bonitätssicherung, Personalauswahl und Verfahrens- und Systemauswahl.

Vorgehensweise im Risikomanagement

Bewährt hat sich ein Sammeln der Risiken auf der Basis der Projektziele und der Projektstruktur (PSP) mithilfe von Brainstorming, danach erfolgt das Auswählen der Risiken, die den Projekterfolg gefährden können. Die Risiken werden, wenn möglich, Arbeitspakete aus dem Projektstrukturplan zugeordnet.

Wenn möglich, sollte eine finanzielle Bewertung der Risiken vorgenommen werden, um einen Anhaltspunkt für die Verhältnismäßigkeit der Kosten für das Risikomanagement zu erhalten und auch Priorisierungen zwischen den Risiken vornehmen zu können.

Im Rahmen des Controllings werden die Risiken und deren **Entwicklung** überwacht, gegebenenfalls neue Risiken identifiziert, die Ergebnisse der Maßnahmen kontrolliert und neue Maßnahmen definiert.

Die Projekt-FMEA für das Projekt „Aufbau eines Prozessmanagementsystems"

Systematisch und bestens geeignet für die Bewertung und vor allem Priorisierung von Risiken ist die Projekt-FMEA. FMEA steht für Fehlermöglichkeits- und -einflussanalyse (englisch failure mode and effects analysis). Die Systematik der FMEA kann in gleicher Weise auch auf Systeme, Produkte und Prozesse angewandt werden.

Die Projektrisiken werden beschrieben, die Eintrittswahrscheinlichkeit, Auswirkungen und Erkennbarkeit (bzw. auch Beobachtbarkeit) abgeschätzt und Maßnahmen geplant. Es werden Eintrittswahrscheinlichkeit, Auswirkungen und Erkennbarkeit jeweils mit einer Zahl von 1 bis 10 bewertet, damit kann eine Risikokennzahl (RKZ) als Produkt der drei Ziffern berechnet werden. Für Risiken mit einer hohen Risikokennzahl sind vorrangig Maßnahmen zu planen und durchzuführen. Die RKZ liegt demnach in einem Bereich zwischen 1 und 1000.

Es kann allerdings keine absolute Aussage über die „Gefährlichkeit" der Risiken nur aufgrund des Wertes der RKZ getroffen werden. Vielmehr sollte das obere Drittel intensiver behandelt werden, das mittlere Drittel der Risiken in einem zweiten Schritt behandelt und die entsprechenden Maßnahmen umgesetzt werden.

Die Bewertung von Eintrittswahrscheinlichkeit, Auswirkung und Entdeckbarkeit erfolgt im engeren Kernteam. Hierbei spielt es keine Rolle, ob ein Wert nun 7 oder 8 lautet – der Fokus liegt auf der RKZ und auf einer groben Gruppierung und damit verbundenen Priorisierung.

Mit entscheidend für ein effizientes Risikomanagement ist die kontinuierliche Verfolgung der Risiken über die gesamte Projektdauer hinweg.

Die in der FMEA eingeführte dritte Dimension – die Entdeckbarkeit (bzw. Beobachtbarkeit) – kann die RKZ in einigen Bereichen nicht unwesentlich korrigieren.

Hierzu ein Beispiel: Nehmen wir an, einen Gletscher überqueren zu wollen. Ein mögliches Risiko ist das Fallen in Gletscherspalten. Die Eintrittswahrscheinlichkeit, bei einer Gletscherüberquerung auf Gletscherspalten zu stoßen, ist groß, auch die Auswirkungen können für das Projekt fatal sein. Entdecken werden wir die Gletscherspalten erst sehr spät bzw. schwer, es sei denn, wir sind Experten.

Tabelle 8-4 dient als Schema für die Berechnung der Risikokennzahl für das Projekt Aufbau eines Prozessmanagementsystems.

Tabelle 8-4: Auszug aus einer Projekt-FMEA für das Projekt „Aufbau eines Prozessmanagementsystems"

Ursprung (AP, Umfeld)	Risiko (verbal)	Auswirkung (verbal)	Auswirkung [1–10]	Wahrscheinlichkeit [1–10]	Entdeckbarkeit [1–10]	RKZ [1–1000]	Maßnahmen
AP 3.3	Fehler, da Schnittstellen nicht sauber definiert	In Zukunft wird mit „falschen" Prozessen gearbeitet	7	5	8	280	Check der Ergebnisse nach dem 1. PTM
Prozessverantwortliche	Rolle wird nicht angenommen und wird nicht umgesetzt	PzM wird nicht ernst genommen und nicht konsequent gelebt	8	6	9	432	Schulung, Rolle rechtzeitig verankern
AP 1.3	Abgleich der Prozesslandschaft mit Strategie unvollständig und nicht konsequent	Definierte Prozesse sind strategisch wenig relevant; keine Konzentration auf die Kernaufgaben des Unternehmens	7	3	4	84	Check der Prozesse auf Strategiebezug

8.1.7 Terminmanagement

Klassischerweise stehen für die Terminplanung folgende Instrumente zur Verfügung:

- Meilensteinplan, Phasenplan mit Quality Gates
- Terminliste,
- Balkenplan – Gantt-Chart, vernetzt,
- Netzplan.

Im Vordergrund steht dabei die Wirtschaftlichkeit der Planungsinstrumente, da der Planungsaufwand, abhängig von der Komplexität des Projektes, der Risikolage, der Neuheit etc. den Nutzen nicht übersteigen sollte.

- Für einfachere Projekte wird man oft mit einem Phasenplan und zugehörigen Meilensteinen das Auskommen finden (Quality-Gate/Stage-Gate-Methode).
- Ein Balkenplan geht demgegenüber bereits auf die Ebene der einzelnen Arbeitspakete oder noch weiter auf die einzelnen Vorgänge (Tasks) ein.

Meilensteine markieren Zwischenergebnisse und klare Schritte im Zuge des Projektes, an denen der Fortschritt (leistungsmäßig, terminlich, kosten- und ressourcenmäßig) klar festgestellt werden kann. Meilensteine sind definierte Ereignisse (z. B. Prozesse sind **identifiziert**, Mitarbeiter sind **geschult**) und sind mit Terminen versehen.

Für den Aufbau eines Prozessmanagementsystems hat sich ein Vorgehen nach dem in Tabelle 8-5 dargestellten Muster mit definierten Meilensteinen bewährt.

Tabelle 8-5:   Meilensteinplan des Projektes „Aufbau eines Prozessmanagementsystems"

Meilenstein	Bezeichnung	Datum
MS 1	Prozesslandschaft erstellt	31.01.2007
MS 2	Infoveranstaltung durchgeführt	12.04.2007
MS 3	Istzustand aufgenommen	KW 27
MS 4	Sollzustand konzipiert	KW 42
MS 5	Maßnahmen umgesetzt	Ende 2007
MS 6	Interne Audits durchgeführt	01/2008
MS 7	Zertifizierungsaudit erfolgreich durchgeführt	02/2008

Für die Anwendung unterschiedlicher Projektterminpläne gilt es zu bedenken, dass die geplanten Termine und Meilensteine während der Durchführung dann auch verfolgt und überwacht werden müssen. Als Daumenregel hat sich bewährt, im Projekt alle sechs bis acht Wochen einen Meilenstein zu setzen.

8.1.8 Ressourcen- und Kostenmanagement in Projekten

Die Ressourcen- und Kostenplanung des Projektes basiert auf den definierten Arbeitspaketen des PSP. Die Summe der Kosten der Arbeitspakete ergibt die Gesamtkosten des Projektes. Ähnlich wird mit den zu erwartenden Aufwänden (Personentage) verfahren.

Ressourcenplanung

Für nachfolgende überschlagsmäßige Kalkulation wird von rund 30 Prozessen ausgegangen, für die gleichzeitig der Rollout des Prozessmanagementsystems stattfinden soll. Das Prozessteam (einschließlich Prozessverantwortlicher) wird mit fünf Personen angenommen.

Grobe Kalkulation des ersten Prozessteammeetings für einen Prozess:

Vorbereitung (5 Personen 2 Stunden)   16 Ph [Personenstunden]

Durchführung (5 Personen 3 Stunden)   16 Ph

Nachbereitung (5 Personen 2 Stunden)   10 Ph.

Dies ergibt für das erste Prozessteammeeting rund 42 Personenstunden. Nehmen wir einen ähnlichen Aufwand auch für das zweite, das dritte und das vierte Prozessteammeeting an, das Ganze für 30 Prozesse, ergibt dies einen Aufwand von rund 5 040 Personenstunden (Ph) (= 630 Personentage).

Dabei sind die Erstellung der Prozesslandschaft, Modellierung, Messung der Ergebnisse und Umsetzung sowie eine Vorbereitung auf eventuelle interne Audits, Trainings etc. in dieser Kalkulation noch nicht mit einbezogen.

Die Ressourcenplanung selbst wird mittels Ressourcenganglinie dargestellt (Abbildung 8-4).

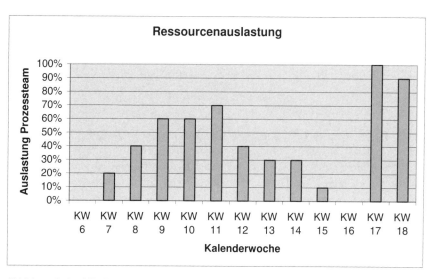

Abbildung 8-4:   Mögliches Ressourcenbedarfsprofil (Ressourcenganglinie) für das Projekt „Aufbau eines Prozessmanagementsystems"

Kostenplanung

Die Kosten des Projektes ergeben sich aus der Summe der Kosten der Arbeitspakete. Die Definition weniger, eindeutiger Kostenarten vereinfacht das Controlling der Projektkosten (z. B. Personalkosten, Infrastrukturkosten, SG&A etc.).

Es zeigt sich bereits hier, dass der Aufbau eines Prozessmanagementsystems ein umfangreiches und komplexes Projekt ist, das eine Menge Ressourcen bindet. Umso wichtiger sind ein straffes, klar strukturiertes Projektmanagement und eine klare Definition der Ziele und Nichtziele. Darüber hinaus gehört auch der Business Case des Projektes sorgfältig erstellt und kalkuliert, um insbesondere den langfristigen Nutzen des Projektergebnisses und seine Kompatibilität mit den Unternehmenszielen sicherzustellen.

8.1.9 Informationsmanagement und Projektmarketing

Ein weiterer essenzieller Schritt im Zuge der Projektplanung des Aufbaus eines Prozessmanagementsystems ist die Klärung der Aspekte des Informationsmanagements und des Projektmarketings.

Informationsmanagement gliedert sich in zwei Teilbereiche: in den Bereich der Kommunikation und in den Bereich der Dokumentation (Abb. 8-5).

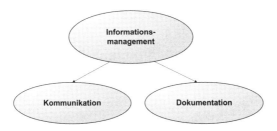

Abbildung 8-5: Generelles Informationsmanagement

Kommunikation in Projekten

Einen bedeutenden und nicht zu unterschätzenden Faktor im Zuge des Projektes bildet die interne und externe Projektkommunikation. Vor der operativen Abarbeitung der einzelnen Arbeitspakete gilt es, klare und eindeutige Vorgaben für die Kommunikation zu definieren.

Die Pflege und Etablierung einer intensiven, sinnvollen und vor allem strukturierten Meetingkultur mit klar definierten Zielgruppen (Ebenenmodell der Kommunikation) ist eine wesentliche Voraussetzung für effiziente und effektive Kommunikation in Projekten.

Aspekte wie Teambildung, Sitzungsmanagement und Konfliktkultur, regelmäßiges Feedback sowie schriftliche Aspekte der Kommunikation sind integrativer Bestandteil des Projektes.

Im Falle des Projektes „Aufbau eines Prozessmanagementsystems" seien vor allem folgende Meetings genannt:

- regelmäßige Projektmeetings (Jour fixe),
- Projektstatusmeetings (mit dem Auftraggeber),
- Kernteammeetings,
- Prozessteammeetings,
- Inhaltliche Jour-fixe-Sitzungen (z. B. Abstimmung der Prozesslandschaft).

Vereinbarte Jour fixes haben in jedem Fall stattzufinden. Auch wenn kaum oder keine Punkte zu besprechen sind, ist dieses Meeting Bestandteil des Projektes und auch Bestandteil der Unternehmenskultur.

Dokumentation in Projekten

Wenngleich die Bedeutung und Wichtigkeit der Projektdokumentation nahezu allen Projektleitern bekannt ist, so wird die Dokumentation des Projektes oftmals sehr stiefmütterlich behandelt.

Bei der Frage nach dem Warum lassen sich rasch die Ursachen dafür feststellen: Für viele Projektleiter ist die Dokumentation des Projektes aus Projektmanagementsicht zu bürokratisch, aufwendig und ohne unmittelbaren Nutzen für das Projekt. Es ist daher der Aufwand für die Projektdokumentation der tatsächlichen Projektkomplexität anzupassen.

Projektmarketing

Projektmarketingaktivitäten, also sämtliche Maßnahmen um das Projekt sowohl intern als auch extern möglichst gut zu „verkaufen", sind gerade bei Prozessmanagementprojekten, bei denen Themen wie Reorganisation, Messung, Optimierung und Verbesserung Bearbeitung finden, ein bedeutender Erfolgsfaktor.

Beispiele für Projektmarketingaktivitäten sind:

- Infoveranstaltungen,
- Berichte in der Firmenzeitung,
- Aushang am Schwarzen Brett,
- Folder oder Flyer bzw. Infoblatt dazu,
- Intranet oder Internetauftritt, Homepage des Projektes,
- Projektraum,
- diverse Give-aways (Kugelschreiber, Memorysticks, T-Shirts, Haftetiketten etc.),
- Tag der offenen (Projekt-)Tür,
- persönliche Gespräche.

Für Prozessmanagementprojekte gilt es unbedingt, bereits im Vorfeld die Mitarbeiter möglichst flächendeckend über das Projekt zu informieren. Es müssen Antworten aus der Sicht jedes einzelnen Mitarbeiters gefunden werden:

- Welchen Vorteil habe ich persönlich durch das Projekt?
- Was wird sich in Zukunft für mich ändern?
- Kommen neue Belastungen auf mich zu?
- Ist mein Job gefährdet?

Erst in einem weiteren Schritt wird die Mitarbeiter der Nutzen, die Vorteile und Änderungen für das Unternehmen interessieren, die aus dem Projekt heraus resultieren.

Sämtliche Projektinformationen, die bekannt gegeben werden, müssen dabei abgestimmt sein, z. B. mit anderen Projekten, mit dem CI/CD des Unternehmens (ein Informationsoverkill ist zu vermeiden), und sie müssen aktuell sein.

8.1.10 Projektcontrolling

Projektcontrolling – die Steuerung und Überwachung des Projektes – beschränkt sich im Wesentlichen auf die Überwachung von

▪ Leistungen (Quantität, Qualität),
▪ Terminen,
▪ Ressourcenverbrauch, Kosten,
▪ Zufriedenheit der Stakeholder.

Nachfolgend wird auf die Voraussetzung und die Methodik der Überwachung vor allem im Hinblick auf Projekte, die sich dem Aufbau von Prozessmanagementsystemen widmen, spezifisch eingegangen.

Terminverfolgung

Um einen Überblick über die Reihe der Prozessteammeetings im Zuge der Abwicklung des Projektes zu bewahren, hat sich die Anwendung einer „Prozessfortschrittsliste" als hilfreiches Mittel herausgestellt (Abbildung 8-6).

Projektfortschrittsliste

Nr.	betroffene Bereiche	Prozessname	PV	Prozessteam	Teamtreffen Start 1. PTM	2. PTM Ist	3. PTM Soll	4. PTM Umsetzung	Gesamtergebnis liegt vor
		Prozess 1	Name 1	Name	30.06.2005 12.00 bis 13.30	05.09.2005 8.00 bis 10.00	03.11.2005 8.30 bis 10.00	11.01.2006 8.30 bis 9.30	17.01.2006
		Prozess 2	Name 2	Name	30.06.2005 13.30 bis 15.00	15.09.2005 09.30 bis 11.00	03.11.2005 11.00 bis 12.30	neuer Termin	
		Prozess 3	Name 3	Name	07.07.2005 08.00 bis 09.30	09.09.2005 08.00 bis 9.30	11.11.2005 08.30 bis 09.00		31.01.2006
		Prozess 4	Name 4	Name	07.07.2005 09.30 bis 11.00			11.01.2006 09.30 bis 10.30	31.01.2006
	Managementprozesse	Prozess 5	Name 5	Name	01.07.2005 08.00 bis 9.30	23.09.2005 08.00 bis 11.00	23.01.2005 08.30 bis 10.30		
		Prozess 6	Name 6	Name	01.07.2005 09.30 bis 11.00	23.09.2005 14.00 bis 16.00	24.11.2005 10.00 bis 11.00		
		Prozess 7	Name 7	Name	14.07.2005 08.00 bis 9.30	15.09.2005 08.00 bis 09.30	11.11.2005 11.00 bis 12.30		neuer Termin
		Prozess 8	Name 8	Name	05.07.2005 08.00 bis 09.00	06.09.2005 08.30 bis 10.30			
		Prozess 9	Name 9	Name	05.07.2005 08.00 bis 11.00	30.08.2005 08.30 bis 10.30	18.10.2005 11.30 bis 13.30	neuer Termin	
		Prozess 10	Name 10	Name	05.07.2005 09.00 bis 10.00	07.09.2005 14.00 bis 16.00	09.11.2005 04.30 bis 10.30	neuer Termin	

Abbildung 8-6: Beispiel einer Prozessfortschrittsliste für das Projekt „Aufbau eines Prozessmanagementsystems"

Neben den Eckdaten (Prozessname, Prozessverantwortlicher und dem Prozessteam) werden die Prozessteammeetings terminlich und auch ergebnismäßig dokumentiert. Ergebnisse werden dann auf Grün gesetzt, wenn die standardisierten Vorgaben eines jeden Prozessteammeetings erreicht werden. Eine farbliche Hinterlegung der Termine symbolisiert die Zuordnung des jeweiligen Qualitätsmanagers des Beispielunternehmens direkt zu den Prozessen (Verantwortlichkeit).

Der klassische Meilensteinplan oder die Terminliste der Arbeitspakete stellen eine wichtige Ergänzung dar.

Kostenverfolgung, Verfolgung des Ressourcenverbrauches

Die aufzuwendenden internen und externen Ressourcen sind im Zuge des Projektstarts auf der Ebene der Arbeitspakete geplant und liegen in einer gesamten Ressourcenplanung vor. Durch Zeiterfassung, nach Möglichkeit auf Arbeitspaketebene, wird es möglich, die geplanten Ressourcen mit den tatsächlich aufgewendeten zu vergleichen.

Die im Projekt anfallenden Kosten sind in den Beschreibungen der Arbeitspakete detailliert geplant. Die Kostenverfolgung erfolgt nun über Bestellungen und Eingangsrechnungen, die dem Projekt zugeordnet werden können. Kosten können nur dann auf das Projekt gebucht werden, wenn die Leistungen in der Zielvereinbarung fixiert sind. Man achte darauf, dass Kosten von Maßnahmen, die nicht notwendigerweise Teil des Projektes sind, nicht auf das Projekt gebucht werden.

Leistungsverfolgung/Zielerreichung (Sachziele, Deliverables)

Der Zielkatalog des Projektes – heruntergebrochen auf eindeutige und messbare Ziele und Ergebnisse des Projektes – dient als Basis für einen laufenden Vergleich der geplanten Leistung im Projekt mit dem tatsächlichen Projektfortschritt. Ebenso wie die Ziele des Projektes SMART sein müssen (spezifisch, messbar, annehmbar, realistisch, terminbezogen), gilt dies auch für die zu erreichenden Zwischenergebnisse im Projekt (Meilensteine).

Integriertes Projektcontrolling

Eine Methode, die sowohl Kosten, Termine wie auch den Leistungsfortschritt berücksichtigt und sich für Prozessmanagementprojekte sehr gut eignet, ist die Earned Value-Methode.

Sie arbeitet mit Planwerten, Istwerten und Sollwerten und bewertet

Istkosten = Istleistung · Istpreis
Plankosten = Planleistung · Planpreis
Sollkosten = Istleistung · Planpreis

Um den sogenannten Fertigstellungswert (Earned Value) und damit den **Projektstatus** zu ermitteln, werden die Istkosten mit den Sollkosten (erreichte Istleistung zu Plankosten) verglichen und daraus Kostenabweichung, Leistungsabweichung und Terminabweichung abgeleitet sowie darauf aufbauend Steuerungsmaßnahmen vorgenommen.

8.1.11 Projekte abschließen

Wenn die Projektergebnisse erreicht sind, werden Projekte oft als beendet angesehen. Dabei wird übersehen, dass für ein sauberes Abschließen des Projektes einige Zusatzarbeiten notwendig sind, damit der Projekterfolg gesichert ist. Der Projektabschluss beinhaltet als Teilprozess des Projektmanagementprozesses alle organisatorischen und dokumentarischen Tätigkeiten von der Abnahme aller Projektergebnisse als Zeichen der Zielerreichung bis zur formalen Entlastung des Projektleiters.

Die im Projektstart geplanten und im Controlling adaptierten Pläne und die dokumentierten Projektergebnisse dienen als Basis für die Projektabschlussarbeiten.

Durch das Definieren des Projektabschlusses als eigenen Teilprozess des Projektmanagementprozesses wird den Abschlussarbeiten mehr Aufmerksamkeit geschenkt.

Eine geordnete Übergabe der Projektergebnisse in die Betriebsphase (Nachprojektphase) sichert den Projekterfolg und minimiert das Nutzungsrisiko (Risiko der Nichtverwendung der Projektergebnisse in der Nachprojektphase).

Die Abschlussdokumentation stellt zugleich das Wissen der im Projekt gewonnenen Erkenntnisse (Lessons Learned) für weitere Projekte sicher.

Wesentliche Tätigkeiten im Zuge des Projektabschlusses sind unter anderem:

- Entlastung der Projektleitung und des Projektteams,
- Abschlussdokumentation erstellen,
- buchhalterischen Projektabschluss durchführen,
- Projektergebnisse in die Linie übergeben,
- Nachkalkulation durchführen,
- Projektmarketing – letzte Aktivitäten,
- offene Punkte definieren und den Verantwortlichen mit Termin zuordnen,

▓ formalen Projektabschluss durchführen, Feedback geben/einholen,
▓ sozialen Projektabschluss (Projektabschlussfeier) durchführen, den Mitwirkenden danken.

8.2 Grundlagen und Strategien zur Veränderung von Organisationen (Management of Change)

Die heutigen Anforderungen im Wettbewerb wie etwa Termintreue, kurze
Lieferzeiten, Eingehen auf spezielle Kundenwünsche, sind mit hierarchischen
Strukturen kaum noch zu bewältigen, sodass prozessorientierte Arbeits-
strukturen in Zukunft unumgänglich werden.

Die wesentlichen Merkmale dieser **prozessgerechten Arbeitsstrukturen** sind:

▓ Teamarbeit, Projektarbeit,
▓ Kompetenzverteilung/Autonomie von Teilbereichen,
▓ Zusammenarbeit bei gegenseitiger Abhängigkeit,
▓ Informationsfluss durch direkte und offene Kommunikation,
▓ Flexibilität in der Aufgabenverteilung,
▓ Schnelligkeit der Anpassung an Umweltänderungen,
▓ die lernende Organisation als Zielvorstellung,
▓ Kundennähe und Unternehmergeist (Intrapreneurship).

Eine Veränderung der Organisation eines Unternehmens ist eine der schwierigsten Aufgaben. Es ist sinnvoll, diese Veränderung in geordneten Schritten,
d. h. in einem Prozess, ablaufen zu lassen bzw. als Projekt abzuwickeln.

Organisationsänderung ist Änderung der Unternehmenskultur.

Unternehmenskultur wird mehr und mehr als wesentlicher Faktor erkannt,
der das Verhalten von Organisationsmitgliedern beeinflusst. Unternehmenskulturen beeinflussen organisatorische Gestaltungsmaßnahmen in erhebli-
chem Umfang, sowohl positiv als auch negativ und desgleichen umgekehrt.

Kultur lässt sich definieren als **gemeinsames Verständnis** betreffend Wahrnehmungen, Gedanken und Gefühlen, das eine Gruppe im Laufe der Zeit
entwickelt hat, während sie ihre Probleme löste, und dabei die Erfahrung
gemacht hat, dass diese hinreichend konsistent und wirksam sind, um sie
beizubehalten und an neue Mitglieder direkt oder indirekt weiterzugeben.
Die Kultur **manifestiert** sich als beobachtbare Artefakte sowie angenommene
Ideen, Ziele, Philosophien und Werthaltungen, Normen und Verhaltensregeln. Man vergleiche hierzu die grundlegenden Ausführungen zum Thema
Organisationskultur im Abschnitt 6.4.3.

Unternehmenskultur wird wesentlich von Führungskräften gestaltet und beeinflusst.

Bei Betrachtung eines Unternehmens verhält es sich ähnlich wie mit einem Eisberg. Die Strukturen als Spitze des Eisberges sind leicht zu erkennen, die Kulturen als der wesentliche verhaltensbestimmende Teil des Unternehmens aber weit weniger leicht auszumachen.

Kultur umfasst:

▓ Identität, kollektive Erwartungen, Denkmuster/Hintergrundüberzeugungen;
▓ Werthaltung und Normen, Verhaltenregeln;
▓ Einstellungen und Haltungen in der Führung, der Zusammenarbeit im Inneren und gegenüber Anspruchsgruppen nach außen.

8.2.1 Die Anforderungen an das Unternehmen von heute

Gewinn, Wachstum, Kundenbindung, Sicherheit der Arbeitsplätze, Macht und Prestige: So lauten die Ziele fast aller Unternehmen einer freien Marktwirtschaft. Um diese langfristig realisieren zu können, ist es notwendig, den Kunden bei allen Arbeitsprozessen in den Mittelpunkt der unternehmerischen Bemühungen zu stellen. Mit entscheidend für den Erfolg eines Unternehmens ist das Bewusstsein aller Mitarbeiter, dass die Ausrichtung auf Kundenerwartungen und der partnerschaftliche Umgang miteinander als Werte mit höchster Priorität täglich gelebt werden.

Im Laufe der letzten Jahre stellten sich an Unternehmen aller Größen und Branchen immer neue und kontinuierlich steigende unternehmerische Herausforderungen.

Soziale, kooperative und kommunikative Fähigkeiten werden zu zentralen Erfolgsfaktoren, und die „Ressource Mensch" wird immer wichtiger, um die Unternehmensziele effizient erreichen zu können.

Verstärkt werden diese Anforderungen durch eine immer kritischere Öffentlichkeit, vor allem Konsumenten, Anleger und Analysten, die den Außendruck auf das Unternehmen steigern.

8.2.2 Der Wertewandel im Bewusstsein des Kunden von heute

Die Kunden wurden in den letzten Jahren bzw. Jahrzehnten von einem Wertewandel erfasst:

Der Kunde will nicht mehr bloß aus einer möglichst großen Produktpalette auswählen können, er will auch wissen, wer oder was „hinter" dem Produkt steht. Die Kennzeichnung der Produkte bezüglich Herstellungsland (aufgrund eventuell fragwürdiger Methoden im Herstellungsprozess im Sinne des Ethikbewusstseins), Inhaltsstoffe, Wiederverwertungs- oder Wiederverwendungsmöglichkeiten des Produktes selbst, aber auch der Verpackung und ähnliche Nachweise stellen für Konsumenten immer wichtigere Entscheidungsfaktoren dar. Der Verbraucher von heute hat die Ehrfurcht vor großen Organisationen mit komplexen Strukturen abgelegt.

Das Endurteil eines Kunden steht erst nach Ablauf der Nutzungsphase eines Produktes oder einer Dienstleistung fest. Erst dann werden die positiven und negativen Erfahrungen gegeneinander aufgerechnet und wird das Gesamtimage – und somit der „Weiterempfehlungswert" – festgelegt.

Ziel ist es also in Zukunft, nicht mehr nur ein Produkt (Sachleistung wie Dienstleistung) auf den Markt zu bringen und es dort zu verkaufen, sondern vielmehr während des gesamten Lebenszyklus des Produktes im Dialog mit dem Kunden zu stehen, um absolute Kundenzufriedenheit – oder noch besser: Kundenbegeisterung – zu erreichen.

Bevor mit der Ausrichtung eines Unternehmens auf die Bedürfnisse der Kunden begonnen werden kann, müssen die potenziellen Geschäftspartner erst erkannt und definiert werden, wobei enge partnerschaftliche Verbindungen nicht nur mit den Konsumenten, sondern auch mit Lieferanten, Mitarbeitern und der Umwelt unumgänglich sind.

Die Ziele eines Unternehmens können am ehesten erreicht werden, wenn eine harmonische Beziehung zwischen allen Stakeholdern besteht.

Jeder Partner eines Unternehmens leistet einen Beitrag für das Unternehmen und erwartet sich natürlich, selbst in irgendeiner Form davon zu profitieren.

Dies beginnt mit überzeugten, motivierten Mitarbeitern, die das Unternehmen dynamisch und flexibel steuern können, geht über die Lieferanten, für die das Unternehmen einen zuverlässigen „fair zahlenden" Geschäftspartner darstellen muss, weiter über die gesamte Unternehmensumwelt und endet beim Endverbraucher – dem Kunden.

Die Kunst des Managements besteht nun darin, die Zielvorstellungen der Eigentümer mit den Nutzenerwartungen der übrigen Stakeholder ins Gleichgewicht zu bringen.

8.2.3 Der Wertewandel im Bewusstsein der Mitarbeiter von heute

Die Motivation der Mitarbeiter ist heute viel wichtiger als früher und stellt daher eine große Herausforderung an die Unternehmensführung dar. Die Erwartungen der Menschen haben sich im Laufe der letzten Jahre stark verändert. Die berufliche Karriere steht vor allem bei jungen Mitarbeitern oft nicht mehr an oberster Stelle, Werte wie persönliche Zufriedenheit, Familie und Selbstentfaltung gewinnen immer mehr an Bedeutung.

Gleichzeitig werden Werte wie Selbstkontrolle, Disziplin, Pflichtbewusstsein, Verzichtsbereitschaft immer mehr in den Hintergrund gedrängt. Das heißt allerdings nicht, dass es kein Erfolgsstreben mehr gibt.

Das **Ziel** für das Unternehmen muss daher sein, seinen Mitarbeitern ein soziales Umfeld zu geben, ihre Tätigkeiten aufwerten und sie dazu bringen, sich mit der Firma zu identifizieren. Generell muss Mitarbeitern die Chance gegeben werden, eigene Ideen durchzusetzen, sich selbst zu verwirklichen und persönlich erfolgreich zu sein.

Der Informationsaustausch zwischen den Mitarbeitern, die Schaffung von neuen Ideen und die geregelte Behandlung von Problemen müssen unbedingt gefördert werden.

Noch wichtiger ist die Formulierung einer Vision, die den Mitarbeitern einen Sinn in ihrer Arbeit gibt und so die Motivation und Leistungsfähigkeit steigert.

8.2.4 Die Flexibilität und Entwicklungsfähigkeit von Unternehmen

Die Entwicklung von Unternehmensstrukturen ist ein permanenter Prozess der Veränderung und ist wie jeder evolutionäre Fortschritt nicht umkehrbar oder ungeschehen zu machen. Jeder Prozess der Veränderung bringt einen nicht vorhersagbaren oder zu bestimmenden Zustand hervor. Somit ist die Entwicklung eines Unternehmens keineswegs bereits zu Beginn festgelegt. Die Verarbeitung von „zufälligen" Ereignissen, Irrtümern und Fehleinschätzungen im scheinbar planlosen Entwicklungsprozess führt zu einem stabilen System (Unternehmen) in einer stetig sich wandelnden, turbulenten Umwelt. Der Erfolg eines Unternehmens ist also davon abhängig, inwieweit es in der Lage ist, immer wieder evolutionäre Prozesse in Gang zu setzen und zu einem sogenannten ultrastabilen Zustand zu kommen, in dem optimale Anpassungen an eine sich ändernde Umwelt von innen und von selbst ablaufen.

Das Infragestellen alter Denkmuster durch die Entwicklung neuer Leitgedanken ist daher Grundvoraussetzung für das Erreichen der Unternehmensziele.

Die Herbeiführung einer zeitweisen Instabilität bzw. eines inszenierten Chaos schafft neue, den Erfordernissen der Umwelt entsprechende Ordnungen.

Insbesondere der hier im Vordergrund der Betrachtungen stehende Veränderungsprozess hin zu einer Prozessorientierung des Unternehmens ist eine derartige permanente Herausforderung.

8.2.5 Die Lebensphasen von Unternehmen und die Kundenorientierung

Der Übergang von der streng funktionalen Unternehmensgliederung mit ihrem partikulären „Kästchendenken" zu Organisationsformen, die eine aktive Kundenorientierung leben und die sich folgerichtig auf den Prozess der Bedarfsbefriedigung der Kunden konzentrieren, ist ein tief eingreifender Änderungsprozess, der sich von der obersten Ebene der Unternehmenspolitik (Mission, Vision, Werthaltungen) über die Strategieebene bis zur Ebene der einzelnen Detailoperationen manifestiert.

Management of Change mit diesem Fokus ist ein langer und alles umfassender Veränderungsprozess, der im Sinne eines Programmes durch zeitlich und inhaltlich gut abgestimmte Einzelprojekte zu organisieren ist. **Kundenorientierung** und damit das Stellen des Wertschöpfungsprozesses ins Zentrum unternehmerischen Geschehens ist keineswegs selbstverständlich: Jede Organisation durchläuft auf ihrer Lebensreise (siehe dazu auch Kapitel 2) eine Sequenz von **typischen Phasen**, verbunden mit jeweils prioritär gesehenen Zielen und Strategien. So weist der **Lebenszyklus** eines Unternehmens etwa folgende Lebensphasen auf, wobei die Kundenorientierung oft in den einzelnen Phasen durch vordringlicher gesehene Ziele und Problemstellungen überdeckt wird:

Gründungsphase

Es geht vor allem um das Realisieren einer Idee, um Kompetenzabsteckung, um rechtliche und persönliche Fragen, der Kunde steht nur im Anlassfall im Zentrum.

Pionierphase

Es geht vor allem um erste Umsetzungen auf sehr improvisierter Ebene, oft als One-Man-Show, sehr personenabhängig und krisenanfällig, aber sehr risikofreudig. Der Aufbau eines langfristigen Kundenstockes über das Schaffen von Zufriedenheit wird nur im Einzelfall und nicht systematisch betrieben.

Sturm-und-Drang-Phase (Wachstumsphase 1)

Wenn das Unternehmen trotz chaotischen Vorgehens am Markt zunächst gut ankommt und erfolgreich ist, fühlt man sich bestätigt, unverwundbar, setzt Prioritäten in allen Richtungen, ohne den Finger am Puls des Kunden zu haben, die Menge der Aufgaben steht vor der Qualität, das Vorgehen ist nicht konsistent und noch immer stark um Personen organisiert.

Strukturierungsphase (Wachstumsphase 2)

Erste einzelne Rückschläge, Probleme, negative Feedbacks zwingen zum Umdenken im Sinne einer stärkeren Formalisierung und stärkeren Kontrolle. Delegation von Aufgaben und Verantwortungen ist erforderlich, was das **Schaffen von akzeptierten Prozessen** zur Folge hat: Man denkt (unbewusst) an Führungsstile, aber die Führungspersönlichkeiten wollen sich letztlich nicht gerne einordnen lassen und wollen von ihnen geschaffene und gelebte Strukturen selbst wieder abschaffen.

Wenn hier nicht klar, auf dem eigentlichen Zweck des Unternehmens aufbauend, eine kundenorientierte Struktur geschaffen wird, werden alte, unbewusste Abläufe nur zementiert. Es sind Machtkämpfe vorprogrammiert, unproduktive Sitzungen nehmen zu, Standardisierungen sind oft ein Potemkinsches Dorf. Die Risikofreude weicht einem Abwägen von Risiko und Chancen.

Reifephase

Diese Phase baut auf mehr oder weniger starker Formalisierung der Unternehmensaufgaben auf, die keineswegs als kundenorientierte und fachübergreifende Prozesse erfasst sein müssen, aber man arbeitet relativ erfolgreich und systematisch. Das Ergebnis steht im Vordergrund, Wachstum ist angesagt, Personalentwicklung als Voraussetzung für eine Prozessorientierung ist unterbelichtet, Selbstzufriedenheit stellt sich ein, bis man erkennt, dass die Effektivität und Effizienz durchaus verbesserungswürdig sind und dass Mitbewerber einen überholen und das Geschäft abgraben könnten.

Stabilitätsphase

Um Sicherheit zu erreichen, konzentriert man sich auf den Bestand, vermeidet ab nun höhere Risiken, Änderungen werden als Störungen gesehen, die erwarteten Leistungen des einzelnen Mitarbeiters werden erbracht – aber auch nicht mehr. Man steht auf einer Umgestaltungsbremse, statt offensiv durch Neuausrichtung im Sinne einer **Kundenorientierung** alle erforderlichen Konsequenzen umzusetzen: „If it's not broken, don't change it."

Als Kompensation wird großes Gewicht auf die zwischenmenschlichen Beziehungen im Unternehmen gelegt.

Dies ist der wesentliche **Weichenstellungspunkt** entweder für einen verbesserten Neuanfang durch Zurückspringen in die Strukturierungsphase oder aber zu einem Einfrieren (Erstarren) und zu einer Bürokratisierung! Oft wird der Weg des Zukaufs von Unternehmen (Merger & Acquisition) gewählt, was aber ohne gemeinsamen Neuanfang in etwa 70 % der Fälle scheitert bzw. nicht den geplanten Erfolg bringt.

Sättigungsphase

Man spricht vor allem über das Wie und hat völlig das Was und Warum aus den Augen verloren. Der Kunde und seine spezifischen Bedürfnisse werden eher als lästig empfunden, die Formalität ist alles, wobei auf Kompetenzabsteckung, Sicherheit des Einzelnen, Tradition, Machtbereiche und Ähnlichem die Bedeutung liegt. Kreativität und Veränderung samt deren Konsequenzen werden als Verunsicherung empfunden, auch nicht als notwendig, da man ja „bis jetzt auch gelebt hat, wie die Geschichte beweist".

Bürokratiephase

Das Unternehmen erlebt sehenden Auges einen permanenten Rückgang des Erfolgs, beantwortet diesen aber nicht mit einem Zurückspringen auf eine frühere Phase (Culture Change), sondern mit verstärkter Kontrolle: Fehlerverfolgung und Schuldzuweisungen, Konflikte, noch stärkere Absicherung, interne Nabelschau, jeder schaut, dass er sich keine Blöße gibt. Die Leistung im Sinne des Kunden ist Nebensache geworden, die Arbeit ist überreguliert, das Erfüllen dem Buchstaben der Regel nach ist Selbstzweck und vermeidet ein Bloßstellen des Einzelnen.

Der Kunde soll sich gefälligst an das Unternehmensverhalten anpassen, will er mit der Organisation in geschäftliche Verbindung treten.

Wenn keine Monopolstellung am Markt, so etwa im Sinn einer Behörde, einer öffentlichen Verwaltung, vorliegt, ist ein Firmenuntergang absehbar bzw. vorprogrammiert.

Alle diese aufgrund ihrer jeweiligen Eigendynamik idealtypischen Phasen im Leben einer Organisation verleiten dazu, **anderes** als die Kundenorientierung jeweils in den Vordergrund der Aktivitäten zu stellen. Es ist daher ein **bewusster und geplanter Prozess** der Implementierung einer prozessorientierten Kultur samt Unternehmensstruktur einzuleiten.

8.3 Strategien zum Wandel der Unternehmenskultur

8.3.1 Notwendigkeit eines Kulturwandels

Eine generell passende Anleitung zur Änderung der Unternehmenskultur gibt es nicht. Aufgabe des oberen Managements eines Unternehmens ist es abzuschätzen, ob die vorherrschende Unternehmenskultur zur Bremse wurde und wann es gilt, einen Wandel der Unternehmenskultur anzustoßen und herbeizuführen.

Deutliche **Anzeichen**, dass die Unternehmenskultur den Anforderungen nicht mehr entspricht, sind vor allem:

- Abteilungsdenken,
- Besitzstandsbewahrung,
- binnenorientiertes Denken, Nabelschau,
- Statusbewusstsein, Eigendünkel,
- fehlender konsequenter Änderungswille,
- Fixierung auf Organisationsstruktur, Anordnungen, Pflichten, Kompetenzen, Betonung des Wie, anstatt des Was, des Warum,
- Mangel an Visionen, fehlendes Denken in Alternativen.

Kann man in einem Unternehmen diese Eigenschaften oder Zustände bereits ausgeprägt feststellen, ist ein Kulturwandel erforderlich, da sich das Unternehmen dann bereits in einer ineffizienten Lebensphase befindet, einer Abstiegsphase, die mit Versteinerung und Selbstzentrierung einhergeht.

Es sind vom Prinzip her die „graduelle Innovation" und die „radikale Innovation" zu unterscheiden (Tabelle 8-6).

Tabelle 8-6:   Innovationsstrategien

Graduelle Innovation	Radikale Innovation
Praktiker	Wissenschaftler, Theoretiker
abwehrend, reaktiv, bewährt	offensiv, neuartig, experimentell, proaktiv
folgt Trends	setzt Trends
aufbauend (man nimmt bestehende Modelle als Ausgangspunkt)	rahmensprengend (man beginnt mit einem neuen Konzept)

Beide Strategien haben ihre Berechtigung, allerdings in verschiedenen zeitlichen Phasen. Die **graduelle** Innovation ist so lange am Platze, wie das Unternehmen eine funktionierende Unternehmenskultur hat. Graduelle Innovation ist notwendig, damit das Unternehmen in dieser Phase erfolgreich bleibt, bedeutet aber langfristig gesehen Stillstand. Betreibt das Unternehmen nur graduelle Innovation, wird es letztlich von der Zeit eingeholt und überholt. Nur die **radikale** Innovation liefert die Grundlage für einen echten Kulturwandel.

Damit ergibt sich aber, dass bestehende Organisationen kaum von innen heraus eine radikale Kulturänderung vorantreiben werden, sondern Druck von außen in unterschiedlichster Form benötigen.

Bremsend bei der Eigendynamik einer Unternehmenskultur sind folgende Phänomene:

▨ Vervielfältigungstendenz:
Man bevorzugt „mehr vom Gleichen" (quantitative Veränderung) statt etwas anderes (qualitative Veränderung).
▨ Abwandlungstendenz:
Variation wird zugelassen, aber nur innerhalb eines festen vorgegebenen Rahmens. Man ist außerstande, etwas hereinzunehmen, das außerhalb des Rahmens liegt.
▨ Stabilisierungstendenz:
Man korrigiert Abweichungen durch Gegensteuerung. Wenn durch Diskontinuität und Störung bedroht, wird man bestrebt sein, die Normalität wiederherzustellen und zu bewahren.

8.3.2 Das Wesen des Kulturwandels und seine Blockaden

Ist eine Neuorientierung des Unternehmens im Sinne eines Kulturwandels geplant, empfiehlt es sich, folgende Dimensionen zu bedenken:

▨ Spezifika und Wirkung der Kultur (die **phänomenologische** Dimension);
▨ der Lebenszyklus der Kultur und die aktuelle Phase, in der sich das Unternehmen befindet (die **evolutionäre** Dimension);
▨ die Wechselwirkung mit der Umwelt, in der die Kultur eingebettet ist (die **kontextuale** Dimension);
▨ die Ziele und Erwartungen der involvierten Interessengruppen (die **soziale** Dimension).

Man muss sich zuerst objektiv bewusst machen, wo man gerade steht und wie bzw. wohin man sich in Zukunft entwickeln will: Die **Bestimmung des Istzustandes** und des zukünftigen **Sollzustandes** ist elementar. Gegebenenfalls sind externe Berater notwendig, um eine klare, unvoreingenommene Sicht zu erhalten.

Hürden und Hindernisse des Kulturwandels

Betrachtet man die möglichen Probleme, die bei jeder Umgestaltung, also auch bei der Änderung der Unternehmenskultur in einem Unternehmen entstehen können, so ergibt sich ein vielfältiges Spektrum an zu beachtenden Themen.

Vor, während und nach einer Reform können **Hürden** in nahezu allen Bereichen auftreten, so vor allem

- rechtlich,
- sozial,
- finanziell,
- wissensmäßig,
- technologisch und
- organisatorisch.

Prüft man allerdings diese Problembereiche genauer, so erkennt man, dass sie zwar zu kurzfristigen Problemen führen können, aber letztlich keine wirklichen „unüberwindbaren" Hürden darstellen.

Trotzdem zählt es zu den schwierigsten Aufgaben überhaupt, den Führungskräften und Mitarbeitern im Unternehmen eine neue Art des Denkens beizubringen, wie dies im vorliegenden Zusammenhang des Übergangs auf Prozessorientierung erforderlich ist. Die dabei auftretenden Schwierigkeiten werden eher unterschätzt: Zu Beginn wird mit hoher Motivation ein Projektteam zusammengestellt, das die Aufgabe erhält, ein neues Leitbild des Unternehmens zu definieren. Nach einiger Zeit und einer Vielzahl von Teamsitzungen wird das neu erarbeitete Leitbild dem Vorstand vorgetragen und ein paar letzte Änderungen werden vorgenommen. Das fertige Leitbild wird in einer Hochglanzbroschüre abgedruckt und an alle Mitarbeiter verschickt. Und dann? Es bleibt alles beim Alten.

Die **tatsächlichen Hürden** bei der Änderung der Unternehmenskultur liegen kaum in mangelnder Motivation oder in offensichtlichen Fehlern, sondern vielmehr im Unterbewusstsein: Die **Angst** vor Veränderungen und den damit verbundenen Risiken sowie das Unbehagen, **Gewohnheiten** zu ändern und umzulernen.

Die Angst vor Veränderungen

Spricht man von Angst, so spricht man von einer Vielzahl von Gedanken und Empfindungen, die vom nicht genau definierbaren „Angstgrauen" bis hin zu konkreter Furcht reichen. Jede Konfrontation mit einer ungewohnten, nicht zu den eingelernten Denkmustern passenden Situation oder Herausforderung kann einen Angstzustand auslösen. Die meisten Menschen entfliehen solchen Zuständen mit Verdrängung, was im Sinne der Angstbewältigung zunächst als durchaus wirksam zu werten ist.

Die tatsächliche Überwindung der Angst erfordert eine tiefer gehende Auseinandersetzung mit dem Angstzustand selbst und eine Ergründung der Angstauslöser. Ist der Angstzustand einmal überwunden, bedeutet dies ein neues Lebensgefühl.

Ehe man also Strategien und Methoden zur Schaffung einer neuen Unternehmenskultur anregen und diskutieren kann, müssen Wege aus der Angst gefunden werden.

Die mentale Einstellung zu einem **positiven Denken** ist für die Überwindung der Angst von elementarer Bedeutung, denn die Sensibilitätsschwelle für die unterschiedlichen scheinbaren „Gefährdungen unserer Existenz" sinkt mit schlechter Stimmungslage, und das Gesetz der sich selbst erfüllenden Prophezeiung wird bei negativer Einstellung umso eher wirksam.

Es muss letztlich versucht werden, das Unterbewusstsein und die eigenen Gedanken so zu beeinflussen, dass der Zustand der Angst nicht nur verschwindet, sondern gleichzeitig ein neuer positiver Gedanke gebildet wird, der wieder handlungsfähig macht und die Blockade besiegt. Positives Denken ist kein verbrauchtes Schlagwort, sondern die einzige Chance, die Angst in eine konstruktive Kraft umzufunktionieren.

Die Macht der Gewohnheit

Es ist schwer, Gewohnheiten zu ändern und eingedrillte Verhaltensweisen dauerhaft umzugestalten. Noch viel schwerer ist es, Gewohnheiten im zwischenmenschlichen Bereich zu verändern: Gemeinsame Gewohnheiten sind trainierte Abläufe, bei denen jede Handlung oder Bemerkung der einen Seite von der jeweils gegenüberstehenden Seite mit den entsprechenden gelernten Handlungen oder Bemerkungen beantwortet wird. Unbeteiligten Dritten wird dies oft sehr viel deutlicher bewusst als den beiden Parteien selbst.

Versucht eine Seite ihr Verhalten zugunsten einer harmonischeren Allgemeinsituation zu verändern, so strebt die andere Seite meist danach, den gewohnten, vertraut gewordenen Zustand möglichst rasch wiederherzustellen. Schließlich stellen sich Zufriedenheit und das Gefühl, sich in der Situation wieder zurechtzufinden, ein. Es ist dies die sogenannte **Rückstellkraft sozialer Systeme**.

Der Grund dafür ist, dass das Beziehungsgefüge in einem sozialen System nach einer vorausgegangenen Phase der Positionskämpfe im Fließgleichgewicht ist. Ändert sich nun das Verhalten eines Einzelnen gegenüber einem anderen oder der ganzen Gruppe, irritiert er alle anderen und bringt das gesamte Beziehungsnetz ins Wanken. Auch wenn das neue Verhalten für ihn selbst richtig erscheinen sollte, löst es zunächst beim Rest der Gruppe Unbehagen aus.

Das ganze soziale System kommt in Bewegung und zwar für die meisten Beteiligten unfreiwillig. Infolgedessen reagieren diese unmittelbar mit Widerstand.

Eine wesentliche Bedeutung haben diesbezüglich regelmäßige Feedbackschleifen. Sie beeinflussen tatsächlich das Verhalten, da sie zum einen immer auf das Soll aufmerksam machen und zum anderen jederzeit das Ist aufzeigen. Der ständige Vergleich zeigt Differenzen auf und ermöglicht eine rasche und unkomplizierte Verhaltenskorrektur.

Das Erkennen und Überwinden von prinzipiellen Schwellen der Veränderung

Veränderungen, die vorgenommen werden, müssen bis zu ihrer Realisierung mehrere Schwellen, also Widerstände, überwinden, bis dann tatsächlich im Unternehmen eine Veränderung stattfindet. Man könnte diese Hindernisse ihrem Auftreten nach wie folgt unterscheiden:

- *Die Erkenntnisschwelle:*
  Vor dieser Schwelle befindet sich, wer die Bedeutung interner oder externer Entwicklungen aufgrund seines eingeschränkten Kontextes nicht erkennen kann oder will, die Vorgänge verharmlost und nicht ernst nimmt.
- *Die Visionsschwelle:*
  An dieser Schwelle bleibt hängen, wer zwar erkannt hat, dass sich etwas ändern muss, aber Schwierigkeiten hat, sich eine Lösung, einen Ausweg oder etwas Neues vorzustellen – etwas also, das nicht seiner gewohnten Wahrnehmung entspringt.
- *Die Handlungsschwelle:*
  Vor der Handlungsschwelle zu stehen heißt, zwar begriffen zu haben, was falsch läuft, zusätzlich auch über die Vorstellung der Lösung des Problems zu verfügen, und doch vor nötigen Handlungskonsequenzen aus Bequemlichkeit oder Risikoscheue zurückzuschrecken.

Sich diese unterschiedlichen Schwellen bewusst zu machen, ist bereits ein äußerst hilfreicher Schritt zu ihrer Bewältigung.

Nachhaltiger Wandel erfordert eine Unternehmensorientierung

Häufig wird das Erreichen der angestrebten Veränderungsziele dadurch blockiert, dass die bestehenden Werte und Orientierungen der Menschen innerhalb einer Organisation nicht auf einer gemeinsamen Linie liegen.

Jeder Mitarbeiter steuert das Unternehmen, soweit das in seiner Macht steht, bewusst oder auch nur unterbewusst in die aus seiner Sicht vorteilhafteste Richtung. Es fehlt ein gemeinsamer, von Unternehmensleitung, Führungskräften und Mitarbeitern erarbeiteter Handlungs- und Orientierungsrahmen, mit dem sich alle identifizieren können, der festlegt, was von jedem Einzelnen verlangt wird, und der für alle als verbindlich angesehen wird.

Folgen des **Mangels an gemeinsamen Werten** und gewollten Verhaltensstandards sind vor allem:

- Reibungsverluste bei der Zusammenarbeit von Organisationseinheiten;
- mangelnde Verständigung und gegenseitiges Verstehen(wollen) als Basis effizienter Kommunikation;
- unüberbrückte interkulturelle Differenzen, die die Kooperation erschweren oder gar blockieren;
- fehlende Bereitschaft zur Teilung von Wissen mit anderen;
- inkonsistentes Verhalten von Führungskräften;
- illoyales Verhalten gegenüber dem Unternehmen (bis zu wirtschaftskriminellen Delikten wie Diebstahl, Betrug, Unterschlagung, Spionage, Annahme von Bestechungsgeldern oder aktiver Beteiligung an Korruption);
- Desinteresse und Lethargie, Absentismus, geistige Kündigung.

Die Entwicklung bzw. das Vorliegen eines **akzeptierten Unternehmensleitbildes** in schriftlicher Form ist Voraussetzung für eine erfolgreiche Kulturveränderung.

8.4 Strukturiertes Vorgehen bei der Herbeiführung von Organisationsänderung

Bei jeder Organisationsänderung gibt es aufgrund der vorher besprochenen Gegebenheiten folgende zwei prinzipielle Gruppen von Beteiligten:

- **Pessimisten:** Die alles Neue ablehnen und die alles Bisherige bis zur letzten Konsequenz verteidigen, da eine Veränderung immer eine Verschlechterung mit sich bringt.
- **Opportunisten:** Die hinter jeder Änderung die Chance sehen, sich selbst besser zu positionieren und schneller Karriereschritte zu setzen.

Das Aufeinanderprallen der beiden Gruppen kann jedes Änderungsansinnen völlig blockieren. Oft geht es dann nur über den Weg des Mitarbeiterwechsels.

Dabei ist das Risiko des Scheiterns prinzipiell bei **revolutionären** Änderungen höher, da hierbei schon kleinste Enttäuschungen eine ursprünglich positive Einstellung zum Kippen bringen können.

Demgegenüber ist vor allem die Geschwindigkeit bei **evolutionären** Änderungen dem natürlichen Änderungsverhalten besser angepasst, insbesondere wenn Zeit und Mitsprache bei der Umstellung zum Aneignen neuer Routineprozesse eingeräumt werden.

Manager versuchen mit unterschiedlichen Zugängen einen Kulturwandel im Unternehmen herbeizuführen. Es sind theoretisch **vier Haupttypen von Wegen** zu unterscheiden, wobei jeder zu unterschiedlichen Auswirkungen bezüglich des Änderungsprozesses führt.

Der autokratische, aggressive Weg

Um eine neue kulturelle Ordnung aufzubauen, verfolgt diese Strategie den Zweck, zunächst in der Belegschaft Unruhe zu erzeugen und so die Absicht zur Veränderung klarzumachen. Sie wird meist angewendet, wenn das Unternehmen bereits in der **Krise** steht. Die Strategie eignet sich gut zum Herbeiführen von raschem Wechsel unter Unterdrückung von alternativen Sichtweisen.

Nach Zerschlagung des kulturellen Zusammenhaltes, d. h. der Zerstörung der bestehenden Denk- und Verhaltensmuster, werden im Anschluss genaue Verhaltensregeln erlassen. Darauf folgt ein Überwachen der Einhaltung der neuen Weisungen, um eine Verwässerung der Anweisungen zu vermeiden.

Eignet sich nur bei enormem Änderungsdruck.

Der partizipatorische Weg

Diese Strategie vermittelt allen Betroffenen das Gefühl einer gewissen Sicherheit, da sie die bestehenden Strukturen berücksichtigt.

Der Wandel zu einer neuen Kulturform verläuft still und schrittweise, durchgeführt von kooperativen Managern, wobei die betroffenen Mitarbeiter weitestgehend in den gesamten Prozess eingebunden sind.

Dies impliziert keineswegs, dass Interessenkonflikte auszuschließen sind, geht jedoch von der Bewältigung der auftretenden Probleme aus.

Die Änderungen werden in Übereinstimmung mit den Betroffenen durchgeführt, dadurch gewinnt das Änderungsprogramm an gesellschaftlicher Zustimmung. Denn nur wenn Menschen von sich aus erkennen, dass die vertrauten Verfahren alt und unpassend geworden sind und es einen besseren Zustand gibt, werden sie freiwillig bereit sein, darauf einzugehen.

Der Weg über informale Netze im Unternehmen

Diese Strategie neigt dazu, indirekt zu agieren und Beziehungen geschickt auszunutzen, um ihr Ziel zu erreichen. Es existiert ein unsichtbares Netzwerk in der Machtstruktur, das wichtiger ist als das formale Organigramm.

Das informale Netz ist eine natürliche Folge menschlichen Kontakts und menschlicher Interaktion. Jene Menschen, die sich das informale Netz zunutze machen, werden dabei als jene Personen betrachtet, die Kulturwandel und Kulturentwicklung beeinflussen können, indem sie Qualität, Form und Dichte ihrer Beziehungen und Interaktionen variieren. Man kann sagen, dass Netzwerke den Menschen Macht verleihen.

Ein Nachteil der informalen Netze ist, dass sie, wenn sie einmal etabliert sind, sehr leicht ordnungs- statt änderungsorientiert werden, d. h. eine defensive Funktion einnehmen, um ihren eigenen Fortbestand zu sichern.

Der Weg über Umerziehung

Diese Strategie geht den Weg der Umerziehung in Form von Weiterbildung und Schulung. Das Problem besteht darin, dass die Einwirkung zwar in einer angenehmen Atmosphäre stattfindet, jedoch nicht vom Gleichheitsprinzip geprägt ist, sodass einzelne Personen im Mittelpunkt des Interesses stehen. Das Programm gibt sich zunächst harmonisch und kameradschaftlich, zwingt sich jedoch kaum weniger nachdrücklich auf als der aggressive Weg.

Zusätzlich entscheiden die Menschen selbst, ob sie an den Kursen teilnehmen, was sie akzeptieren bzw. ob sie die gewünschte Richtung, die von der Unternehmensleitung vorgegeben wird, bejahen.

Im Wesentlichen wird es sich jedoch in der Praxis eher um eine **Mischstrategie** handeln, wobei das Repertoire von Methoden situativ zusammenzustellen ist. Den „besten Weg" gibt es dabei nicht, zumindest ist er nicht nachweisbar.

8.5 Idealtypische Phasen einer Veränderung

Eine erfolgreiche Änderung durchläuft typische Phasen, die bewusst und geplant abfolgen sollten:

1. Aufrüttelungsphase

Im ersten Schritt wird von den Protagonisten des Umbruches eine qualitativ andere Konstruktion bzw. anderer Eindruck der Realität in plakativ-drastischer Weise präsentiert, der die Leute überraschen und anregen soll und der sie veranlasst, ihre Situation auf neue und unerwartete Art und Weise zu erleben und damit dieselbe zu überdenken. Es werden die für die Änderung erforderlichen **emotionalen Energien** freigesetzt.

- Es wird das Öffnen einer neuen Sichtweise provoziert.
- Es wird ein Gefühl der Dringlichkeit vermittelt.
- Es wird ein Veränderungsdruck durch Hinterfragen der Selbstzufriedenheit kreiert.

Sich artikulierende **Widerstände** sollten auf ihr Wesen hin analysiert werden. Ausprägungen können sein:

- sachbegründeter Widerstand: Angst vor Unbekanntem, Risiko, Bequemlichkeit;
- machtpolitischer Widerstand: Änderungen bei Besitzständen, Verlust an Einfluss von Koalitionsgruppen;
- kultureller Widerstand: Denkmuster der bisherigen Unternehmenskultur, eingespielte Verhaltensweisen, vorherrschende Grundstimmung.

2. Vermittlungsphase

Nachdem die erste Phase den Angriff auf die bestehende Situation und die Präsentation von neuen Konzepten beinhaltet hatte, ist es das Ziel der zweiten Phase, der Vermittlungsphase, den Ideen eine gesellschaftliche Form zu geben. Das bedeutet, das Anliegen der Änderung einer breiten Mitarbeiterschar zugänglich zu machen. In diesem Stadium liegt das Hauptaugenmerk nicht auf der Idee, sondern auf der Akzeptanz derselben.

Eine Kulturtransformation benötigt Visionen und Leitbilder, die Begeisterung wecken können. Es muss der Nutzen für den Einzelnen kommuniziert werden, um den Nachteilen der Veränderung entgegengestellt werden zu können.

Die Visionen müssen für die Mitarbeiter in klare Worte gegossen werden, um diese hinter der Idee versammeln zu können.

Erfolgsfaktoren für die Vermittlung von Visionen sind:

- Es gelingt umso besser, je klarer der Ausgangszustand des Unternehmens analysiert und kommuniziert wird.
- Die Visionsentwicklung sollte als Gruppenprozess ablaufen. Visionen sollten monumentale Ideen enthalten, da sie als Ordnungsrahmen fungieren und eine Herausforderung darstellen.
- Sie sollten in leicht verständliche Worte gegossen werden.
- Sie sollten anpassbar, aber im Wesentlichen unveränderbar aufgefasst werden.

3. Engagementphase

Hier kommt es darauf an, die den Mitarbeitern vermittelten Ideen zu festigen, planerisch umzusetzen und die Betroffenen für ihre Einbindung zu gewinnen. Zugleich wird daran gearbeitet, die sich herausbildenden Sinninhalte und Wertvorstellungen zu ordnen, zu überarbeiten und zu verbreiten. Ziel dieser Phase ist es, den Leuten ein Gefühl des persönlichen Engagements und der Verbundenheit zu vermitteln, denn nur diejenigen, die beteiligt waren, haben das Gefühl, **etwas Sinnvolles** bewegt zu haben.

Beim Übergang auf eine prozessorientierte Organisationskultur ist es erforderlich, zunächst Grenzen, insbesondere informeller Art, abzubauen und einzureißen, und zwar

- im System selbst: vertikal und horizontal;
- in der Systemumwelt: mit den Partnern als externen Stakeholdern (Kunden, Lieferanten, Subauftragnehmern, Interessengruppen).

Es ist dies eine grundlegende Voraussetzung der Einbindung der Betroffenen des gesamten Unternehmens aus unterschiedlichen Ebenen und Fachabteilungen.

Damit macht man möglichst viele Mitarbeiter zu Mentoren der Veränderung – zu „Change Agents". Durch stützende Maßnahmen wie Moderationstechniken, Hebung der Sozialkompetenz und Entwickeln der Kommunikationsfähigkeit sind diese zu fördern.

4. Umsetzungsphase

In dieser Phase sollen die Leute das Erlernte mit der täglichen Routine in Beziehung bringen und entsprechende Fertigkeiten entwickeln. Soll die erlernte Kultur von Dauer sein, müssen Freiheiten wie Improvisieren, Verhandeln, Anpassen und wechselseitiges Harmonisieren möglich sein. Dies muss allerdings zugleich auch über informale Netze bewerkstelligt werden.

Die eigentliche Implementierung, die letztlich als andauernder Prozess zu sehen ist, steht und fällt mit den richtig ausgewählten und verteilten „Change Agents" und deren Unterstützung durch ein offenes Führungsteam.

5. Lebensphase

Die letzte Phase befasst sich mit der Strukturierung und Formgebung der Kultur. In diesem Stadium hat längst das Schöpferische stattgefunden, in einer Entwicklung, die sich vom ersten Stadium an entfaltet hat. Die Aufgabe besteht schlicht darin, das Produkt dieses langen schöpferischen Prozesses einzufangen, bewusst zu machen, zu verstärken und zu festigen. Was bei einem erfolgreichen Veränderungsprozess zu beachten ist zeigt Tabelle 8-7.

Tabelle 8-7: Checkliste für erfolgreiche Veränderungsprozesse

▨ Einen ehrgeizigen, aber realistischen Zeitplan aufstellen: Die Umsetzung dauert dabei immer länger als erwartet!

▨ Richtig portionierte, offene und klare Information der Mitarbeiter, das Kommunizieren auch von vorläufigen Entscheidungen, erkannten Problemen, nicht um den Brei herumreden.

▨ Vorteile für das Unternehmen, aber spezifisch auch für den Einzelnen, herausarbeiten und kommunizieren, die Nachteile glauben ohnedies alle sofort zu kennen.

▨ Entschiedenes Vorgehen bei Personalbesetzungen, keine Gerüchteküche aufkommen lassen.

▨ Entscheidungen als solche kommunizieren, Mitspracherecht nur dort vorsehen, wo auch beabsichtigt ist, dieses zu realisieren, nämlich wo dieses echt ist und klar definiert werden kann.

▨ Mitarbeitereinbindung durch Befragung nicht als Farce oder Alibihandlung ansehen, sondern offensichtlich berücksichtigen.

▨ Man kann nicht alle Erwartungen erfüllen, es werden immer einige Mitarbeiter zumindest marginale Nachteile in Kauf nehmen müssen. Von einzelnen Unzufriedenen wird man sich eben langfristig auch trennen müssen.

Geforderte Einstellungen und Denkweisen

Beim Management of Change ist das Unternehmen als ein soziales System zu sehen, in dem unterschiedliche Rollenträger ihren jeweils typischen Beitrag leisten. An prominenter Stelle steht der Manager als **Change Agent erster Ordnung.**

Als wesentliche **Verhaltenseigenschaften** sind jedoch für alle Mitwirkenden zu fordern:

▨ Der Umgang mit **Komplexität.**
Es ist die **Ganzheitlichkeit** bei der Betrachtung des Unternehmens mit seinen Bausteinen und deren Wechselwirkungen untereinander und mit seiner Umwelt zu sehen und bei der Maßnahmenentscheidung zu berücksichtigen. Weiterhin ist für nachhaltige Änderungen das Erfassen von Einzelzuständen als situative Wahrnehmung nicht ausreichend; eine **dynamische Sichtweise** sollte die Basis von Entscheidungen sein.

▨ Der Umgang mit **Information.**
Information hat nicht nur einen **semantischen** Aspekt (Wortbedeutung) und einen **syntaktischen** Aspekt (Satzgefüge), sondern ist vor allem erst in ihrem spezifischen **pragmatischen** Kontext wirksam und sinnvoll.
Ohne Kontext verliert eine Information ihren Wert, ganz besonders im sozialen Bereich im Zuge von Veränderungsprozessen.

▓ Der Umgang mit **Unsicherheit.**
Änderungsprozesse im Unternehmen haben lange Auswirkungshorizonte
und greifen damit ganz wesentlich in die Überlebensgestaltung der Organisation ein.
Jeder Eingriff, der sich auf die Zukunft auswirkt, ist seinem Wesen nach
wahrscheinlichkeitsbehaftet, sodass generell nur von **Chancen** und **Risiken** gesprochen werden kann und völlige Sicherheit bei der Gestaltung
der Zukunft nirgends vorliegt.
Ein methodisch gestütztes Umgehen mit der **Unsicherheit** ist demgemäß
erforderlich, sie kann weder vermieden noch umgangen werden, ein
Gefühl des Unbehagens der eigenen Unzulänglichkeit ist dabei fehl am
Platz.

▓ Der Umgang mit **Ursache und Wirkung.**
Es ist erforderlich, der Komplexität des Systems **Unternehmen** entspre-
chend, immer von einer **Vielzahl von Ursachen** auszugehen. Monokau-
sales Denken führt zwar zu plakativen, einfachen und nachvollziehbaren
Entscheidungen, die sich aber selten als zielwirksam und nachhaltig erweisen.
Da weiterhin der Regelkreis als ein in sich geschlossenes Informationssys-
tem (Feedback) das Grundmuster jedes Systemverhaltens ist, ist es eine
Frage der **Betrachtungsweise,** was in einer gegebenen Fragestellung als
Ursache und was als deren Wirkung angesehen wird; der Regelkreis besitzt keinen Anfang und kein Ende, Ursache und Wirkung sind letztlich
vertauschbar.

▓ Der Umgang mit **Systemgrenzen.**
Um sich bei gegebener Aufgabenstellung wegen der vorliegenden Systemkomplexität nicht völlig zu verlieren, ist es erforderlich, Grenzen hinsichtlich des Umfangs und des gewählten Betrachtungsaspektes zu legen.
Diese Entscheidung ist Voraussetzung, soll ein Ausufern der Problemstellung ins Unbehandelbare nicht Platz greifen.
Der Mut zur Verkürzung der Realität – das Wesen jedes Modells – ist
gefordert, wobei allerdings die Entscheidungen rational zu treffen sind;
dies alles im Bewusstsein, dass jedes derart abgegrenzte System nur ein
Baustein eines nächsthöheren Ganzen ist.

Den genannten Denk- und Verhaltensweisen sollte man sich schrittweise
nähern und sich diese aneignen, um im Umgang mit komplexen, sozialen
Systemen erfolgreiches Engineering (Gestalten) betreiben zu können. Wenn
mit diesen Denkkonzepten an die Änderungsprozesse vor allem vonseiten
des Managements, der Berater, der Change-Mentoren und Change-Agenten
herangetreten wird, wird das Machbare auch erreicht werden.

Tabelle 8-8 stellt die Erfolgsfaktoren der Veränderung zu einer prozessorientierten Unternehmensorganisation dar.

Tabelle 8-8:   Erfolgsfaktoren beim Übergang zu einer prozessorientierten Unternehmensor-
               ganisation

▨ Vorhandene Informationen erkennen und nutzen: Oft haben Vorgesetzte nicht den
  Mut, sich von ihren Untergebenen beraten zu lassen bzw. deren Meinungen anzuhö-
  ren.

▨ Sehen, was „unbewusst" bereits funktioniert: Darunter sind die informellen Strukturen
  zu verstehen, die vorhanden sind und genutzt werden; dazu zählen auch Vorschriften,
  die verdeckt nicht beachtet werden, damit effektiver gearbeitet werden kann.

▨ Vorsehen von Workshops: Diese sollten für den offenen Meinungs- und Informationsaustausch genutzt werden.

▨ Formieren von Projektgruppen: Dabei wird die Einbindung von externen unpartei-
  ischen Kräften empfohlen.

▨ Informationspflicht/interne Öffentlichkeitsarbeit: Informierte Mitarbeiter sind der
  Schlüssel zum Erfolg.

▨ Lernen zulassen: Lernen tritt bei jeder Gestaltung auf. Es gibt von vornherein keinen
  ermittelbaren optimalen Prozess. Es ist ein „Trial-and-Error-Prozess" zuzulassen.

▨ Prozessbegleitung durch externe Berater: Diese sollen den Mitarbeitern eine Unterstützung im Sinne von Team-Coaching bei der Veränderung geben, da Unsicherheiten
  und Ängste auftreten.

9 Prozessmanagement im exzellenten Unternehmen

Die Frage, durch was sich ein exzellentes Unternehmen auszeichnet bzw. woran ein exzellentes Unternehmen erkennbar ist, beantwortet die European Foundation for Quality Management (EFQM) anhand des Excellence-Modells, das dem europäischen Qualitätspreis (European Quality Award) zugrunde liegt (Schmelzer/Sesselmann, 2004). Dieses „Modell für Excellence" konkretisiert jene Kriterien, die ein exzellentes Unternehmen auszeichnen, und ermöglicht somit eine Messung, die eine Auskunft darüber gibt, wie weit ein Unternehmen auf dem Weg zur Exzellenz vorangekommen ist.

Darüber hinaus zeichnen sich exzellente Unternehmen durch die konsequente Erfüllung der folgenden Aufgaben aus, die den unternehmerischen Regelkreis verkörpern:

- Klare Ausrichtung in Form von Mission, Vision, Werten, Politik und Strategie (normative Ebene).
- Kommunikation der Ausrichtung in Form der Positionierung am Markt nach innen und außen.
- Bei dieser Positionierung wird naturgemäß das Unternehmensumfeld in Form des Mitbewerbs, der gesetzlichen Rahmenbedingungen und gesellschaftlichen Entwicklungen einbezogen.
- Dabei geht es nicht nur darum, dies im wohlfeilen Buntpapier an die Wände des Unternehmens zu kleistern, sondern vor allem, dies in Form von **gelebten Prozessen** im Unternehmen organisatorisch zu verankern.
- Kennzahlen und Messgrößen unterstützen das Unternehmen einerseits bei der Konkretisierung der Unternehmensziele und andererseits bei der Verfolgung der Zielerreichung.

Damit wird der unternehmerische Regelkreis auf dem kontinuierlichen Weg der erfolgreichen Unternehmensentwicklung geschlossen (Abbildung 9-1).

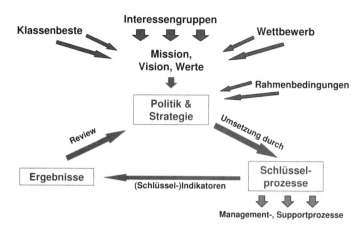

Abbildung 9-1:   Der unternehmerische Regelkreis (Brunner, Wagner, 2004)

Der Schlüssel zur erfolgreichen Umsetzung liegt im umfassenden Verständnis der Unternehmensführung (Akao, 1991). Dies bedeutet, dass die normative, die strategische und die operative Ebene harmonisch abgestimmt sein müssen (Fischer/Scheibeler, 2003). Dies stellt sich in Abbildung 9-2 strukturell dar.

Die normative und strategische Ebene (vgl. Kapitel 1) im exzellenten Unternehmen findet ihre Umsetzung durch die konsequente Orientierung am Kunden, an den Prozessen und an den Mitarbeitern.

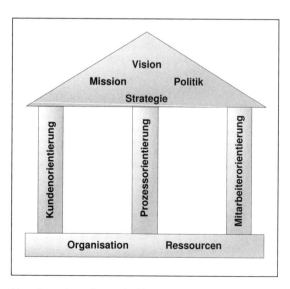

Abbildung 9-2:   Kernelemente umfassender Unternehmensführung

Die tragende Säule der Prozessorientierung steht für die Umsetzung der strategischen Ziele in die Organisation und ist wesentlicher Bestandteil der Unternehmensentwicklung. Hierbei ist die Dimensionierung dieser Säule von entscheidender Bedeutung. Eine zu große Dimensionierung bedingt eine unbewegliche, unflexible, bürokratische in sich erstarrte Organisation, die keine Möglichkeit hat, sich an geänderte Umfeldbedingungen entsprechend rasch anzupassen. Eine zu schwach ausgeprägte Prozessorientierung auf der anderen Seite bietet keine ausreichende Basis für eine zuverlässige Umsetzung der Strategie auf der operativen Ebene und belastet andererseits die Kunden- und Mitarbeiterbeziehungen durch unklare Zuständigkeiten, starke Improvisation und Ressourcenvergeudung aufgrund fehlender Koordination.

Die Ausgewogenheit der drei Säulen (Kunden-, Prozess- und Mitarbeiterorientierung) zueinander ist eine unabdingbare Voraussetzung für ein langfristig erfolgreiches Unternehmen, das sich durch Wirtschaftlichkeit und Wachstum auszeichnet. Wirtschaftlichkeit und Wachstum erfordern ein ausgewogenes und vitales Zusammenwirken der drei Säulen untereinander, um die Verbindung zwischen der strategischen und operativen Ebene zu gewährleisten.

Beispielhaft kann die Entwicklung zum exzellenten Unternehmen in den in Abbildung 9-3 dargestellten Stufen bzw. Phasen erfolgen.

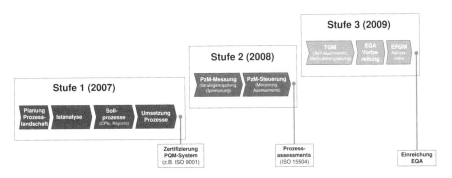

Abbildung 9-3: Vorgehensschritte und Phasen zur Entwicklung zum exzellenten Unternehmen

Stufe 1 beginnt mit der Erarbeitung und Definition der Prozesse des Unternehmens mit dem Ziel, ein Prozessmanagement zu errichten. Bei der Gestaltung der Prozesse wird meist auch der Anforderung Rechnung getragen, bestimmte Normforderungen z. B. gemäß ISO 9001:2000, ISO/TS 16949:2002, AS 9100, GMP, GLP, TL 9000 zu erfüllen, um ein entsprechendes Zertifikat zu erreichen. Die in den Normen enthaltenen Forderungen bedingen spezifische strukturelle Ausprägungen der Prozessorientierung

z. B. in Form von geforderten Prozessen im Unternehmen. Siehe dazu Kapitel 9.1 sowie 9.2.

Der strukturelle Rahmen durch die Normforderungen kann jedoch nur in Umsetzung gebracht werden, wenn die Integration der Mitarbeiter und der Führungskräfte in die Definition der Prozesse gelingt. Dies wird dadurch ermöglicht, dass die Prozesskennzahlen in Einklang mit den Unternehmenszielen stehen (vgl. Kapitel 5), dass die erforderlichen Rollen der Prozessorientierung im gesamten Unternehmen verankert und somit von den Mitarbeitern und Führungskräften akzeptiert werden und dass letztendlich die Regelkreise auf den unterschiedlichen Ebenen geschlossen sind und ineinandergreifen (vgl. Kapitel 1).

Im Anschluss an die Umsetzung der Prozesse erfolgt in Stufe 2 die Verfeinerung und Optimierung der Messung und Steuerung der Prozesse. Dies bedingt eine Integration der Prozesse in das Zielsystem des Unternehmens wie z. B. mittels Kopplung der Prozesse an eine Balanced Scorecard (siehe dazu Kapitel 9.3). Ein Vorgehensmodell zur Bestimmung der Prozessreife einer Organisation findet sich in der ISO 15504:2004 ff., die in fünf Reifegraden (Stufen) die „Dimensionierung" der Prozessorientierung objektiv bewertbar macht. Siehe dazu Kapitel 9.5.

In der dritten Stufe kann schließlich der Fortschritt des Unternehmens in Richtung Excellence anhand des Excellence-Modells der EFQM ermittelt und weiter vorangetrieben werden. Dem Prozessmanagement kommt in diesem Modell die essenzielle Voraussetzung zur Erreichung eines exzellenten Unternehmens zu. Prozessmanagement ist im EFQM-Modell das Bindeglied zwischen Befähigerkriterien und den Ergebniskriterien (EFQM, 2005). Siehe hierzu Kapitel 9.4.

Dem konkreten betriebswirtschaftlichen Nutzen des Prozessmanagements sei im vorliegenden Kapitel anhand der Prozesskostenrechnung und den damit verbundenen Optimierungsmöglichkeiten Rechnung getragen (siehe Kapitel 9.6).

9.1 Normen und Prozessmanagement

9.1.1 Bedeutung der verschiedenen Vorgaben

Beim Aufbau von Prozessmanagementsystemen kommt jedes Unternehmen früher oder später in die Situation, mit Normen, Richtlinien, Leitfäden oder Best Practice-Modellen (als Vorgaben zusammengefasst) zu verschiedenen Themen wie Qualität, Umwelt, Sicherheit, Compliance etc. konfrontiert zu werden. Meist stellt sich dann die Frage, wie diese Anforderungen an das Unternehmen zu erfüllen sind und welche Rolle dabei das Prozessmanagementsystem einnimmt. Sinn und Zweck dieser Vorgaben können die folgenden Aspekte sein:

▪ **Hilfsmittel/Checkliste:**
Diese Vorgaben, die entweder allgemeiner themenbezogener Natur sein können (Beispiel im Bereich Qualitätsmanagement) oder eindeutigen Branchenbezug besitzen (Beispiel automobilspezifische Qualitätsstandards für die Zulieferindustrie der großen Hersteller), können als Hilfe im Sinne der Auflistung der abzudeckenden Themengebiete/Anforderungen gesehen werden – beispielsweise: Was muss ich bei der Beschaffung prinzipiell berücksichtigen?

▪ **Standard/Mindestlevel:**
Normen sind immer auch Standards, sprich ein gewisser Level an Anforderungen, der durch das Unternehmen erfüllt werden muss. Da Standards im gegenseitigen Warenverkehr immer unterstützend im Sinne der gemeinsamen Verständigung wirken, ist eine Standardisierung jedenfalls zu begrüßen (einzig der Grad der Standardisierung ist situationsspezifisch zu prüfen)! Wo Standards existieren, ist der nächste Schritt, die Möglichkeit des Vergleichs von Organisationen durchzuführen – jedoch einzuschränken um den Vorwurf, dass sich diese dann nur zur Überwindung des Mindestlevels bemühen. „Verlass", dass ein Unternehmen diese Standards immer und vollinhaltlich einhält, gibt es keinen.

▪ **Einheitlichkeit/gleiche Gesprächsbasis:**
Einen sehr positiven Effekt haben diese Vorgaben jedenfalls – es entsteht innerhalb des Unternehmens und nach außen die gleiche Gesprächsbasis, indem zumindest die gleichen Begrifflichkeiten verwendet werden. Der Wunsch, damit auch Prozesse vereinheitlichen zu können, ist eher hypothetisch – dazu sind die Unternehmen zu unterschiedlich.

▪ **Verbindlichkeit der Vorgaben:**
Die meisten der genannten Vorgaben haben empfehlenden Charakter. Im Gegensatz dazu stehen Gesetze, die vollinhaltlich einzuhalten sind. Interessant sind Gesetze, die Normen zitieren bzw. auf diese verweisen – damit kann auch eine Norm den verbindlichen Charakter erhalten.

▪ **Themenbezug in verschiedene Richtungen:**
Die Möglichkeit der themen- und branchenspezifischen Detaillierung wird in den letzten Jahren immer intensiver genutzt. Wenn es wie im Fall der ISO 9001:2000 eine zentrale „Basis"-Norm gibt, ist diese Tendenz durchaus sinnvoll.

Das in Abbildung 9-4 dargestellte Beispiel zeigt die Relevanz und Wirkung verschiedener Normen auf ein und denselben Prozess einer Organisation. Der Prozess ist der Träger aller Informationen und wird mit verschie-

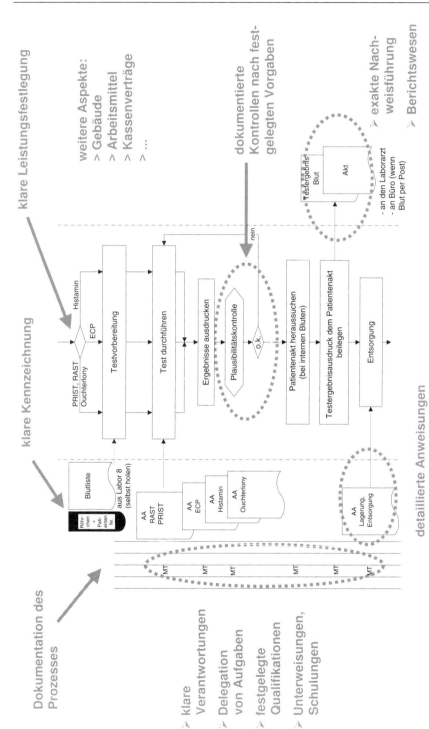

Abbildung 9-4:   Verschiedene normrelevante Aspekte wirksam an ein und demselben Prozess

nen „Brillen" betrachtet. Jede Brille symbolisiert dabei eine andere Norm-sicht, und jeder Brille entsprechend sind andere Aspekte im Prozessablauf zu berücksichtigen. Egal, welche Brillen derzeit relevant sind, der Prozess bleibt immer derselbe, es kommen lediglich zusätzliche Tätigkeiten, Dokumente, Nachweise, Qualifikationen etc. dazu. Im nun angereicherten Prozess sind damit die zu erfüllenden Normforderungen integriert.

Woraus ergibt sich nun der Nutzen der diversen Vorgaben für ein Unterneh-men?

Eine Antwort auf diese Frage kann das Beispiel eines klassischen Rechnungs-legungsprozesses bieten. Der Ablauf besteht dabei aus folgenden Schritten:

Daten übernehmen → Rechnung erstellen → Rechnung freigeben → Rech-nung versenden → Unterlagen ablegen → Eingang der Zahlung prüfen → Urgenz bzw. Mahnungslauf je nach Bedarf.

Folgende Checkfragen können in diesem Zusammenhang beispielsweise der ISO 9001:2000, schwerpunktmäßig aus Kapitel 7.5 (Abbildung 9-5), ent-nommen werden:

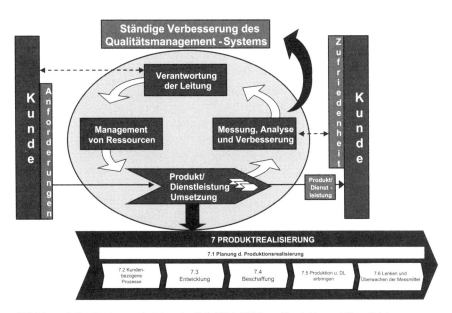

Abbildung 9-5: Forderungskatalog der ISO 9001:2000 zur Produkt- und Dienstleistungsum-setzung (Wagner, 2006)

▓ Prüfung der Vollständigkeit und Richtigkeit der Grunddaten,

▓ Klärung der Zuständigkeit bei Übernahme, Fehlersuche,

▓ Kontroll- und Freigabemechanismus der Rechnung, eventuelle Wertgrenzen,

▓ Dokumentation und Ablage der Transaktion zur Nachvollziehbarkeit,

▓ Mahnkriterien, Bagatellgrenzen, rechtliche Sanktionierung im Fall der Nichtbezahlung.

Die Anwendung der Norm auf diesen Prozess ist im Sinne einer Checkliste zur Vollständigkeitskontrolle und möglicherweise Ergänzung gedacht.

9.1.2 Normen im Zusammenhang mit Prozessmanagementsystemen

Da ein Prozessmanagementsystem in seinem Kern aus den kundenorientiert dokumentierten Prozessen besteht und damit die Ablauforganisation eines Unternehmens widerspiegelt, bietet sich dieses optimal als Ausgangspunkt zur Berücksichtigung verschiedenster Normforderungen an. Der große Vorteil, der daraus entsteht, ist der reduzierte Aufwand zur Realisierung der jeweiligen Normforderungen – die Nutzung ein und desselben Systems.

Wenn es dadurch gelingt, die Vorgaben in den für den Mitarbeiter relevanten Prozess, den dieser gut kennt, zu integrieren, steigt zudem die Wahrscheinlichkeit, dass sich die Mitarbeiter an die Vorgaben halten. Die Vorgaben sind leichter zu finden, leichter zu verstehen und leichter zu vermitteln.

Tabelle 9-1 gibt einen Überblick von Normen, Richtlinien, Leitfäden und Best Practice-Modellen nach Branchen gegliedert. Daraus wird rasch klar, dass der Umfang mittlerweile beträchtlich ist.

Daraus kann sicherlich auch abgeleitet werden, dass die eigentlich richtige Reihenfolge zur Erfüllung einer Norm eigentlich jene ist, sich zuerst mit den Prozessen im Sinne des Prozessmanagementsystems der Organisation zu beschäftigen. Sind diese erhoben, geklärt und dokumentiert, hat man eine gute Ausgangsdokumentation, um die nun dazukommenden Forderungen zuzuordnen, zu berücksichtigen und die Mitarbeiter zu instruieren. Das Prozessmanagementsystem erleichtert damit das Vorhaben, weitere Normforderungen zu erfüllen.

Tabelle 9-1: Überblick Normen, Gesetze, Richtlinien, Leitfäden gruppiert nach Themenbereichen

Qualität	▨ ISO 9000-Familie: Qualitätsmanagement (ISO 9000:2005, ISO 9001:2000, ISO 9004:2000)
	▨ ISO 19011 – Audits im Bereich Qualität und Umwelt
	▨ Gruppe EN 45000 (z. B. ISO 17025) – Akkreditierungsvorgaben
Umwelt	▨ ISO 14000-Familie: Umweltmanagementsystem
	▨ EMAS II – Environment Management and Audit System
	▨ BS 7750: 1994 – Specification of Environmental Management Systems
	▨ V.EFB – Entsorgungsfachbetrieb
Prozessmanagement	▨ ISO 15504:2003 – Process Assessment
Gesundheit	▨ MPG – Medizinproduktgesetz
	▨ ON EN 13485:2003 – Medizinprodukte – QMS – Anforderungen für regulatorische Zwecke
	▨ ON EN 15189:2003 – medizinische Laboratorien – besondere Anforderungen an die Qualität und Kompetenz
Lebensmittel	▨ HACCP: Hazard Analysis Critical Control Point
	▨ IFS – International Food Standard
	▨ BRC – British Retail Council
	▨ ISO 22000:2004 – Managementsysteme für die Lebensmittelsicherheit, Anforderungen an Organisationen in der gesamten Lebensmittelkette
Risk Management	▨ Basel II und Sarbanes-Oxley Act
	▨ ON 46000 – Risikomanagement
	▨ SO 25700 – Risk Management: Norm mit Leitfadencharakter (i. A.)
	▨ BS IEC 62198:2001 – Project Risk Management – application guide
	▨ BS 8444-3:1996 – Risk Management – guide to risk analysis of technological systems
Automobil	▨ QS 9000 – Quality System Requirements
	▨ VDA 6 Serie – Grundlagen für Qualitätsaudits
	▨ ISO/TS 16949:2002 – Quality Systems – Automotive Suppliers
	▨ TE 9000: Tooling and Equipment
Telekom	▨ TL 9000 – Telecommunication Quality System Requirements
	▨ eTOM – enhanced Telecom Operations Map

▶

Tabelle 9-1: Überblick Normen, Gesetze, Richtlinien, Leitfäden gruppiert nach Themenbereichen *(Fortsetzung)*

IT	▦ CMMI – Capability Maturity Model Integrated
	▦ SPICE – Software Process Improvement Capability Determination
	▦ ISO 13407 – softwareergonomische Qualitätssicherungsmaßnahmen im SW-Entwicklungsprozess
	▦ ISO 9241 – Gestaltungsrichtlinien für grafische Benutzeroberflächen
	▦ TIL – Information Technology Infrastructure Library – Best Practice-Modell (generisch = technologie- und anbieterunabhängig)
	▦ ISO 20000 – IT-Service-Management
	▦ COBIT
IT Security	▦ ISO 17799 – Vorgaben zum Aufbau eines Informationssicherheitsmanagementsystems basierend auf Best Practice-Implementierungsleitfaden
	▦ ISO 27000
Aviation	▦ JAR – Joint Aviation Requirements
	▦ AS 9100 B – Quality Management Systems – Aerospace – Requirements
	▦ EU-Verordnung 2320 – Aviation Security
Sicherheit	▦ CC: Sicherheits-Certificat Contractoren
	▦ BS 8800:2004 – occupational health and safety management system
	▦ OHSAS 18001:1999 – Arbeitsschutz-Managementsysteme
Projekt-management	▦ BS 6079-3:2000 project management – guide to the management of business related project risk
	▦ ISO 10006:2003 – QMS – Leitfaden für Qualitätsmanagement in Projekten
	▦ PRINCE, OPM3
	▦ DIN 69901 – Projektmanagementsysteme (i. A.)
Sonstige	▦ SA 8000 – Ethiknorm

9.2 Integration von Managementsystemen

9.2.1 Integrationswege

Im Sinne der Integration der in Kapitel 9.1 dargestellten Normvorgaben etc. ins Prozessmanagementsystem eines Unternehmens können verschiedene Strategien angewendet werden.

Der leider allzu oft eingeschlagene Weg ist der Aufbau eines „Sub-Managementsystems" zur Abdeckung eines spezifischen Themas. Beispielsweise im Bereich Umwelt wird ein Umweltmanagementsystem aufgebaut, das personell gesehen an einer kleinen Gruppe umweltkundiger Mitarbeiter (meist ein Umweltmanager) aufgehängt ist, die alle erforderlichen Regelungen abseits des Prozessmanagementsystems erarbeiten und festschreiben, sodass es zu keiner Systemvermischung im Sinne der Integration kommt. Kurzfristig gesehen ist dies sicherlich der mit weniger Aufwand verbundene Weg, da eine kleine Gruppe Regelungen ausarbeitet und damit die Auseinandersetzung mit den bestehenden Regelungen des Prozessmanagementsystems meidet. Was dabei entsteht, ist ein weiteres Managementsystem, das neben dem Prozessmanagementsystem besteht und nur wenig Verbindung in dieses hat. Aus Sicht der betroffenen Mitarbeiter ergibt sich daraus längerfristig betrachtet oft das Problem, diese Verbindungen und auch das Wissen zu diesem weiteren, zusätzlichen Thema nur mit viel Aufwand zu sehen. Die Effekte sind dann in der Regel der geringe Tiefgang und ein reduziertes Problembewusstsein, was sich spätestens im Audit mit den Betroffenen zeigt.

Ein anderer Zugang ist jener der Integration der neu hinzukommenden Forderungen in das bestehende Prozessmanagementsystem des Unternehmens. Dabei nimmt die Prozesslandschaft eine zentrale Rolle ein, damit diese der Träger der zusätzlichen Forderungen und die Basis zur Umsetzung dieser wird (Abbildung 9-6).

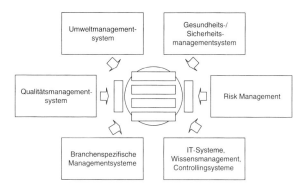

Abbildung 9-6: Die Prozesslandschaft als Träger der Integration weiterer Normforderungen

Da die Systemkomplexität im Prozessmanagementsystem möglichst gering gehalten werden soll, wird im Weiteren nur noch die vollständige Integration ins bestehende Managementsystem dargestellt. Als Methodik der Berücksichtigung und Integration der diversen Vorgaben kann mit der in Abbildung 9-7 dargestellten Korrelationsmatrix gearbeitet werden. Horizontal sind die Prozesse des Prozessmanagementsystems gelistet, vertikal die Kapitelüberschriften (hier am Beispiel der Normen ISO 9001:2000, TS 16949 und AS 9100).

ISO 9001:2000	TS 16949:2002	AS 9001b	Kapitel	Bezeichnung	Norm	strategisch planen	operativ planen	Mitarbeiter managen	strategisch steuern	operativ steuern	Managementreview durchführen	Prozesse gestalten	Prozesse leben
x	x		5	Verantwortung der Leitung	ISO 9k								
		x	5	Management Responsibility	AS 9100b								
x	x		5.1	Verpflichtung der Leitung	ISO 9k	X	X			X			
		x	5.1	Management Commitment	AS 9100b	X	X		X	X	X		
	x		5.1.1	Effizienz von Prozessen	TS 16949							X	
x	x		5.2	Kundenorientierung	ISO 9k								
		x	5.2	Customer Focus	AS 9100b								
x	x		5.3	Qualitätspolitik	ISO 9k								
		x	5.3	Quality Policy	AS 9100b								
x	x		5.4	Planung	ISO 9k								
		x	5.4	Planning	AS 9100b								
x	x		5.4.1	Qualitätsziele	ISO 9k	X							
		x	5.4.1	Quality Objectives	AS 9100b	X							
	x		5.4.1.1	Qualitätsziele - Ergänzung	TS 16949	X							
x	x		5.4.2	Planung des Qualitätsmanagementsystems	ISO 9k	X							
		x	5.4.2	Quality Management System Planning	AS 9100b	X							
x	x		5.5	Verantwortung, Befugnis und Kommunikation	ISO 9k								
		x	5.5	Responsibility, Authority and Communication	AS 9100b								
x	x		5.5.1	Verantwortung und Befugnis	ISO 9k								
		x	5.5.1	Responsibility and Authority	AS 9100b								
	x		5.5.1.1	Verantwortung für Qualität	TS 16949								
x	x		5.5.2	Beauftragter der obersten Leitung	ISO 9k								
		x	5.5.2	Management Representative	AS 9100b								

Abbildung 9-7: Auszug aus einem Beispiel einer Korrelationsmatrix Normen/Prozesse

Nach Ausarbeitung und Check der Matrix können dann prozessbezogen mit dem jeweiligen Prozessverantwortlichen die zu übernehmenden Forderungen geprüft werden, um die erforderlichen Erweiterungen des Prozesses festzulegen. Zum Check der Vollständigkeit der Abdeckung aller Normforderungen kann der Systemverantwortliche dann die Matrix in vertikaler Richtung checken.

Wie weit ist nun die Integration von Forderungen sinnvoll? Alle arbeitsplatzbezogenen Vorgaben sind automatisch Integrationskandidaten in die Prozesse, Stellenbeschreibungen oder arbeitsplatzbezogenen Anweisungen. Dies hat den bereits erwähnten Vorteil, alle Infos in einer Dokumentation an den Mitarbeiter vorzugeben. Was bleibt jedoch extra? Am Beispiel des Themas Arbeitssicherheit gezeigt, sind alle arbeitsplatzbezogenen Verhaltenspraktiken direkt in den Prozess zu integrieren. Übergreifende Systematiken wie die Vorgabe der Evaluierungssystematik wird als eigene, prozessübergreifende Procedure geführt.

Sind die entsprechenden Vorgaben einmal identifiziert und in den Prozessen der Organisation berücksichtigt, erfolgt ein wesentlicher weiterer Schritt, der Nachweis der Umsetzung in den Prozessen. Dazu ist die Auditierung, im Falle der Durchführung dieser durch einen Zertifizierer die Zertifizierung, seit jeher die etablierte Methodik.

9.2.2 Zertifizierbarkeit von Managementsystemen

Soll das „integrierte" Prozessmanagementsystem nach einer Norm zertifiziert werden, so erfolgt dies durch den Nachweis eines unabhängigen Dritten. Auch hier gibt es verschiedene Wege, den Umfang des Zertifikats festzulegen.

Zur Zertifizierbarkeit gibt es folgende Möglichkeiten:

- Variante 1: Zertifizierung der gesamten Organisation z. B. nach ISO 9001:2000,
- Variante 2: Zertifizierung eines abgeschlossenen Organisationsteiles (z. B. der Laborbereich eines Unternehmens, die Schnittstelle Input-seitig ist die Übernahme einer Probe, outputseitig der Laborbefund) ohne Schnittstellen in die restliche Organisation,
- Variante 3: Zertifizierung eines Teils der Organisation inklusive Schnittstellen in die anderen Organisationseinheiten (Abbildung 9-8).

Abbildung 9-8:   Beispiel einer Prozesslandschaft, zertifiziert nach Variante 3 (Wagner, 2006)

In der in Abbildung 9-8 dargestellten Organisation wurde ein Teil, bezeichnet mit „Handling Agent", nach einer Qualitätsmanagementnorm zertifiziert. Da der Teil viele Schnittstellen in die restliche Organisation hat,
wurden die dort angesiedelten Tätigkeiten bei der Zertifizierung mitberück-
sichtigt. Im Detail an einem Beispiel gezeigt: In der zertifizierten Organisationseinheit werden Mitarbeiter eingesetzt, die qualifiziert, ausgewählt und
weiterentwickelt werden müssen. Dies erfolgt durch das zentrale Personal-
management, das seinerseits zwar nicht der zertifizierten Organisationseinheit angehört, jedoch diese Tätigkeiten „im Auftrag von" durchführt. Da
Schulung aber ein integraler Bestandteil eines Qualitätsmanagementsystems
ist, ist dieser Prozess Teil des Zertifikates. Selbiges gilt für das Verbesserungs-
wesen, die Beschaffung etc.

Falls dieses Vorgehen nicht gewünscht wäre, könnte die Systemtrennung
scharf um die Organisationseinheit erfolgen. Sie müsste dabei jedoch alle
geforderten Prozesse selbst durchführen und nicht die zentrale Bereitstellung
nutzen, was ein Mehr an Aufwand bedeuten würde.

9.3 Balanced Scorecard (BSC) und Prozessmanagement

9.3.1 Einordnung der BSC in den Prozess-Lifecycle

Als **Strategieverfolgungswerkzeug** zur Verbindung der Phase Monitoring des Prozess-Lifecycles mit der ersten Phase Aufnahme und Integration in das Prozessmanagementsystem dient die BSC zum Strategiereview der Organisation (Abbildung 9-9). Dabei gehen die Ursprünge der Balanced Scorecard auf den Anfang der 1990er-Jahre zurück. Eine durchgeführte Studie, initiiert von den BSC-Erfindern Kaplan und Norton, zielte darauf ab, die vorhandenen Vorstellungen von der Vision eines Unternehmens und den daraus abgeleiteten Strategien in konkret formulierte und über messbare Kennziffern quantifizierbare Maßnahmen umzusetzen und gleichzeitig den allgemein bestehenden tiefen Bruch zwischen den strategischen Vorstellungen des Unternehmens und dem operativen „Auf-den-Boden-Bringen" nachhaltig zu überwinden.

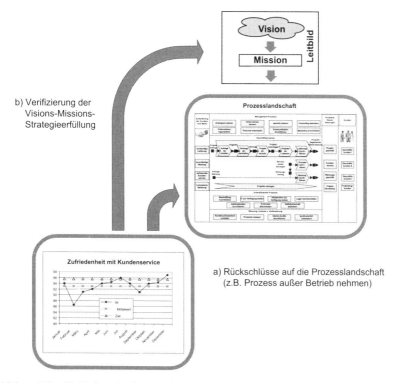

Abbildung 9-9: Schließen des Prozess-Lifecycles durch Anwendung der BSC

David Norton, der Geschäftsführer des Nolan Norton Institute, leitete diese Studie; die akademische Unterstützung kam von **Robert Kaplan**. Vertreter der teilnehmenden Unternehmen aus den Bereichen der Schwerindustrie und der Hightech-Branche trafen sich während eines Jahres alle zwei Monate, um ein neues Performance Measurement-Modell zu entwickeln. Bald schon stellte sich heraus, dass man mit der Messung der Performance eines Unternehmens ohne die zusätzliche Eingliederung neuer Aspekte zu den „klassischen" finanzwirtschaftlichen Kennzahlen nicht das Auskommen finden wird. So wurde es als unerlässlich erachtet, Leistungskennzahlen im Zusammenhang mit Lieferzeiten, Qualität und den Zykluszeiten der Fertigungs- und Entwicklungsprozesse in das neue **Performance Measurement-System** einfließen zu lassen.

Die Darstellung dieser Aspekte wurde anhand eines „Berichtsbogens", die sogenannte Scorecard, vorgenommen. Diese erschien zielführend, da die Scorecard bezüglich Übersichtlichkeit und Aussagekraft am besten entsprach. Man kam zum Schluss, dass die alleinige Betrachtung finanziell orientierter Kennzahlen nicht zur Beurteilung der Situation der Organisation ausreichen und damit zunehmend obsolet wird. Besonders für **zukunftsorientierte Unternehmen** ist die herkömmliche, rein finanzwirtschaftliche Betrachtungsweise vollkommen unzureichend und führt zu Unterinvestitionen in zukunftsorientierte immaterielle Bereiche wie Produkt- und Prozessinnovation, Mitarbeiterfähigkeiten und Kundenzufriedenheit. Investitionen in neue Märkte, neue Produkte, neue Techniken und Verfahren sowie Investitionen in die Mitarbeiter, welche den Ausbildungsstand, die Einsatzbereitschaft, die Ideen und das Engagement der Mitarbeiter fördern, schlagen sich nur selten positiv auf die kurzfristig erhobenen finanziellen Kennzahlen nieder (Kaplan/Norton, 1996). Genau dieses Problem soll mit der BSC behoben werden, indem das Management konkret bezüglich der Sicherung langfristiger Potenziale zur Wertschöpfung bewertet werden kann. Dieser Zugang deckt sich mit den Prämissen – dem kundenorientierten Fokus – von **Prozessmanagement**. Die BSC wird demnach in der Phase des Prozessmonitorings eingesetzt und schließt somit den Prozess-Lifecycle. Ausgangspunkt dazu sind die Vision, Mission und Strategie einer Organisation. Die **Vision** drückt dabei kurz und prägnant die Vorstellung aus, wie das Unternehmen in einer erfolgreichen Zukunft aussehen will. Dabei ist die zentrale Frage: „Wie sieht uns der Kunde in fünf Jahren?" Aufgabe der **Mission** ist es, den Zweck und Grund für die Existenz des Unternehmens darzulegen sowie den Geschäftsbereich, in dem das Unternehmen agiert, festzulegen.

Vision und Mission stehen demnach an der Spitze der Zielpyramide einer Organisation – der **normativen Ebene**. Manche Unternehmen erstellen zusätzlich ein **Leitbild** im Sinne der Kommunikation der Wertvorstellungen an die Mitarbeiter, aber auch an die Kunden der Organisation.

Ausgehend von der generellen Sicht der Vision und Mission ist es Aufgabe der Unternehmensführung, daraus konkrete Zielvorstellungen abzuleiten, die in letzter Konsequenz in Maßnahmen münden, die von den Mitarbeitern umgesetzt werden können. Strategien und strategische Ziele bilden dabei das Bindeglied zwischen normativer und operativer Ebene. Ihre eindeutige Messbarkeit lässt den jeweiligen Grad der Zielerreichung erkennen, wodurch erst ein systematisches Steuern möglich gemacht wird. **Strategien** erklären, was das Unternehmen langfristig erreichen will, indem sie die wesentlichen Absichten und die Prinzipien ihrer Erreichung definieren. Aus jeder Strategie muss sich zumindest ein **strategisches Ziel** ableiten lassen. Meistens besitzen Strategien Bündel von strategischen Zielen, deren Aufgabe es ist, zu spezifizieren, was mit welchen Mitteln innerhalb welchen Zeitraums erreicht werden soll.

Im Sinne eines Steuerungsinstrumentes ordnet sich die BSC in den Prozess-Lifecycle insofern ein, als die BSC die Strategieerfüllung „verfolgt". Durch das In-Verbindung-Bringen der strategischen Ziele gekoppelt mit deren Zielerreichungsgraden wird es möglich, das Zusammenspiel/die Wechselwirkungen der Ziele zu überwachen. Neben der Betrachtung der Einzelprozessziele und deren Erreichungsgraden eröffnet sich nun das Betätigungsfeld des Prozessmanagers, der diese über alle Prozesse hinweggehende Sichtweise einbringt und für das Management der Organisation in eine schlüssige Verbindung bringt.

Der Einsatz der BSC bringt einem Unternehmen im Zusammenhang mit dessen Prozessmanagementsystem folgende Nutzen:

- Klarer und übersichtlicher Leitstand für die Unternehmensführung.
- Die Mitarbeiter erkennen die Sinnhaftigkeit der Kennzahlenerhebung, da diese schlüssig in Zusammenhang gebracht werden.
- Kennzahlen werden nicht „nur" für z. B. das Qualitätsmanagementsystem, Prozessmanagementsystem erhoben – Gefahr des Selbstzwecks.
- Eine standardisierte Kennzahlenerhebung spart Ressourcen.
- Kennzahlen für Anfragen Externer (z. B. Vorstand, Öffentlichkeit) liegen automatisiert vor.
- Ziele fürs Berichtswesen werden systematisch erhoben.
- Nutzung der Kennzahlen im Qualitätsmanagementsystem und Prozessmanagementsystem für
  - Mitarbeiterbeurteilung,
  - Vorbereitung und Durchführung von internen Audits und Managementreviews.

Der Nutzen der BSC muss an alle **kommuniziert** werden; durch den Knowhow-Transfer stellt man sicher, dass ein einheitliches Verständnis über die Zielsetzung und die Funktionsweise der BSC bei allen Mitarbeitern gewährleistet ist. Wege zur Kommunikation können sein:

- Training des/der BSC-Beauftragten/Verantwortlichen,
- Bildung von BSC-Arbeitsgruppen und Schulung der Mitarbeiter,
- Erklärung der Funktionsweise und Zusammenhänge der BSC,
- Herstellen eines Bezugs zum gegenständlichen Projekt „Aufbau eines Prozessmanagementsystems".

Die BSC ermöglicht **strategisches Management!** Um zu managen, sind täglich Fragen wie die Folgenden zu beantworten:

- Welches sind die strategierelevanten Ziele?
- Welche Messgrößen sind geeignet?
- Welche Zielwerte passen?
- Welche Aktionen sollen priorisiert werden?
- Wie sind all diese Inhalte zu planen, durchzusetzen und zu kontrollieren?

Um dabei das Gleichgewicht zwischen den Leading (Früh-) und den Lagging (Spät-)Indikatoren der BSC herzustellen, bedient man sich eines Schemas, in das die Kennzahlen einzuordnen sind, nämlich die vier Perspektiven der BSC. Genau dieses Schema gibt der BSC auch ihre wichtigste Eigenschaft – „balanced" zu sein.

9.3.2 Kopplung der BSC mit Prozessmanagement

Die Kopplung der BSC und deren **Einbettung ins Prozessmanagementsystem** liegt in der Kopplung der operativen Ebene (dort, wo Prozesse gelebt werden, Prozessziele gemessen werden und Prozesse vom Prozessteam unter Leitung des Prozessverantwortlichen gesteuert werden) mit der strategischen Ebene (dort, wo aufgrund der Zielerreichung der einzelnen Prozesse gegenseitige Abhängigkeiten aufgezeigt und verfolgt werden, Quellen und Senken im Sinne gut oder schlecht funktionierender Prozesse beobachtet, gefunden und verbessert werden).

Die Kopplung der normativen und der strategischen Ebene mit der operativen Ebene wird durch die BSC durch folgende Umstände unterstützt:

- Die BSC übersetzt die Strategien in leichter handhabbare strategische Ziele.
- Die strategischen Ziele sind in die operative Ebene zu transferieren, indem die Ziele in Prozessziele, Projektziele oder Tasks für bestimmte Personen heruntergebrochen werden.

Die BSC wird als strategischer Handlungsrahmen verstanden, der es dem Unternehmen ermöglicht, den strategischen Weg durch Messbojen in Form von strategischen Zielen messbar und damit greifbar zu gestalten. Die Verknüpfung der Strategien zum operativen Prozessmanagementsystem ist ein logischer Weg, dessen Umsetzung aber sehr oft an mangelnder Klarheit der

Strategien und der strategischen Ziele scheitert. Die Strategie ist ein Katalog von Hypothesen zukünftiger Entwicklungen, der aufgrund von Selbsteinschätzung und Umfeldanalyse konkrete Formen annimmt. Die BSC hilft dabei, diese Strategien und deren messbare strategische Ziele hinsichtlich der Interdependenzen zu verstehen, gegenläufig wirkende Strategien zu identifizieren und zu korrigieren.

Die Balanced Scorecard hat in diesem Zusammenhang korrektive Wirkung, d. h., man erkennt sehr schnell, ob die Strategien und deren strategische Ziele sich nicht harmonisch verbinden lassen, und man erkennt auch, ob die definierten Strategien noch gefährliche Unschärfen besitzen, die die erfolgreiche Umsetzung infrage stellen. Wenn man diese Erkenntnisse negiert und trotz aller Warnzeichen das Prozessmanagementsystem ankoppelt, sind die Ergebnisse nicht valid und die ganze Arbeit ist umsonst. Eine sorgfältige Willensbildung zu Beginn und ein daraus hervorgehendes klares Mission Statement, eine Vision und ausführlich beschriebene Strategien sind Grundvoraussetzung für eine plausible Kopplung von operativen und strategischen Zielen und Kennzahlen.

Die Bedeutung der Kommunikation und Präsentation der BSC an die Mitarbeiter der Organisation kann dabei nicht deutlich genug gemacht werden. Erst wenn die Mitarbeiter und das Management der Organisation an die BSC glauben, kann die Arbeit damit beginnen.

Die Bedeutung der Prozessperspektive (die primär über das Prozessmanagement „gefüttert" wird) unterstreicht die **Kopplung von Prozessmanagement** mit dem Werkzeug BSC. Vorsicht ist jedoch insofern geboten, als die (nach Norton und Kaplan als „Perspektive der internen Prozesse" bezeichnete) Prozessperspektive nicht ausschließlich die Perspektive ist, wo Prozesse des Prozessmanagementsystems hinwirken. Dieses Vorgehen ist deswegen nicht zu empfehlen, da Prozesse, Projekte und Personal sowohl durch ergebnisorientierte als auch durch Leistungstreiberziele gesteuert werden. Da die Prozesse meist Informationen im Sinne der Frühindikatoren liefern (da sie die operative Ebene der Organisation widerspiegeln), sollten sie auch in andere Perspektiven der BSC wirken. Aus diesem Grunde müssen alle Perspektiven für die Kopplung in die operativen Ebenen instrumentiert werden.

Die vier Perspektiven der BSC

Die BSC verbindet die unterschiedlichen Zielvorstellungen und ordnet sie in die vier Perspektiven ein:

- die finanzielle Perspektive,
- die Kundenperspektive,
- die interne Prozessperspektive und
- die Lern- und Wachstumsperspektive.

Alle Ziele des Unternehmens lassen sich eindeutig aus der normativen Ebene ableiten und einer der vier Perspektiven zuordnen (Abbildung 9-10). Die Ausgewogenheit aller strategischen Ziele der vier Perspektiven untereinander wird im Rahmen des Aufbaus der BSC erreicht, indem die wenigen unternehmensweit erfolgskritischen Ziele durch das Führungsteam in gemeinsamer Arbeit identifiziert werden. Hierbei ist erfahrungsgemäß eher die Gefahr gegeben, viel zu viele Ziele einbauen zu wollen, als die Frage, zu wenig Ziele vorliegen zu haben.

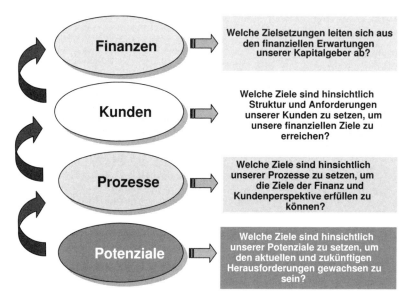

Abbildung 9-10: Fragestellungen zu den vier Perspektiven

Die Zusammenhänge zwischen den strategischen Zielen der vier Perspektiven werden in Form einer **Ursache-Wirkungs-Kette** dargestellt, um ihre logischen Abhängigkeiten untereinander transparent zu machen. Dabei handelt es sich anfangs um eine Hypothese betreffend den Zusammenhang zweier Kenngrößen untereinander, die später beim laufenden Einsatz der BSC zu verifizieren ist (Verifizierung bzw. Falsifikation). Ursache-Wirkungs-Zusammenhänge ziehen sich dabei stets von unten (sprich Lern- und Wachstumsperspektive) nach oben (finanzielle Perspektive). Verbindungen können einzelne Perspektiven überspringen, Verbindungen in der entgegengesetzten Richtung müssen auf Sinnhaftigkeit überprüft werden.

Bei der Erstellung einer BSC hilft es oft, zuerst die Strategien isoliert zu betrachten und eine „Teil"-Ursache-Wirkungs-Kette bezogen auf diese Strategie zu erstellen. Spätestens beim Zusammenführen in die „Gesamt"-BSC wird deutlich, dass diese von den Querverbindungen und deckungsgleichen strategischen Zielen lebt.

Damit ist ein **Strategieverfolgungswerkzeug** geschaffen, das die prozessbezogene Steuerung des Unternehmens ermöglicht.

Jene Ziele, die sich nicht logisch in eine **Ursache-Wirkungs-Beziehung** zu mindestens einem Ziel der finanziellen Perspektive zuordnen lassen, bedürfen einer neuerlichen Hinterfragung, Abänderung oder Eliminierung. Der Grund für diese Vorgehensweise liegt darin, dass alle Teilziele untereinander Zusammenhänge aufweisen, die letztendlich an den (finanziellen) Interessen der wesentlichen Stakeholder des Unternehmens ausgerichtet sein sollen.

Was ist eine gute BSC?

Die oben angeführten Aspekte definieren eine gute BSC. Gut ist sicher auch, wenn sie im Unternehmen bekannt und als wichtiges Führungsinstrument verwendet wird.

Dabei ist die Kopplung zum Prozessmanagementsystem immer zu unterstreichen. Die Prozesslandschaft und die laufenden Projekte werden der Ursache-Wirkungs-Kette der BSC gegenübergestellt, wobei den strategischen Zielen die relevanten Prozesse als auch Projekte und Tasks zugeordnet werden. Diese Zuordnung ist in einem zweiten Schritt zu hinterfragen: „Passt das überhaupt, ist der Zusammenhang kausal etc.?" Es ist auch durchaus denkbar, dass ein strategisches Ziel direkt einer Person oder Funktion zugeordnet wird. Sollten strategische Ziele nicht zuordenbar sein, so muss die Neuentwicklung eines Prozesses oder der Start eines Projektes erwogen werden (Lücken identifizieren). Jedenfalls sollte hier nicht zwanghaft zugeordnet werden, was einfach nichts miteinander zu tun hat!

9.3.3 Vorgehen zum BSC-Aufbau

Die folgenden neun Schritte sind zum Aufbau und zur Umsetzung der BSC zu durchlaufen (Abbildung 9-11). Dieses vielfach praxiserprobte Vorgehen geht davon aus, dass das Prozessmanagementsystem der Organisation bereits etabliert bzw. der Aufbau weit fortgeschritten ist oder sich der Prozess-Lifecycle in der Phase Prozesssteuerung und -regelung in Umsetzung befindet. Das Vorgehen beinhalten die BSC-Gestaltung und die Verknüpfung mit der operativen Ebene, den Prozessen, Projekten und Initiativen (personenbezogene Aufgaben/Tasks) in einer Organisation:

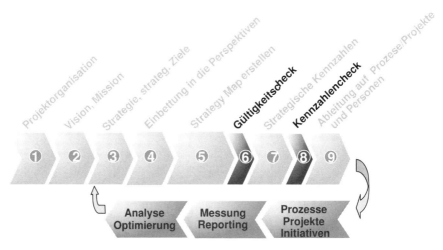

Abbildung 9-11:   Schritte zum Aufbau einer BSC (Wagner, 2005)

1. Festlegung der Projektorganisation, Information der Beteiligten,
2. Erarbeitung von Vision, Mission,
3. Ableitung von Strategien und Erarbeitung der strategischen Ziele,
4. Einbettung der strategischen Ziele in die Perspektiven der BSC,
5. Erstellung der Strategy Map mit den Ursache-Wirkungs-Ketten (UWKs),
6. Durchführung des Gültigkeitschecks der UWKs,
7. Erarbeitung der strategischen Kennzahlen aus den strategischen Zielen (Quantifizierung),
8. Durchführung des Kennzahlenchecks,
9. Kaskadierung auf Geschäftsbereiche/Prozesse/Projekte mittels Template.

Schritt 1: Festlegung der Projektorganisation und Information der Beteiligten

Bei der Nominierung des Projektteams ist eine ausgewogene Auswahl von Teammitgliedern wesentlich (Prozesskenner, Controller, Qualitätsmanager, Linienverantwortliche etc.). Entscheidend ist vor allem die Einbindung der Geschäftsführung. Nur dann ist gewährleistet, dass die Balanced Scorecard tatsächlich zur Anwendung kommt und später als Strategieverfolgungswerkzeug im Unternehmen überhaupt eine Chance bekommt.

Schritt 2: Erarbeitung von Vision und Mission

Wichtig ist die Entwicklung der Vision und Mission, bevor die Erarbeitung einer BSC gestartet wird. Dies stellt sozusagen die Voraussetzung dar. Falls Vision und Mission bereits definiert sind, empfiehlt es sich, diese zu prüfen und gegebenenfalls zu aktualisieren.

Der Willensbildungsprozess, der zur Definition der Vision und Mission führt, spannt sich über eine längere Zeitperiode. Kürzt man diese Periode künstlich ab, bevor wichtige Fragen und Zweifel abgeklärt sind, schwebt diese Unsicherheit in weiterer Folge latent über allen hervorgehenden Strategien und Zielen. Das Team muss sich zu den Ergebnissen bekennen.

Die Berücksichtigung der Interessenpartner (Kunde, Mitarbeiter, Eigentümer, Lieferanten, Gesellschaft) des Unternehmens ist dabei Voraussetzung.

Schritt 3: Ableitung von Strategien und Erarbeitung der strategischen Ziele

Man erarbeite als Nächstes aus der Vision und der Mission die Strategien. Eine Strategie ist letztlich die Verfolgung eines Vorhabens, um einer Vision näher zu kommen. Wenn man es mit einer Segelfahrt vergleicht, bei der die Vision eine Insel in weiter Ferne ist, so sind die Strategien Bojen, die einen gewissen Segelkurs hin zu dieser Insel kennzeichnen. Jede Strategie muss natürlich genau beschrieben werden, es bleiben jedoch oft Unklarheiten und Unschärfen, die für einen Fehlschlag ursächlich sein können.

Zur Unterstützung der Erarbeitung der Strategien sind sogenannte Strategiefelder hilfreich, wie:

- Kunden/Partnerschaften,
- wirtschaftliche Entwicklung,
- Verkaufsvorgehen,
- Prozesse,
- Produkte etc.

Die Mission gibt zur Definition der Strategien ja bereits den Handlungsspielraum vor.

Schritt 4: Einbettung der strategischen Ziele in die Perspektiven der BSC

Den erarbeiteten Strategien werden nun strategische Ziele zugeordnet, die zur Quantifizierung der Strategien dienen. Erst durch die Messung der Zielerreichung des strategischen Ziels wird es möglich, auf die Strategieerreichung zu schließen.

Die strategischen Ziele werden aus den Strategien generiert und anschließend den vier Perspektiven zugeordnet. Die Strategien werden dabei durch einen Filter geschleust, der die Strategie im Lichte einer oder mehrerer der vier Perspektiven zu einem strategischen Ziel umwandelt (Abbildung 9-12).

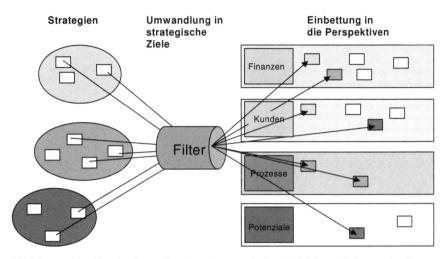

Abbildung 9-12: Von den Strategien über die strategischen Ziele bis zur Einbettung in die
Perspektiven der BSC

Beispiel:
Strategie: Verbesserung der Innovationskraft des Unternehmens.
Strategisches Ziel 1: Reduktion der durchschnittlichen Entwicklungszeit
(Prozessperspektive).
Strategisches Ziel 2: Qualifikationssteigerung beim Entwicklungspersonal
(Potenzialperspektive).
Strategisches Ziel n: ...

In Abbildung 9-10 sind die klassischen vier Perspektiven nach Kaplan und
Norton mit den zugeordneten Fragestellungen, die im Unternehmen gestellt
werden, dargestellt. Diese vier Perspektiven sind ein Vorschlag, der unter-
nehmensindividuell adaptiert und ergänzt werden kann. In manchen Non-
Profit-Organisation (NPO) wird die Finanzperspektive oft kritisch gesehen,
andere Unternehmen aus z. B. dem öffentlichen Bereich ergänzen noch eine
Perspektive zur Berücksichtigung der Vorgaben der Verwaltungsleitung.

Die von der BSC geforderte Ausgewogenheit (Balance, Ausgleich, nicht nur
Ziele in Richtung Finanzen zu fixieren) der Ziele bezieht sich dabei auf die
Kriterien:

- Ziele zu allen vier Perspektiven zu finden,
- Mischung aus internen und externen Zielen sicherstellen,
- Ansatz/Mischung aus Früh- und Spätindikatoren (Leading und Lagging
  Indicators),
- quantitative und qualitative Ziele.

Die Eigenschaft der Ergebniskennzahlen (Lagging Indicators) ist, dass sie später und vergangenheitsbezogener Natur sind (Ergebnisse). Sie zeigen also im Nachhinein Ergebnisse auf (Spätindikatoren) bzw. die Konsequenzen der Leistungserbringung. Lagging Indicators sind in den Perspektiven Kunde und Finanzen zu finden.

Die Eigenschaft der Leistungstreiberkennzahlen (Leading Indicators) ist, dass sie im Sinne von Frühindikatoren in der Lage sind, frühzeitig und mit rascher Aussagekraft im Sinne von Treibern Informationen bereitstellen. Oft sind die Leistungstreiber subjektiven Charakters, sie sind also eher zu qualifizieren denn zu quantifizieren. Leading Indicators sind in den Perspektiven Potenzial und Prozesse zu finden.

In der **finanzwirtschaftlichen Perspektive** sind jene Ziele enthalten, die für die „finanzielle Gesundheit" des Unternehmens essenziell sind. Die Verwertung des eingesetzten Kapitals soll in solcher Weise vollzogen werden, dass sich diese im Vergleich zu Alternativen als die beste Lösung für die Anteilsbesitzer darstellt. Dazu können Rentabilitätskennzahlen und Umsatzkennzahlen ebenso gehören wie stärker liquiditätsbezogene Größen (Cashflow, Cash-to-Cash-Zyklus etc.).

In der **Kundenperspektive** wird definiert, mit welchen Kunden auf welchen Märkten und auf welche Weise die festgelegte Strategie realisiert werden soll. Dazu können Umsatzanteile verschiedener Kundenkategorien oder die Entwicklung bestimmter Marktanteile ebenso gehören wie bestimmte Kennziffern der Kundenrentabilität oder Kundenzufriedenheit.

In der Perspektive der **internen Prozesse** sind jene Ressourcen des Unternehmens zu erfassen und zu steuern, die gewährleisten, dass die finanzwirtschaftlichen und kundenbezogenen Ziele auch qualitativ und kapazitätsmäßig bewältigt werden können. Diese Perspektive legt den Grundstein für die Leistungsfähigkeit hin zum Kunden.

Die Prozesse der Prozessperspektive können in vier Hauptbereiche zusammengefasst werden:

- Innovationsprozess (Identifikation neuer Marktsegmente – Produktentwicklung),
- Betriebsprozess (Produktion/Dienstleistungserstellung – Lieferung),
- Kundendienst (Serviceleistungen an den Kunden),
- interne und externe Kommunikation.

In der **Potenzialperspektive**, auch Lern- und Entwicklungsperspektive genannt, wird dargestellt, welche Anforderungen an die Ressourcen (Mitarbeiter, Informationssysteme, Maschinen, Infrastruktur etc.) gestellt werden müssen, um die gewünschte Strategie mit praktischem Leben zu füllen.

Damit ist auch sofort klar, dass die Realisierung von Strategien Ressourcen-aufwand bedeutet.

Die internen Prozesse sowie die Prozesse der Potenzialperspektive sind die Treiber der Strategierealisierung!

Schritt 5: Erstellung der Strategy Map mit den Ursache-Wirkungs-Ketten

Die **Strategy Map** umfasst das BSC-Chart mit seinen vier Dimensionen und den zugeordneten strategischen Zielen (Bubble-Übersicht) sowie die Ursa-che-Wirkungs-Kette (UWK), also die „In-Verbindung-Bringung" der strate-gischen Ziele.

Dabei geht man bei der **Entwicklung** der UWK vertikal von oben nach unten (von der Finanzperspektive über die Kundenperspektive und die Prozessper-spektive bis zur Potenzialperspektive) vor, bei der Ermittlung der **Wirkungs-beziehung** genau umgekehrt von unten nach oben. Man verbindet also jene strategischen Ziele, die eine Ursache-Wirkungs-Beziehung untereinander haben.

Eine UWK ist dabei immer eine **Hypothese** über den Zusammenhang der strategischen Ziele, die das BSC-Team aufstellt und die zu einem späteren Zeitpunkt („Leben der BSC") verifiziert wird.

Beispiel (Abbildung 9-13):
Strategie: Verbesserung der Innovationskraft des Unternehmens,
Potenzialperspektive: Qualifikationssteigerung beim Entwicklungsperso-nal,

- wirkt positiv auf **Prozessperspektive:** Entwicklungsprozess – Reduktion der durchschnittlichen Entwicklungszeit,
- wirkt positiv auf die **Kundenperspektive:** Anerkennung der Innovati-onskraft des Unternehmens durch die Akzeptanz der höheren Preise (bedingt durch die reduzierten Entwicklungszeiten bei gestiegener Qua-lität),
- wirkt positiv auf die **Finanzperspektive:** Steigerung des Marktanteils sowie Steigerung des Umsatzes mit dem Effekt der Profitsteigerung.

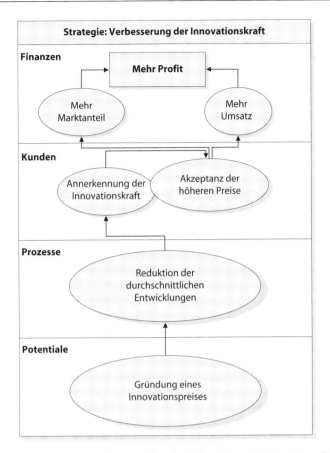

Abbildung 9-13: Beispiel einer Strategy Map: BSC-Template mit strategischen Zielen und den UWK-Beziehungen

Schritt 6: Durchführung des Gültigkeitschecks der UWKs

Dazu werden fünf Fragen gestellt (Abbildung 9-14).

1. Stimmen die Pfeilverbindungen?
   Dies lässt sich durch die Frage nach Ursache und Wirkung prüfen: Wenn ich an der Ursache „drehe", verändert sich dann auch die Wirkung?
2. Nur eine Richtung?
   Die Pfeile weisen von unten nach oben (einschließlich horizontaler Verbindungen auf derselben Ebene).
3. Verständlich für die Mitarbeiter?
   Sind die strategischen Ziele der BSC so weit verständlich, dass sich daraus Kennzahlen und im Weiteren Verbindungen zu Prozessen, Projekten und Initiativen ziehen lassen?

4. Singles werden aussortiert?
Bleiben in der Strategy Map einzelne strategische Ziele über, so werden diese herausgenommen. Auch UWKs, die noch vor der Kundenperspektive oder Finanzperspektive enden, müssen nochmals geprüft werden!

5. Ist die Strategie mit den verwendeten strategischen Zielen wirklich erfüllt?

Dies ist wahrscheinlich die schwierigste Frage, die an dieser Stelle kaum beantwortet werden kann – lediglich augenfällige Lücken können erkannt werden. Die Verifizierung erfolgt erst im praktischen Einsatz der BSC!

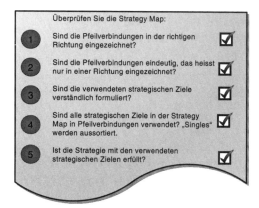

Abbildung 9-14: Fünf Fragen zur Verifizierung der UWKs

Schritt 7: Erarbeitung der strategischen Kennzahlen aus den strategischen Zielen (Quantifizierung)

Nachdem nun die BSC entworfen ist und die UWKs geprüft wurden, folgt im nächsten Schritt die Quantifizierung der strategischen Ziele in Form von strategischen Kennzahlen (Tabelle 9-2). Dabei kommt das alte Prinzip von SMARTen (spezifisch, messbar …) Kennzahlen zum Tragen.

Tabelle 9-2: Beispiel zur Erarbeitung der strategischen Kennzahlen

Strategisches Ziel	Strategische Kennzahl	Zielwert	Initiative
Reduktion der Entwicklungszeiten	Reduktion des arithmetischen Mittels aller „Time-to-Market-Zeiten"	−15 % pro Jahr	Optimierung des Entwicklungsprozesses
Anerkennung der Innovationskraft	Anzahl der Erwähnungen in Fachmedien im ersten Monat der Erscheinung eines neuen Produktes	5 im ersten Monat	verstärkte Kommunikation der Innovationsleistung

Quantifizieren bedeutet, dass die Kennzahl mit einem eindeutigen Messwert ermittelt und ausgedrückt werden kann (Minuten, Prozent, kg ...). Nur wenn der Wert auf einer Messskala eindeutig bestimmt werden kann, ist später der erforderliche Soll-Ist-Vergleich möglich, auf Basis dessen die Hypothese der UWKs verifiziert werden kann.

Ob die strategische Kennzahl die richtige ist, wird sich erst später beim „Leben der BSC" herausstellen – hierzu gibt es keine eindeutige Vorgabe!

Schritt 8: Durchführung des Kennzahlenchecks

In diesem Schritt, der im Anschluss an die Definition aller Kennzahlen erfolgt, werden drei Fragen gestellt (Abbildung 9-15):

1. Alte oder neue Kennzahl?
   Natürlich ist es einfacher, auf bestehende, bereits standardisiert gemessene Kennzahlen zurückzugreifen. Werden neue Kennzahlen gefordert, so sind die Verantwortungen zur Messung und zum Reporting zu definieren.
2. Kennzahlenquellen?
   Verwenden Sie zu diesem Punkt durchaus mehr Zeit, um sicherzustellen, wo die Datenquelle zur geforderten Kennzahl liegt und wie diese ermittelt wird. Nur dadurch ist sichergestellt, dass man später genau weiß, was hierzu eigentlich gemessen wurde!
3. Datenspeicher?
   Wie zu Punkt 2 ist hier genau darauf zu achten, wo die Daten gelagert sind. Unternehmen mit gut etablierten Performance Measurement-Prozessen haben es hier deutlich leichter.

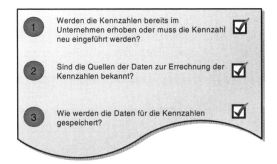

Abbildung 9-15: Drei Fragen zum Kennzahlencheck

Ein typisches Problem stellt die zu große Anzahl von Kennzahlen dar – daher dient dieser Schritt 8 auch als aufwandsreduzierende Maßnahme! Abbildung 9-16 zeigt eine Vorlage zur Darstellung des Zusammenhanges von strategischen Zielen aus der BSC und der dahinter liegenden Strategie und Key Performance Indicators (KPIs).

Finanzperspektive

Nr.	Level	Strategisches Ziel	Strategie	Eigner	KPI	Detaillierte Erklärung/Begründung des strategischen Ziels

Kunden-/Marktperspektive

Nr.	Level	Strategisches Ziel	Strategie	Eigner	KPI	Detaillierte Erklärung/Begründung des strategischen Ziels

Interne Prozessperspektive

Nr.	Level	Strategisches Ziel	Strategie	Eigner	KPI	Detaillierte Erklärung/Begründung des strategischen Ziels

Wissens-/Innovationsperspektive

Nr.	Level	Strategisches Ziel	Strategie	Eigner	KPI	Detaillierte Erklärung/Begründung des strategischen Ziels

Abbildung 9-16:   BSC: Darstellung des Zusammenhanges von Zielen, Strategie und KPIs

Später beim Einsatz der BSC kommt den strategischen Zielen eine wesentliche Aufgabe zu: Die Zielerreichung der strategischen Ziele kann am einfachsten im **Ampelsystem** dargestellt werden. Dabei steht Grün für erreicht, Gelb für wahlweise nicht ermittelt oder knapp verfehlt (Toleranz) und Rot für nicht erreicht. Durch die Einfärbung der UWK in Ampelfarben ist dann leicht optisch nachvollziehbar, wie sich z. B. rote Färbungen und damit Zielnicht-Erreichungen demnächst auf alle übergeordneten Perspektiven auswirken werden und umgekehrt.

Schritt 9: Kaskadierung auf Geschäftsbereiche/Prozesse/Projekte mittels Template

Die Kennzahlen werden den betreffenden Geschäftsbereichen, Prozessen, Projekten und/oder Initiativen zugeordnet, in denen die strategischen Ziele zur Umsetzung gelangen sollen. In der Darstellung oben ist sehr gut die Steigerung des Grades der Konkretisierung von links nach rechts erkennbar. Werden Strategien oftmals als „abgehoben und unkonkret bezeichnet", so sind spätestens Zielvorgaben in Prozessen oder Projekten mit klarem Projektauftrag konkret auf den Punkt gebracht.

Durch ein Reportingsystem, das im Wesentlichen die Rückmeldung der Zielerreichung zu vorgegebener Periode beinhaltet, wird die Balanced Scorecard auf dem aktuellsten Stand hinsichtlich Strategieumsetzung gehalten.

Es ist jedenfalls sicherzustellen, dass für jedes nun vorliegende Ziel geklärt ist, wer, was, bis wann zu erreichen bzw. (an wen und in welcher Form) zu reporten hat. Tabelle 9-3 zeigt die Kaskadierung (im Sinne von „herunterbrechen") der strategischen Kennzahlen auf Prozesse, Projekte und Initiativen (Tasks) in der Organisation.

Tabelle 9-3: Kaskadierung der strategischen Kennzahlen auf Prozesse, Projekte und Initiativen

Perspektive	Strategische Kennzahl	Zielwert*	Zuordnung zu Prozessen, Projekten und Abteilungen	Status
Finanzen	Steigerung des EBIT	+10 %	Controller	■
	Umsatzsteigerung	+5 %	Controller	
	Steigerung des Marktanteils	+3 %	Controller	
Kunden	Anzahl der Erwähnungen in den Fachmedien im ersten Monat der Erscheinung eines neuen Produktes	5 Stück	Prozess „neue Marken einführen"	
	Verkaufszahlsteigerung (impliziert Akzeptanz der Preissteigerung)	+10 %	Prozess „Produkte verkaufen"	
Prozesse	Kürzere „Time-to-Market"-Zeiten	–15 h	Prozess „Produkte entwickeln"	■
Potenziale	Anzahl der Bewerbungen für Innovationspreis	12	Projekt „Innovationspreis gewinnen"	■

* Zum Zielwert ist immer auch die Bezugsperiode anzugeben. In diesem Fall könnte es ein Geschäftsjahr sein.

Mit der Zuordnung der strategischen Kennzahlen wird die Realisierung der strategischen Ziele an die fähigste Stelle delegiert. Die Verantwortlichen der betroffenen Prozesse, Projekte und Initiativen wiederum leiten daraus für sich die geeigneten Maßnahmen ab bzw. delegieren die Umsetzung an ihre Teams (Tabelle 9-4).

Tabelle 9-4:   Beispiel für einen Prozess und ein Projekt

Strategische Kennzahl und Zielwert	Prozess/ Projekt/ Initiative	Prozess- bzw. Projektziel	Messgröße	Zielwert
Verkaufszahl-steigerung +10 %	Prozess „Produkte verkaufen"	Verbesserung der „Hit-Rate" bei Angeboten	Verhältnis der abge-schlossenen Ange-bote zur Gesamt-zahl der Angebote	+10 % (Stei-gerung von derzeit 15 % auf 17 %)
	Projekt „Ver-kauf 2010"	Projektzieler-reichungsgrad	Projektzielerrei-chung lt. Projektauf-trag in % erreich-ter Ziele	100 %

9.3.4 Tipps zum BSC-Einsatz

Nachdem die BSC inklusive der Verankerung im Prozessmanagementsystem entwickelt wurde, startet nun die Umsetzung. Zu den definierten Berichtster-minen bekommt die Geschäftsführung die Ergebnisse präsentiert und leitet aus den Zielerreichungsgraden Maßnahmen ab. Nachfolgend sind verschie-dene Tipps zum Einsatz der BSC genannt:

Tipps bezüglich der Vorarbeiten zum BSC-Projekt:

- Vision, Mission und Strategie müssen unbedingt erarbeitet werden, sonst sind keine sprechenden und zielorientierten Kennzahlen zu entwickeln.
- Vision, Mission und Strategie müssen an alle Mitarbeiter kommuniziert sein.
- Die Geschäftsführung muss in vollem Umfang und zeitlich permanent an-wesend sein.
- Die Projektteammitglieder sollten sich durch eine Unterschrift zur Unter-stützung des Projektes committen.
- Die BSC-Toolauswahl sollte vor Start der BSC-Erstellung gelungen sein.
- Die Ergebnisse des Projektes und der Nutzen einer BSC sowie auch die Projektwürdigkeit müssen allen klar sein.
- Sinn und Nutzen müssen eventuell auch in Einzelgesprächen vermittelt werden.
- Der Projektmanager muss eine führungsstarke und projekterfahrene Per-sönlichkeit sein.
- Die Funktionsweise der BSC muss den Geschäftsführern und Mitarbei-tern klar sein (keine falschen Erwartungen wecken!).

Tipps im BSC-Projekt:

- Die Teammeetings sollten zumindest alle zwei Wochen stattfinden.
- Die Teams müssen sich über die Aufgabenstellungen bis zum nächsten Meeting im Klaren sein.
- Nichtbeibringung der gewünschten Daten gefährdet das Projekt massiv und muss unter allen Umständen vermieden werden (Sanktionen?).
- Optimal wäre ein Warroom, in dem die Besprechungen stattfinden. Dieser muss mit Beamer, Flipchart und Overhead bestückt sein.
- Schlechte Meetings oder Projektkultur muss aufgezeigt werden. Sonst reißen schlechte Sitten sofort ein, wenn der Gegensteuerungszeitpunkt nicht erkannt wird. Die Diskussion der strategischen Ziele und UWKs braucht genug Energie.
- Intensive Diskussion der Kausalität und damit Verifizierung der Hypothesen.
- Maximal zehn bis 15 strategische Ziele in der BSC – sonst wird die Sache zu unübersichtlich – lieber später verfeinern.

Tipps nach dem Projekt:

- Den Schritt in das reale Leben sollte die BSC durch begleitende Reviews in maximal dreimonatigen Intervallen begleiten.
- Schlussfolgerungen über reale Ursache-Wirkungs-Ketten laufend führen.
- Maßnahmen aus den Beobachtungen sofort ableiten und in Umsetzung bringen.
- Permanente Kommunikation der Ziele an die Mitarbeiter.
- Die Mitarbeiter (Prozessverantwortlichen, Abteilungsleiter etc.) müssen an den Zielen gemessen werden – sonst Gefahr, dass es keiner ernst nimmt.
- Die BSC braucht einen Owner: Controller oder Finanzvorstand.

Die Ausführungen zeigen, dass sich die BSC optimal ins Prozessmanagementsystem einfügen lässt und im Sinne des Prozessmonitorings sicherlich ein brauchbares Tool darstellt. So es im Unternehmen gelingt, durch einen pragmatischen Zugang dem laufenden Einsatz der BSC die erforderliche Bedeutung zu geben, kann damit eine optimale Unterstützung bei der Verfolgung der Strategierealisierung geleistet werden.

9.4 TQM, EFQM-Modell und Prozessmanagement

Die in den vorausgegangenen Kapiteln dargelegten Inhalte des Prozessmanagements liefern genügend Anhaltspunkte zur Auswahl geeigneter Maßnahmen, die zum erfolgreichen Beschreiten des Weges der ständigen Verbesserung notwendig sind.

Nun haftet gerade dem Gedanken, sich über ein hervorragendes Prozessmanagement in Richtung Weltspitze vorarbeiten zu können, etwas Faszinierendes an! Es mangelt daher nicht an zusätzlichen Ideen, Konzepten, Empfehlungen, Methoden und Modellen, die sich als besonders hilfreiche Wegbegleiter empfehlen und gewiss auch bewährt haben.

In diesem Kapitel sollen die wichtigsten ergänzenden Konzepte für einen **erfolgreichen TQM-Weg** in knapper Form vorgestellt werden, ohne dabei den Eindruck erwecken zu wollen, es gäbe ein Patentrezept, einen Königsweg, der geradewegs zur Weltspitze führt (Kirsten, 2000). Ein wichtiger Aspekt ist auch der Beitrag zum Modell zur Standortbestimmung.

Die Entwicklung der Qualitätskonzepte in Richtung Total Quality Management (TQM) war geprägt durch die Erweiterung des Betrachtungsfeldes und durch die Betonung ganzheitlicher Sichtweisen (Abbildung 9-17). Von Bedeutung dabei ist, dass die Weiterentwicklung durch die Anwendung des PDCA-Kreises nach Deming getrieben worden ist.

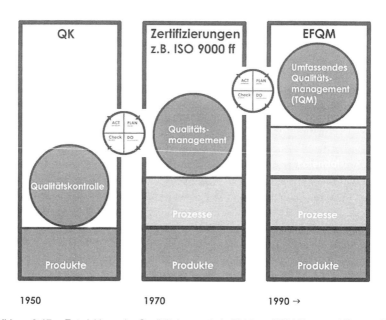

Abbildung 9-17: Entwicklung der Qualitätskonzepte in Richtung TQM (Brunner, Wagner, 2004)

Ausgehend vom umfassenden Verständnis des Begriffes „Qualität" ist TQM eine ganzheitliche Managementphilosophie, die sich auf das gesamte Unternehmensgeschehen bezieht.

Positive Geschäftsergebnisse, die Entwicklung eines entsprechenden verantwortungsbewussten Verhaltens gegenüber der Gesellschaft und der Umwelt sowie das Prinzip der kontinuierlichen Verbesserung erweitern im TQM das umfassende Verständnis von „Qualität".

Der Begriff TQM wird in der ISO 8402 folgendermaßen definiert:

Total Quality Management (umfassendes Qualitätsmanagement):

Auf der Mitwirkung aller ihrer Mitglieder beruhende Führungsmethode einer Organisation, die Qualität in den Mittelpunkt stellt und durch Zufriedenstellung der Kunden auf langfristigen Geschäftserfolg sowie auf Nutzen für die Mitglieder der Organisation und für die Gesellschaft zielt.

TQM bedeutet also nicht nur das Steuern der Produktqualität als Teil des Unternehmensmanagements, sondern umfasst das bewusste qualitätsorientierte Ausrichten und Handeln des gesamten Unternehmens über alle Hierarchieebenen unter Berücksichtigung aller Interessenpartner. In diesem Sinne bezieht sich das Attribut „Total" auf die Gesamtheit der Unternehmensprozesse, Prozessergebnisse und Mitarbeiter unter dem Blickwinkel funktionsübergreifender Zusammenarbeit.

Zusammenfassend wird TQM folgendermaßen abgegrenzt:

TQM ist

▪ eine Managementphilosophie, eine Einstellung,

▪ ein Prozess, der die persönliche Verantwortung aller hervorhebt, die ständige Verbesserung anstrebt und damit nie zu Ende ist,

▪ und ein System aus organisatorischen, administrativen und technischen Verfahren, Methoden, Techniken und Werkzeugen.

9.4.1 Business Excellence – Begriffsbestimmung

TQM-Preise werden oft fälschlich als TQM-Modelle bezeichnet; die Preise basieren auf den Modellen. Diese TQM- oder Excellence-Modelle stellen Handlungsrahmen und Bewertungsmodelle für Organisationen auf dem Weg in Richtung TQM dar.

(Business) Excellence-Modelle wie beispielsweise das EFQM-Modell für Excellence (Abbildung 9-18), das Schema des Malcolm Baldrige National Quality Award (MBNQA) oder das Demingmodell (Japan), sind praktische und geeignete Werkzeuge zur Entwicklung des Managementsystems einer Organisation in Richtung Excellence bzw. TQM. Excellence-Modelle geben Hinweise bzw. Hilfestellungen und können zur Bewertung des Fortschritts von Organisationen auf „ihrem Weg zu Excellence" herangezogen werden. Die Modelle berücksichtigen die vielen Vorgehensweisen, mit denen nachhaltig Excellence in allen Leistungsaspekten erzielt werden kann.

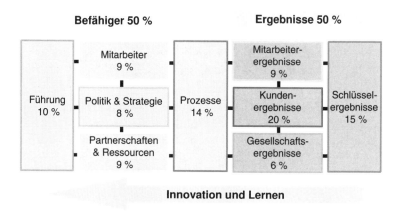

Abbildung 9-18:   EFQM-Modell für Excellence

Excellence ist definiert als überragende Vorgehensweise beim Managen einer Organisation und beim Erzielen ihrer Ergebnisse (EFQM, 2003).

Exzellente Ergebnisse im Hinblick auf Leistung, Kunden, Mitarbeiter und Gesellschaft werden durch eine Führung erzielt, die Politik und Strategie, Mitarbeiter, Partnerschaften, Ressourcen und Prozesse auf ein hohes Niveau hebt (EFQM: Excellence einführen, 2003).

9.4.2 Das EFQM-Modell für Excellence

Unabhängig von Branche, Größe, Struktur oder Reifegrad brauchen Organisationen ein geeignetes Managementsystem, wenn sie erfolgreich sein wollen. Das EFQM-Modell für Excellence (EFQM, 2003) ist ein praktisches Werkzeug, das den Organisationen eine Hilfestellung gibt und zugleich aufzeigt, wo sie sich „auf der Reise" zu Excellence befinden. Es hilft, Lücken zu erkennen, und regt zu Lösungen an. Die EFQM hat sich zur Modellpflege verpflichtet. Sie hält das Modell mithilfe des Inputs bestens bewährter Vorgehensweisen Tausender von Organisationen in und außerhalb Europas aktuell. So wird sichergestellt, dass das Modell seinen dynamischen Charakter bewahrt und mit dem aktuellen Managementwissen Schritt hält.

Die neuen Hauptkriterien sind in Teilkriterien unterteilt. Diese Teilkriterien beschreiben detailliert jene Inhalte, die im Rahmen des Managens einer Organisation berücksichtigt werden müssen und auf die im Falle einer Bewertung einzugehen ist. Des Weiteren bietet jedes Teilkriterium eine Aufzählung sogenannter **Orientierungs- bzw. Ansatzpunkte.** Es muss weder auf jeden dieser Punkte zwingend eingegangen werden, noch erhebt die Aufzählung einen Anspruch auf Vollständigkeit. Die Orientierungspunkte sollen lediglich beispielhaft die Bedeutung des Teilkriteriums noch detaillierter erklären. Nachfolgend werden lediglich das Kriterium „**fünf Prozesse**" und dessen Aspekte näher beleuchtet:

Exzellente Organisationen gestalten, managen und verbessern Prozesse, um Kunden und andere Interessengruppen voll zufriedenzustellen und die Wertschöpfung für diese zu steigern.

5 a Prozesse werden systematisch gestaltet und gemanagt.

5 b Prozesse werden nach Bedarf und unter Nutzung von Innovationen verbessert, um Kunden und andere Interessengruppen voll zufriedenzustellen und die Wertschöpfung für sie zu steigern.

5 c Produkte und Dienstleistungen werden auf Basis der Bedürfnisse und Erwartungen der Kunden entworfen und entwickelt.

5 d Produkte und Dienstleistungen werden hergestellt, vermarktet und betreut.

5 e Kundenbeziehungen werden gemanagt und vertieft.

Die Grundkonzepte von Excellence

Innerhalb seiner offen gehaltenen Rahmenstruktur wird das EFQM-Modell durch die Grundkonzepte der Excellence untermauert. Diese Grundkonzepte sind ein Satz von Prinzipien und Idealen, auf denen das Modell basiert (EFQM, 2004).

Abbildung 9-19 bietet einen Überblick über die acht Grundkonzepte von Excellence mit deren Orientierung an bzw. deren Zuordnung zu den Interessenpartnern einer Organisation.

Abbildung 9-19:   Grundkonzepte von Excellence und Interessenpartner

Da die Grundkonzepte eine unabdingbare Voraussetzung für das Erreichen von Excellence sind, sind eine umfassende Akzeptanz und ein einheitliches Verständnis dieser Konzepte durch die Führungsverantwortlichen erforderlich.

Die Reihenfolge, in der die Grundkonzepte nachfolgend beschrieben werden, ist ohne Bedeutung:

▓ *Ergebnisorientierung*
Excellence ist davon abhängig, wie die Ansprüche aller relevanten Interessengruppen (Kunden, Mitarbeiter, Eigentümer, Lieferanten, Gesellschaft im Allgemeinen sowie diejenigen, die ein finanzielles Interesse an der Organisation haben) in ein ausgewogenes Verhältnis zueinander gebracht werden können.

▓ *Kundenorientierung (Ausrichtung auf die Kunden)*
Über die Produkt- und Dienstleistungsqualität entscheidet (letztendlich) die Meinung des Kunden. Kundenloyalität, Kundenbindung und Marktanteil werden am besten durch eine klare Ausrichtung auf die Bedürfnisse gegenwärtiger und zukünftiger Kunden (intern/extern) erreicht (optimiert).

▓ *Führung und Zielkonsequenz*
Das Verhalten der Führungskräfte einer Organisation schafft Klarheit und Einigkeit hinsichtlich des Zwecks der Organisation und ein Umfeld, in dem die Organisation und ihre Mitarbeiter exzellente Leistungen erbringen können. Vorbildliches Verhalten der Führungskräfte bezieht sich auf den Zweck, die Ziele und Werte der Organisation.

▓ *Management mittels Prozessen und Fakten (Prozessbeherrschung)*
Organisationen arbeiten effektiver/effizienter, wenn alle miteinander ver-

knüpften Aktivitäten verstanden und systematisch gemanagt werden. Ebenso wenn Entscheidungen über gegenwärtige Aktivitäten und geplante Verbesserungen aufgrund zuverlässiger, durchgängiger Information getroffen werden. Dabei sind auch die Belange der Interessengruppen zu berücksichtigen.

▩ *Mitarbeiterentwicklung und -beteiligung*
Das Potenzial der Mitarbeiter kann sich am besten unter gemeinsamen Werten und einer Kultur des Vertrauens und des eigenverantwortlichen Handelns, in der alle Mitarbeiter zu Beteiligung ermutigt werden, entfalten.

▩ *Kontinuierliches Lernen, Innovation und Verbesserung*
Die Leistung einer Organisation wird gesteigert, wenn sie auf Management und Wissenstransfer beruht und in eine Kultur kontinuierlichen Lernens, kontinuierlicher Innovation und Verbesserung eingebettet ist.

▩ *Entwicklung von Partnerschaften (Aufbau von Partnerschaften)*
Eine Organisation arbeitet effektiver, wenn sie beiderseits vorteilhafte Beziehungen mit ihren Partnern unterhält, aufbauend auf Vertrauen, Wissenstransfer und Integration.

▩ *Soziale Verantwortung (Verantwortung gegenüber der Öffentlichkeit)*
Den langfristigen Interessen der Organisation und ihrer Mitarbeiter dient am besten ein ethisch einwandfreies Vorgehen, das die Erwartungen und Regeln der Gesellschaft weitestgehend trifft.

Schlüsselprozesse

Im Rahmen des Konzepts der unternehmerischen Regelkreise „tragen" Schlüsselprozesse die Strategie in die Unternehmung hinein (vgl. hierzu auch Kapitel 2 und Kapitel 9.3).

Schlüsselprozesse sind jene Prozesse (Leistungserstellungs-, Geschäfts-, Management-, unterstützende Prozesse ...), die aus strategischer Sicht und somit für den Unternehmenserfolg von Bedeutung sind (Jung, 2002).

Die verschiedenen Strategien einer Unternehmung werden durch Schlüsselprozesse umgesetzt. Schlüsselprozesse sind Prozesse der Unternehmung, die in der Prozesslandschaft oder in darunterliegenden Darstellungsebenen abgebildet sind. Diesen Zusammenhang zeigt Abbildung 9-20.

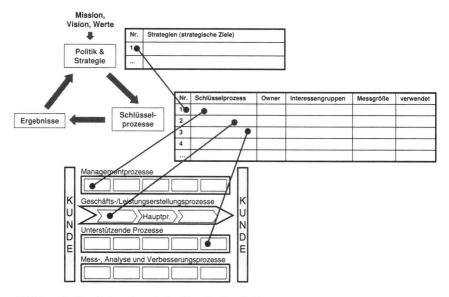

Abbildung 9-20: Unternehmerischer Regelkreis – Schlüsselprozesse

9.5 Der Standard ISO/IEC 15504 und Prozessmanagement

Die Prozessorientierung stellt einen geeigneten Ansatz zur Überwindung der Arbeitsteilung bzw. von Abteilungsgrenzen dar und hilft alle wertschöpfenden Tätigkeiten an den Anforderungen und Erwartungen der Kunden auszurichten. Somit ist der Prozess eine Aneinanderreihung aller Aktivitäten, die dazu erforderlich sind. Die Frage, die sich dabei stellt, lautet: Wie gut oder wie vollständig werden diese Aktivitäten erfüllt bzw. wie können diese verbessert werden?

Um diese Frage zu beantworten, muss der **Prozess bewertet** werden, da dies die Voraussetzung bildet, um den **Prozess** zu **verbessern.** Eine wichtige Voraussetzung von Prozessmanagement ist, dass die Qualität eines Produktes/einer Dienstleistung bestimmt wird durch die Qualität der Prozesse, welche notwendig sind, um ein Produkt/eine Dienstleistung zu entwickeln und zu erhalten.

Die Produkte unserer Zeit werden immer komplizierter, wie die folgenden Beispiele aus der Automobilindustrie zeigen:

▨ Peugeot 607 – enthält mehr Elektronik als die erste Airbusgeneration.
▨ BMW-7er-Serie – Zugang zu 700 Optionen über Bildschirmmenüs.

Die Anforderungen an die Prozesse, welche zur Produktentstehung führen, steigen somit zunehmend. Daher spielen die „Eckpfeiler" des Prozessmanagements eine immer wichtigere Rolle: *„An effective process ties together People, Tools and Methods into an integrated whole. "*

Die verschiedenen Arten der Prozessbewertung unterscheiden sich durch die Art der Kriterien, die zur Bewertung herangezogen werden. Die auf dem Reifegradmodell CMMI (*Capability Maturity Model Integrated*) bzw. auf dem Fähigkeitsstufenmodell SPICE (Khaled El Emam et al, 1998) (definiert im Standard ISO/IEC 15504) beruhende Prozessbewertung in Form eines Assessments verwendet Kriterien, die die Anwendung und Ausgestaltung von organisatorischen Elementen, Engineeringpraktiken und -methoden überprüfen. Hintergrund dieser Kriterien ist eine **Idealvorstellung von Prozessen,** wie sie in den Modellen vorkommen. Mit diesen Kriterien überprüft man die Abweichungen von den Idealvorstellungen. Ein Prozessassessment ist also eine systematische Messung eines oder mehrerer Prozesse anhand eines standardisierten Prozessmodells und bildet den Ausgangspunkt für Initiativen der Prozessverbesserung (Zahran, 1998).

Seit den späten 1980er-Jahren wurden nun verschiedene Assessmentmodelle und -methoden entwickelt. Die bekanntesten Vertreter sind CMMI und SPICE. Beiden Modellen liegt die Idee zugrunde, dass es **verschiedene Reifegradstufen für einen Prozess gibt,** beginnend von „incomplete" bis „optimizing". Diese Modelle wurden für die IT-Industrie (Khaled El Emam et al, 1999) entwickelt, werden jedoch kontinuierlich weiterentwickelt, um diese auch für andere Branchen anwenden zu können.

9.5.1 ISO/IEC 15504 – Dokumentationsstruktur

Dieser Standard besteht aus den folgenden fünf Teilen (Loon, 2004):

- **Part 1** (informativ) – bildet den Einstiegspunkt in den Standard ISO/IEC 15504. Er beschreibt, wie die einzelnen Teile zusammengehören. Darin werden die Anforderungen der ISO/IEC 15504 und ihre Anwendbarkeit für die Durchführung von Assessments beschrieben.
- **Part 2** (normativ) – beinhaltet Anforderungen zur Durchführung von Prozessassessments, das Messrahmenwerk (measurement framework) zur Bewertung der Prozessfähigkeit (process capability) sowie Anforderungen an Prozessreferenz- bzw. Prozessassessmentmodelle.
- **Part 3** (informativ) – stellt eine Richtlinie für die Durchführung von Assessments basierend auf den im Part 2 beschriebenen Anforderungen zur Verfügung.

▓ **Part 4** (informativ) – stellt eine Richtlinie zur Anwendung von Prozessassessments für den Zweck der Prozessverbesserung und der Prozessfähigkeitsbestimmung zur Verfügung. Diese Richtlinie setzt keine bestimmte Organisationsform, Managementphilosophien, Lebenszyklusmodelle oder Entwicklungsmethoden voraus.

▓ **Part 5** (informativ) – stellt ein Beispielmodell für die Durchführung von Prozessassessments zur Verfügung, welches auf dem Standard ISO/IEC 12207, AMD1 beruht. Das Assessmentmodell erweitert das Prozessreferenzmodell durch den Einschluss eines umfassenden Satzes von Indikatoren für die Prozessdurchführung und die Prozessfähigkeit.

9.5.2 Die zwei Dimensionen des Modells

Das durch diesen Standard beschriebene Modell zeichnet sich durch seine orthogonale Struktur (zweidimensional) aus (Abbildung 9-21).

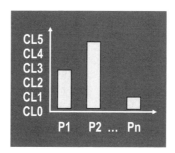

Abbildung 9-21: Zweidimensionales Modell

Die Werte auf der x-Achse (**Prozessdimension**) beschreiben, **welche Prozesse** man **durchführt**, und geben an, „**was man macht**".

Die Werte auf der y-Achse (**Fähigkeitsdimension**) beschreiben, wie **gut** man einen **Prozess durchführt**. Diese umfasst **sechs Fähigkeitsstufen** (*Capability Level*), kennzeichnet also die Leistungsfähigkeit von Prozessen.

Eine Fähigkeitsstufe ist ein wohldefiniertes evolutionäres Plateau, welches die Fähigkeiten eines Prozesses beschreibt, wobei jede Stufe eine aufbauende Basis für die kontinuierliche Prozessverbesserung bildet. **Fähigkeitsstufen bauen aufeinander auf**, d. h., eine höhere Stufe beinhaltet alle Praktiken der niedrigeren Stufen (die Fähigkeitsstufen sind also kumulativ).

Die Fähigkeitsdimension beinhaltet die folgenden sechs Fähigkeitsstufen:

▨ **Level 0: Unvollständiger Prozess (Incomplete Process)** – der Prozess ist nicht implementiert, es fehlt am Prinzipiellen, um den Zweck des Prozesses zu erreichen. Es gibt nur wenige bis gar keine identifizierbaren Nachweise über das Erreichen des Prozesszwecks.

▨ **Level 1: Durchgeführter Prozess (Performed Process)** – der Zweck des Prozesses wird erreicht. Es gibt identifizierbare Dokumente von Prozessergebnissen und diese zeugen vom Erreichen des Prozesszwecks.

▨ **Level 2: Geführter Prozess (Managed Process)** – der zuvor beschriebene „Performed Process" ist nun in einer geführten Version implementiert (wird geplant, überwacht und angepasst) und seine Arbeitsprodukte werden geeignet erstellt, gesteuert und aufrechterhalten.

▨ **Level 3: Etablierter Prozess (Established Process)** – der zuvor beschriebene „Managed Process" ist nun implementiert und zwar durch Benutzung eines definierten Prozesses, welcher auf einem Standardprozess basiert und der fähig ist, die Prozessergebnisse zu erreichen.

▨ **Level 4: Vorhersagbarer Prozess (Predictable Process)** – der zuvor beschriebene „Established Process" ist nun implementiert und operiert innerhalb definierter Grenzen, um seine Prozessergebnisse zu erreichen.

▨ **Level 5: Optimierender Prozess (Optimizing Process)** – der zuvor beschriebene „Predictable Process" wird nun kontinuierlich verbessert, um relevante bzw. zukünftige Geschäftsziele zu erreichen.

Die einzelnen Fähigkeitsstufen werden durch Prozessattribute feiner unterteilt (Abbildung 9-22). Prozessattribute werden gebraucht, um zu bestimmen, ob der Prozess eine vorgegebene Fähigkeit erreicht, d. h., **jedes Prozessattribut misst einen bestimmten Aspekt der Prozessfähigkeit.** Die folgende Abbildung zeigt die Prozessattribute in Form einer „Fähigkeitsstufenleiter" (*capability ladder*).

Je nach dem gewählten Bereich (der Branche), in welcher ein Prozessassessment stattfinden soll, ist ein entsprechendes Prozessreferenzmodell (PRM), soweit vorhanden, auszuwählen, welches Prozesse beinhaltet, gegen welche die zu bewertenden Prozesse einer Organisation bewertet werden.

Ein Prozessreferenzmodell (PRM) alleine kann als Basis für die Durchführung von zuverlässigen und konsistenten Assessments zur Ermittlung der Prozessfähigkeit nicht herangezogen werden, da der Grad der Detailliertheit nicht ausreichend ist. Die Beschreibungen des Prozesszwecks und der Prozessergebnisse der Prozesse des Prozessreferenzmodells und die Definitionen der Prozessattribute benötigen Unterstützung durch einen umfassenden Satz von Indikatoren zur Prozessdurchführung und Prozessfähigkeit. Aus diesem Grund muss das Prozessreferenzmodell erweitert werden.

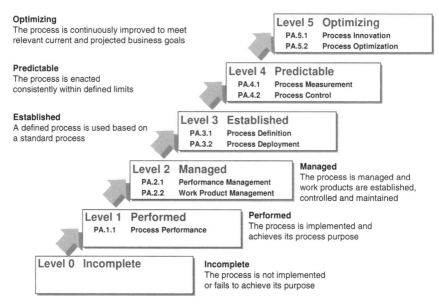

Abbildung 9-22:   Die Fähigkeitsstufen mit ihren Prozessattributen (Quelle: Synspace)

9.5.3 Prozessassessmentmodell

Das **Prozessassessmentmodell (PAM)** erweitert das **Prozessreferenzmodell (PRM)** durch die **Hinzufügung** von **Assessmentindikatoren**. Man unterscheidet bei diesem Modell zwischen zwei verschiedenen Arten von Praktiken:

- **Basispraktiken (Base Practices)** – diese beschreiben die essenziellen, da spezifischen Aktivitäten eines Prozesses → **bilden die Prozessdimension**.
- **Allgemeine Praktiken (Generic Practices)** – diese beschreiben die Managementpraktiken, welche für die Implementierung/Institutionalisierung eines Prozesses wichtig sind → **bilden die Fähigkeitsdimension**.

Abbildung 9-23 zeigt den Zusammenhang zwischen einem Prozessreferenzmodell (PRM), dem korrespondierenden Prozessassessmentmodell (PAM) und dem Messrahmenwerk.

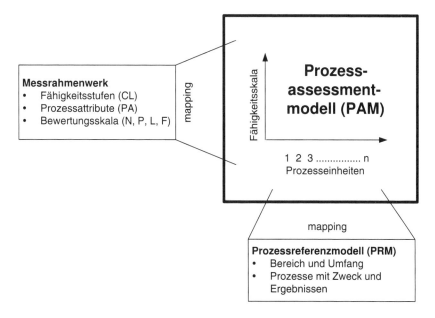

Abbildung 9-23:　Prozessassessmentmodell und seine Beziehungen (ISO/IEC 15504-2)

9.5.4　Der Bewertungsrahmen (NPLF-Skala)

Um die Prozessfähigkeit, d. h. das Erreichen der Fähigkeitsstufen bzw. der Prozessattribute bewerten zu können, wurde die in Tabelle 9-5 dargestellte Vierpunkteskala entwickelt.

Tabelle 9-5:　Die NPLF-Skala (ISO/IEC 15504-2)

N	Nicht erreicht (*Not achieved*)	0 bis 15 %	Es gibt keinen Nachweis für die Erreichung eines definierten Prozessattributes.
P	Teilweise erreicht (*Partially achieved*)	> 15 bis 50 %	Es gibt einen Teilnachweis für die Erreichung eines definierten Prozessattributes.
L	Großteils erreicht (*Largely achieved*)	> 50 bis 85 %	Es gibt einen signifikanten Nachweis für die Erreichung eines definierten Prozessattributes.
F	Vollständig erreicht (*Fully achieved*)	> 85 bis 100 %	Es gibt einen vollständigen Nachweis für die Erreichung eines definierten Prozessattributes.

9.5.5 Die Bewertung der Fähigkeitsstufen

Tabelle 9-6 gibt an, welche Bewertung (*Rating*) die einzelnen Prozessattribute aufweisen müssen, damit eine bestimmte Fähigkeitsstufe als erreicht (*achieved*) gilt.

Tabelle 9-6: Die Bewertung der Fähigkeitsstufen (ISO/IEC 15504-2)

Capability Level	Prozessattribut	Bewertung	
Level 1	PA1.1 Prozessdurchführung	L oder F	großteils oder vollständig erreicht
Level 2	PA1.1 Prozessdurchführung	F	vollständig erreicht
	PA2.1 Prozessplanung	L oder F	großteils oder vollständig erreicht
	PA2.2 Resultate/Arbeitsprodukte	L oder F	großteils oder vollständig erreicht
Level 3	PA1.1 Prozessdurchführung	F	vollständig erreicht
	PA2.1 Prozessplanung	F	vollständig erreicht
	PA2.2 Resultate/Arbeitsprodukte	F	vollständig erreicht
	PA3.1 Prozessdefinition	L oder F	großteils oder vollständig erreicht
	PA3.2 Prozessentwicklung	L oder F	großteils oder vollständig erreicht
Level 4	PA1.1 Prozessdurchführung	F	vollständig erreicht
	PA2.1 Prozessplanung	F	vollständig erreicht
	PA2.2 Resultate/Arbeitsprodukte	F	vollständig erreicht
	PA3.1 Prozessdefinition	F	vollständig erreicht
	PA3.2 Prozessentwicklung	F	vollständig erreicht
	PA4.1 Prozessmessung	L oder F	großteils oder vollständig erreicht
	PA4.2 Prozesssteuerung	L oder F	großteils oder vollständig erreicht
Level 5	PA1.1 Prozessdurchführung	F	vollständig erreicht
	PA2.1 Prozessplanung	F	vollständig erreicht
	PA2.2 Resultate/Arbeitsprodukte	F	vollständig erreicht
	PA3.1 Prozessdefinition	F	vollständig erreicht
	PA3.2 Prozessentwicklung	F	vollständig erreicht
	PA4.1 Prozessmessung	F	vollständig erreicht
	PA4.2 Prozesssteuerung	F	vollständig erreicht
	PA5.1 Prozessinnovation	L oder F	großteils oder vollständig erreicht
	PA5.2 Prozessoptimierung	L oder F	großteils oder vollständig erreicht

Wie aus obiger Abbildung ersichtlich, müssen, um eine Fähigkeitsstufe „X" zu erreichen, **alle Prozessattribute** der unter „X" liegenden Stufen „vollständig erreicht" (**F**), sowie die Attribute der Stufe „X" „großteils oder vollständig erreicht" (**L oder F**) sein.

9.5.6 Die Prozessprofile

Prozesse, welche im Rahmen eines Assessments zu bewerten sind, werden in Form von **Prozessinstanzen (Process Instances)** bewertet. Für die Praxis übersetzt bedeutet dies, dass man einen Prozess in seiner Anwendung bewertet, z. B. den Prozess „Design", der in einem Projekt angewendet wird.

Das Erreichen der Prozessfähigkeit wird in Form von sogenannten **Prozessprofilen** dargestellt, wobei man folgende zwei Arten der Darstellung unterscheidet:

- **Prozessfähigkeitsstufen Profile (Capability Level Profile)**
  Vorteil dieser Darstellung: Gibt einen raschen Überblick, dient zur Erstinformation vor allem gegenüber dem Management.
  Nachteil dieser Darstellung: Zu grob, um eine genauere Aussage zu Schwächen des Prozesses geben zu können.
- **Prozessattributsprofile (Process Attribute Profile)**
  Vorteil dieser Darstellung: Bietet einen genaueren Einblick, „wo ich mit meinem Prozess stehe", dient zur Erstinformation gegenüber den Prozesseignern und dem Prozessteam.
  Nachteil dieser Darstellung: Braucht ein tiefes Verständnis des Modells.

Ein Beispiel dafür zeigt Abbildung 9-24, wobei die bewerteten Prozesse vertikal und die Bewertung der einzelnen Prozessattribute dazu horizontal aufgetragen sind. Den Grad der Erreichung der einzelnen Prozessattribute (gemäß der NPLF-Skala) ersieht man durch die unterschiedliche Farbkennzeichnung der Prozessattribute gemäß der in der Abbildung angegebenen Farbskalierung.

P-ID	Prozessname	PA1.1 - Prozessdurch- führung	PA2.1 - Prozess- planung	PA2.2 - Resultate/ Arbeitser- gebnisse	PA3.1 - Prozess- definition	PA3.2 - Prozess- entwicklung	PA4.1 - Prozess- messung	PA4.2 - Prozess- steuerung	PA5.1 - Prozess- innovation	PA5.2 - Prozess- optimierung
ENG.1	Requirements Elicitation	F	F	F	L	L	P	P	?	?
ENG.4	Software Requirements Analyse	F	F	F	P	P	N	N	?	?
QUA.1	Quality Assurance	F	P	P	N	N	?	?	?	?
MAN.3	Project Management	F	F	F	P	P	?	?	?	?
RIN.1	Human Resource Management	F	L	L	N	N	?	?	?	?

F	vollständig erreicht
L	großteils erreicht
P	teilweise erreicht
N	nicht erreicht
?	nicht bewertet

Abbildung 9-24: Beispiel für Prozessprofile in Form der Prozessattribute

9.5.7 Durchführung von Prozessassessments

Abbildung 9-25 zeigt den Ablauf eines Assessmentprozesses mit den Schritten Initiierung, Planung, Durchführung und Reporting des Assessments, sowie den wesentlichen Inputs und Outputs des Gesamtprozesses und der einzelnen Schritte.

Abbildung 9-25: Der ISO/IEC 15504-konforme Assessmentprozess (Loon, Process Assessment and Improvement, 2004)

Phase: Assessmentinitiierung

Die Assessmentinitiierung ist der erste Prozess innerhalb eines Assessments (Tabelle 9-7). Ein Großteil der darin definierten Aktivitäten erfolgt in Zusammenarbeit von Sponsor (bzw. dem lokalen Assessmentkoordinator) und dem Assessmentteamleiter vor Ort, d. h. in der ausgewählten Organisationseinheit im Rahmen eines sogenannten „Initial Visit".

Tabelle 9-7:   Zweck und Aktivitäten der Assessmentinitiierung

Zweck:	Der Zweck der Phase „Assessmentinitiierung" ist die Nominierung eines Sponsors sowie die Definition des Assessmentzwecks, der Assessmentziele und der zu bewertenden Prozesse der Organisationseinheit (OE).
Aktivitäten:	Aufgrund der Komplexität besteht diese Phase aus mehreren Subprozessen:
	Ausgangsdaten festlegen (Sponsor benennen, Assessmentzweck und -ziele definieren, Zutritte und Zugriffe regeln, Assessmentart festlegen).
	Prozesse ermitteln oder Prozesse auswählen (zu bewertende Prozesse bestimmen, Zielkennwerte für die Fähigkeitsstufen bestimmen, Prozesse zu Prozessen aus dem Referenzmodell mappen).
	Assessmentumfang festlegen (Prozessinstanzen festlegen, Assessmentteam und -teilnehmer der Organisation festlegen, Risiken und Einschränkungen erkennen, Assessment-Output festlegen).

Phase: Assessmentplanung

Bei der Assessmentplanung handelt es sich um die zweite Phase bei der Durchführung eines Assessments (Tabelle 9-8).

Tabelle 9-8:   Zweck und Aktivitäten der Assessmentplanung

Zweck:	Der Zweck der Phase „Assessmentplanung" ist, basierend auf der Assessmentinitiierung, alle dazu notwendigen Ressourcen und Zeitpläne, den Mechanismus für die Datensammlung und Datenvalidierung sowie den Assessment-Output zu definieren und in Form eines Planes zu dokumentieren.
Aktivitäten:	Ressourcen und Zeitplan festlegen
	Datensammlungsmechanismen festlegen
	Risiken managen
	Assessmentplan erstellen, prüfen und freigeben
	Assessment-Briefing vorbereiten

Phase: Assessmentdurchführung

Die Assessmentdurchführung ist die dritte Phase des Assessments (Tabelle 9-9).

Tabelle 9-9:   Zweck und Aktivitäten der Assessmentdurchführung

Zweck:	Der Zweck der Phase „Assessmentdurchführung" ist nach einer kurzen Einführung *(Briefing)* das Assessment in Form von Interviews, Dokumentenprüfung und Prozessbewertung durchzuführen.
Aktivitäten:	Assessmentteam instruieren
	Briefing der Teilnehmer der Organisation durchführen
	Daten sammeln (Interviews, Dokumentenprüfung)
	Daten validieren
	Wrap-ups durchführen
	Prozesse bewerten

Phase: Assessmentreporting

Zum Abschluss eines Assessments erfolgt das Reporting (Tabelle 9-10).

Tabelle 9-10:   Zweck und Aktivitäten des Assessmentreportings

Zweck:	Der Zweck der Phase „Assessmentreporting" ist, die validierten Assessmentergebnisse in Form von Stärken/Schwächen-Prozessprofilen in Form eines Assessmentreports zu dokumentieren.
Aktivitäten:	Report erstellen und prüfen
	Report mit PL und Sponsor besprechen
	Report freigeben
	Report präsentieren

Rollen und Verantwortlichkeiten

Um einen effektiven Assessmentablauf zu gewährleisten, sind die in Tabelle 9-11 dargestellten organisatorischen Rahmenbedingungen erforderlich.

Tabelle 9-11: Rollen und Verantwortlichkeiten für die Assessmentdurchführung

Rolle	Rollendefinition	Verantwortlichkeiten
Sponsor	Stellt die Budgetmittel zur Verfügung und gibt die Ausrichtung für das Assessment vor.	Autorisiert die Finanzierung des Assessments. Stellt Ressourcen zur Verfügung. Stellt das Management Commitment während des gesamten Assessments sicher. Gibt sämtliche Pläne und Reports frei.
Lokaler Assessment-koordinator (LAK)	Wird durch den Sponsor nominiert. Stellt die Schnittstelle zwischen dem Management der Organisation und dem Assessment-teamleiter dar.	Unterstützt den Sponsor und den Assessmentteamleiter. Stellt sicher, dass die entsprechenden Ressourcen und die benötigte Logistik vorhanden sind bzw. zur Verfügung stehen.
Assessment-teamleiter (ATL)	Der Assessmentteamleiter hat sicherzustellen, dass der Assessmentprozess konform zum Standard ISO/IEC 15504 abläuft.	Vertretung (nach außen), Führen des Assessmentteams und Schnittstelle zur Organisationseinheit. Unterstützt den Sponsor und den LAK im Rahmen der Assessment-initiierung, bei der Bestimmung der zu bewertenden Prozesse und bei der Bestimmung der Zielkennwerte für die Fähigkeitsstufen. Plant das Assessment, leitet die Assessmentdurchführung und berichtet die Assessmentergebnisse.
Assessor	Jeder Assessor ist gegen-über dem Assessment-teamleiter für den ihm zugeordneten Teil des Assessments verantwort-lich.	Durchführen des Assessments der ihm zugeteilten Prozesse. Überprüfen des Assessmentplans und des Assessmentreports.
Fachspezialist	Fachspezialisten kön-nen zur Unterstützung des Assessmentteams heran-gezogen werden, um so das Fachwissen des Teams zu erhöhen.	Diese müssen keine Assessoren sein, sondern dienen in erster Linie dazu, um bei komplexen Prozessen zusätzliches fachliches Know-how vor allem für die Bewertung der Pro-zessdurchführung einzubringen.

9.6 Prozesskostenrechnung

Die Auseinandersetzung mit Prozessen und deren Steuerung im Unternehmen werfen auch sehr bald Fragen der monetären Betrachtungsweisen von Prozessen auf. Insbesondere der Ressourcenbedarf und hiermit der Bedarf an menschlicher Arbeitskraft als meist bedeutendster Kostenfaktor soll korrekt geplant, nachvollziehbar und somit steuerbar sein. Die Kosten eines Prozesses in einer Periode oder pro Durchlauf können somit auch Ziel- und Messkriterium für den Erfolg eines Prozesses darstellen.

Der Zugang zum Thema Prozesskostenrechnung ist vielfältig und nicht einheitlich (Abbildung 9-26). Meist ist es abhängig von der Vorgeschichte des Prozessmanagements, welcher Ansatz tatsächlich realisiert wird. Im Folgenden seien zwei Herangehensweisen und deren Limitierung vorgestellt. Zum einen ist dies die Annäherung an das Kostenthema aus dem Prozessmanagement selber, zum anderen erfolgt ein davon unabhängiger Zugang aus dem Bereich Controlling und Kostenrechnung, der einen Weg zur genaueren Zuordnung und Verrechnung von Gemeinkosten über Prozesse sucht.

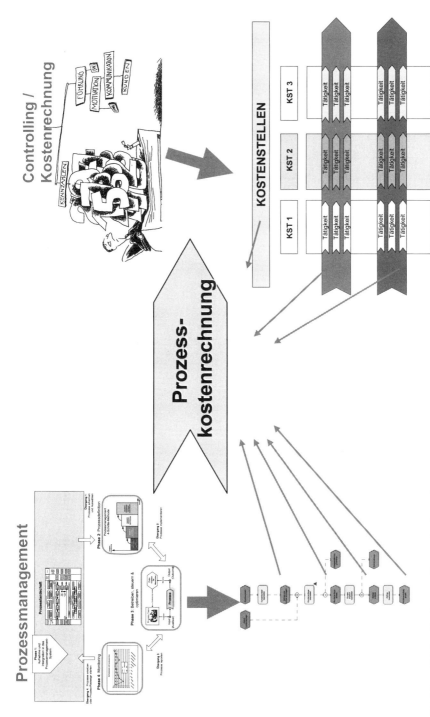

Abbildung 9-26: Zugänge zu Prozesskostenrechnung

9.6.1 Zugang zu Prozesskostenrechnung aus dem Prozessmanagement (bottom-up)

Dieser Zugang folgt einer bestechend einfachen Logik, die ihre Tücken erst in der Detailarbeit preisgibt. Bezogen auf einzelne Arbeitsschritte, Teilprozesse oder Prozesse wird die Dauer der Bearbeitungszeit mittels Schätzung oder Zeitnehmung erfasst und mit Kostensätzen der jeweiligen Mitarbeiter bewertet und summiert, sodass ein Prozesskostensatz pro Durchlauf entsteht (Abbildung 9-27).

Verzweigungen des Prozesses werden mit Wahrscheinlichkeiten bewertet und somit in die Berechnung mit einbezogen.

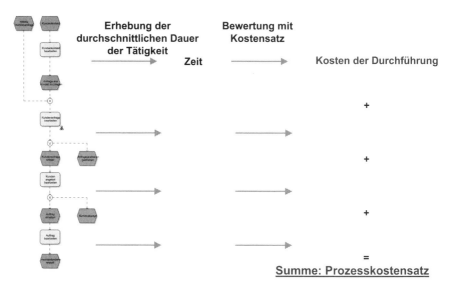

Abbildung 9-27: Erhebung der Prozesskosten durch Zuordnung von Zeiten und Bewertung mit Kostensatz

9.6.2 Limits der Bottom-up-Prozesskostenrechnung

Eine der wesentlichen Beschränkungen der genannten Methode stellt die **Verfügbarkeit der Bearbeitungszeiten** dar. Werden sie geschätzt, ist die Aussage des Prozesskostensatzes zu ungenau und unsicher. Werden die Zeiten gemessen oder durch Zeiterfassung ermittelt, steht die Gefahr von Widerstand und Ängsten der Mitarbeiter im Raum. Natürlich ist jede Form von Zeiterhebung selbst zeitaufwendig und muss im Verhältnis zum Nutzen der Zeiterfassung stehen. Daraus lässt sich rasch das Einsatzgebiet der Prozesskostenrechnung ableiten. Nur dort, wo viele Ressourcen gebunden sind, rechtfertigen die positiven Steuerungseffekte der Prozesskostenrechnung den hohen Aufwand deren Erfassung und Berechnung.

Ein weiteres Limit stellt die **Abgrenzung und Differenzierung von Prozessen** dar, um Prozesskostensätzen zu einer Aussage zu verhelfen, die gezielt steuernde Maßnahmen erlaubt. Dies hängt mit der Abgrenzung der Prozesse entlang der richtigen **Kostentreiber** zusammen. In vielen Fällen ist diese Abgrenzung aus dem Prozessmanagement, wo die Ausrichtung der Prozesse am Kunden im Vordergrund steht, nicht gegeben.

Nehmen wir z. B. einen Einlagerungsprozess von Gütern, die vom Lieferanten am Firmentor angeliefert werden.

Aus Sicht des Prozessmanagements lässt sich dieser Prozess sinnvollerweise in einem Ablauf von der Entladung des Lkws zur Verbuchung des Wareneingangs im System zur Qualitätskontrolle bis hin zum tatsächlichen Einlagerungsvorgang in das Regallager darstellen. Aus Sicht der Kostenrechnung haben wir es aber in jedem Schritt mit unterschiedlichen Kostentreibern zu tun.

Bei der Lkw-Entladung ist der Lkw der Kostentreiber. Bei der Verbuchung der Güter sind es die auf dem oder den Lieferscheinen angeführten Positionen, die die Tätigkeit und somit die Kosten treiben. Bei der Qualitätskontrolle ist es – abhängig von der Art der Kontrolle – die Anzahl der unterschiedlichen Güter bzw. Chargen und bei der Einlagerung ist es die Anzahl der unterschiedlichen Stellplätze, auf die eine Ladung verbracht werden muss.

Für den Fall, dass alle diese Aspekte von Fall zu Fall sehr stark abweichen, ist ein Durchschnittssatz der Prozesskosten nicht mehr aussagekräftig. Vielmehr ist es dann notwendig, jeweils die Kostensätze für Entladung, Verbuchung einer Lieferscheinposition, Durchführung einer Qualitätskontrolle und Verbringung der Ware an einen Stellplatz im Lager zu differenzieren und jeweils mit einem Kostensatz darzustellen.

Aus den oben genannten Gründen sollte die Prozesskostenrechnung bereits beim Aufbau des Prozessmanagements berücksichtigt und sollten deren Ziele (welche Aussage soll getroffen werden?) definiert werden.

9.6.3 Zugang zu Prozesskostenrechnung aus dem Bereich Controlling und Kostenrechnung (top-down)

Zentraler Beweggrund für das prozessorientierte Vorgehen war der Umstand, dass die herkömmliche Zuschlagskalkulation wichtige Kostenunterschiede einebnet (Abbildung 9-28). Der prozentuale Aufschlag der Gemeinkosten führt dazu, dass z. B. jeder Auftrag gleich hohe Bearbeitungskosten zuge-

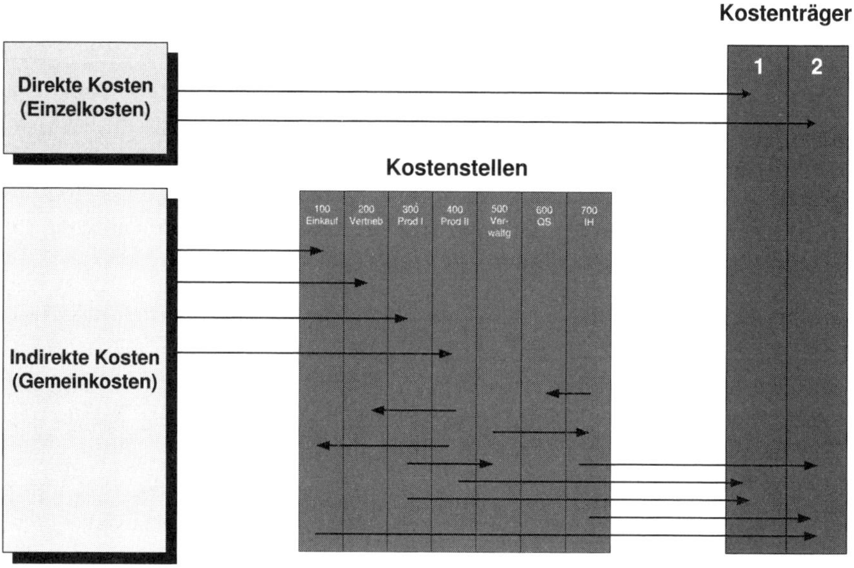

Abbildung 9-28: Traditionelle Kostenaufschlüsselung

rechnet erhält, obwohl offensichtlich ist, dass manche Aufträge (sogenannte „exotische Aufträge") ungleich höhere Bearbeitungskosten verursachen als andere („Standardaufträge").

Mitte der 1980er-Jahre veröffentlichten Miller und Vollmann ihren Aufsatz „The hidden factory" mit der zentralen These: Der indirekte Bereich („Gemeinkostenbereich") eines Unternehmens bildet eine „verborgene Fabrik". Die Leistungen der indirekten Bereiche und die daraus resultierenden Gemeinkosten müssen stärker beachtet werden. Notwendig ist eine Untersuchung der Kostenverursacher (Einflussgrößen, Kostentreiber), um die Gemeinkosten richtig verrechnen und kontrollieren zu können.

Gemeinkosten werden nicht mehr über die Kostenstellen alleine, sondern über Prozesse den Kostenträgern zugeordnet. Die Prozesskostenermittlung stützt sich auf die in den Kostenstellen gesammelten Gemeinkosten (Abbildung 9-29).

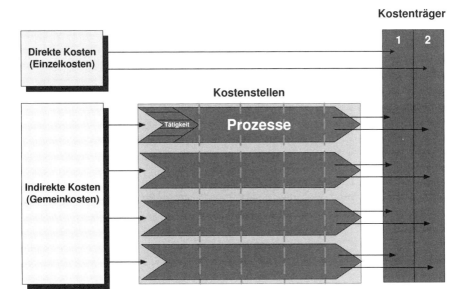

Abbildung 9-29: Zuordnung der Gemeinkosten auf die Kostenträger über die in den Kostenstellen ablaufenden Teilprozesse und daraus verdichteten Hauptprozesse

9.6.4 Ziele der Prozesskostenrechnung

▨ Erhöhung der **Kostentransparenz** (welche Prozesse verschlingen welche
Ressourcen?) und daraus resultierende **verursachungsgerechte Zuordnung** von stetig wachsenden Gemeinkosten auf Kostenträger.

▨ **Planung** und Kontrolle der Gemeinkosten (Simulationen, z. B. Auswirkungen neuer Produkte und Dienstleistungen auf die Kapazitäten und
Kosten je Kostenstelle).

▨ **Verbesserung** der Produkt- bzw. Dienstleistungskalkulation (Bewertung
der Kostenanteile unterschiedlicher Kostenstellen in einem durchgängigen
Gesamtprozess) statt Aufteilung der Gemeinkosten auf die Leistungen gemäß Gießkannenprinzip.

▨ Genauere Berechnung von **Kundenkosten** und deren Deckungsbeiträge
als Entscheidungsgrundlage für strategische Kundensegmentierung.

▨ **Kapazitätssteuerung:** Auf welche Produkte/Dienstleistungen und Kunden
lenke ich meine Kapazitäten und Ressourcen?

Man setzt an Teil- und Hauptprozessen und an den dazugehörigen Kostentreibern an, d. h., die Prozesskostenrechnung gestaltet Prozesse und Kosten-
einflussgrößen des indirekten Bereiches und zeigt damit die Inanspruchnahme des indirekten Bereiches und damit des „Fixkostenblocks".

Strategische Orientierung

Die Prozesskostenrechnung berücksichtigt alle jene Aspekte, durch die eine nicht verursachungsgerechte Zuordnung von Kosten auf Kostenträger stattfinden kann. Bei homogener Ausprägung aller dieser Aspekte im Unternehmen ist der Einsatz der Prozesskostenrechnung zu hinterfragen. Eine reine Zuschlagsrechnung wird vermutlich ausreichen. Solche Aspekte sind:

- Viele oder wenige Materialarten?
- Hohe oder geringe Fertigungstiefe?
- Großserienprodukt oder exotische Variante?
- Groß- oder Kleinauftrag?
- Aufwendiger oder weniger aufwendiger Vertriebsweg?
- Spezialauftrag oder standardisierte Produkte?

Daraus lassen sich zwei Regeln für den Ansatz der Prozesskostenrechnung ableiten:

- Augenmerk auf Bereiche mit hohen Gemeinkosten.
- Augenmerk auf Umfelder mit sehr verschiedenen Produkten, Kunden oder Prozessen, Losgrößen in Beschaffung, Produktion und Vertrieb oder bei Spezialprodukten.

Die strategische Orientierung des Prozesskostenmanagements liegt nun darin, dass durch die Schaffung von Kostentransparenz in Bezug auf die genannten Aspekte und durch die Zurechnung der tatsächlichen Inanspruchnahme der Unternehmensdienstleistungen eine strategische Neuorientierung möglich wird. Beispiele hierfür sind:

- individuelle, auftragsbezogene Preisbildung,
- Reduzierung der Vielfalt an Varianten und Teilen,
- Optimierung des Sortiments,
- Konzentration auf gewinnbringende Kunden,
- Konzentration auf gewinnbringende Produkte und Produktgruppen.

In der prozessorientierten Ergebnisrechnung lässt sich die strategische Ausrichtung nachvollziehen (Abbildung 9-30).

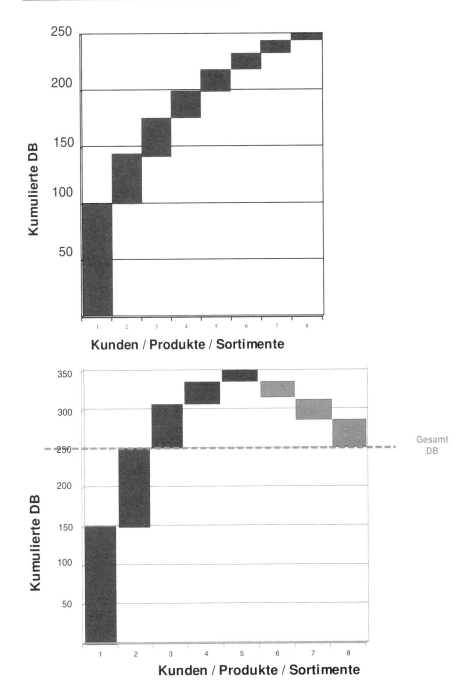

Abbildung 9-30:   Traditionelle Deckungsbeitragsrechnung (oben) und Deckungsbeitragsrechnung mit Prozesskosten (unten) (Mayer, 1998)

In Abbildung 9-30 ist das Potenzial der Fehleinschätzung von Kunden oder Produkten aufgrund von nicht verursachungsgerechter Kostenzuordnung erkennbar. Werden tatsächliche Kosten angewandt, kann man Schwachstellen erkennen und Maßnahmen einleiten bzw. die Energie auf ertragsstarke Kunden und Produkte konzentrieren. Voraussetzung dafür ist die Kalkulation unter Einbeziehung der Prozesskostenrechnung (vgl. Wagner, 2005).

Prozessorientierung

Unter Prozessorientierung versteht man die Relevanz von Haupt- und Teilprozessen für die Ermittlung von Kostensätzen. Die vordringliche Fragestellung lautet dabei nicht: „**Wo** sind die Kosten angefallen?" (Kostenstellen), sondern: „**Wofür?**"

Die Prozesskostenrechnung bedient sich dabei: **Kostentreibern** (Cost Driver), die für die Anzahl der Prozessdurchführungen maßgeblich sind, und **Prozesskostensätzen**, die die Kosten je Prozessdurchführung determinieren.

Während die herkömmliche Kostenrechnung Kostensummen pro Kostenstelle ermittelt und mittels Zuschlags- und Verrechnungssätzen Kosten auf Kostenträger weiterverrechnet, ermittelt die Prozesskostenrechnung Kostensätze für abteilungsübergreifende Prozesse.

Um auf den Prozesskostensatz z. B. für den Prozess „Kundenauftrag bearbeiten" zu kommen, grenzt man die Prozesskosten – z. B. die für die Auftragsbearbeitung pro Monat anfallenden Personalkosten – ab und dividiert diese Prozesskosten durch die Prozessmenge – z. B. die Zahl der Kundenaufträge eines Monats. Nehmen Kostenträger eine Aktivität unterschiedlich in Anspruch, so ist entsprechend zu differenzieren, und zwar beim Prozess, bei der Personalmenge und damit auch beim Prozesskostensatz.

9.6.5 Aufbau der Prozesskostenrechnung (top-down)

Wichtige Begriffe in der Prozesskostenrechnung

Aufgrund der Tatsache, dass bei diesem Zugang unter anderem Begriffe verwendet werden, die aus dem Prozessmanagementansatz eine andere Bedeutung erfahren, seien die wesentlichen Schlüsselwörter erklärend aufgelistet (Horváth/Mayer, 1989):

Hauptprozesse sind abteilungs- und somit kostenstellenübergreifende Prozesse mit einem einheitlichen Kostentreiber.

Unter **Teilprozessen** werden jene Tätigkeiten verstanden, die ausschließlich in einer Kostenstelle ablaufen und die zu Hauptprozessen aggregiert werden. Klassifizierung der Teilprozesse erfolgt:

Leistungsmengeninduzierte (lmi) Teilprozesse sind jene mengenmäßig erfassbaren Aktivitäten, deren Aufwand sich proportional zu einer Bezugsgröße verhält.

Beispiel: Aufwand der Finanzbuchhaltung ist von der Anzahl der Buchungszeilen abhängig. Diese können direkt einem Prozesskostensatz zugeordnet werden.

Leistungsmengenneutrale (lmn) Teilprozesse sind jene mengenunabhängigen Aktivitäten, die für die Koordinierung der Kostenstellentätigkeiten notwendig sind und die im Zusammenhang mit den erbrachten Leistungen (Prozesse) stehen. Diese Teilprozesse werden aliquot auf die lmi Prozesse einer Kostenstelle verteilt.

Beispiel: Leitungstätigkeit der Kostenstelle Finanzbuchhaltung.

Leistungsmengenunabhängig (lmu) werden jene **Teilprozesse** genannt, die keinen Bezug zur erbrachten Leistung der Kostenstelle haben und somit keinem der Hauptprozesse zuordenbar sind. Für diese Aktivitäten kann auch keine Bezugsgröße gefunden werden, sie verbleiben somit im Gemeinkostentopf und werden nicht auf Prozesse verrechnet.

Beispiel: „Nichtuntersuchungsbereich" oder interne Unternehmensprojekte.

9.6.6 Vorgehen beim Aufbau der Prozesskostenrechnung (top-down)

Der Ablauf des Prozesskostenmanagements lässt sich in folgende Abschnitte zerlegen:

- Abschnitt 1: Hauptprozessdifferenzierung,
- Abschnitt 2: Ermittlung der Teilprozesse in den Kostenstellen,
- Abschnitt 3: Verdichtung der Teilprozesse zu Hauptprozessen.

Abschnitt 1: Hauptprozessdifferenzierung

Ein Hauptprozess ist eine Kette homogener Aktivitäten, die demselben Kosteneinflussfaktor (Kostentreiber) unterliegt. Für den Hauptprozess sollen die Prozesskosten ermittelt werden. Hauptprozesse beziehen sich immer nur auf Teilabschnitte der Wertschöpfungskette (Aktivitäten mit demselben Kosteneinflussfaktor) z. B.: **Wertschöpfungskette:** Konstruktionsleistungen – Beschaffung von Material – Produktion – Auslieferung – Kundenauftragsabwicklung.

Hauptprozesse können wie folgt unterschieden werden:

- Konstruktionsleistungen vornehmen (CD: Anzahl der zu konstruierenden Teile),
- Teile beschaffen (CD: Anzahl Bestellpositionen),
- Fertigung steuern (CD: Anzahl Belieferungen [bei Auftragsfertiger] Anzahl Lose [bei Losfertiger]).

Eventuell ist diese Unterscheidung noch immer zu inhomogen, dann ist eine Unterscheidung in In- und Auslandsabwicklung und somit eine Trennung in unterschiedliche Hauptprozesse notwendig, um verfälschende Durchschnittswerte zu vermeiden.

Die Hauptprozessdifferenzierung kann im Zuge der Entwicklung der Prozesslandschaft unter den kostenrechnerischen Gesichtspunkten erfolgen oder gesondert für die zu untersuchenden Prozesse durchgeführt werden (Abbildung 9-31).

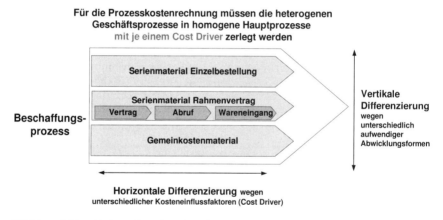

Abbildung 9-31:   Horizontale und vertikale Differenzierung von Prozessen

Das Ergebnis dieses ersten Abschnittes ist eine exakte Definition der Hauptprozesse, die alle auf einer ähnlichen Wichtigkeitsstufe und Detaillierungsebene liegen sollten, und die Zuordnung von eindeutigen Kostentreibern. Die Fragestellung: „Durch welchen Vorgang werden Kosten verursacht?", muss eindeutig beantwortet werden können. Im Falle des Geschäftsprozesses „Beschaffung" ist dies nicht eindeutig der Fall. Deshalb wird in die Hauptprozesse „Serienmaterial Einzelbestellung", „Serienmaterial Rahmenvertrag" und „Gemeinkostenmaterial" mit unterschiedlichen Kostentreibern differenziert.

Abschnitt 2: Ermittlung der Teilprozesse in den Kostenstellen

Ein Teilprozess ist eine Kette homogener Aktivitäten **innerhalb** einer Kostenstelle, die einem oder mehreren Hautprozessen zugeordnet werden kann und für die Prozesskosten ermittelt werden sollen. Die relevanten Treiber der Kosten nennt man auf dieser Ebene **Maßgröße** (im Gegensatz zu Kostentreibern beim Hauptprozess). Die Anzahl der Maßgrößen bestimmt die Höhe der Kosten. Für einen Beschaffungsprozesses beispielsweise ist die Maßgröße für den Teilprozess „Kontakte mit Lieferanten halten" die Anzahl der jährlich gehaltenen Kontakte.

Die Zuordnung der Kapazitäten und Zeiten einer Kostenstelle kann entweder in Zuordnung einer Zeitdauer einer Tätigkeit oder in Zuordnung eines prozentmäßigen Anteils der Tätigkeit an der Gesamtkapazität der Kostenstelle erfolgen.

Die **Zeitdauer** zur Durchführung einzelner Bearbeitungsvorgänge (meist in Minuten) wird von mehreren Mitarbeitern unabhängig voneinander geschätzt, eventuell zu Teilprozessen aggregiert und um Ausreißer geglättet. Die Menge der in der Abteilung abgearbeiteten Vorgänge (Maßgrößenmenge) multipliziert mit den Minutenwerten der Teilprozesse muss bei kompletter Abbildung der Kostenstelle durch Teilprozesse die Gesamtjahresarbeitsminuten der Mitarbeiter der Kostenstelle ergeben. Abweichungen hiervon können auf Fehleinschätzungen, das Fehlen von Teilprozessen oder tatsächlich vorhandenen Unterauslastungen hindeuten (Abbildung 9-32).

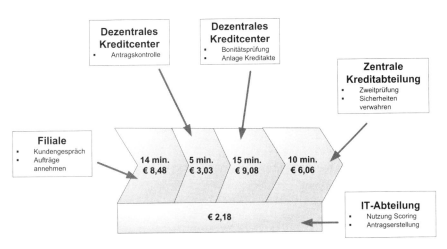

Abbildung 9-32:   Zusammensetzung des Prozesses „Kredit bearbeiten"

Bei der **prozentuellen Zuordnung** der Kapazitäten (Mitarbeiterjahre) einer
Kostenstelle auf die einzelnen erbrachten Tätigkeiten lassen sich leicht die
absoluten Kosten der einzelnen Tätigkeiten (Teilprozesse) durch die Bewertung mit Kosten der Kapazitäten feststellen (Abbildung 9-33).

	Teilprozesse	Kapazität in %	lm-x	Kapazitätstreibende Menge (Anzahl der ...)	Anzahl p. Jahr
1	Akquisitonsplanung und -controlling durchführen		lmu		
2	Vertrag anbahnen		lmi	Vereinbarte Anbahnungstermine	
3	Offertierung abwickeln		lmi	Kundenverkaufsgespräche	
4	Antrag neu/Änderungen abwickeln		lmi	Neu-/Änderungsanträge	
5	Schaden/Leistung bearbeiten		lmi	Schadens-/Leistungsfälle	
6	Marketingaktivitäten durchführen		lmu		
7	Reaktives Bestandsmanagement durchführen		lmi	Interventionen	
8	Reisetätigkeiten		lmi	Reise	
9	Administrativ- und Kontrolltätigkeiten durchführen		lmu		
10	Aus- und Weiterbildung		lmn		

100%

Abbildung 9-33:   Schema der Teilprozessermittlung in einer Versicherungsfiliale

Die Tätigkeitsanalyse zur Teilprozessermittlung ist unterschiedlich erstell-
bar.

Neben Dokumentenanalyse und Rückgriff auf vorliegende Analyseergebnisse (z. B.: Gemeinkostenwertanalyse) sind das **Gespräch mit KST-Leiter**
und die dazu ergänzende Befragung der Mitarbeiter die gängigsten Methoden. Ziel der Interviews ist, zu eruieren, was deren wichtigste Teilprozesse
und damit die Kostenbestimmungsfaktoren sind. Dabei sind die als relevant
ermittelten Hauptprozesse der Ausgangspunkt.

Maßgrößen werden nur für die leistungsmengeninduzierten Prozesse
bestimmt, lmn Prozesskosten werden auf die lmi Prozesse aufgeteilt.

Im indirekten Unternehmensbereich dominieren die Personalkosten. Sind
Mitarbeiter ausschließlich für einen Teilprozess tätig, so kann man sie der
Aktivität zuordnen. Sind Mitarbeiter in mehrere Teilprozesse eingebunden,
so ist eine Mitarbeiterzuordnung lediglich auf der Ebene der Mitarbeiterjahre möglich. Das heißt, ist ein Mitarbeiter z. B. zu einem Viertel in einen
bestimmten Prozess eingebunden, so wird diesem Prozess ein viertel Mitar-
beiterjahr zugerechnet.

Die so ermittelten Teilprozesskosten können in einem nächsten Schritt
Hauptprozessen zugeordnet werden. Außerdem erhält man durch die Divi-
sion der Teilprozesskosten mit der Anzahl der Durchführungen den Prozesskostensatz für den Teilprozess, der als Kennzahl, Benchmark oder Ansatzpunkt der Prozessoptimierung dienen kann.

Abschnitt 3: Verdichtung der Teilprozesse zu Hauptprozessen

In den einzelnen Kostenstellen finden Teilprozesse statt. Die Verdichtung von zusammenhängenden Teilprozessen zu einem geschlossenen Aufgabenkomplex führt zu einem abteilungsübergreifenden Hauptprozess. Mit dieser Aggregation gelangt man zum Gestaltungsobjekt des prozessorientierten Kostenmanagements, den Hauptprozessen.

Ein Hauptprozess ist die Zusammenfassung verschiedener Teilprozesse einer oder mehrerer Kostenstellen. **Ein** Teilprozess kann einem Hauptprozess **voll** oder nur **teilweise** zugeordnet werden (z. B.: Auftragserfassung für „Kundenauftrag Inland" und „Kundenauftrag Ausland" in der Kostenstelle Vertriebsinnendienst). Die Aufteilung auf zwei oder mehrere Hauptprozesse erfolgt über Maßgrößenmengen oder Prozentangaben.

Mehrere Teilprozesse einer Kostenstelle können **einem** Hauptprozess zugeordnet werden (z. B.: in den Hauptprozess „Serienmaterialbeschaffung" gehen aus der Kostenstelle „Wareneingang" die Teilprozesse „Warenannahme" und „Umpacken" ein).

Über die in Abschnitt 2 erfolgte Aufteilung der lmn Prozesskosten auf die lmi Prozesskosten sind somit alle Kosten der Kostenstelle auf Hauptprozesse aufgeteilt.

Der **Prozesskostensatz** stellt die durchschnittlichen Kosten für die einmalige Durchführung eines Prozesses dar. Der Prozesskostensatz wird ermittelt, indem man die **Prozesskosten**, also die in einer Periode für den Prozess anfallenden Kosten, durch die **Kostentreibersumme**, also die Summe der Kostentreiberausprägungen in einer Periode, dividiert.

Die so ermittelten Prozesskostensätze dienen in weiterer Folge als Kennzahlen zur Planung und Beurteilung indirekter Unternehmensbereiche und somit als Ansatzpunkt für die Prozessoptimierung, zum Benchmarking, zur Kunden- und Auftragskalkulation und zur Ergebnisrechnung.

9.6.7 Gemeinkostenmanagement mittels der Prozesskostensätze (bottom-up und top-down)

Ansatzpunkte zur Prozessoptimierung können sich auf folgende Bereiche beziehen (Abbildung 9-34):

▨ *Prozessstruktur*
Durch Ausschöpfung der Möglichkeiten der Prozessumgestaltung (Zusammenlegung von Prozessschritten, Weglassen von Unnötigem, Outsourcen, Automatisieren …) lassen sich die Kosten der Prozessdurchführung und somit die Prozesskostensätze verringern.

▨ *Reduzierung des Prozessvolumens*
Durch die Reduktion der Anzahl der Kostentreiber (z. B.: Anzahl Materialarten, Anzahl Lieferanten, Anzahl Produkte …) werden Komplexität und somit die Prozesskostensätze verringert.

▨ *Prozesseffizienz*
Schafft man es, einzelne Prozessschritte rascher und somit effizienter zu gestalten, wirkt sich dies ebenfalls in den Prozesskostensätzen aus.

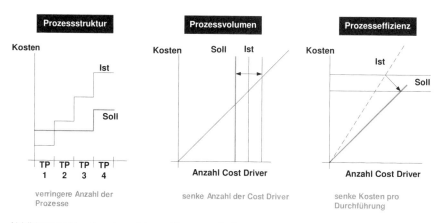

Abbildung 9-34: Ansatzpunkte zur Prozessoptimierung

10 Prozessmanagement umsetzen – ausgewählte Beispiele

10.1 Produktionsunternehmen: Umfassendes Prozessmanagement bei der Böhler Edelstahl GmbH

Die Erfolgsgeschichte begann 1870. Albert und Emil Böhler vertrieben mit ihrem Wiener Handelshaus Stahl aus verschiedenen Produktionsstätten. Aufgrund der großen Geschäftserfolge erwarben sie um 1894 die Produktionsstätten im steirischen Kapfenberg und modernisierten und erweiterten die Produktion auf eindrucksvolle Weise. Die herausragende Qualität des Stahles war schon damals Gradmesser des Erfolges. Gleichzeitig wurde ein für diese Zeit einzigartiges, weltweites Vertriebsnetz aufgebaut. Schon damals erkannte Böhler die Wichtigkeit, vor Ort beim Kunden zu sein. Damit wurde der Grundstein gelegt, für ein Unternehmen, das bereits nach wenigen Jahren weltweit als Synonym für besten Edelstahl galt.

Die Böhler Edelstahl GmbH gehört weltweit zu den bedeutendsten Anbietern von Schnellarbeitsstählen, Werkzeugstählen sowie Sonderwerkstoffen und konzentriert sich dabei auf Werkstofflösungen für höchste Ansprüche. Böhler hat von jeher die Entwicklung mitbestimmt und setzt weltweit die metallurgischen Maßstäbe. Ein Beweis dafür sind mehr als 200 Stahlmarken im Spitzensegment.

Ihren Einsatz finden diese Stähle bei der Produktion von Gütern, die wir täglich brauchen, wie z. B. als Zerspanungswerkzeuge, als Formen für die Kunststoffteilefertigung, als Kaltarbeitsstahl für das Stanzen, Biegen und Schneiden, als Warmarbeitsstähle für das Druckgießen oder als höchstbeanspruchte Sonderwerkstoffe in Flugzeugen, Turbinen für die Energiegewinnung, in der Medizintechnik oder die Ölförderung im Meer. Der Beitrag von Böhler am Wirtschaftsleben besteht darin, den Kunden Werkstoffe zu bieten, die technische Höchstleistungen und die gewünschten bzw. geforderten Leistungssteigerungen ermöglichen, um damit deren Wettbewerbsfähigkeit zu stärken. Ein dichtes internationales Vertriebsnetz und Serviceeinrichtungen garantieren weltweite Verfügbarkeit der Böhler-Werkstoffe.

10.1.1 Ausgangssituation

Die Böhler Edelstahl GmbH ist unter anderem nach den Normen ISO 9001:2000, ISO 14001:1996, AS 9100b und QS 9000 zertifiziert. Es liegt auch eine große Anzahl von Zulassungen für Produkte vor.

Die im Prozessmanagementsystem zu definierenden Verantwortungen und Kompetenzen bzw. das bereits bestehende System der Arbeitsrichtlinien, Prozessbeschreibungen und Befugnisse dienen als wertvolle Basis zur Klärung der Schnittstellen und Prozesse innerhalb von Böhler und zu ihren Kunden. Der Aufbau des Prozessmanagementsystems ist unter dem Gesichtspunkt der steigenden Anforderungen hinsichtlich Organisation und Produktivität sowie Prozessorientierung im Unternehmen zu sehen. Eine Zertifizierung nach der Norm ISO/TS 16949:2002 musste sichergestellt werden.

10.1.2 Projektziele

Als Projektziele wurden folgende Punkte fokussiert:

- Prozessorientierte Organisation darstellen und leben,
- Prozessverantwortung flächendeckend im Unternehmen etablieren,
- von Normenforderungen unabhängiges System vorbereiten,
- hohe Akzeptanz bei den Mitarbeitern erreichen (einfache, übersichtliche, attraktive, praktikable Systemdokumentation),
- Prozess und Verantwortlichkeit im Product Life Cycle Management (PLM) klären,
- ISO/TS 16949:2002-Konformität gewährleisten.

Um die Ziele zu erreichen, wurde ein phasenorientiertes Vorgehen, in Modulen und mit eindeutigen Ergebnissen in Form von Meilensteinen gewählt, wie in Abbildung 10-1 dargestellt.

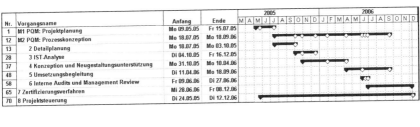

Nr.	Vorgangsname	Anfang	Ende
1	M1 PQM: Projektplanung	Mo 09.05.05	Fr 15.07.05
12	M2 PQM: Prozesskonzeption	Mo 18.07.05	Mo 18.09.06
13	2 Detailplanung	Mo 18.07.05	Mo 03.10.05
28	3 IST-Analyse	Di 04.10.05	Fr 16.12.05
37	4 Konzeption und Neugestaltungsunterstützung	Mo 31.10.05	Mo 10.04.06
48	5 Umsetzungsbegleitung	Di 11.04.06	Mo 18.09.06
58	6 Interne Audits und Management Review	Fr 09.06.06	Di 27.06.06
65	7 Zertifizierungsverfahren	Mi 28.06.06	Fr 08.12.06
70	8 Projektsteuerung	Di 24.05.05	Di 12.12.06

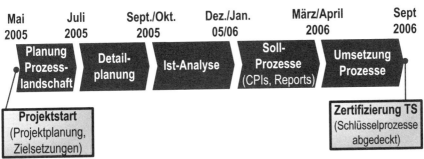

Abbildung 10-1:   Übersicht über die Projektphasen

10.1.3 Umsetzung

Im Modul 1 des Projektvorgehens wurde das Projektvorgehen in hinreichender Tiefe geplant. Es wurden dabei die Projektorganisation, der Projektablauf, Risiken des Projekts, Projekttermine, Projektkosten und die einzelnen Arbeitspakete definiert und mit der Geschäftsführung sowie dem Managementteam abgestimmt. Dies hatte neben der gemeinsamen Planung und dessen Freigabe auch zur Folge, dass alle Führungskräfte ein gemeinsames Bild über das Projektvorgehen, den Projektinhalt und die Projektergebnisse erarbeiteten.

Ein weiterer Eckstein des Projekterfolgs war das maßgeschneiderte Training der Prozessverantwortlichen, der Prozessteams und der Führungskräfte. Es wurde hierbei an Beispielen aus dem eigenen Unternehmen vermittelt, was Prozessmanagement bedeutet, wie systematisch vorgegangen wird und welche Vorteile sich daraus für die eigene Führungsarbeit und für das Unternehmen erzielen lassen.

In diesem Projekt wurde nach der in den Kapiteln 2, 3 und 4 dargestellten Prozessmanagementmethodik vorgegangen und in kurzer Zeit wurden die Prozesse identifiziert, analysiert und die priorisierten Optimierungspotenziale umgesetzt. Dieses Projekt ist Teil des Programms „QM 450" zur Absicherung der Spitzenposition der Böhler Edelstahl GmbH durch umfassendes Prozessmanagement.

Im Modul 2 diente die Prozesslandschaft (siehe dazu Abbildung 2-5) als Orientierungsbasis und als Schnittstellenplattform zur Identifikation der interprozessualen Schnittstellen zwischen den Hauptprozessen. Anhand des Beispiels der Abgrenzung des Geschäftsprozesses „Product Life Cycle Management" (PLM), der nach einem klar definierten und klassischen „Stage-Gate-Verfahren" für die Entwicklung von Standardprodukten zur Anwendung kommt, und dem Managementprozess „Innovationen managen", bestehend aus den Prozessen, „Trends monitoren", „Innovationen bewerten", „Innovationen realisieren" und „Innovationen perfektionieren", kann das Zusammenspiel und die inhaltliche Abgrenzung der Hauptprozesse gezeigt werden (Abbildung 10-2).

Im PLM-Prozess wird unterschiedlich nach Werkstoff- und Verfahrensentwicklung die Frage gestellt, ob die Produktentwicklung sich an bekannten Entwicklungen orientiert oder einen vollständig neuen Weg einschlagen muss. Dies wird durch Checklisten und systematische Abfragen gewährleistet. Ist Ersteres der Fall, dann läuft das Entwicklungsvorhaben im PLM weiter, sonst wird es als Innovation charakterisiert und an den Hauptprozess „Innovationen managen" übergeben, um später nach dem Prozess „Innovationen realisieren" wieder an den PLM übergeben zu werden. Selbstverständlich werden Innovationen nicht nur aus dem PLM-Prozess angestoßen, sondern von markterfolgsentscheidender Bedeutung als Technologieführer ist es, dass Innovationen aus vielen Quellen und Suchfeldern angestoßen werden. „Open Innovation" ist bei Böhler nicht Schlagwort, sondern Garant für die nachhaltig positive Geschäftsentwicklung. Damit sind nach Kotler (siehe Kapitel 2) die Hauptfunktionen des Unternehmens „Marketing" und „Innovation" perfekt in die Prozesslandschaft von Böhler integriert, Prozesse aufeinander abgestimmt und ist das kundenfokussierte Zusammenspiel über Abteilungs- und Betriebsgrenzen hinweg gesichert.

Neben der Arbeit in den Prozessteams, dem Training der Führungskräfte und der Mitarbeiter stand vom Beginn des Projekts eine offene, kontinuierliche Kommunikation über das Projekt, dessen Beweggründe, Ziele und über die Ergebnisse des Projekts im Vordergrund. Hierbei wurde der Kommunikationsmix in Bezug auf Kommunikationsmittel und -wege auf die Adressatengruppen maßgeschnitten. Persönliche Gespräche, das Engagement der Geschäftsführung, der Führungskräfte und der Projektleitung trugen dazu bei, die Integration der Projektergebnisse und der -entscheidungen in bestehende Treffen, Sitzungen und Konferenzen zu gewährleisten. Dies war als flankierende Maßnahmen von großer Bedeutung. Damit wurde Prozessmanagement nicht ein „weiteres Thema", sondern es fand Einzug in die tägliche Organisations- und Führungsarbeit auf allen Ebenen des Unternehmens. „Tue Gutes und sprich darüber" war nicht eine verbale Worthülse, sondern trug wesentlich zum Projekterfolg und zur Erreichung der Projektziele bei.

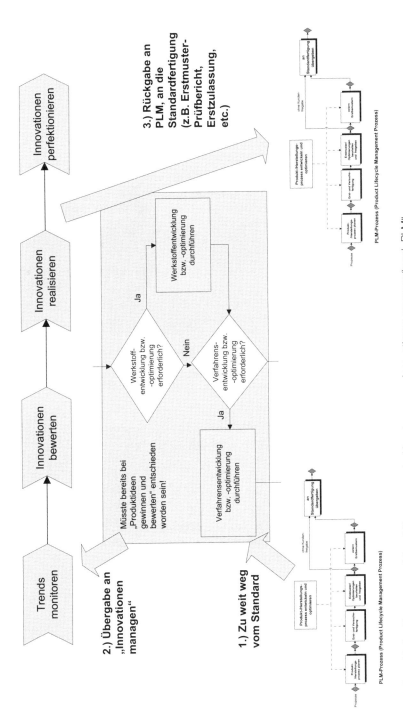

Abbildung 10-2: Zusammenspiel und Abgrenzung der Hauptprozesse „Innovationen managen" und „PLM"

Abbildung 10-3:   Beispiel eines Plakates zur Unterstützung des Projektmarketings

Als Abschluss der Umsetzungsaktivitäten und als Vorbereitung auf die Zertifizierung nach ISO/TS 16949:2002 wurde ein flächendeckendes internes Audit prozessorientiert durchgeführt (Abbildung 10-4).

Alle Auditabweichungen wurden mit den betroffenen Führungskräften und Mitarbeitern besprochen, Korrekturmaßnahmen wurden gesetzt und deren Wirksamkeit wurde in Form von Prozessbehebung überprüft.

Die Hinweise und Abweichungen wurden mit den Prozessverantwortlichen geklärt und die Prozessteams definierten Korrekturmaßnahmen. Diese wurden umgesetzt und deren Umsetzungswirksamkeit wurde überprüft.

Zusammenfassend wurden alle Projektziele erreicht und es wurde mit dem Aufbau des Prozessmanagementsystems bei Böhler Edelstahl ein wichtiger Schritt im Rahmen des Unternehmenserfolgs und der Sicherung seiner internationalen Spitzenstellung getan.

BÖHLER EDELSTAHL

AUDITVORBEREITUNG – ganzheitliche prozessorientierte Betrachtung

AUFBAUORGANISATION
(Schnittstellen, mit wem?)
- Kunde
- Produktionsplanung EWL
- vorgelagerter Betrieb
- Produktlager
- interner Transport
- betriebliche Anlagentechnik
- Labor
- Werkzeugmanagement
- nachfolgender Betrieb
- Ergebnisse aus internen Audits

OUTPUT
- ausgeführte Strukturstufe, gekennzeichnetes Material
- Materialbegleitpapiere
- Prüfergebnisse
- Fertigstellungsinfo

RESSOURCEN (welche Mittel?)
- AVO
- geschulter Produktionsmitarbeiter
- Maschinen und Anlagen
- Mess- und Prüfmittel
- IT
- Arbeitsumgebung
- Vorgabedokumentation: Prozessbeschreibung, AVS, EVs, Stammdaten, Einrichtvorgaben

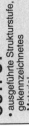

PROZESS (welcher?, wesentliche Prozessschritte)
"Arbeit vorbereiten und feinplanen" und "Produkte herstellen" im EWP
- betriebliche Arbeitsvorbereitung (Laufkarte)
- Produktionsvorbereitung (Rüsten, Warenübernahme etc.)
- Produktionsschritte
- Prüfschritte

ABLAUFORGANISATION (Methode, unterstützende Prozesse)
- Werkzeugmanagement
- Instandhaltung
- Prüfmittelüberwachung durchführen
- Fehlerlenkung
- Korrektur und Vorbeugung
- Verbesserung (Umwelt, Sicherheit)

INPUT
- gekennzeichnetes Vormaterial
- Materialbegleitschein
- PVS-Auftragsinfo (Grobplanung)
- kundenspezifische Forderungen (Vorgaben + eventuelle Feedbacks)
- PLP (besondere Merkmale)

KENNZAHLEN (Indikatoren)
produktbezogen, prozessbezogen
- Q (Ausschuss, Nacharbeit)
- Zeit (Termintreue)
- Kosten (Produktivität)
... Verlauf/Auswertung der letzten 12 Monate (Verlauf, Ziel, Maßnahme, Maßnahmenwirksamkeit)

Abbildung 10-4:   Beispiel für eine "Turtle" zur Führung des prozessorientierten Audits

10.2 Humandienstleister: Aufbau eines prozessorientierten Qualitätsmanagementsystems in der Privatklinik Rudolfinerhaus

10.2.1 Ausgangssituation

Das Rudolfinerhaus ist ein Krankenhaus mit langer Tradition. Im Jahr 1882 wurde die Krankenpflegeschule durch den berühmten Arzt Theodor Billroth mit angeschlossenem Krankenhaus gegründet. Den Namen erhielt die Institution durch Kronprinz Rudolf. Modernste Infrastruktur, umfassende und bereichsübergreifende Leistungen für stationäre und ambulante Behandlungen unter Berücksichtigung persönlicher Bedürfnisse der Patienten bilden die primären Zielsetzungen dieses Belegspitals auf höchstem Niveau.

Das Rudolfinerhaus ist traditionell in Abteilungen stark hierarchisch aufgebaut. Die Geschäftsführung, die von der personellen Besetzung her identisch mit der kollegialen Führung ist, besteht aus dem ärztlichen Direktor, der Direktorin des Pflegedienstes, dem kaufmännischen Direktor und der Direktorin der Gesundheits- und Krankenpflegeschule (Abbildung 10-5). Diese vier Verantwortungen schaffen auch die spezielle Situation eines Krankenhauses ganz allgemein, so hat z. B. Weisungsrecht für die Hausärzte (Ärzte des Spitals) nur der ärztliche Leiter, für das Pflegepersonal nur die Pflegeleitung. Schnittstellenprobleme zwischen diesen einzelnen Professionen ergeben sich hier automatisch.

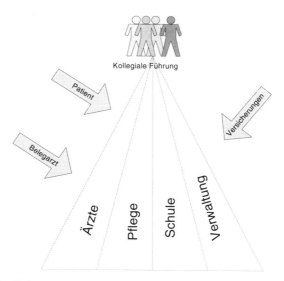

Abbildung 10-5:   Kollegiale Führung, Schnittstellen und Verantwortungsgrenzen

Eine weitere wesentliche Schnittstelle hat das Rudolfinerhaus als Belegspital zu den Belegärzten. Belegärzte bringen ihre Patienten in das Spital, um sie dort behandeln zu können. Der Belegarzt wird als „Kunde" gesehen, spielt jedoch eine wesentliche Rolle im System selbst als „Nutzer". Die Belegärzte stellen somit auch die größte Kundengruppe dar, da die überwiegende Mehrheit der Patienten über die Belegärzte in das Rudolfinerhaus kommt.

Um die Dienstleistungen weiter auszubauen, den ständig steigenden Anforderungen auch in Zukunft gerecht zu werden und die internen Schnittstellen zu verbessern, entschloss sich die kollegiale Führung, interne Abläufe mithilfe eines prozessorientierten Qualitätsmanagementsystems transparent darzustellen und zu optimieren. Basis für diese Entscheidung bildete eine Kundenzufriedenheitsbefragung bei den Belegärzten und Patienten. Das Rudolfinerhaus ist somit eines der ersten Belegspitäler Österreichs, das ein hausweites prozessorientiertes Qualitätsmanagementsystem angestrebt hat.

10.2.2 Projektziele

Folgend sind beispielhaft einige Projektziele genannt:

- Erstellung eines hausweiten Leitbildes,
- Schaffung einer Übersicht aller Unternehmensprozesse in Form einer Prozesslandschaft,
- Definition der Qualitätspolitik, Ableitung der Ziele in messbare Größen in den einzelnen Prozessen zur Sicherstellung der Zielkonsistenz,
- Definition der Sollprozesse zur Sicherstellung und Optimierung der Prozess- und Dienstleistungsqualität,
- Definition von klaren, einfachen und verbindlichen Prozessen für alle Gruppen,
- Erreichung einer hohen Akzeptanz bei allen Mitarbeitern durch konsequente Einbindung und Information,
- positive Wirkung des Projektes auf das Image des Hauses und Erhöhung der Kundenzufriedenheit,
- Verbesserung der internen Kommunikation zwischen den verschiedenen Abteilungen und Professionen.

Im Zuge der Erstellung des Projektauftrages wurden auch klar die Nichtziele festgehalten. Anbei ein Auszug daraus:

- Keine aufwendige, schwer zu verwaltende Dokumentation,
- kein starres System – das System soll leben und sich weiterentwickeln,
- Komplexität des Unternehmens soll nicht gesteigert werden,
- keine Verunsicherung der Mitarbeiter (z. B. Angst vor Rationalisierungen).

10.2.3 Umsetzung

Gemeinsam mit der kollegialen Führung und dem Qualitätsmanager wurde zu Beginn des Projektes die Prozesslandschaft im Rahmen eines Startworkshops ausgearbeitet. Diese stellt für das Unternehmen ein zentrales Element dar, da zum ersten Mal die Prozesse des gesamten Unternehmens für alle Mitarbeiter und deren Zusammenspiel ersichtlich wurden. Ebenfalls berücksichtigt wurden in der Darstellung die Schnittstellenprozesse zum hauseigenen Labor und zur Küche, die bereits ein zertifiziertes QM-System gemäß ISO 9001:2000 aufgebaut hatten.

Weiterhin wurden sofort zu Beginn Informationsveranstaltungen für alle Mitarbeiter im Haus angeboten. Erläutert wurden hier folgende Punkte:

- Sinn, Zweck und Ziele des Projektes,
- Ablauf,
- zeitlicher Horizont,
- Vorgangsweise,
- Bedeutung für die Mitarbeiter.

Bei den Informationsveranstaltungen war immer mindestens ein Vertreter der kollegialen Führung anwesend. Sie übernahmen die Einführung und standen für Fragen der Mitarbeiter zur Verfügung. Diese Präsenz vermittelte stark das Engagement der kollegialen Führung, stand für die Wichtigkeit des Projektes und war ein entscheidender Erfolgsfaktor.

Die Prozesse wurden in der Landschaft in drei Gruppen eingeteilt: die Managementprozesse, die Geschäftsprozesse und die unterstützenden Prozesse. Die Mess-, Analyse- und Verbesserungsprozesse wurde ebenfalls aufgrund der Verantwortungen und Inhalte entweder der Gruppe der Management- bzw. der unterstützenden Prozesse zugeordnet. Drei große Gruppen von „externen" Kunden wurden festgestellt:

- die Belegärzte,
- die Patienten,
- die Schüler und die Weiterzubildenden.

Die in Abbildung 10-6 dargestellte Prozesslandschaft lieferte den Ausgangspunkt für die Anwendung der Prozessmanagementmethodik. Da aufgrund der straffen Projektplanung mit den personellen Ressourcen sehr sparsam umgegangen werden musste, erfolgte eine Priorisierung und Staffelung der Prozesserarbeitung. Folgende Kriterien waren dafür relevant:

- größte Kundenwirkung,
- größte interne Verbesserungspotenziale.

Diese beiden Kriterien wurden aufgrund von Befragungsdaten der Patienten, Belegärzte und Mitarbeiter ausgewählt.

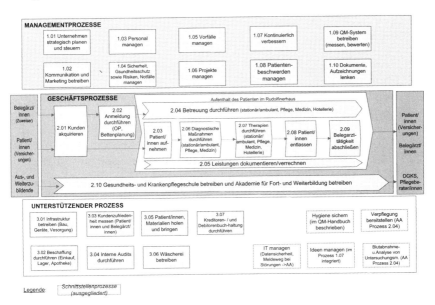

Abbildung 10-6: Prozesslandschaft des Rudolfinerhauses

Die Termineinteilung und Verfolgung der Prozessteamarbeit erfolgte mithilfe einer Prozessfortschrittsliste (Abbildung 10-7).

Das Projekt wurde auch als Chance gesehen, das übergreifende Zusammenarbeiten von Ärzten, Pflegepersonal, Verwaltungsmitarbeitern und dem Team der Gesundheits- und Krankenpflegeschule zu verbessern. Dabei wurde großer Wert auf die Teamzusammenstellung gelegt. Die Teams wurden so gestaltet, dass aus allen betroffenen Bereichen Mitarbeiter vertreten waren. Da das Rudolfinerhaus ein Belegspital ist und die größte Kundengruppe die Belegärzte darstellen, wurden in einigen Prozessteams auch hier Vertreter hinzugezogen.

Diese Vorgangsweise stellte auch sicher, dass die Gelegenheit genutzt wurde, die gänzlich verschiedenen Sichtweisen und Anforderungen an die Prozesse gut abdecken zu können und möglichst viele Verbesserungsvorschläge zu sammeln. Diese Vorschläge wurden gesammelt, priorisiert, auf Umsetzbarkeit bewertet und dann kontinuierlich implementiert.

Prozessfortschrittsliste "Prozessorientiertes Qualitätsmanagement"

Nr.	betroffene Bereiche	Prozessname	Priorisierung	Berater	PZ-Coach	Prozessverantwortl.	Prozessteam	Start 1. PTM	Ergebnis	2. PTM Ist	Ergebnis	3. PTM Soll	Ergebnis	4. PTM Umsetzung	Ergebnis	Verbesserungsliste
1	Managementprozesse	Strategisch planen														
2		Unternehmen steuern														
3		Kommunikation & Marketing betreiben														
4		Personal managen														
5		Projekte managen														
6		Unternehmensrisiken managen														
7		Korrekturen, Verbesserungen managen														
8		Patientenbeschwerden managen														
9		QM-System betreiben														
10		Dokumente & Aufzeichnungen lenken														
11	Geschäftsprozesse	Kunden akquirieren														
12		Anmeldung durchführen														
13		Patienten aufnehmen														
14		Diagnostische Maßnahmen durchführen														
15		Therapie durchführen														
16		Betreuung durchführen														
17		Belegarzttätigkeit abschließen														
18		Patient entlassen														
19		Leistungen verrechnen														
20		Ges. u. Krankenpflegeschule betreiben														
21		Akademie f. Fort- und Weiterbildung														
22	Unterstützende Prozesse	IT managen														
23		Infrastruktur betreiben														
24		Beschaffung durchführen														
25		Hygiene sichern														
26		Sicherheit managen														
27		Zufriedenheit messen														
28		Interne Audits durchführen														
29		Rechnungswesen durchführen														
30		Histopathologie betreiben														
31		Wäscherei betreiben														
32		Patienten holen und bringen														
33		Labor betreiben														
34		Verpflegung bereitstellen														
35		Ideen managen														

PTM & Arbeitsergebnisse:

o – PTM abgehalten
r – PTM nicht abgehalten
g – PTM-Ergebnis protokolliert und abgelegt
grau – PTM bewusst nicht abgehalten

Abbildung 10-7:　Prozessfortschrittsliste „Prozessorientiertes Qualitätsmanagement"

Diese Zusammenstellungen stellten die Mitarbeiter jedoch vor eine neue Herausforderung. Funktions- und hierarchieübergreifendes Arbeiten wurde stark gefördert, die Mitarbeiter konnten aktiv mitgestalten.

Positive Effekte zeigten sich rasch: besseres Verständnis der „Probleme" des anderen, besserer Überblick über die Vorgänge und besseres Zusammenarbeiten durch mehr persönlichen Kontakt.

10.2.4 Einfache Prozessdarstellung

Als eine der zentralen Zielsetzungen des Projektes galt die einfach lesbare, klare Darstellung der Prozesse.

Diese erfolgte in Form von Prozessbeschreibungen. Für jeden in der Landschaft definierten Prozess wurde ein Dokument erstellt. Als Standard wurden das Layout, die Mindestinhalte und die zu verwendenden Prozesssymbole definiert. Bei den Prozesssymbolen wurde besonderes Augenmerk auf eine geringe Anzahl und einfache Anwendbarkeit gelegt. Die Prozessflüsse wurden mithilfe von Microsoft Visio gezeichnet und in die Microsoft Word-Vorlage eingebettet (Abbildung 10-8). Hilfreich war dabei die Gestaltung einer Schablone, die den Mitarbeitern zur Erstellung zur Verfügung gestellt wurde.

Vorteil dabei war, dass die einzelnen Prozessteams sehr rasch ohne große Einschulung in der Lage waren, Prozesse darzustellen. Es konnten die Prozessabläufe unmittelbar erstellt werden und dienten direkt als Diskussionsbasis für die Festlegung der Kompetenzen, der Schnittstellen und der erforderlichen Unterlagen, Checklisten und Anweisungen.

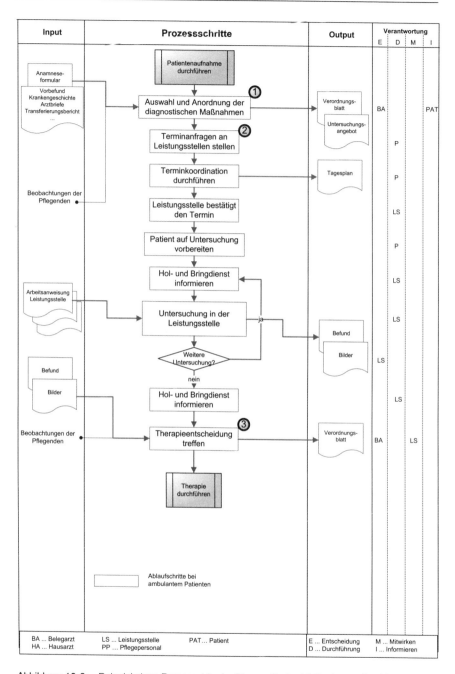

Abbildung 10-8: Beispiel eines Prozessablaufs „Diagnostische Maßnahmen durchführen"

10.3 Logistikdienstleister: Integration des Prozessmanagements in die bestehende Organisation der österreichischen Flugsicherung Austro Control GmbH

10.3.1 Ausgangssituation

Wie in vielen anderen mittleren und großen Unternehmen ist der Ursprung des Prozessmanagements auch in der Austro Control GmbH (ACG) nicht nur im obersten, sondern auch im mittleren Management zu finden. Dort erkannten engagierte Führungskräfte, dass hierarchische Befehlswege und die Steuerung von Fachabteilungen alleine nicht mehr ausreichen, um Kundenerwartungen in effektiver und effizienter Form gerecht zu werden.

Der konkrete Anlass zur Auseinandersetzung mit Prozessmanagement war, dass es im Unternehmen zwei Abteilungen mit technischen Schwerpunkten gab, die historisch gewachsen und fest etabliert waren.

Der Abteilung FT (Flugsicherungstechnik) hatte als Schwerpunkt die Errichtung und Instandhaltung technischer Anlagen. Im technischen Flugsicherungsbetrieb bedeutet dies Radaranlagen, Funk- und andere Kommunikationsanlagen samt Datenleitungen sowie diverse Formen von Sensorik, die für die Bereitstellung von einer Vielzahl von technischen Services an unterschiedliche interne wie externe Kunden benötigt werden. Beispiele für interne Kunden sind die Flugmeteorologie oder die Flugsicherung selbst, also die Fluglotsen, die Luftfahrzeuge so sicher in, über und aus den österreichischen Luftraum geleiten. Darüber hinaus gibt es, wenn auch nicht so zahlreich, externe Kunden, z. B. die österreichische Landesverteidigung.

Die Abteilung DV (Datenverarbeitung) verarbeitete und verknüpfte die von der FT generierten Rohdaten. Ein Beispiel dazu ist das Luftlagebild auf den Bildschirmen der Fluglotsen, das neben den Luftfahrzeugen und deren tatsächlichen und geplanten Routen noch weitere Informationen, z. B. Wetterdaten enthält. Jeder Fluglotse hat auf seinem Schirm genau den je nach Verkehrsaufkommen abgegrenzten Bereich des Luftraumes, den er gerade betreut.

Die Trennung der beiden Abteilungen hatte typischerweise zur Folge, dass z. B. Anträge der Kunden, einen Service mit einer neuen Funktionalität zu versehen, nicht von Anfang an in beiden Abteilungen gleichzeitig bearbeitet wurden, um frühzeitig die Abhängigkeiten und Auswirkungen einer Veränderung des einen auf den anderen festzustellen und zu evaluieren. Dank der hervorragenden Sicherheitsmechanismen ist es unmöglich, Abhängigkeiten und Auswirkungen nicht zu erkennen, allerdings oft erst zu einem Zeitpunkt,

wo einerseits schon auf beiden Seiten Arbeit investiert wurde, die in einigen
Fällen wiederholt werden musste, was auf der anderen Seite zu Zeitverzöge-
rungen bei der Umsetzung der Kundenanforderungen geführt hat.

Die unterschiedliche Steuerung der beiden Abteilungen mit eigenen Budgets und klar abgegrenzter Personalhoheit samt dadurch entstandenem aus-
grenzendem Abteilungsesprit hat in Einzelfällen eine enge und rechtzeitige
Zusammenarbeit verhindert.

10.3.2 Die Prozesslandschaft auf Abteilungsebene

Zur Klärung der Frage, ob tatsächlich zwei Abteilungen bestehen müssten,
um die Leistungen optimal zu erbringen, wurde ein Projekt gestartet, das
die Prozesse der beiden Abteilungen identifizieren sollte, die in Prozesslandschaften für beide Abteilungen dargestellt werden sollten.

Dazu ist darauf hinzuweisen, dass die Erstellung von Prozesslandschaften
auf Abteilungsebene grundsätzlich problematisch ist, da dies dazu geeignet
sein kann, die Abteilungssicht im Gesamtunternehmen zu verstärken, statt
das Anliegen von Prozessmanagement – der Schaffung einer abteilungsübergreifenden Sichtweise – zu unterstützen.

Deshalb wurde besonders auf die Bereitschaft aller beteiligten Mitarbeiter
und Führungskräfte gepocht, die Abteilungssichtweise in die Unternehmens-
sichtweise, sprich unternehmensweite Prozesslandschaft zu integrieren, wenn
diese erstellt wird. Eine Abteilungsprozesslandschaft wird dadurch obsolet.

Nach einigen Meetings in gemischter Zusammensetzung aus Führungskräften beider Abteilungen hat sich eine Prozesslandschaft herauskristallisiert,
die keine Unterscheidung der Prozesse in den beiden Abteilungen notwendig machte. Um die Unterschiede in den Kernprozessen zu verdeutlichen, hat
man die Kernprozesse der DV-Abteilung in gelber Farbe und jene der FT in
grüner Farbe dargestellt. Wenn beide Abteilungen die gleichen Prozesse hatten, wurden sie orangefarben eingezeichnet. Das Ergebnis ist in Abbildung
10-9 ersichtlich.

Abbildung 10-9 verdeutlicht, dass beide Abteilungen die gleichen Prozesse
zur Serviceerbringung und zum Betrieb der Services identifizierten. Diese
Ergebnisse führten in weiterer Folge zur Erkenntnis, dass beide Abteilungen
in eine einzige integriert werden sollten. Die Umorganisation wurde in einem
eigenen Projekt in Angriff genommen.

Die Frage von eindeutigen und einheitlichen Ansprechpunkten an die Abteilung wurde aber erst in Zusammenhang mit der Etablierung eines unternehmensweiten Prozessmanagementsystems geklärt.

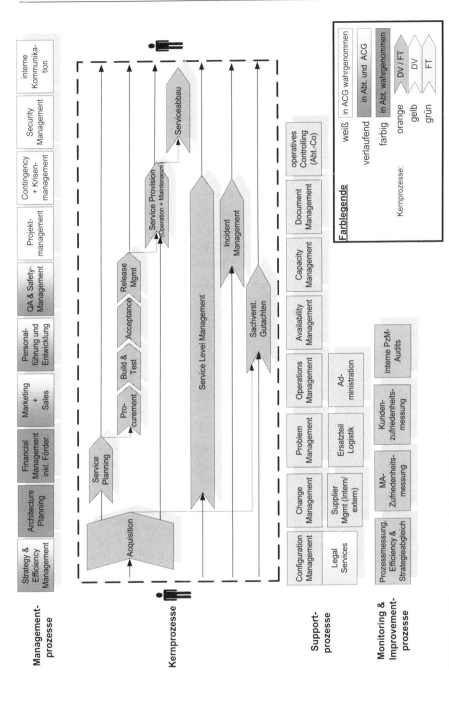

Abbildung 10-9: Prozesslandschaft der ACG auf Abteilungsebene

10.3.3 Erarbeitung der unternehmensweiten Prozesslandschaft

Als nächster Schritt erfolgte die Etablierung des Prozessmanagementgedankens im gesamten Unternehmen. Dazu wurde von der Geschäftsleitung ein Projekt initiiert, das folgende Zielsetzungen hatte:

- Modellieren und Optimieren der wichtigsten Prozesse in der ACG,
- Etablierung eines Prozessbewusstseins in der ACG,
- Berücksichtigung der Erkenntnisse in der Aufbauorganisation der ACG.

Der wesentliche Aspekt zum Erfolg dieses Projektes lag im eindeutigen Commitment des Vorstandes, Prozessorientierung in die ACG zu bringen. Der Vorstand selbst hat dazu regelmäßig die Zwischenergebnisse aus dem Projekt abgenommen und für die Kommunikation im Unternehmen gesorgt. Dazu wurde ein breit angelegtes Trainingsprogramm für alle Führungskräfte auf allen Ebenen ins Leben gerufen und parallel zum Projekt durchgeführt.

Der erste Schritt im Projekt selbst war die Erstellung der Prozesslandschaft der ACG. Dazu wurden alle Abteilungsleiter eingeladen, Prozesse, zu denen sie aus ihrer Sichtweise in einem Nahverhältnis standen, in eine Serie von Meetings einzubringen.

Dort wurden Prozessnamen festgelegt und wurde deren Zweck dargelegt und anschließend in einem „Prozesssteckbrief" dokumentiert. Neben Namen und Zweck der Prozesse auf der hoch aggregierten Ebene der Prozesslandschaft fanden sich in den Prozesssteckbriefen bereits Hinweise, welche detaillierteren Prozesse sich in der Ebene darunter befinden.

Diese Auseinandersetzung mit den Prozessen hatte zur Folge, dass alle Abteilungsleiter das gleiche Bild der Prozesse im Untenehmen hatten und die Begriffe auch tatsächlich richtig verstanden wurden, die in der Prozesslandschaft verwendet wurden. Weitere Diskussionen darüber wurden dadurch weitgehendst vermieden.

Aus der fertigen Prozesslandschaft der ACG wurden nun jene Prozesse ausgewählt, die entweder einen hohen Ressourcenbedarf hatten, oder die einen besonderen Kundennutzen generierten. Diese Prozesse wurden im Projekt in Teams erarbeitet.

10.3.4 Erkenntnis und Entscheidung zur Matrixorganisation

Parallel dazu setzte sich die Geschäftsführung mit den organisatorischen Auswirkungen der Prozessorientierung auseinander und kam zu dem Schluss, dass nur in der auf den Kunden hin orientierten Abstimmung von Prozesssteuerung und Abteilungssteuerung das Optimum für Kunden wie Unternehmen selbst zu finden sei.

Die zu etablierenden Rollen der Prozessverantwortlichen erhielten genauso wie die fest etablierten Abteilungsleiter den Auftrag, ihre jeweiligen Ziele (Prozessziele und Linienziele) gemeinschaftlich in abgestimmter Form zu erreichen. Dadurch wurde eine gemeinsame Herangehensweise an die Ziele der beiden Steuerungsaspekte Linie und Prozess im Unternehmen durchgesetzt. Die Zielerreichung wird im Team in gemeinsamer Verantwortung angestrebt. Zielkonflikte müssen erst auf einer partnerschaftlichen Ebene im Team gelöst werden und können erst nach unüberwindbaren Hindernissen zum Vorstand eskaliert werden (Abbildung 10-10).

Die Schaffung des Verständnisses, dass die Vernachlässigung eines dieser beiden Aspekte unweigerlich entweder zu einem unzufriedenen Kunden führt oder zu ineffizientem Arbeiten, wurde in Workshops unter Teilnahme des Vorstandes eingeleitet. Die tatsächliche Akzeptanz dieser dualen Struktur durch die Mitarbeiter und Führungskräfte wird allerdings erst die Zukunft zeigen.

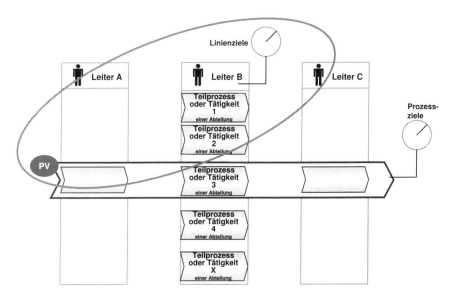

Abbildung 10-10:   Die gemeinsame Zielerreichung von Prozesszielen und Linienzielen durch Prozessverantwortlichen (PV) und Abteilungsleiter bringen das Unternehmen weiter

10.3.5 Auswirkungen auf die Aufbauorganisation

Eine sichtbare Auswirkung der Erkenntnisse aus dem Prozessmanagement war die Zusammenlegung der beiden erwähnten technischen Abteilungen DV und FT zu einer Abteilung AES (Austro Control Engineering Services) und die Formierung nach strategischen Prozessen (SD – Service Development), Prozessen zu Aufbau und Schaffung von Services (SI – Service Integration) und zum Betrieb der Services (SO – Service Operations).

Die Zuordnung zu den fachlich geordneten Wissensbereichen erfolgt erst in der nächsten Ebene darunter. Dadurch ist das Zusammenspiel der vielen Aspekte des technischen Fachwissens in geregelten und gesteuerten Prozessen gewährleistet (Abbildung 10-11).

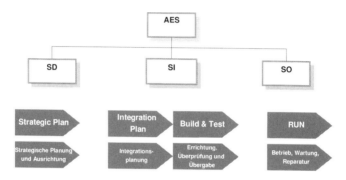

Abbildung 10-11:   Neue Aufbauorganisation der technischen Abteilung AES samt Überblick über Prozesskonzentration der Units

10.4 Ausbildungsdienstleister: Heeresversorgungsschule – Logistik-Kompetenzzentrum im Österreichischen Bundesheer

Die Heeresversorgungsschule (HVS) ist die größte Schule des Österreichischen Bundesheeres (ÖBH) und bildet mit Ausnahme des Sanitätsdienstes in allen fünf logistischen Fachbereichen (Versorgung und das Feldzeugwesen, Wirtschafts- und Kanzleidienst, Technischer Dienst, Luftfahrttechnik und Kraftfahrwesen) aus.

Die permanent steigenden Erwartungen der militärischen und zivilen Lehrgangsteilnehmer, der technologische Fortschritt und die Erweiterung des Lehrgangsangebotes mit der einhergehenden Steigerung der Anzahl der

Lehrgangsteilnehmer zwingt die Heeresversorgungsschule, sich auf das neue Umfeld einzustellen, das „Kerngeschäft" zu beherrschen und sich rechtzeitig allen Veränderungen anzupassen.

10.4.1 Ausgangssituation

Die Heeresversorgungsschule hat mit der Neuorganisation 2002 die Grundlage für die Bildung eines Logistik-Kompetenzzentrums im Österreichischen Bundesheer erhalten, welches mit Ausnahme des Sanitätsdienstes alle fünf logistischen Fachbereiche in einer Schule vereint.

Schon im Leitbild hat sich die HVS zu

- hoher Kompetenz in den logistischen Teilbereichen,
- hoher Qualität und Effizienz in der Lehre und Organisation,
- Ansehen in der Öffentlichkeit,
- intensiver Zusammenarbeit mit anderen Schulen, Akademien, der Truppe und der Wirtschaft,
- gutem Arbeits- und Betriebsklima sowie Entfaltungs- und Weiterbildungsmöglichkeiten für das Personal und Mut zu Neuem

stets unter dem Blickwinkel von Innovation, Dynamik und Zukunftsorientierung verschrieben. Zur Umsetzung dieser hochgesteckten Ziele hat sich die HVS entschlossen, ein prozessorientiertes Qualitätsmanagementsystem aufzubauen.

10.4.2 Das prozessorientierte Managementsystem der HVS — Planung und Umsetzung

Die HVS erkannte bereits 2002 Jahren, dass ein prozessorientiertes Managementsystem als Instrument der erfolgreichen Führung der Schule im Spannungsfeld zwischen Ermittlung und Erfüllung der Kundenforderungen, Beschaffung von Ressourcen, Erwartung der Vorgesetzten und Erfüllung von Normen und Gesetzen einen wesentlichen Beitrag leisten kann.

Im Konkreten waren fünf Argumente für den Entschluss zum Aufbau eines prozessorientierten Managementsystems ausschlaggebend (vgl. Hasenhütl, 2003):

- Aufbrechen der vorhandenen Aufbau- und Ablauforganisation vor allem in der Administration sowie Straffung der gesamten Abläufe an der größten Schule des ÖBH,

▨ Schaffung von überschaubaren, nachvollziehbaren und klaren Abläufen
und somit eine Steigerung der Mitarbeiterzufriedenheit,
▨ Aufbau eines prozessorientierten Verständnisses,
▨ Einsatz von definierten Kennzahlen und Messgrößen als Ansatz zur Verbesserung,
▨ Befriedigung der steigenden „Kundenerwartungen" und Mithalten mit
dem „logistischen Fortschritt".

Im Mai 2002 wurde der Projektauftrag für das Projekt „Einführung eines
prozessorientierten Qualitätsmanagementsystems" erteilt und am 1. Juni
2002 wurde nach gediegener Projektplanung der Projektauftrag von Projektleiter und Projektauftraggeber unterschrieben (Abbildung 10-12).

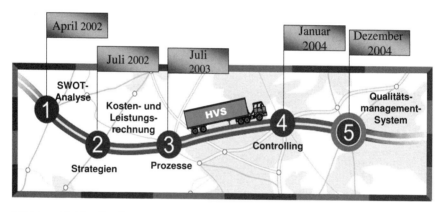

Abbildung 10-12: Roadmap mit den wichtigsten Projektinhalten (vgl. Hasenhütl, 2004)

Nachdem dies sowohl für den Projektleiter als auch für die Projektteammitglieder das erste nicht militärische Großprojekt war, wurde auf eine pro-
funde Anwendung der Projektwerkzeuge besonderes Augenmerk gelegt. Dies
spiegelt sich sowohl in der Genauigkeit des Projektstrukturplans (Abbildung
10-13) wider, als auch durch den Einsatz von externen Beratern an insgesamt zwölf Tagen. Diese Berater hatten die Aufgaben, Unterstützung bei der
Schulung von Mitarbeitern zu leisten und Monitoring über das Gesamtpro-
jekt durchzuführen.

In mehreren Seminaren wurden mit dem erweiterten Führungskreis (Kom-
mandant, Abteilungsleiter, stellvertretende Abteilungsleiter und ausgewählte
Offiziere des Stabes) die strategischen Grundlagen erarbeitet. Im ersten
Ansatz wurden durch die Beantwortung der Fragestellungen Vision, Mission
und Strategien festgelegt.

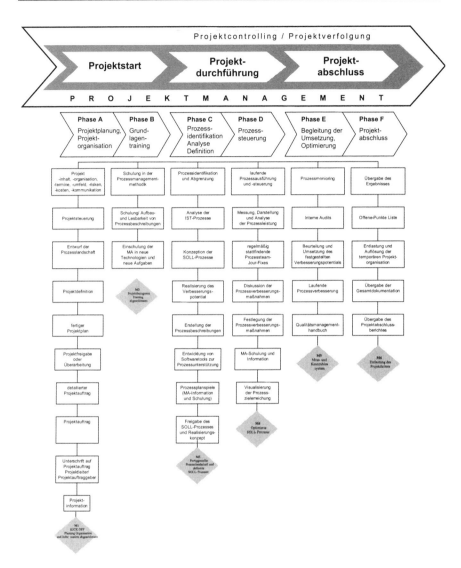

Abbildung 10-13: Phasen und Projektstrukturplan für das Projekt „Aufbau eines prozess-orientierten Managementsystems"

Mission der HVS

Unsere Tätigkeitsfelder sind:

- logistische Ausbildung,
- logistische Grundlagenarbeit,
- logistische Beratung.

Vision der HVS

Die Heeresversorgungsschule ist das Kompetenzzentrum für Militärlogistik. Sie bietet auch international und im Zivilbereich anerkannte Ausbildung und Beratung.

Strategie der HVS

Wir sind die Heimat des Logistikfachpersonals im Österreichischen Bundesheer.

Unser Ziel ist es, eine optimale Aufbau- und Ablauforganisation, einen Grundlagenbereich auf dem letzten Stand der Erkenntnisse und durch besondere Kundenorientierung Ausbildung und Beratung auf höchstem Niveau zu bieten.

Danach wurde die **Qualitätspolitik der HVS** formuliert:

Kundenorientierung

- In den Mittelpunkt unserer Leistungserbringung stehen unsere Kundengruppen.
- Unser oberstes Ziel ist, Lehrgänge, Beratung sowie Grundlagenarbeit auf höchstmöglichem Niveau zu bieten.
- Wir streben nach Flexibilität, Kompetenz und Aktualität.
- Wir bekennen uns zur kontinuierlichen Innovation und Weiterentwicklung.
- Kundenkritik (auch die der eigenen Mitarbeiter) ist für uns ein wichtiger Input, um die Organisation und die Abläufe weiter zu verbessern.

Mitarbeiterorientierung

- Die Entwicklung einer konstruktiven und verantwortungsbewussten Unternehmenskultur wird von uns gefördert.
- Wir bemühen uns, unseren Mitarbeitern bestmögliche Arbeits- und Rahmenbedingungen zur Verfügung zu stellen.
- Arbeitsplatzbezogene Aus-, Fort- und Weiterbildung haben für uns einen hohen Stellenwert.
- Klare Vorgaben, umfassende Information, optimale Kommunikation und persönliche Gespräche sind Grundlage unseres Arbeitserfolges.
- Wir fördern Eigeninitiative und Kreativität, indem wir Verantwortung übertragen und unsere Entscheidungen begründen.
- Unsere Mitarbeiter sind sich bewusst, dass sie in einer positiven Wechselbeziehung als „Produzent" und zugleich als „Kunde" zu den anderen Mitarbeitern der HVS stehen.

 Wir wollen zufriedene und motivierte Mitarbeiter, welche auf ihre Leistung und die HVS stolz sein können.

Organisationsqualität

 Unsere Abläufe sind im Rahmen von Prozessen definiert, um größtmögliche Transparenz der Dienstleistungen zu gewährleisten.
 Personelle, materielle und budgetäre Mittel werden zweckmäßig und nach Prioritäten eingesetzt.
 Verantwortung und Kompetenzen sind eindeutig festgelegt, um einen klaren Informationsfluss sicherzustellen und Reibungsverluste zu minimieren.
 Die Vermeidung bzw. rasche Beseitigung von Fehlern ist Teil unseres prozessorientierten Qualitätsmanagements.
 Wir streben eine korrekte und kompetente Auftragserfüllung aller an uns gestellten Aufgaben und Aufträge an.
 Wir bekennen uns zu Serviceorientierung und kontinuierlicher Verbesserung.

Strategische Partnerschaften

 Partnerschaften dienen dem beiderseitigen Nutzen und werden nur eingegangen, wenn die Aussicht auf eine langfristige Kooperation gegeben ist.
 Der Aufbau eines logistischen Netzwerkes und der daraus resultierende Kompetenzzuwachs sind uns sowohl für den Grundlagenbereich als auch für die Lehre wichtig.

Mit der Projektorganisation wurden danach die Arbeitspakete gemäß Projektstrukturplan bearbeitet. Die wichtigsten Themenbereiche waren:

 Analyse und Verifizierung der erforderlichen Prozesse aller Ebenen,
 Erstellung einer Prozesslandschaft,
 Verdeutlichung der Schnittstellen und Verknüpfungen zwischen den Prozessen,
 eindeutige Regelung der Zuständigkeiten und Kompetenzen,
 Sammlung, Lenkung und Auswertung von Prozessdaten,
 Festlegung der daraus resultierenden Vorgangsweise bei auftretenden Abweichungen und Problemen (Treffen von Maßnahmen),
 Ausarbeitung und Überwachung von Verbesserungsmöglichkeiten.

Um die Prozesse der HVS und deren Beziehungen zueinander übersichtlich darstellen zu können, hat die HVS unter Einbindung aller Mitarbeiter ihre eigene Prozesslandschaft entwickelt. In dieser sind einerseits jene Prozesse, die die Leistungen für die Lehrgangsteilnehmer erbringen, und andererseits auch alle Prozesse, die die Leistungserbringung steuern, unterstützen und verbessern, dargestellt. Im Vergleich zu einem Organigramm steht in dieser Prozesslandschaft das Gedankengut einer durchgängigen Prozesskette, im Unterschied zum Bereichs- und Abteilungsdenken, im Vordergrund. Die an der HVS gewählte Form zur Darstellung der Prozesse ist die Unterteilung in folgende Kategorien:

- Managementprozesse (zur strategischen Planung und Steuerung der HVS),
- Kernprozesse (zur logistischen Grundlagenarbeit, zur logistischen Ausbildung und zur logistischen Beratung),
- unterstützende Prozesse (die sogenannten „guten Dienste“) und
- Mess-, Analyse- und Verbesserungsprozesse (für die Evaluierung der Abläufe und Daten an der HVS).

Die gesamte Managementdokumentation umfasst auf der Ebene der obersten Führung das Qualitätsmanagementhandbuch, auf der Ebene der mittleren Führung die Prozessbeschreibungen und auf der operativen Ebene Arbeits-, Prüfanweisungen, Checklisten, Formulare etc. Durch die einzelnen Ebenen ist den Mitarbeitern der Inhalt und Zweck der Dokumente verständlich zu vermitteln.

Die regelmäßige Überwachung der einzelnen Prozesse durch deren Prozessverantwortliche, die Datenanalyse und Kundenorientierung sowie die Möglichkeit für die Kunden, jederzeit mit uns in Kontakt treten zu können, gewährleisten eine rasche Bearbeitung auftretender Kundenwünsche, aber auch die sofortige Feststellung von Fehlerpotenzialen. Korrekturmaßnahmen werden erfasst, überwacht und auf Wirksamkeit überprüft, um die ständige Verbesserung zu gewährleisten. Im Prozess „kontinuierliche Verbesserung durchführen“ wird die Vorgehensweise genau festgelegt.

Um das Qualitätsmanagementsystem in den täglichen Arbeitsablauf zu integrieren, stehen den Mitarbeitern alle im Rahmen der HVS möglichen technischen und informativen Hilfsmittel zur Verfügung. Aufgrund der nicht vorhandenen Selbstständigkeit zur Abdeckung der Bedürfnisse für die Lehrgangsteilnehmer an der HVS ist in den Bereichen Personal, Material und Infrastruktur eine sehr vorausschauende Planung notwendig.

Auch bei der Projekt- und Vorhabensdurchführung ergeben sich durch ständige Erweiterung der Projekt- und Vorhabenslandschaft Probleme besonders im personellen Bereich. Diese Probleme können derzeit nur durch entsprechende Reservenbildung sowie korrekte Projekt- und Vorhabensaufträge minimiert werden (siehe Prozess „Gesamtressourcen steuern“ und Prozess „Projekte managen“). Dadurch können sich Abweichungen von den Richtlinien der Norm ergeben, welche jedoch in den jeweiligen Prozessbeschreibungen und Arbeitsanweisungen explizit berücksichtigt werden.

Klare Zielvorgaben umgesetzt auf die Führungsebenen sind für die Entwicklung des „Unternehmens" HVS von großer Bedeutung.

Die einzelnen Prozessziele und deren Überwachung sind in den einzelnen Prozessen definiert (Abbildung 10-14). Alle Prozessverantwortlichen führen gemäß Vorgabe – jedoch mindestens einmal jährlich – eine Messung durch. Messdaten fließen in den sogenannten PDCA-Kreis nach Deming (siehe dazu Kapitel 5) ein.

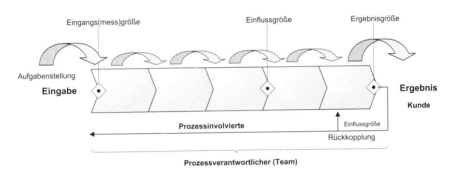

Abbildung 10-14: Prozessmessung und Überwachung

Daraus werden schlussendlich Rückschlüsse auf die Erfüllung der Ziele des vergangenen Jahres gezogen und Verbesserungsmaßnahmen für die kommende Periode erarbeitet.

10.4.3 Das prozessorientierte Managementsystem der HVS – Vorteile und Nutzen

Neben der Eigeninnovation der Führung der Heeresversorgungsschule Wien, die Abläufe in der größten Schule des Österreichischen Bundesheeres transparent zu gestalten und zu optimieren, spielten auch äußere Einflüsse eine große Rolle für die Entscheidung zur Einführung eines Managementsystems.

Als erfahrene und erfolgreiche Logistikbildungsstätte für Aus-, Fort- und Weiterbildung hat die Führung der Heeresversorgungsschule dem Qualitätsmanagement höchste Priorität eingeräumt. Nur mit einheitlichen und überprüfbaren Standards auf dem letzten Stand der Erkenntnisse kann diese Schulungsorganisation alle Lehrgangsteilnehmer optimal für die Bedürfnisse der Einsatzunterstützung ausbilden.

Durch dieses Qualitätsmanagementsystem wird gewährleistet, dass die Aufbau- und Ablauforganisation optimal aufeinander ausgerichtet sind, um die Bildungseinrichtung erfolgreich zu führen und die Qualität von Lehre und Grundlagenarbeit für das Logistikfachpersonal weiter zu steigern.

Im Managementsystem der Schule sind eindeutige Leistungskriterien definiert und präzise Zielvorgaben festgelegt. Im Mittelpunkt steht dabei die konsequente Ausrichtung der angebotenen Lehrgänge und Seminare an die Einsatzanforderungen. Der prozessorientierte Ansatz, die Einbeziehung der Mitarbeiter, der systemorientierte Managementansatz, ständige Verbesserung und das Sichern von Know-how durch exakte Dokumentation stellen sicher, dass das Schulungsangebot fortlaufend optimiert wird. Kennzahlensysteme und andere innovative Messmethoden ermöglichen der Heeresversorgungsschule, die Wirksamkeit der Aufbau- und Ablauforganisation mit hoher Treffsicherheit zu bewerten.

Als die wichtigsten **internen Nutzenaspekte** des Managementsystems wurden erkannt:

- Verbesserung der Ablauf- und der Kostentransparenz.
- Eindeutige Definition der Kompetenzen und Verantwortlichkeiten.
- Schaffung von internen „Kunden-Lieferanten-Verhältnissen" (Lehrgangsteilnehmer, Truppe, Partner, Lehrkräfte, Verwaltung) durch Festlegung von *Service-Level-Agreements.*
- Steigerung der Produktivität durch kontinuierliche Prozessverbesserung.
- Messbarkeit und Überwachbarkeit der Prozessleistung.
- Spürbare Ausrichtung der HVS-Prozesse auf die Bedürfnisse der Lehrgangsteilnehmer und somit auf die Truppe.
- Steigerung der Mitarbeitermotivation durch die Möglichkeit für die Mitarbeiter, Prozesse mitgestalten zu können.
- Identifikation der prozessorientierten und nicht prozessorientierten Abläufe.
- Eindeutige Bestimmung von Schnittstellen und Zuständigkeiten.
- Verbesserung der internen Kommunikation.
- Einführung eines Systems zur Erkennung von Verbesserungspotenzialen und einem daraus abgeleiteten Prozess der kontinuierlichen Verbesserung.
- Vermeidung von zukünftigen Fehlern und Risiken.
- Verbesserung der Qualitätsstandards.
- Einführung von eindeutigen Kennzahlen zum effektiven Controlling in den verschiedenen Bereichen.
- Verbesserung des Personalmanagements und Steigerung der Mitarbeitermotivation.
- Einsparung von Kosten durch konsequente Beachtung und Einhaltung

der Qualitätsmanagementvorgaben sowie Einsatz der Ersparnisse für zukünftige schulinterne Projekte und Vorhaben.

Als die wichtigsten **externen Nutzenaspekte** des Managementsystems wurden identifiziert:

- Intensivierung und Ausbau von Kundenbeziehungen.
- Kompatibilität von Lehrgängen und Seminaren mit vergleichbaren zivilen Bildungseinrichtungen.
- Verbesserung der Kommunikation mit den Kunden.
- Steigerung der Kundenzufriedenheit durch Evaluation des Inhaltes des Lehrgangs- und Seminarangebotes mit den Kunden.
- Imagegewinn durch die konsequente Pflege und den Ausbau von strategischen Partnerschaften.

11 Literatur

Akao, Y.: Hoshin Kanri – Policy Deployment for successful TQM, MIT, Massachusetts 1991

Allweyer, T.: Geschäftsprozessmanagement: Strategie, Entwurf, Implementierung, Controlling, W3L-Verlag, Herdecke, Bochum 2005

Bach, N.; Ellringmann, H.; Schmelzer, H. J.; Biemann, T.: Geschäftsprozessmanagement inside, Ergebnisse einer Befragung im April 2004, Carl Hanser Verlag, München, Wien 2005

Becker, J.; Kugeler, M.; Rosemann, M.: Prozessmanagement – Leitfaden zur prozessorientierten Organisationsgestaltung, 3., vollst. neu bearb. und erw. Aufl.; Springer-Verlag, Berlin, Heidelberg, New York 2002

Binner, H.: Integriertes Organisations- und Prozessmanagement, 1. Aufl., Carl Hanser Verlag, München, Wien 1997

Bleicher, K.: Das Konzept integriertes Management, Campus Verlag, Frankfurt am Main 1996

Bleicher, K.: Organisation – Strategien – Strukturen – Kulturen, 2. vollständig neu übearb. und erw. Aufl., Gabler Verlag, Wiesbaden 1991

Bogaschewsky, R.; Rollberg, R.: Prozessorientiertes Management, Springer-Verlag, Berlin, Heidelberg 1998, S. 190 u. 193

Brunner, F. J.; Wagner, K. W.: Taschenbuch Qualitätsmanagement, 3. Aufl., Carl Hanser Verlag, München, Wien 2004

Bullinger, H.-J.; Warnecke, H.-J. (Hrsg.): Neue Organisationsformen im Unternehmen – Ein Handbuch für das moderne Management, Springer-Verlag, Berlin, Heidelberg 1996

Cameron, K.; Freeman, S.: Cultural Congruence, Strength and Type: Relationship to Effectiveness, in: Woodman, A.; Pasmore, W.: Research in Organizational Change and Development, Bd. 5, Greenwich 1991, S. 23-58

Cassel, M.: ISO/TS 16949 – Qualitätsmanagement in der Automobilindustrie umsetzen, Carl Hanser Verlag, München, Wien 2007, S. 15

Chandler, A.: Strategy and structure: Chapters in the history of industrial enterprise, Doubleday, New York 1962

Deming, W. E.: Out of the Crisis, MIT Press, Cambridge/Mass 1986

Drucker, P.: Die Praxis des Managements: Ein Leitfaden für die Führungs-Aufgaben in der modernen Wirtschaft; Unveränderter Nachdruck der 6. Aufl. von 1969; Econ Verlag, Düsseldorf, München 1998

EFQM: Das EFQM-Modell für Excellence. European Foundation for Quality Management, Brüssel 2003

EFQM: European Foundation for Quality Management: EFQM Levels of Excellence. European Quality Award. Information Brochure for 2004, European Foundation for Quality Management, Brüssel 2004

EFQM: Excellence einführen, European Foundation for Quality Management, Brüssel 2003

EFQM: Fundamental Concepts of Excellence, European Foundation for Quality Management, Brüssel 2005

Ellringmann, H.; Schmelzer, H. J.: Geschäftsprozessmanagement inside, Carl Hanser Verlag, München, Wien 2004

Feldbrügge, R.; Brecht-Hadraschek, B.: Prozessmanagement leicht gemacht. Wie analysiert und gestaltet man Geschäftsprozesse? REDLINE WIRTSCHAFT, Heidelberg 2005

Ferk, H.: Geschäfts-Prozeßmanagement. Ganzheitliche Prozeßoptimierung durch die Cost Driver-Analyse, Verlag Franz Vahlen, München 1996

Fischer, F.; Scheibeler, A.: Handbuch Prozessmanagement, 1. Aufl., Carl Hanser Verlag, München, Wien 2003

Franz, S.; Scholz, R.: Prozessmanagement leicht gemacht, Carl Hanser Verlag, München, Wien 1996, S.170 ff

Frese, E.: Grundlagen der Organisation: Konzept – Prinzipien – Strukturen, 7., überarb. Aufl., Gabler Verlag, Wiesbaden 1998

Garvin, D.: The Processes of Organisation and Management. In: Sloan Management Review, Summer 1998

Glasl, F.: Selbsthilfe in Konflikten. Konzepte, Übungen, Praktische Methoden, 4. Aufl., Freies Geistesleben, Stuttgart 2004

Glasl, F.; Kalcher, T.; Piber H.: Professionelle Prozessberatung, Haupt Verlag, Bern Stuttgart, Wien 2005, S. 60 ff

Hasenhütl, H. H.: Auszug aus „LOGISTK POWER“, Heft 2 und 3, 2003

Hasenhütl, H. H.: Auszug aus QMS-Presseartikel in: „Österreichische Offiziers Gesellschaft“, 2004, Heft 12

Hax, A. C., Majluf, N. S.: The Strategy Concept And Process – A Pragmatic Approach, Prentice-Hall, New Jersey 1996

Hersey, P.: Situatives Führen, Verlag Moderne Industrie, Landsberg am Lech 1986

Hirano, H: Poka-yoke, 240 Tips für Null-Fehler-Programme, Verlag Moderne Industrie, Landsberg 1992

Horváth, P.; Mayer, R.: Prozesskostenrechnung: der neue Weg zu mehr Kostentransparenz und wirkungsvollen Unternehmensstrategien, in Controlling, 1, 1989, Band 4

Ishikawa, K.: How to apply Company Wide Quality Control, Quality Progress, 1989, Heft 6

Ishikawa, K.: Introduction to Quality Control, 4. Aufl., Quality Resources, London 1994

Ishikawa, K.: What is Total Quality Control?, Prentice Holl, New York 1985

ISO 9001:2000: Deutsches Institut für Normung e. V. (Hrsg.): DIN EN ISO 9001:2000, Qualitätsmanagementsysteme – Leitfaden zur Leistungsverbesserung, Berlin 2000

ISO/IEC 15504-2 First edition 2003-10-30: Software engineering – Process assessment Part 2: Performing an assessment

ISO/IEC 15504-4 First edition 2004-07-01: Information technology – Process assessment: Part 4: Guidance on use for process improvement and process capability determination

ISO/IEC 15504-4 First edition 2004-07-01: Information technology – Process assessment: Part 3: Guidance on performing an assessment

Jeston, J.; Nelis, J.: Business Process Management – Practical Guidelines to Successful Implemetation; Butterworth-Heinemann, Burlington 2006, S.3-8

Jung, B.: Prozessmanagement in der Praxis, Vorgehensweisen, Methoden, Erfahrungen, TÜV-Verlag, Köln 2002

Kaplan, R.; Norton, D.: The Balanced Scorecard, Harvard Business School, Boston 1996

Khaled El Emam et al.: Elements of Software Process Assessment & Improvement, Wiley – IEEE Computer Society, Hoboken 1999

Khaled El Emam et al.: SPICE: The Theory and Practice of Software Process Improvement and Capability Determination, Wiley – IEEE Computer Society, Hoboken 1998

Kieckhöfel, B.; Schuber, H.: Weich und wichtig – Business Monitoring weicher Faktoren zeigt der Führung Handlungsbedarf jenseits monetärer Notwendigkeiten, QZ Jahrg. 46 (2001) 1, Carl Hanser Verlag, München

Kirsten, H.: Von ISO 9000 zum Excellence-Modell, in: Kamiskc, G. F. (Hrsg.): Der Weg zur Spitze. Business Exccllence durch Total Quality Management. Der Leitfaden, 2. Aufl., Carl Hanser Verlag, München, Wien 2000

Kobi, J.-M.: Management des Wandels – die weichen und harten Bausteine erfolgreicher Veränderung, 2., überarb. Aufl., Haupt Verlag, Bern, Stuttgart 1996

Kohlöffel, K. M.: Strategisches Management, Carl Hanser Verlag, München 2000

Kotler, P.: FAQs zum Marketing, was Sie über Marketing wissen sollten, Carl Hanser Verlag, München, Wien 2005

Liker, J. K.: Der Toyota Weg, Finanz Buch Verlag, München 2007, S.25 f

Loon, H. v.: Process Assessment and Improvement, Springer-Verlag, Berlin, Heidelberg 2004

Loon, H. v.: Process Assessment and ISO/IEC 15504, Springer-Verlag, Berlin, Heidelberg 2004

Malorny, Ch.: Moderationstechniken – Werkzeuge für die Teamarbeit, Carl Hanser Verlag, München, Wien 1997

Mayer, R.: Kapazitätskostenrechnung, Verlag Vahlen, München 1998

Mayer, R.; Renner, A.; Brenner, M.: Prozessmanagement umsetzen, Schäffer-Poeschel Verlag, Stuttgart 2005, S. 29 f

Patzak, G.: Projekt Management, 4., vollst. neubearb. Aufl., Linde, Wien 2004

Patzak, G.: Systemtechnik – Planung komplexer innovativer Systeme, Springer-Verlag, Berlin 1982

Picot, A.; Reichwald, R.; Wigand, R. T.: Die grenzenlose Unternehmung – Information, Organisation und Management; Lehrbuch zur Unternehmensführung im Informationszeitalter, 3., überarb. Aufl., Gabler Verlag, Wiesbaden 1998

Reichmann, T.: Controlling mit Kennzahlen, 2. Aufl., Verlag Franz Vahlen, München 1990

Rosenkranz, F.: Geschäftsprozesse. Modell- und computergestützte Planung, Springer-Verlag, Berlin, Heidelberg 2002

Rosenstiel, L. v.: Grundlagen der Organisationspsychologie – Basiswissen und Anwendungshinweise, 3., überarb. und erg. Aufl., Schäffer-Poeschel Verlag, Stuttgart 1992

Roy, K.-P.: Durch Prozesskennzahlen fit für den Kunden – Durchlaufzeiten halbieren mit prozessbezogenen Messungen, QZ Jahrg. 44 (1999) 9, Carl Hanser Verlag, München

Schäfer, N.: Organisationspsychologie für die Praxis, Verlag Wissen und Praxis, Berlin 1997

Scheer, A.-W.: ARIS – Modellierungsmethoden, Metamodell, Anwendungen. 3. Aufl., Springer-Verlag, Berlin, Heidelberg, New York 1998

Scheer, A.-W.; Boczanski, M.; Muth, M.; Schmitz, W.-G; Segelbacher U.: Prozessorientiertes Product Lifecycle Management, Springer Verlag, Berlin, Heidelberg 2006, S. 7–9

Schein, E. H.; Unternehmenskultur, Campus Verlag, Frankfurt 1995

Schimmel-Schloo, M.: Persönlichkeitsmodelle, GABAL Verlag, Offenbach 2002

Schmelzer, H. J.; Sesselmann, W.: Geschäftsprozessmanagement in der Praxis. Produktivität steigern – Wert erhöhen – Kunden zufrieden stellen, 4., erw. Aufl., Carl Hanser Verlag, München, Wien 2004

Schuh, G.; Friedli, T.; Kurr M. A.: Prozessorientierte Reorganisation, Carl Hanser Verlag, München, Wien 2007, S. 23–30

Schwanfelder, W.: SUN TZU für Manager, Campus Verlag, Frankfurt, New York 2004, S. 28

Simon, H.: Die heimlichen Gewinner: Die Erfolgsstrategie unbekannter Weltmarktführer – (Hidden Champions), 4. Aufl., Campus Verlag, New York 1997

Stöger, R.: Geschäftsprozesse erarbeiten – gestalten – nutzen, Schäffer-Poeschl Verlag, Stuttgart 2005

Stöger, R.: Geschäftsprozesse erarbeiten – gestalten – nutzen. Qualität, Produktivität, Konkurrenzfähigkeit. Stuttgart: Schäffer-Poeschel Verlag, Stuttgart 2005

Suter, A.: Die Wertschöpfungsmaschine, Wie Strategien ihre Stoßkraft entwickeln, Verlag, Industrielle Organisation, Zürich 2004, S. 217–241

Töpfer, A.: Kundenbindung gezielt messen und steigern, io management 4/2000, Zürich

Vahs, D.; Burmester, R.: Innovationsmanagement – Von der Produktidee zur erfolgreichen Vermarktung, 3. Aufl., Schäffer-Poeschel Verlag, Stuttgart 2005, S.100 ff

Velthuis, L. J.; Wesner, P.: Value Based Management, Schäffer-Poeschel Verlag, Stuttgart 2005, S. 11–35

Verband der Automobilindustrie e. V.: Sicherung der Qualität vor Serieneinsatz. Sicherung der Qualität während der Produktrealisierung Methoden und Verfahren, VDA Band 4., 2003

Wagner, K. W. (Hrsg.): PQM – Prozessorientiertes Qualitätsmanagement. Leitfaden zur Umsetzung der ISO 9001:2000. 3., vollst. überarb. und erw. Aufl., Carl Hanser Verlag, München, Wien 2006

Wagner, K. W., Zacharnik M.: Qualitätsmanagement für KMU, Carl Hanser Verlag, München, Wien 2005

Wagner, K. W.; Dürr, W.: Strategische Initialzündung. Integration der Balanced Scorecard im Prozessmanagement. In Qualität und Zuverlässigkeit, QZ Jahrg. 48, Hanser Verlag, München, Wien 2003

Wagner, K. W.; Dürr, W.: Design failure cost as a measure of a process measurement system (a method for building the system and evaluating the measure), Proceedings of the 2005 31st EUROMICRO Conference on Software Engineering and Advanced Applications, IEEE Computer Society, 2005

Wagner, K. W.; Dürr, W.: A Five-Step Method for Value-Based Planning and Monitoring of Systems Engineering Projects, Proceedings of the 32nd EUROMICRO Conference on Software Engineering and Advanced Applications, IEEE Computer Society, 2006

Waniczek, M.: Bereichswesen optimieren, Ueberreuter Wirtschaft, Wien 2002

Watzlawick, P.: Wie wirklich ist die Wirklichkeit? 3. Aufl., Piper Verlag München 2004, S. 92

Wecht, C. H.: Das Management aktiver Kundenintegration in der Frühphase des Innovationsprozesses, Gabler Edition Wissenschaft, Wiesbaden 2006, S. 109 ff

Winkelmann, P.: Vertriebskonzeption und Vertriebssteuerung. Die Instrumente des integrierten Kundenmanagements (CRM); 3., vollst. überarb. und erw. Aufl., Franz Vahlen Verlag, München 2005

Womack, J.: Auf dem Weg zum perfekten Unternehmen – Lean Thinking, Campus Verlag, New York 1997

Zahran, S.: Software Process Improvement, Addison-Wesley, Boston 1998

Zeithaml, V. A.; Parasuraman, A.; Berry, L. L.: Qualitätsservice. Was Ihr Kunden erwarten – was Sie leisten müssen, Campus Verlag, Frankfurt, New York 1992

Index

Abkürzungsverzeichnis

4 M	Mensch, Maschine, Material, Mitwelt
6-W	6 W-Fragen: Wer?, Was?, Wo?, Wann?, Warum?, Wie?, Wie viel?
7 M	Mensch, Maschine, Material, Mitwelt, Management, Methode, Messung
AA	Arbeitsanweisung
ADMIN	Administration
AES	Austro Control Engineering Services
AGV	Arbeitsgruppenverantwortliche
AMD	Amendment
AP	Arbeitspaket
AQL	Acceptable Quality Level
ATL	Assessmentteamleiter
BRC	British Retail Council
BSC	Balanced Scorecard
BSI	British Standard Institute
CD	Cost Driver
CEN	Europäischen Komitee für Normung
CL	Capability Level (Fähigkeitsstufe)
CMMI	Capability Maturity Model Integrated
COBIT	Control Objectives for Information and Related Technology
CPI	Critical Performance Indicator
CRM	Customer Relationship Management
CWQC	Company-wide Quality Control
D	Durchführungsverantwortung,
DB	Deckungsbeitrag
DISG	Dominant – Initiativ – Stetig – Gewissenhaft
DMADV	Define, Measure, Analyze, Design, Verify
DMAIC	Define, Measure, Analyze, Improve, Control
DV	Datenverarbeitung
EBIT	Earnings Before Interest and Taxes
EDV	Elektronische Datenverarbeitung
EEA	EFQM Excellence Award
EFQM	European Foundation for Quality Management
EMAS	Environment Management and Audit System
EN	Europäisches Normenprogramm
EOQ	European Organisation for Quality
EPK	Ereignisgesteuerte Prozesskette
EQA	European Quality Award
ERP	Enterprise Resource Planning
eTOM	enhanced Telecom Operations Map
FMEA	Fehlermöglichkeits- und -einflussanalyse
FT	Flugsicherungstechnik
GATT	General Agreement on Terms of Trade
GPM	Geschäftsprozess Management
GPO	Geschäftsprozess Optimierung
GTM	General Traffic Management

HACCP	Hazard Analysis Critical Control Point
HDI	Herrmann-Dominanz-Instrument
HVS	Heeresversorgungsschule
IATF	International Automotive Task Force
IEC	International Electrotechnical Commission
IFS	International Food Standard
ISMS	Information Security Management System
ISO	International Organization for Standardization
IT	Informationstechnologie
ITIL	Information Technology Infrastructure Library
JAR	Joint Aviation Requirements
KonTraG	Gesetz zur Kontrolle und Transparenz im Unternehmensbereich
KPI	Key Performance Indicator
KST	Kostenstelle
KVP	Kontinuierlicher Verbesserungsprozess
KW	Kalenderwoche
LIFO	Life Orientations
Lmi	leistungsmengeninduziert
Lmn	Leistungsmengenneutral
Lmu	Leistungsmengenunabhängig
LTPD	Lot Tolerance Percent Defective
LVP	Liste der Verbungspotenziale
MA	Mitarbeiter
MBTI	Myers-Briggs-Typenindikator
MDI	Management – Development – Instrument
MIS	Management Information System
MPG	Medizinproduktgesetz
MS	Meilenstein
NGT	Nominal Group Technique
n.i.O.	nicht in Ordnung
NPO	Non-Profit-Organisation
NPLF	Not achieved – Partially achieved – Largely achieved – Fully achieved
ÖBH	Österreichisches Bundesheer
OE	Organisationseinheit
OHRIS	Occupational Health and Risk Management
OHSAS	Occupational Health and Safety Management System
OLAP	On-Line Analytical Processing
OLE	Object Linking and Embedding
PA	Prozessattribut
PAG	Projektauftraggeber
PAM	Prozessassessmentmodell
PAS	Projektassistenz
PB	Prozessbeschreibungen
PC	Projektcoach
PDCA	Plan – Do – Check – Act
PDPC	Process Decision Program Chart
Ph	Personenstunden
PKT	Projektkernteam
PL	Projektleiter
PLM	Product Life Cycle Management
PM	Prozessmanager
PMA	Projektmitarbeiter
PRM	Prozessreferenzmodell

PQM	Prozessorientiertes Qualitätsmanagement
PSA	Projektsteuerungsausschuss
PSP	Projektstrukturplan
Pt	Personentage
PT	Projektteam
PTM	Prozessteammeeting
PV	Prozessverantwortlicher
Pz	Prozess
PzM	Prozessmanagement
Q	Qualität
Q7	7 Qualitätswerkzeuge (Fehlersammelliste, Histogramm, Qualitätsregelkarte, Paretodiagramm, Korrelationsdiagramm, Brainstorming, Ursache-Wirkungs-Diagramm)
QFD	Quality Function Deployment
QK	Qualitätskontrolle
QM	Qualitätsmanagement
QS	Qualitätssicherung
RADAR	Results – Approach – Deployment – Assessment – Review
RPZ	Risikoprioritätszahl
SCC	Sicherheits-Certificat Contractoren
SCM	Supply Chain Management
SCOR	Supply Chain Operations Reference
SD	Service Development
SG&A	Selling, General & Administrative
SI	Service Integration
SLA	Service Level Agreement
SLM	Service Level Management
SMART	Spezifiziert – Messbar – Annehmbar – Realistisch – Terminbezogen
SO	Service Operations
SPC	Statistische Prozesskontrolle
SPICE	Software Process Improvement Capability Determination
SWOT	Strength – Weaknesses – Opportunities – Threats
TMS	Teammanagementsystem
TP	Teilprozess
TQC	Total Quality Control
TQM	Total Quality Management
TR	Technischer Report
TS	Technische Spezifikation
TSM	Total Security Management
USP	Unique Selling Proposition
UWK	Ursache-Wirkungkette
V.EFB	Verein zur Verleihung des Zertifikates eines Entsorgungsfachbetriebes
VDA	Verband der Automobilindustrie
WBS	Work Breakdown Structure

Die Autoren

Univ. Lekt. Dipl.-Ing. Dr. Karl W. Wagner,
geb. 1.2.1966, studierte Maschinenbau mit der Fachrichtung Betriebswissenschaften an der Technischen Universität Wien und promovierte 1995. Von 1992 bis 1996 war er Universitätsassistent am Institut für Betriebswissenschaften (IBAB) – Abteilung Bertriebstechnik und ist derzeit am selben Institut als Universitätslektor für Prozessmanagement und TQM tätig. Als Geschäftsführer der Procon Unternehmensberatung (www.procon.at) berät er seit 1996 mit den Schwerpunkten im Management Consulting: Strategie und Organisationsentwicklung, TQM, Qualitäts- und Prozessmanagement und Projektmanagement. Zu den Branchenschwerpunkten zählen Industrie, Automotive, Dienstleister, Logistikdienstleister und projektorientierte Unternehmen. Seit 1996 Assessor für die EFQM und Senior-Assessor für die AFQM. Seit 2003 ist er Vorstand der Gesellschaft für Prozessmanagement und der Projektmanagement Austria.

Seit 1994 ist er Lehrgangsleiter der Qualitätsmanagementausbildung im Wirtschaftsförderungsinstitut sowie im Rahmen des Internationalen Know-how Transfers der Bundeswirtschaftskammer mit den Schwerpunkten Organisation und Führung sowie Referent an der Fachhochschule Wien für Unternehmensführung, Universitätslektor an der TU-Wien und Lektor an der DU-Krems im Rahmen des „Quality Master", „Process Master". Gewinner des Trainer Awards 2006.

Mehrere Buchpublikationen (Prozessorientiertes Qualitätsmanagement – PQM, Hanser Verlag; Taschenbuch Qualitätsmanagement, Hanser Verlag, QM für kleine und mittlere Unternehmen, Hanser Verlag).

Univ. Prof. Dr. Dipl.-Ing. Gerold Patzak,
geb. 23.01.1939, studierte Maschinenbau mit der Fachrichtung Betriebswissenschaften an der Technischen Universität Wien und promovierte 1970. Von 1977 bis 1985 war er Universitätsdozent und seit 1985 ist er Universitätsprofessor für Systemtechnik und Organisation an der Technischen Universität, sowie Leiter der Abteilung Systemtechnik und Methodologie. Von 1996 bis 1998 war er Institutsvorstand am Institut für Betriebswissenschaften, Arbeitswissenschaft und Betriebswirtschaftslehre der Technischen Universität Wien. Seine Lehrtätigkeit erstreckt sich von der Technischen Universität Wien, Wirtschaftsuniversität Wien, Johannes-Kepler-Universität Linz, Donau Universität Krems sowie in den USA an den Universitäten Georgia Institute of Technology bis zu Virginia Polytechnic Institue and State University und Purdue University auf den Gebieten Systemtheorie und Systemtechnik, Zuverlässigkeitstheorie, Projekt Management, Arbeitsorganisation, Wahrscheinlichkeitstheorie und Statistik sowie Methodik wissenschaftlichen Arbeitens.

Seit 1993 ist Gerold Patzak Miteigentümer der Beratungsfirma PRIMAS Consulting. Seine Hauptarbeitsgebiete liegen in wissenschaftlichen Projekten auf den Gebieten Unternehmensorganisation, Organisation der Verwaltung, Systemgestaltung, Projekt Management, Total Quality Management und Benchmarking.

Er ist Gründungsmitglied und Vorstandsmitglied der AFQM, Juror für den AQA sowie Assessor für die Personenzertifizierung zum International Project Manager.

Mehrere Publikationen (Systemtechnik, Springer Verlag; Projekt-Management, Linde-Verlag; Qualitätsmanagement im projektorientierten Unternehmen, VIEWEG Verlag).